U0674169

百家廊文丛
BAIJIALANG WENCONG

现代民事之诉
与争讼程序法理

『诉·审·判』关系原理

邵 明 ◎ 著

本书受中国人民大学科学研究基金项目暨中央高校基本科研业务费专项资金支持

中国人民大学出版社
·北京·

编委会名单

编委会主任 靳　诺　刘　伟

编委会副主任 贺耀敏　刘元春

编委会委员（以姓氏拼音排序）

冯惠玲　冯仕政　胡百精　刘大椿

孙　郁　王　轶　乌云毕力格　严金明

张　杰　张雷声

序　言

　　中国人民大学建校八十年，也是中国共产党创办新型高等教育的八十年。从 1937 到 2017，从延安的陕北公学，到晋察冀边区的华北联合大学、正定的华北大学，再到北京的中国人民大学，八十年历史沧桑，斗转星移，中国人民大学始终与党和国家同呼吸、共命运。八十年来，几代学人进行了殚精竭虑的学术探索，在治学方面取得了令人瞩目的杰出成就。

　　改革开放以来，中国人民大学的学者在马克思主义指导下，努力继承中华传统文化精粹，发扬老一辈学者的笃实学风，同时借鉴了西方学术研究的新方法、新成果，解放思想，大胆创新，有力推动了我国人文社会科学的深入发展。经过数十年的建设与积淀，中国人民大学在人文社会科学各领域内学科门类建设齐全，研究领域日渐拓展，研究水准不断提升，呈现出人才辈出、欣欣向荣的学术繁荣景象。

　　2017 年 9 月，经国务院批准，教育部等部门下发了《关于公布世界一流大学和一流学科建设高校及建设学科名单的通知》，中国人民大学入选 A 类一流大学建设名单，哲学、理论经济学、应用经济学、法学、政治学、社会学、马克思主义理论、新闻传播学、中国史、统计学、工商管理、农林经济管理、公共管理、图书情报与档案管理等 14 个一级学科入选一流学科建设名单。入选学科除统计学为理学学科外，其余全部为人文社会学科。

　　中国人民大学入选"双一流"建设高校和 14 个学科入选"双一流"建设学科，既体现了党和国家对人文社会科学的重视，同时也是对中国人民大学八十年发展成就的充分肯定，是鼓励和认可，更是鞭策和期许。我们感觉肩上的担子更重了。

习近平总书记指出："人类社会每一次重大跃进，人类文明每一次重大发展，都离不开哲学社会科学的知识变革和思想先导。"如果我们将"双一流"的入选视为中国高等教育在新的历史阶段开启新的征程的信号，那么当前，中国人民大学已经站在新的历史坐标点上。我们需要总结历史，更需要开拓未来。

2016 年中，学校科研处的同志与我们谈起，他们准备在校庆年启动一项名为"百家廊文丛"的持续支持工程，希望通过多年连续性的资助，把学校各学科卓有成就的学者所撰写的代表性学术成果择优出版，系统性地展示中国人民大学近年来的整体学术水平。科研处作为管理和服务教师科学研究的机构，一直把提升科研品质、打造学术精品作为部门的责任。但是，客观讲，中国高校的文科科研经费投入还是有限的，怎样把有限的资源配置到最需要、最出成效的地方，是中国人民大学多年来认真思考的问题。为了把"好钢用在刀刃上"，科研处也做了许多有益的谋划，推动了学校科研事业的蓬勃发展。

在校庆年首度推出"百家廊文丛"，具有几层特殊的意义。首先，"百家廊文丛"反映了中国人民大学在人文社会科学方面的深厚学术实力。本年入选的多部著作各具特色，有的资料翔实，有的论述细密，有的条理畅达，有的富有文采，足以彰显中国人民大学近年来的学术实绩。其次，体现出中国人民大学学者群体持续关注和深入研究我国发展面临的重大理论和实践问题的深沉人文情怀。有的学者耐得住寂寞，苦坐书斋；有的学者读万卷书行万里路，遍寻一手数据。再次，丛书是一个对外交流的窗口，在人大学者与国内外的学者之间架起了一个交流的平台。"百家廊文丛"如能持续坚持下去，就是一项规模较大的学术文化工程，值得期待。

大学因学术而显厚重，因学者而富气象。"百家廊文丛"首批推出的著作，选题丰富多元，特别是对基础学科和学科基础中的一些重要问题进行了专题研讨。对于"基础学科和学科基础"的强调和看重，一直以来也是我校科研工作的指导方针。"百家廊文丛"如果能做到叫得响、传得开、留得住，就成功了。好的学术成果一定要能沉淀下来，而非过眼云烟。

　　习近平总书记《在哲学社会科学工作座谈会上的讲话》指出："这是一个需要理论而且一定能够产生理论的时代，这是一个需要思想而且一定能够产生思想的时代。我们不能辜负了这个时代。自古以来，我国知识分子就有'为天地立心，为生民立命，为往圣继绝学，为万世开太平'的志向和传统。一切有理想、有抱负的哲学社会科学工作者都应该立时代之潮头、通古今之变化、发思想之先声，积极为党和人民述学立论、建言献策，担负起历史赋予的光荣使命。"中国人民大学长期秉持立学为民、治学报国的优良传统，始终践行着实事求是的学术良知。不论是在抗战烽火中，还是在建国伊始；不论是遭受了"文革"的磨难，还是在改革开放中凤凰涅槃，中国人民大学的学者一方面坚守书斋、甘于清贫，另一方面又关心国家、民族的命运，关心社会的进步。中国人民大学的命运从来与党和国家的命运休戚相关，而人大学者从来志向远大，他们为构建具有中国特色、中国风格、中国气派的哲学社会科学做出了积极贡献。今天，我们推出这套文丛，正是传承中国人民大学八十年文脉，弘扬砥砺奋进、实事求是精神的有益之举。

　　"百家廊文丛"的名字，非常契合中国人民大学的实际。因为"百家廊"是中国人民大学校内的著名风景，在李东东同志创作的《人民大学赋》中有云："百家廊，檐飞七曜，柱立八荒，凝古今正气，汇中外学术。"我们认为，这几句话就是对即将面世的首批"百家廊文丛"的最好诠释。"百家廊中百家争鸣"，这套文丛是献给历经岁月沧桑、培育桃李芬芳的中国人民大学八十年校庆的一份心意，祝愿这所伟大的学校在新的历史征程中继往开来、再续辉煌。

　　是为序。

靳诺　刘伟

自　序

在现代法治社会，国家向国民充分开放诉讼制度作为权利救济或者纠纷解决的方式，这是国家向国民承担的保护义务或者保护职责，国民享有请求国家给予司法救济的诉权。所以，本书从国家保护国民之责的角度，研究民事诉权、民事之诉和争讼程序法理。

根据"二元诉讼观"，本书一方面从民事诉讼独立的程序品质或者程序价值的角度，特别是从正当程序的角度，研究民事之诉及其解决程序原理；另一方面从实体法的角度，研讨诉权的内涵、诉的构成和类型、胜诉要件等包含实体内容的诉讼问题。

"民事纠纷·民事之诉·民事诉权·民事争讼程序"关系原理，即"诉·审·判"关系原理，简要地说，就是对原告的"诉"（包括当事人起诉、上诉、提起再审之诉、提起异议之诉等），法院应当通过"终局判决"作出应答，并且终局判决原则上须经"必要的口头辩论"才能作出。(1)"民事纠纷"因原告的"起诉"而进入"民事争讼程序"接受法院审判。此际的民事纠纷即"民事之诉"（"民事争讼案件"）。(2)"民事诉权"是关于民事之诉的权利，原告行使民事诉权的方式是"起诉"，原告起诉的根据是其享有诉权。(3)解决民事之诉的程序是"民事争讼程序"（即"判决程序"或者"严格证明"）。

通常情况是：(1)原告决定或者确定"诉讼标的"和"诉讼请求"（两者构成实体权益主张）。(2)当事人履行"主张责任"，即对诉讼标的和诉讼请求，原告应当主张权利产生直接事实（诉的原因）予以支持，被告主张抗辩直接事实予以直接推翻。（3）当事人履行"证明责任"。即对权利产生直接事实，原告应当提供本证来证明（被告可以反证推翻）；对被告抗辩直接事实，被告应当提供本证来证明（原告可以反证推翻）。①对权利产生直接事实和被告抗辩直接事实适用严格证明（程序）和完全证明（标准）。（4）案件审理终结后或者法庭言词辩论终结后，法官判断本案全部证据并据此认定直接事实真伪，之后适用实体（法律）规范作出判决。以上内容，图示如下：

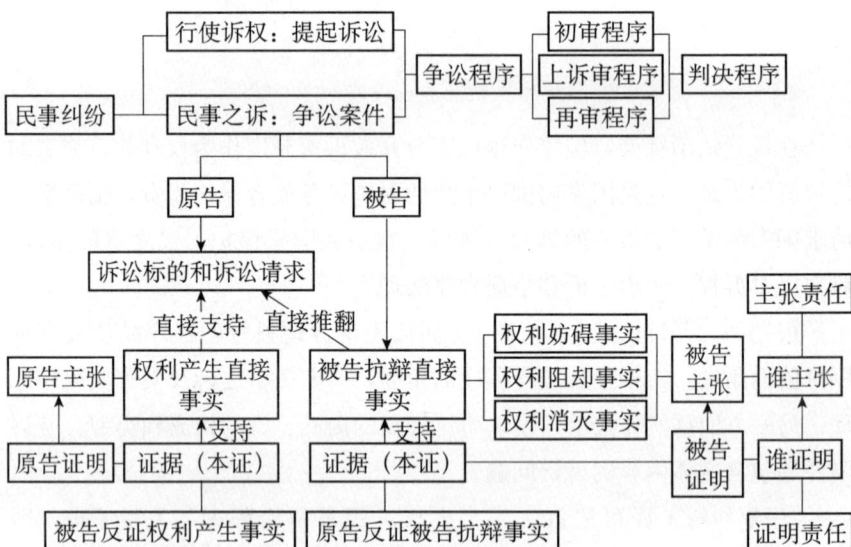

民事纠纷·民事诉权·民事之诉·争讼程序（诉·审·判）关系原理图

"诉·审·判"构成了争讼程序的基本阶段，分别对应于争讼程序的"开始"阶段（包括起诉、受理和答辩）、"续行"阶段（包括审前准备和法庭审理）和"终结"阶段（包括作出判决和裁定终结诉讼等）。"确定诉讼标的和诉讼请求"主要存在于"开始阶段"；"证据交换和争点形成"主要存在于"审前准备阶段"；"证明直接事实"主要存在于"法庭审理阶段

---

① 证明责任或者举证责任是指负责提供"本证"的责任。"反证"是权利，对方当事人可以提出反证，也可以不予反证。

（主要包括质证和辩论）"；"法院判断诉讼标的和诉讼请求（有无事实根据和法律根据）"主要存在于"终结阶段"。

根据"先程序后实体原则"和"正当程序保障原理"，起诉要件、诉讼要件和实体要件的审理裁判顺序通常是：（1）起诉要件是争讼程序的启动要件，所以法院首先调查起诉要件是否具备，若起诉要件具备则受理起诉。此后，（2）法院调查诉讼要件是否具备，诉讼要件是争讼程序的续行要件，若诉讼要件具备则诉讼程序继续进行直至作出本案判决。其后或者同时，（3）对实体要件须在法庭上按照言词方式进行审理，然后作出本案判决。

对起诉要件的审理和裁定通常在法院受理阶段完成。不过，受理后，发现原告所提之诉不具备起诉要件的，也得裁定驳回起诉。至于判断诉讼要件是否具备的时间，原则上至（初审、上诉审、再审）言词辩论终结之时。由于诉讼要件多兼具程序内容和实体内容，所以须在程序启动以后的审理程序进行审理，特别是实质当事人适格、诉的利益等诉讼要件更具实体内容，往往需到言词辩论终结时才能判断其是否具备。

至于对"实体要件"的审理，必须在开庭审理阶段完成，在审理程序上必须遵行对审、公开、直接言词等原则，在言词辩论终结时法院按照处分原则或者职权干预主义作出判决。民事争讼案件的实体事实应当采用"严格证明"并遵循"对审原则"，即保障双方当事人平等的质证权和辩论权是严格证明程序或者民事争讼程序的必要内容。

"诉不合法"和"诉无理由"有着比较明确的区分。"诉不合法"是指诉不合程序性要件（首先是起诉要件，其次是诉讼要件），法院用"裁定"驳回诉讼。不过，考虑到"诉讼要件"兼具程序内容和实体内容，德国和日本等对不具备"诉讼要件"的则采用"诉讼判决"驳回诉讼。"诉无理由"是指诉不合实体要件，即没有实体根据（实体事实根据和实体规范根据），法院作出原告败诉的"本案判决"。

法律规范文件缩略语

简称	全称
《决定》	《中共中央关于全面推进依法治国若干重大问题的决定》（2014年10月23日中国共产党第十八届中央委员会第四次全体会议通过）
《民事诉讼法》	《中华人民共和国民事诉讼法》（2017年修正）
《解释》	《最高人民法院关于适用〈中华人民共和国民事诉讼法〉的解释》（法释〔2015〕5号）
《案由规定》	《民事案件案由规定》（法发〔2011〕41号）
《繁简分流》	《最高人民法院关于进一步推进案件繁简分流优化司法资源配置的若干意见》（法发〔2016〕21号）
《登记立案》	《最高人民法院关于人民法院登记立案若干问题的规定》（法释〔2015〕8号）
《庭审录音录像规定》	《最高人民法院关于人民法院庭审录音录像的若干规定》（法释〔2017〕5号）
《环境民事公益诉讼》	《最高人民法院关于审理环境民事公益诉讼案件适用法律若干问题的解释》（法释〔2015〕1号）

目　录

上　编　民事之诉·诉讼标的·民事诉权

下　编　诉的解决程序：民事争讼（审判）程序

上 编

民事之诉·诉讼标的·民事诉权

第一章　民事纠纷·民事之诉·诉讼标的·民事诉权的概念

第一节　民事纠纷

一、民事纠纷的类型

在社会学领域，对于"纠纷"通常作广义理解，即纠纷不一定表现为公开的暴力冲突，还包括紧张、敌对、竞争及在目标和价值上的分歧。[①]实际上，"纠纷"是一定范围的社会主体之间丧失均衡关系的状态，包括对争（contention）、争论（dispute）、竞争（competition）和混争（disturbance）等。[②]

"纠纷"进入法社会学领域，理论上大致从两个方向进行研究：（1）以社会学的或者经验的方法对进入了审判等正式程序或者法律制度的纠纷及其特殊的处理解决过程进行研究；（2）对所谓"活法"进行追问，即考察在国家的或者正式的法律制度之外展开的纠纷及其解决处理。无论

[①]　参见［美］伊恩·罗伯逊：《社会学》，上册，黄育馥译，25页，北京，商务印书馆，1994。

[②]　"对争"是指两个对立的社会主体相互之间有意识的攻防，涉及的对象行为包括：（1）身体接触性的对争，比如个人之间的相互打斗、集团之间的战斗等；（2）言语方面的对争，譬如争论等；（3）心理方面的对争。"争论"实际上是具有主张一定内容的言语上的对争。"竞争"是指复数的社会主体优先并且排他地为了达成共通的目标而形成的争先恐后之势。"混争"是指多数社会主体相互之间的均衡关系发生的混乱，表现为无序状态。参见刘荣军：《程序保障的理论视角》，1~4页，北京，法律出版社，1999。

这些研究的重点放到哪个方向，其共同关心的问题都是国家法律体系与社会秩序之间的互动机制。①

在规范法学领域，民事纠纷（民事冲突、民事争议等）因侵权、违约或者其他事由而发生，是平等主体之间发生的，以民事权益、民事义务或者民事责任为内容的法律纠纷。

民事纠纷包括有关财产关系的民事纠纷和有关人身关系的民事纠纷。《民事案件案由规定》（法发〔2011〕41号）中有人格权纠纷，婚姻家庭、继承纠纷，物权纠纷，合同、无因管理、不当得利纠纷，知识产权与竞争纠纷，劳动争议、人事争议，海事海商纠纷，与公司、证券、保险、票据等有关的民事案件案由。有关财产关系的民事纠纷和有关人身关系的民事纠纷在诉讼程序上有些不同，比如合同或者其他财产权益纠纷的当事人可以书面协议选择管辖法院。继承纠纷、股权转让纠纷等兼有财产关系与人身关系的内容和性质。

民事纠纷除大量的私益性纠纷外，还有诸多公益性纠纷。民事公益纠纷大致包括传统民事公益纠纷和现代民事公益纠纷。民事诉讼中，处理民事私益纠纷应当适用处分主义和辩论主义，处理民事公益纠纷则应适用职权干预主义和职权探知主义。

国内法中公共利益包括国家利益和社会公共利益，在国际私法和国际民事诉讼法（涉外民事诉讼法）领域中被称为"公共秩序"（public order）或者"公共政策"。根据《民事诉讼法》第276条第2款，我国公共秩序是指我国的主权、安全或者社会公共利益。

《中国的和平发展》（2011年）白皮书指出，中国的核心利益包括国家主权、国家安全、领土完整、国家统一、中国宪法确立的国家政治制度和社会大局稳定、经济社会可持续发展的基本保障。《最高人民法院关于适用〈中华人民共和国涉外民事关系法律适用法〉若干问题的解释（一）》（法释〔2012〕24号）第10条规定：我国的社会公共利益包括涉及劳动者权益保护、食品或者公共卫生安全、环境安全、外汇管制等金融安全、反垄断、反倾销等。

---

① 参见王亚新：《纠纷，秩序，法治》，载《清华法律评论》，第2辑，北京，清华大学出版社，1999。

公共利益的评断标准有二或者说应当同时具备：（1）基本性，即公共利益是有关国家、社会共同体及其成员生存和发展的基本利益，比如国家主权、公共秩序、自然环境和公民的生命、健康、自由等；（2）公共性，即公共利益主体有国家、社会全体成员或者大多数成员或者不特定人乃至全人类。

根据公共利益的基本性和公共性，传统民事公益纠纷主要有损害公共利益的合同无效案件和人事诉讼案件。

我国《合同法》第52条规定了合同绝对无效的事由，其中属于损害公共利益的主要有："一方以欺诈、胁迫的手段订立合同，损害国家利益""恶意串通，损害国家、集体利益""损害社会公共利益""违反法律、行政法规的强制性规定"①。

---

① 根据《最高人民法院关于当前形势下审理民商事合同纠纷案件若干问题的指导意见》（法发〔2009〕40号）第14条的规定，以上规定属于效力性强行规范。违反效力性强行规范的，法院应当认定合同无效；违反管理性强行规范的，法院应当根据具体情形认定其效力。

《最高人民法院关于审理城镇房屋租赁合同纠纷案件具体应用法律若干问题的解释》（法释〔2009〕11号）第4条规定："当事人以房屋租赁合同未按照法律、行政法规规定办理登记备案手续为由，请求确认合同无效的，人民法院不予支持。当事人约定以办理登记备案手续为房屋租赁合同生效条件的，从其约定。但当事人一方已经履行主要义务，对方接受的除外。"根据《城市房地产管理法》第54条的规定，城市房屋租赁实行向房产管理部门登记备案制度。此项规定属于管理性强行规范，不是效力性强行规范，即不是城市（城镇）房屋租赁合同的生效条件，房屋租赁合同若未登记备案的，其有效性不受影响。

强行规范分为效力性的和管理性的。效力性强行规范着重于对违反法律的法律行为作出价值评价，以否认其法律效力为目的，故违反效力性强行规范的合同应被认定无效。管理性强行规范着重于对违反法律的事实行为作出价值评价，以禁止此类行为为目的，故违反管理性强行规范的合同未必无效。

如果强行规范规制的是合同行为本身，即只要该合同行为发生即绝对地损害国家利益或者社会公共利益的，应当认定合同无效。如果强行规范规制的是当事人"市场准入"资格而非某种类型的合同行为，或者规制的是某种合同的履行行为而非某类合同行为，则此类合同未必绝对无效。

若强行规范禁止的对象，是否只是行为手段或者行为方式，或者禁止的是行为的外部条件如经营时间、地点等，而允许以其他手段、方式或者在其他时间、地点作出行为的，则这时法律本意不是禁止行为效果的发生，而在于规范人们的行为举止，故这类规范为管理性规范。

可依强行规范的禁止目的是保护国家利益或者社会公共利益还是保护民事主体的利益进行区分。如果法律彻底阻止这类行为实施，并且认定合同有效会导致直接损害国家利益或者社会公共利益的严重后果的，则其属于效力性规范。如果违反禁止规定，只会损害一方民事主体利益时，则该规定属于管理性规范。

还可依强行规范禁止的是针对一方当事人的行为还是针对双方当事人的行为进行区分。如果合同违反的禁止规定只是针对当事人一方的，而且这一禁止规定完全是一方作为纪律条款来规定的，则不属于效力性规范。

我国《劳动法》第 18 条和《劳动合同法》第 26 条规定了劳动合同绝对无效的事由。工业国家以往的经验告诉我们,过度劳动伤害的是劳动者(特别是女工),也会损害社会乃至人类的整体利益。在德国,对于劳动争议诉讼,由于包含公共利益和第三者利益,所以当事人的处分权受到限制,而以法院依职权调查事实、证据为原则。[①]

我国《婚姻法》和《收养法》关于婚姻和收养的成立要件、无效事由的规定,均为强行规范。有关婚姻、收养、亲权等"人事诉讼案件",或者关涉自然人的基本法律身份及婚姻家庭关系的稳定[②],或者涉及未成年人的保护问题,所以在许多国家和地区被作为公益案件。

现代群体纠纷中,往往受害人众多且为弱者,从而在人数或者利益上具有集团性或者扩散性[③],其中公害纠纷、消费权纠纷、社会福利纠纷、反垄断纠纷等群体纠纷内含公的因素(关涉基本权利、公共安全或者自由市场秩序等),因而被称为现代民事公益纠纷。

二、民事纠纷的法律属性

在法律领域,民事纠纷只有具备"可诉性",才能通过当事人"行使诉权"(即"起诉")进入诉讼程序,接受法院审判。民事纠纷的"可诉性",又称"可司法性"(Justiciability)、本案判决的一般资格、权利保护资格等,属于民事诉讼法"对事效力"的范畴。民事纠纷的"可诉性"并不排斥以和解、调解和仲裁等非诉讼方式来解决民事纠纷,实际上这些非诉讼纠纷解决方式也是以可诉性为前提的。

民事纠纷的"可诉性"是指由民事诉讼来解决的民事纠纷所须具备的条件或者属性。只有适应民事诉讼、法院及其审判权的功能和特征的民事纠纷才具有可诉性。与立法不同,民事诉讼或者司法的主要功能和基本特

① 参见［德］W. 杜茨:《劳动法》,张国文译,371 页,北京,法律出版社,2005。

② 正如美国联邦最高法院指出的:一旦婚姻关系成立,法律就应当进行干预,法律为婚姻关系当事人规定各种各样的义务和责任,以使其作为社会稳定的重要制度,因为没有家庭,文明就不会产生,社会就不会进步。参见朱晓东:《通过婚姻的治理》,载《北大法律评论》,2001 (2)。

③ 参见范愉:《集团诉讼问题研究》,载《法制与社会发展》,2006 (1)。

征是终局解决"个案"纠纷或者"具体"纠纷,即对"特定"纠纷主体之间已经发生的具体纠纷进行事后性解决,以最终明确法律上的"具体"权利、义务或者责任的内容和归属。因此,具有可诉性的民事纠纷通常具备事件性(具体性)和法律性[参见第三章第三节二(一)]。

具有可诉性的民事纠纷,还有如下主要法律属性,决定其应予适用的民事诉讼原则和民事诉讼程序构造:

1. 民事纠纷主体的平等性和对抗性。民事纠纷各方主体实为民事主体,所以其实体地位是平等的;作为民事诉讼当事人,其诉讼法地位也是平等的(民事诉讼当事人"平等原则")。民事纠纷通常体现为,民事权益主体基于侵权或者违约等原因而提出自认为合法或者正当的民事权益主张或者要求,却被民事义务主体所否认或者拒绝。双方当事人间的实体争议使诉讼呈现出平等对抗性的构造,双方当事人(原告与被告)呈现出二元对立的构造,体现为原告与被告间对诉讼标的与诉讼请求、事实与证据、程序事项存有争议,即双方当事人间的诉答、质证和辩论为争讼程序的必要构成部分。正是民事纠纷主体或者民事诉讼当事人的平等性和对抗性,决定了化解民事纠纷的争讼程序以"对审原则"("双方审理主义")为首要原则。

2. 民事纠纷内容的民事性和处分性。民事纠纷是指对民事权益、民事义务或者民事责任存在争议。民事纠纷内容的民事性体现为有关民事权益、民事义务或者民事责任的争议(属于实体争议)。法律明文规定,对特定的民事法律事实的争议也可提起诉讼。至于心理上的愤怒、是否为朋友的争议、对自然现象的争议、对学术问题的争议、行政纠纷和刑事争议等,则非民事纠纷。基于私法自治原则,纠纷主体对发生争议的民事权益拥有处分权,在民事诉讼中则成为"处分主义"("处分原则")的基本内容。但是,包含公益因素的民事纠纷多不具有可处分性,而采用法院"职权干预主义"。

第二节　民事之诉:进入审判程序的民事纠纷

多元化的民事纠纷解决体系中,民事纠纷主体通常享有"民事纠纷解决选择权"。民事纠纷主体选择"行使诉权"（"起诉"），法院合法受理的，可诉性的民事纠纷则被称为"民事之诉"（"民事争讼案件"），包括给付之诉、确认之诉和形成之诉。对抗性或者争讼性是"争讼程序"的基本属性，表现为"对审原则"（"双方审理主义"）。

一、民事之诉制度简史

在"诉"是当事人请求国家提供司法（诉讼）救济的层面，"诉"的制度是当事人请求国家提供司法（诉讼）救济的法律依据。同时，诉的制度是理解近现代意义上的实体法理和诉讼法理的出发点。在法律发展史上，民事实体法和民事诉讼法的分化始于诉的分解。从一定意义上说，民事实体法和民事诉讼法是诉的制度的派生物和分解物。

古罗马的实体法和诉讼法为合体状态，现代法意义上的诉权与实体请求权尚未分化，与之相应，"诉"实际上具有现代法意义上的诉权与实体请求权的双重内涵和性质，所以"诉"具有实体法和诉讼法的二元性，正如查士丁尼《法学阶梯》中所述："诉，意指以诉讼请求自己应得之所在的权能。""诉"在罗马法中不是权利的结果而是权利本身的反映。

在古罗马法初期，并非所有的案件都可以提交法院进行裁判，只有符合法律规定的、具有诉（请求权和诉权）的可能性的案件才能提交裁判，即"有诉才有救济"（ubi ius, ibi remedium）①。罗马法的诉的制度经历了三个典型的发展时期。早期的法律诉讼时代，原告只能以《十二铜表法》及其后制定的市民法规定的诉为标准提起诉讼；在其后的程式书程序中，为了满足社会发展的需要，对原来的法律（诉的制度）进行类推、扩张解释，从而在比此前更广的范围内以认可的诉（程式书）作为起诉标准；再后来的非常诉讼程序主要是以具有制定法性质的永久告示录所认可的诉作为当事人起诉的标准和法院裁判的标准。由于诉是由制定法规定的，因而可以说罗马民事诉讼的出发点是由诉的规范所构成的。

---

① 在盖尤斯的《法学阶梯》中有这样一段名言："某人就砍葡萄树一事提起诉讼，因在其诉（指诉状——笔者注）中使用的是'葡萄树（vites）'这个名词，结果遭到了败诉。因为作为其诉（请求）之根据的《十二铜表法》仅仅笼统地规定了'砍树'，故而他在诉状中应当使用'树'（arbores）这个名词。"

　　古罗马法上的诉是采用事实和法律评价相结合的形式表现出来的，不同于今天采用对事实进行抽象而作为法律构成要件的制定法。在古罗马法初期，一种"诉"就代表一种案件类型适用的诉讼程序，罗马法诉讼程序实际上是由多种"诉"组成的集合，如原物返还之诉、监护之诉、买卖之诉等"诉"，直接反映了诉争的权利内容、权利范围和权利效果，每一种"诉"在诉讼程序上也不完全相同。不过，古罗马法民事诉讼程序在非常审判时期已经完全统一，所有的"诉"都使用同一种诉讼程序。①

　　即使在今天，英美法的民事实体法和民事诉讼法尚处于没完全分化的状态，英美法的诉因构成要素和罗马法的诉的构成具有相当程度的雷同。英美法适用"先例约束原则"，没有采用标志着实体法和诉讼法相独立的法律要件主义。"先例"是关于事实的法律评价的记载，法律存在于事实之中，其表现形式类似于罗马法规定的诉的制度。美国著名的司法政策学者弗里德曼在其代表作《美国司法制度历史断面》中指出："法存在于事实之中，只是有待于去发现。"②

　　诉的制度在德国普通法时期后半叶开始逐渐分化，与此相应，诉讼法也开始了与实体法相分离的独立体系化过程。诉的制度正式开始分解的标志之一是法国民法典。法国民法典是一部以自然法为背景制定的成文法典，也是一部采用罗马法式编纂法制定的成文法典。在这部法典中，一方面规定了大量的以抽象的法律构成要件制定的条款，另一方面还保留着许多将事实和法律评价合为一体的实体法请求权和诉讼法诉权未分化的条款。在法国民法典中，实体法和诉讼法合二为一的诉的制度在一定程度上有了分化，但并未完全分化。同一历史阶段的奥地利民法典也是如此。

　　1896年德国民法典采用学说汇纂式体例，实体法变成了完全抽象的法律规范，即法律规范与事实彻底分离。民法典不仅具有裁判规范的意义，而且具有社会规范的意义。随着社会和法律的发展，尤其公法及其观念和理论的发展，诉讼法被看作是公法，而与实体法相分立。作为罗马法

---

① 参见巢志雄：《"诉"论》，载《当代法学》，2011（3）。
② 转引自［日］小岛武司编：《民事诉讼的历史与未来》，汪祖兴译，1页，北京，法律出版社，2000。

的诉的制度内容之一的程序内容在形式上已告独立,即民事诉讼法开始了法典化(比如德国在 1877 年颁布民事诉讼法典)。在同一时期,深受德国民法典的影响,在东方出台了 1896 年日本民法典和 1929 年中华民国民法典,并且这些国家也各自制定了民事诉讼法典。

在现代大陆法和我国法的体系中,有关"诉"的实体内容,比如诉讼标的或者诉讼请求的实体内容或者胜诉要件(实体法规范构成要件),是由民事实体法规定的,而有关"诉"的诉讼程序事项,比如起诉要件、诉的合并与变更的诉讼要件、诉的解决程序(争讼程序)等,则是由民事诉讼法规定的。虽然"诉"的问题在现代法理论体系中被纳入民事诉讼法学领域,但是应当从民事诉讼法和民事实体法的联结点来认知和考察民事之"诉"问题。

大陆法系民事实体法和民事诉讼法的分化始于诉的分解。当民事实体法和民事诉讼法在形式上(法典化)有了一定程度的分化后,在民事诉讼法学领域随之提出了一个当事人"为何可以提起诉讼"的问题。诉权学说正是作为阐明该问题的理论而正式登上学坛的。

二、民事之诉的概念和构成要素

(一) 民事之诉的概念

对于"诉"可以理解为:(1) 动词意义上的"诉",即"起诉(行使诉权)";(2) 名词意义上的"诉",即"民事之诉(民事争讼案件)",包括给付之诉、确认之诉和形成之诉;(3) 民事之诉制度,即有关动词意义上的"诉"和名词意义上的"诉"的程序制度规范,包括有关诉的构成要素、要件、识别、类型、合并与变更等程序规范。

为动词时,如"一事多诉""甲诉乙房屋买卖合同纠纷案"等。英语versus(简写为 v. 或者 vs.)即动词"诉"之义,如 Brown v. Board of Education (I347 U. S. 483:1954)。民事诉权的行使方式是原告起诉,启动的是争讼程序(非讼程序的启动方式是"申请")。

为名词时,"民事之诉"(即"民事争讼案件")实际上是(通过原告起诉和法院受理而)进入审判程序(实为争讼程序或者判决程序)的民事纠纷,包括给付之诉、确认之诉和形成之诉。所谓"起诉"中的"诉"即为名词意义上的"诉"，一个"诉"即一个"（民事争讼）案件"，譬如"侵权之诉"可称为"侵权案件"，"违约之诉"可称为"违约案件"。

"甲诉乙商品房销售合同纠纷案"是"案件名称"，其中，"甲诉乙"标明了本诉的主体或者本案的当事人（原告甲与被告乙）；"商品房销售合同纠纷"是"案由"（包含"诉讼标的"）；"商品房销售合同纠纷"起诉到法院并被法院立案则成为"案件"。案由是民事案件名称的组成部分，反映讼争的民事法律关系的性质。①

"民事之诉"的具体内涵是具体或者特定的原告对具体或者特定的被告，向法院请求审判具体的民事权益主张。"诉"是程序请求与实体请求的统一体，兼具（1）程序内涵或者程序性，即原告请求法院行使审判权，诉和诉权的程序性是启动争讼程序的根据；（2）实体内涵或者实体性，即诉讼标的和诉讼请求之实体内容。

在民事纠纷解决领域，"诉"是原告请求"公力救济"的典型方式，即请求法院利用国家审判权来解决民事纠纷和保护民事权益。根据纠纷的"可诉性"或者"诉的具体化"要求，特定的诉中，其构成要素须具体或者明确，否则，不符合诉的合法要件。

（二）民事之诉的构成要素：主体·客体·原因

"民事之诉"的具体内涵与构成要素是相通的。"诉的构成要素"是对"民事之诉"（民事争讼案件）作出分析和要求，即一个完整的诉所必备的内容或者因素，包括诉的主体（原告与被告）、诉的客体（诉讼标的和诉讼请求）、诉的原因（权利产生直接事实）三方面要素（见下图），决定起诉要件及诉讼要件和实体要件的具体构成。根据纠纷的可诉性或者诉的具体化要求，特定的诉的构成要素须具体或者明确，否则，不符合诉的合法要件。

关于诉的构成要素的界定和解释在国际社会也有较高的认同度。比如，《海牙民商事案件外国判决的承认和执行公约》（1971年）第5条第3项规定的是一事不二讼问题，用以处理一事多讼或者平行诉讼问题，是将

---

① 参见《最高人民法院关于印发修改后的〈民事案件案由规定〉的通知》（法〔2011〕42号）。《人民法院案件类型及其代字标准》（2015年）、《人民法院案件信息业务标准》（2015年）和《关于人民法院案件案号的若干规定》（法〔2015〕137号）分别对案件类型及其代字标准、案件信息业务标准、案件案号作出了规定。

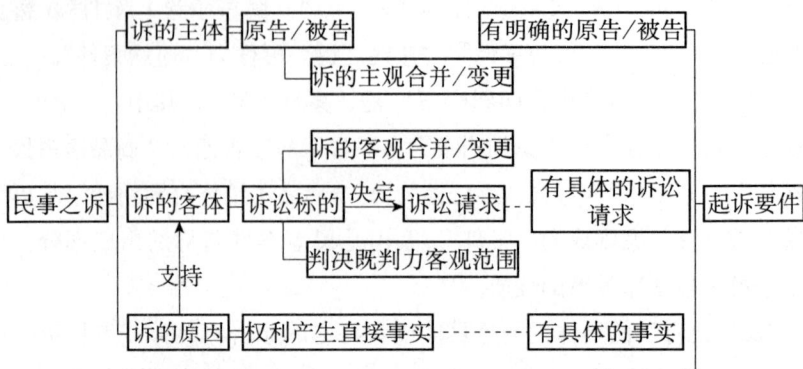

"同一当事人之间，基于同样事实以及具有同一标的的诉讼"作为一事不二讼中是否为同一"事"（诉）的判断标准，属于"诉的识别"问题，实际上确定了诉的构成要素。①

所谓诉的主体，即民事诉讼当事人，包括原告与被告。"诉"是原告对被告的"诉"，法院则是诉的审判者。原告起诉的目的是请求国家法院行使审判权，按照民事争讼程序以判决来解决民事纠纷或者保护民事权益。由于诉和诉讼请求中有关实体（法）上的具体地位或者具体效果存在于原告与被告或者纠纷双方主体之间，是"原告诉被告"，故此诉的主体是原告与被告。

原告与被告因实体争议而在诉讼中形成对抗，即对诉讼标的、诉讼请求、事实证据和程序事项存有争议，表现为否认（也有承认）或者抗辩。原告通常被称为"攻击方"，确定本诉的诉讼标的②并提出诉讼请求，主张权利产生事实来支持诉讼标的与诉讼请求，提出本证来证明权利产生事实。权利产生事实和证明其真实的本证共同构成原告的"攻击方法或者手

---

① 该条规定："在下述情况之下，可以拒绝承认或者执行判决：（一）承认或者执行判决与被请求国的公共政策显不相容，或者判决是经与请求国所要求的正当法律程序不相容的程序作出的，或者是在未予任何一方当事人充分机会陈述其意见的情况下作出的；（二）判决是在诉讼程序中舞弊取得的；（三）同一当事人之间，基于同样事实以及具有同一标的的诉讼：1. 在被请求国法院首先提起并正在进行中，或者 2. 诉讼已在被请求国作出判决，或者 3. 诉讼已在另一缔约国作出判决，而该判决已具备在被请求国予以承认和执行的必要条件。"

② 请求权竞合中，人民法院应当按照当事人自主选择行使的请求权，根据当事人诉争的法律关系的性质，确定相应的案由。参见《最高人民法院关于印发修改后的〈民事案件案由规定〉的通知》。

段"。被告通常被称为"防御方"，主张抗辩事实（权利妨碍、阻却、消灭事实）来反驳本诉的诉讼标的和诉讼请求，提出本证来证明抗辩事实。权利妨碍、阻却、消灭事实和证明其真实的本证，共同构成被告的"防御方法或者手段"。诉讼中，被告有权提出反证来证伪原告的权利产生事实，原告有权提出反证来证伪被告的抗辩事实。

原告与被告之间的平等对抗构成争讼程序的核心。争讼程序中，当事人的基本构造是双方当事人（原告与被告）二元对立。正如法谚所云："任何人均无起诉自己的义务（Nemo tenetur seipsum accusare）。"对抗性或者争讼性是争讼程序的基本属性，在法律层面表现为"对审原则"（"双方审理主义"），此为争讼程序的一项"自然原则"。

所谓诉的客体，包括诉讼标的与诉讼请求，两者共同体现原告起诉的目的，共同构成诉权的实体内容，共同构成法院的主要审判对象和判决主文（判决结论）。诉讼标的决定诉讼请求，诉讼标的是诉的"质"的规定性，诉讼请求往往是诉的"量"的规定性。一个"诉"只有一个"诉讼标的"，但可有数个诉讼请求。

诉讼标的是民事当事人之间争议的、请求法院审判的民事实体法律关系或者民事实体权利，给付之诉的标的是"请求权"，确认之诉的标的是"支配权"，形成之诉的标的是"形成权"。诉讼请求是原告具体的权利主张或者实体法律效果，亦即请求权、支配权或者形成权的具体内容。当诉讼请求包含数项可以分割的部分时，当事人减少或者增加诉讼请求，本诉仅发生了"量变"并未发生"质变"，即本诉的诉讼标的或者"质"的规定性并未改变，依然是原诉。

所谓"诉的原因"（"诉的原因事实""诉因"），是指"（实体）权利产生要件事实或者直接事实"①，是原告直接支持诉讼标的和诉讼请求的事

---

① 要件事实在案件中具体化为"直接事实"。比如，环境侵权诉讼中，被告某造纸厂向外排放污水为直接事实，这是要件事实之一的加害行为在本案中的具体化。要件事实或者直接事实是直接导致某项民事权利（益）产生、妨碍、阻却或者消灭的事实，包括权利产生要件事实或者直接事实、权利妨碍要件事实或者直接事实、权利阻却要件事实或者直接事实，以及权利消灭要件事实或者直接事实。此处的"权利"既指民事实质权（财产权和人身权），又指请求权、支配权、形成权和抗辩权。

实根据。被告"抗辩要件事实或者直接事实",包括权利妨碍要件事实或者直接事实、权利阻却要件事实或者直接事实,以及权利消灭要件事实或者直接事实,是被告用来直接推翻诉讼标的和诉讼请求的,不属于诉的原因事实。在辩论主义程序中,原告的主张责任是主张(提供)权利产生直接事实,被告的主张责任是主张(提供)抗辩直接事实。① 原告在起诉状中主张的原因事实只需包括权利产生直接事实,无须主张抗辩直接事实。

诉的原因事实或者权利产生直接事实包括:(1)"民事实质权"(人身权、物权、债权等)产生的直接事实(属于民事法律事实),比如合法继承(取得所有权)、签订合同(形成合同关系)等。② (2)"民事救济权"③

---

① 根据纲举目张原理,"纲举"——对某项要件事实或者直接事实承担主张责任和证明责任,则"目张"——对支持该项要件事实或者直接事实的间接事实及辅助事实负责主张和证明。要件事实或者直接事实的功能和意义是"直接支持"或者"直接推翻"原告的实体权益主张(本诉的诉讼标的和诉讼请求)。

对直接事实或者要件事实的证明,其主要途径有二:(1)利用直接证据来证明(直接证明);(2)通过间接事实证明(间接证明)。间接事实是不能直接导致某项民事权利产生、妨碍、阻却或者消灭的事实,而是用来推导或者证明直接事实是否存在的事实。间接事实只有在作为证明要件事实真实与否之证明手段的限度内,才构成证明对象。

间接事实的主要作用在于没有"直接证据"证明"直接事实"时,只得运用"间接证据"证明"间接事实",多个相关的间接事实形成一个事实逻辑链,以证明直接事实是否存在。例如,没有证据来直接证明 B 曾向 A 借款的事实,可以由 A 多次催促 B 还钱的事实和 B 没有拒绝的事实(间接事实),推导出 B 向 A 借过钱的事实(直接事实)。

英美法系中与争点相关的事实,被用来推导或者证明争点事实是否存在或者是否真实,具有"证据资料"的性质和作用,所以被称为"证据性事实"或者"逻辑上起证明作用的事实"。

② 民事权利产生包括权利绝对产生和相对产生。前者是指民事权利独立地或不依附于既存的其他权利而产生(权利的原始取得),如先占无主物而取得所有权,依善意取得制度而取得动产所有权等;后者是指权利的继受取得或者传来取得,如因债权让与而取得该债权,所有权人在自己所有物上为他人设定用益物权或者担保物权等。

③ 民事救济权包括:(1)民事实体救济权,如物上请求权、侵权请求权、违约请求权等;(2)民事纠纷解决请求权,如申请调解权、民事诉权、仲裁请求权(即申请仲裁权)等。比如,受害人因侵权行为受到损害而产生侵权损害赔偿的请求权,并且产生具体的民事诉权或者仲裁请求权等。

一般过错责任中,损害赔偿请求权的构成要件事实(加害人承担损害赔偿责任的要件事实)有:(1)存在受害人享有合法自由权、人身权或者财产权的事实;(2)存在侵权事实(即加害人存在主观过错,存在加害行为,存在损害后果,加害行为与损害后果之间存在因果关系)。

诉的利益是由于原告主张的实体权益或者实体法律关系受到侵害(包括陷入危险)或者发生争议(包括陷入不安)才得以产生的,即侵权事实或者纠纷事实使当事人有必要运用诉讼保护权益或者解决纠纷,从而当事人拥有"具体诉权"。

产生的直接事实（即民事纠纷事实），即民事实质权受到侵害或者发生争议的事实（包括侵权事实和违约事实），产生的是民事救济权。民事实质权产生的事实是基础和前提，若无民事救济权产生的事实，则没有诉的利益，也就没有民事诉权。① 原告应当一并主张上述两类事实（共同支持诉讼标的或诉讼请求）。

比如，A诉B返还货款纠纷案中，原告A应当在起诉状中一并载明如下权利产生事实或者诉的原因事实：（1）A与B存在货物买卖合同的事实。此为民事实质权产生事实，导致A与B享有合同权利和承担合同义务。（2）B没有按照合同的约定支付货款的事实。此为民事纠纷事实，导致A拥有实体救济权（给付货款的请求权）和纠纷解决请求权（可以行使诉权、申请仲裁权等）。

诉的原因事实之所以成为诉的构成要素，是因为：（1）在辩论主义程序中，原告既然提出有利于己方的诉讼请求，就有责任提供权利产生直接事实来支持自己的诉讼请求。此为原告应当承担的"主张责任"②。（2）原告主张的权利产生直接事实能使所提之"诉"得以特定或者具体，从而正确地"识别诉"，以配合"一事不再理"或者"既判力"的适用。（3）一般说来，当事人比较了解案件事实，所以让其提供或者主张事实并非强人所难。

证明权利产生直接事实的本证并非诉的构成要素。《民事诉讼法》第65条和《解释》第99条等要求当事人在举证期限内提供证据，若当事人因正当理由无法提供证据的，则应在举证期限内申请法院收集。至于有关公益的案件事实，则由法院依职权探知。从比较法上来看，许多国家将证据的提供作为诉状的任意记载事项而不作强行性规定，法律上和实务中往往鼓励当事人在起诉时就提供充足的证据。

---

① 民事实质权和救济权产生的事实发生后，权利人可以自力行使实体救济权来保护受到侵害的物权、债权、名誉权等实质权，比如物权人可以行使物权请求权来保护受到侵害的物权等。这是法律允许的自力救济方式，可称为"自决"。权利人采取此种方式没有达到预期效果的，可以寻求其他的救济方式或者纠纷解决方式，比如调解、仲裁和诉讼等。

② 在民事公益诉讼案件中，采取职权探知主义，法院依职权收集事实，原告无须承担主张事实的责任，不过法律往往鼓励原告及被告积极提供事实。

支持诉讼标的和诉讼请求的实体法律根据也非诉的构成要素。诉的理由或者根据通常是指支持诉讼标的和诉讼请求的实体事实根据和实体法律根据。与实体事实不同，实体法律适用为专属于本案法官的审判职权，即所谓"当事人负责事实，法官负责法律"；并且，通常要到案件审理终结时才能决定如何适用实体法律。既然诉是由原告提起的，就不应由原告在起诉时就确定实体法律的具体适用（但这并不妨碍原告在起诉状中援用实体法律根据）。

（三）民事之诉的构成要素之意义

首先，诉的构成要素是设置诉的合法要件之主要根据。诉的构成要素（和其他必要诉讼事项）经由立法相应地构成了民事之诉的合法要件（起诉要件、诉讼要件和实体要件）。根据诉的构成要素来判断当事人所提的"诉"是否是一个完整的"诉"，若不是，则法院裁定不予受理或者驳回起诉。诉的构成要素使"诉"特定化，从而使一"诉"与他"诉"区别开来，以配合"一事不再理原则"或者"既判力原则"的适用，即"诉的识别"问题。

其次，诉的构成要素构成了诉权的主要内容和法院的主要审判范围。原告为诉权的主体，诉讼标的和诉讼请求共同构成了诉权的实体内容和法院的主要审判范围。作为处理民事之诉的法院判决，诉的构成要素决定了判决既判力的范围，比如既判力的主观范围包括诉的主体（双方当事人），诉讼标的构成既判力的客观范围。

再次，诉的构成要素是决定和判断诉的合并和变更之主要因素。原告或者被告是二人以上或者发生变更，则分别构成诉的"主观合并"（当事人合并）或者"主观变更"（当事人变更）。同一个诉讼程序中存在两个以上的诉讼标的的，则为两个以上的诉，即诉的"客观合并"；若诉讼标的发生变更，则诉发生了质的变更，即变成另一诉，发生诉的"客观变更"。

最后，诉的构成要素是确定其他重要程序事项的主要根据。依据《案由规定》，我国主要是根据诉讼标的来确定案由（参见下文）。一般地域管辖法院通常是根据诉的主体的住所地来确定的，即通常由被告住所地人民法院管辖（《民事诉讼法》第21条）。特殊地域管辖法院往往需要根据诉讼标的或者原因事实来确定，比如侵权诉讼案件通常由侵权行为地或者被告住所地人民法院管辖（《民事诉讼法》第28条）。

三、诉的客体：诉讼标的与诉讼请求

诉的客体包括诉讼标的与诉讼请求，两者共同体现原告起诉的目的，共同构成诉权的实体内容，共同构成法院的主要审判对象和判决主文（判决结论）。在诉讼中，双方当事人之间就诉讼标的和诉讼请求有无事实根据及抗辩事实、是否符合实体规范构成要件，依照法定程序展开攻击、防御，在此基础上法院作出本案判决。

针对诉讼标的和诉讼请求，存在处分（权）主义和职权干预主义之别。民事私益案件采用处分（权）主义或者处分原则，原告有权通过确定诉讼标的和诉讼请求来处分实体权益。民事公益案件中，当事人的处分权受到限制，采行法院职权干预主义。

有学者将包含原告对法院的审判请求称为"广义的诉讼请求"，包含诉讼标的和诉讼请求。我国立法和司法上一直以来区别诉讼标的和诉讼请求，诉讼标的是诉的"质"的规定性而决定诉讼请求，一个"诉"只有一个"诉讼标的"，但可有数项诉讼请求。① 笔者认为"广义的诉讼请求"概念在我国可能引发理解和适用上的混乱，所以宜将诉讼标的与诉讼请求作出区别。

（一）诉讼标的之概念演变

"诉讼标的"之用语始自古罗马法。1877年的《德国民事诉讼法》直接采用了"诉讼标的"（Streitgenstand）之用语。日本也采用了"诉讼标的"之用语，并同时采用"诉讼物"之用语。我国大陆和台湾地区直接采用"诉讼标的"之用语。此外，有关"诉讼标的"之用语或者称谓，还有

---

① 李某驾车不慎追尾撞坏刘某的轿车，刘某向法院起诉要求李某将车修好。在诉讼过程中，刘某变更诉讼请求，要求李某赔偿损失并赔礼道歉。针对本案的诉讼请求变更，下列哪一说法是正确的？（　　）

A. 该诉的诉讼标的同时发生变更

B. 法院应依法不允许刘某变更诉讼请求

C. 该诉成为变更之诉

D. 该诉仍属给付之诉

（2015年国家司法考试卷三，参考答案为D）

"系争标的""诉讼对象"等。

古罗马法中，诉讼法与实体法是合体的，"诉讼标的"是"诉讼法上的请求权"与"实体法上的请求权"的合体。在私法至上和实体法一元观的时代，仅从私法或者实体法的角度看待诉讼问题。此际诉讼标的是实体法上的概念，即实体法上的（给付）请求权，因为当时仅有给付之诉，尚未出现确认之诉和形成之诉，在实务中无区别诉讼标的与实体法上请求权的必要。给付之诉以实体法上的给付请求权为基础，没有实体法上的请求权就不能提起给付之诉，所以，在当时，"诉讼标的即实体法上的请求权"的认识是顺理成章的。

但是，在消极确认之诉中，原告请求法院确认其主张的法律关系或者民事权利及特定的法律事实存在或者有效、不存在或者无效，所以原告并没有实体法上的请求权，其诉讼标的显然不是实体法上的请求权；在形成之诉中，原告是基于形成权而非（给付）请求权。由此，人们认识到还存在诉讼法上的请求权，从权利的内容来看就是作为诉讼法概念的诉讼标的，从而，诉讼标的开始成为诉讼法上的概念。

德国学者赫尔维希（Hellwig）首先抛开以前从实体请求权角度来界定诉讼标的的做法，而从诉讼法的角度来阐释诉讼标的，认为诉讼标的是指原告在诉状中表明的具体的诉讼主张，审判的对象是关于私法权利或者私法关系的主张，亦即诉讼标的。关于诉讼标的之内涵，存在两种学说，即权利主张说和审判要求说。赫尔维希的观点属于权利主张说。[1]

权利主张说认为，民事诉讼所应解决的争讼是一种私人之间法律上的争讼，所以应当重视原告与被告的关系。原告与被告之间的纠纷，实际上是原告主张其对被告的权利或者私法关系存在或者不存在，被告则以原告的这种权利主张为反驳对象，所以审判的对象就是关于私法权利或者私法关系的主张。实体法说正是在这种立场上，认为诉讼标的之实体内涵是原告在诉讼中具体表明其所主张的实体法上的权利或者私法关系。

审判要求说认为，应当以法院与当事人之间在诉讼程序上的任务划分

---

① 参见张卫平：《民事诉讼：关键词展开》，173～174 页，北京，中国人民大学出版社，2005。

为根据来确定诉讼标的之内涵。此说认为，民事审判并不总是针对权利主张有无理由而作出裁判，有时只及于原告提出的审判要求是否合法，所以法院对诉讼标的之判断是针对原告的审判要求有无理由或者是否合法而作出裁判，因此，诉讼标的是原告向法院提出的审判要求。据此，诉讼法说主张，诉讼标的之概念不应受实体请求权概念的限制且应从实体法律关系中分离出来，以构成纯诉讼法上的诉讼标的概念。其结果是原告提起诉讼，只需主张所希望的法律效果或者法律地位，而不是主张实体法上的权利。这种法律效果或者法律地位的主张就是"诉的声明"，亦即"审判要求"，诉讼的核心就是围绕审判要求所进行的一系列诉讼主体的活动。①

从法系发展的视野来看，在大陆法系"规范出发型"诉讼中，基于维护当事人实体权利和尊重当事人意思自治而按照当事人的意思来决定诉讼标的。由于是从实体法出发来把握诉讼标的，即从实体法规范构成要件来确定诉讼标的，所以与英美法系不同，大陆法系基本上否认诉讼标的就是案件本身，而主张诉讼标的是原告在诉讼中提出的具体的民事实体权利义务关系，亦即实体权利主张。在此前提下，旧实体法说遵从"实体法一元观"，而新实体法说遵从"二元诉讼观"。

在英美法系"事实出发型"诉讼中，是从事实的角度而不是从实体法规范的角度来把握和界定诉讼标的，解决纠纷的"法"是内含于案件事实中的秩序，诉讼的目的在于通过平息纠纷来恢复被损害的秩序，所以诉讼标的并非原告理解的那种法律事件，而是发生的自然事实本身或者发生的纠纷本身。在美国民事诉讼中，诉讼标的是抛开具体实体法上权利的一定事实的集合。②

第二次世界大战以后，在德国和日本等国，诞生了并流行着一种观点，即把诉讼标的从实体法的构成要件中抽象出来，仅从诉讼法方面来把

---

①　参见江伟主编：《中国民事诉讼法专论》，63～64页，北京，中国政法大学出版社，1996。

②　为此，基于同一生活或者交易关系产生的原告请求的诉因必须全部提交法院，采取禁止诉因分割原则。由于发生的事件本身就是诉讼标的，所以把法律评价从 A 变到 B（大陆法系的诉的变更）对当事人和法院来说均是自由的。比如就大陆法系的请求权竞合来说，若在美国民事诉讼中，法院以同一事实为限可以将侵权评价为违约，也不会发生如大陆法系的诉的变更。

握诉讼标的（属于"诉讼法一元观"范畴）。此种观点实际上是受到英美法系"事实出发型"诉讼思维方式的影响。如今，德国实务和理论的主要做法和认识是：撇开实体法规范，从诉讼上将"诉讼请求"和"案件事实"作为等值元素来确定诉讼标的，并且所谓案件事实是指从未经实体法评价的自然事实或者生活事实。德国实务中也有以自然事实或者生活事实来确定诉讼标的，或者说自然事实构成诉讼标的的，这种做法亦即英美法系的做法，并在欧共体内得以施行。①

《日本民事诉讼法》和我国台湾地区"民事诉讼法"将"诉讼标的"与"请求趣旨"（"诉的声明"）相区分。以我国台湾地区为例：所谓诉讼标的，又称"法院审判的对象或者客体"，是指原告起诉请求法院为裁判所主张或者否认之权利义务或者法律关系。诉讼标的是原告对于被告的权利主张，非实体法上的请求权。在起诉阶段，原告的实体法权利义务或者法律关系是否确实存在，尚未确知，仅能认为原告起诉提出者为权利主张而已。所谓诉之声明，是指原告请求法院对于被告为具体如何的判决内容。②

在我国立法上和实务中，诉讼标的是指民事当事人之间争议的、请求法院审判的民事实体法律关系或者民事实体权利。这种理解实际上遵从的是"二元诉讼观"，也是权利主张说和审判要求说的综合，即一方面将"标的"界定为"民事实体法律关系或者民事实体权利"，揭示出诉讼标的所包含的实体内容；另一方面诉讼标的之程序内涵，即实体当事人之间争议的"标的"在正当程序中须经当事人之间的"诉辩"并接受法院的"审判"。

（二）我国诉讼标的之内涵

我国采用成文法主义，民事诉讼基本上属于"规范出发型"诉讼③，

---

① 参见［德］罗森贝克等：《德国民事诉讼法》，下册，李大雪译，671～674页，北京，中国法制出版社，2007。

② 参见陈荣宗、林庆苗：《民事诉讼法》中册，修订8版，第一章第一节，台北，三民书局，2014。

③ "规范出发型"诉讼中，基于维护当事人实体权利和尊重当事人意思自治而按照当事人的意思来决定诉讼标的。由于从实体法出发来把握诉讼标的，即从实体法规范构成要件来确定诉讼标的，所以与英美法系不同，大陆法系基本上否认诉讼标的就是案件本身，而主张诉讼标的是原告在诉讼中提出的具体的民事实体权利义务关系，或者是原告提出的实体权利主张。

其目的主要是保护民事权益、解决民事纠纷等，所以诉讼标的是指民事当事人之间争议的、请求法院审判的民事实体法律关系或者民事实体权利。具体解说如下：

1. 诉讼标的之"标的"是民事当事人之间存在的"民事实体法律关系"或者原告所主张的"民事实体权利"。民事实体权利可以指所有权、债权、人身权等实质权，更多的是指以权利作用为标准所划分的请求权（是给付之诉的诉讼标的）、支配权（是确认之诉的诉讼标的）和形成权（是形成之诉的诉讼标的），比如，买方 A 与卖方 B 之间存在的货物买卖合同法律关系，或者 A 所主张的请求 B 承担违约责任（给付合格货物等）的请求权、B 所主张的请求 A 承担违约责任（支付货款等）的请求权等。

我国主要是根据诉讼标的来确定案由的。依据《案由规定》，民事案件案由主要是依据当事人主张的民事法律关系的性质来确定（比如变更抚养关系纠纷、确认收养关系纠纷、买卖合同纠纷等），少部分案由则依据请求权、形成权或者确认之诉、形成之诉的标准进行确定（比如票据付款请求权纠纷、确认合同无效纠纷等）。少部分案由也包含争议焦点、标的物、侵权方式等要素。事实上，许多案由是依据民事实质权来确定的，比如人身自由权纠纷、探望权纠纷、业主专有权纠纷、业主知情权纠纷、共有人优先购买权纠纷等。

2. 诉讼标的是"民事当事人之间发生争议"的民事实体法律关系或者民事实体权利。比如，买方 A 与卖方 B 均履行了各自的义务（履约），则无争议（无诉的利益）而无须解决，此时的买卖合同法律关系或者请求权还不能成为诉讼标的；若 A 与 B 有争议（违约），如因 A 没有按照合同支付货款而发生了争议（有诉的利益），才须解决，此时的买卖合同法律关系或者 B 所主张的请求 A 支付货款的请求权才可能成为诉讼标的。

3. "诉讼标的"是指民事当事人之间发生争议的"请求法院审判"的民事实体法律关系或者民事实体权利。以上例来解释，若 A 与 B 通过和解、调解或者仲裁来解决争议，则 A 与 B 之间发生争议的买卖合同法律关系或者 B 所主张的给付价款的请求权，仍然不能成为诉讼标的；只有当 B 提起民事诉讼请求法院审判该争议时，A 与 B 之间发生争议的买卖合同法律关系或者 B 所主张的请求 A 支付价款的请求权，才能成为诉讼标的。

应当明确的是，构成本案诉讼标的之民事实体法律关系或者原告所主张的民事实体权利是否合法有效，在双方当事人之间存在争议，需要法院经过审理作出终局判断。

诉讼标的同时具有实体内容（实体性）和程序内容（程序性）。上例中，"买卖合同法律关系或者请求权"构成了诉讼标的之实体内容。诉的类型（给付之诉、确认之诉和形成之诉）实际上是根据诉讼标的的实体内容及性质来区分的。就各种诉的标的或者实体法基础来看，给付之诉的标的是"请求权"，确认之诉的标的是"支配权"，形成之诉的标的是"形成权"。上例中，"请求法院审判"体现出诉讼标的之程序内容，即实体当事人之间争议的"标的"在正当程序中须经当事人之间的"诉辩"并接受法院的"审判"。

（三）诉讼标的与诉讼请求之关系

"诉讼请求"在日本被称为"请求趣旨"（"请求旨意"），在我国台湾地区"民事诉讼法"第 244 条中被称为"应受判决事项之声明"（简称"诉之声明"）。诉讼请求是原告请求法院审判的、以诉讼标的为基础的具体实体请求（即具体的权利主张或者实体法律效果），亦即请求权、支配权或者形成权的具体内容。

比如，张某请求法院判决"丁某向张某支付某所房屋的价款"，其具体实体法律地位是原告在此项房屋买卖合同关系中处于债权人的地位，具体实体法律效果是获得某所房屋的价款；B（卖方）诉 A（买方）买卖合同纠纷案，其诉讼标的是 B 对 A 所主张的请求权（属给付之诉），请求权的具体内容构成诉讼请求：请求支付价款 500 万元、利息 10 万元和违约金 5 万元等。

再如，原告提起确认收养关系之诉，其诉讼标的是原、被告间所存在的收养关系或者原告所主张的对收养关系的支配权，诉讼请求则是原告请求法院确认收养关系存在或者合法。原告提起离婚之诉，其诉讼标的是原、被告间所存在的婚姻关系或者原告所主张的对婚姻关系的解除权，诉讼请求则是原告请求法院解除婚姻关系（即判决离婚）。

在诉的客观构成要素中，与诉讼请求不同的是，诉讼标的是诉的"质"的规定性。一个"诉"只有一个"诉讼标的"，但可有数个诉讼请求。若同一个诉讼程序中，存在两个以上的诉讼标的，为两个以上的诉（诉的客观合并）；本诉的诉讼标的发生变更的（如诉讼标的由侵权赔偿法律关系变更为合同法律关系，侵权之诉就变更为违约之诉），本诉即发生"质变"，变成另一诉（诉的客观变更）。

但是，当诉讼请求包含数项可以分割的组成部分时，当事人减少或者增加诉讼请求（属于当事人处分权的范畴），即诉讼请求在"量"上发生变更，则本诉仅发生了"量变"，并未发生"质变"，即并未改变本诉的诉讼标的或者"质"的规定性而依然是原诉。比如，B（卖方）诉A（买方）买卖合同纠纷案中，原告B舍弃违约金5万元的请求，本案诉讼标的没有发生变更，还是原诉。

比如，B打伤了A，于是A对B向法院提起了侵权损害赔偿之诉，请求法院判决B向A赔偿医疗费5 000元、精神损害费2 000元。此例中，诉讼标的是A与B之间存在的侵权损害赔偿法律关系或者A所主张的请求B承担侵权损害赔偿责任的请求权，诉讼请求则是A基于诉讼标的所提出的请求B赔偿医疗费5 000元、精神损害费2 000元的具体实体请求。若A减少诉讼请求的种类，只要求赔偿医疗费5 000元，或者增加诉讼请求的种类而要求赔偿误工费1 000元，或者减少诉讼请求的金额而要求赔偿医疗费4 000元等，则属于当事人处分权的范畴。虽然"诉讼请求"发生"量变"（减少或者增加诉讼请求），但是"诉讼标的"没有发生变更，还是原诉。

既判力的客观范围之所以是判决中对诉讼标的之判断部分，主要是因为诉讼标的是当事人请求诉讼救济的实体事项，是诉讼请求的基础，是诉的"质"的规定性。法院确定判决对诉讼标的作出最终判断即意味着法院审判完该诉，可据此判断是否为"一事多诉（讼）"或者"一事再理"。那么，以该诉讼标的为基础的诉讼请求，也随之不得再被提起和再被审判。确定判决既判力的客观范围，通常是判决主文部分。在直观上，判决主文是对"诉讼请求"的判断。实质上，判决主文是指判决中对"诉讼标的"之判断部分。

比如，"王某诉李某人身损害赔偿纠纷案"民事判决书在其判决主文（判决结果）部分写明：被告李某于本判决生效后7日内向原告王某支付医疗费人民币30 000元等。此为法院经过审理判决原告胜诉，即同意原告的诉讼请求：被告赔偿原告医疗费人民币 30 000 元等。法院经过审理，认为原告王某之诉具备实体（胜诉）要件，即有实体要件事实和相应实体规范来支持原告王某之诉的诉讼标的（原告享有请求被告承担人身损害赔偿责任的请求权），于是法院支持原告基于该诉的诉讼标的或者基于该请求权所提出的请求。

为便于（非法律专家的）当事人理解，立法上和司法中往往不直说"诉讼标的"而是说"诉讼请求"。比如，《最高人民法院关于适用〈中华人民共和国合同法〉若干问题的解释（一）》（法释〔1999〕19 号）第 30 条规定，债权人依照《合同法》第 122 条的规定向法院起诉时作出选择后，在第一审开庭以前又变更诉讼请求的，法院应当准许。此条中"变更诉讼请求"实际上是建立在诉讼标的变更之基础上，为"诉的客观变更"。

诉讼标的、诉讼标的物和诉讼标的额虽有联系但属不同概念。所有的诉均有诉讼标的和诉讼请求，但是只有在有关物的诉中，才有诉讼标的物。在"诉"中，诉讼标的物为原告与被告之间争议之物（动产或者不动产）。往往需要根据市场价格，确定标的物之金额，此金额即诉讼标的额。① 诉讼请求是请求给付金钱的，其金额即诉讼标的额。

第三节　民事诉权：关于民事之诉的权利

法谚云："有权利必有救济。"国民享有请求国家给予司法救济的诉权。国家向国民或者当事人充分开放诉讼制度作为权利救济或者纠纷解决的方式，这是国家向国民承担的保护义务或者保护职责。现行法中，当事人拥有民事纠纷解决选择权，民事诉权是当事人请求国家法院行使司法权的权利。民事诉权的主要内涵和基本属性是：（1）民事诉权是关于民事之

---

① 诉讼标的物是证券的，按照证券交易规则并根据当事人起诉之日前最后一个交易日的收盘价、当日的市场价或者其载明的金额计算诉讼标的的金额（《解释》第 197 条）。诉讼标的物是房屋、土地、林木、车辆、船舶、文物等特定物或者知识产权，起诉时价值难以确定的，法院应当向原告释明主张过高或者过低的诉讼风险，以原告主张的价值确定诉讼标的的金额（《解释》第 198 条）。

诉的权利，兼具程序内涵（程序性）和实体内涵（实体性）；（2）民事诉权是当事人向国家法院行使的请求权（公权性），属于基本权利（属于宪法权利和基本人权的范畴）。

一、民事诉权是关于民事之诉的权利

（一）民事诉权是关于民事之诉的权利

德语 Klagrecht（诉权）由 Klag（e）（诉）和 Recht（权利）组成，是指"可以为诉的权利"①。民事诉权是关于民事之诉的权利，民事之诉的内涵和属性自然成为民事诉权的内涵和属性，即民事之诉和民事诉权同时具有程序内涵（程序性）和实体内涵（实体性）。

"民事之诉"（"民事争讼案件"）实际上是（通过原告起诉和法院受理而）进入审判程序的"民事纠纷"，是程序请求与实体请求的统一体。申言之，"诉"具有"程序内涵"，即原告起诉以启动诉讼程序，请求法院行使审判权。"诉"依其本质来看，是原告请求法院给予诉讼救济，属于公力救济的范畴。原告起诉的目的是请求法院运用国家审判权来解决民事纠纷和保护民事权益，所以"诉"还有"实体内涵"，即诉讼标的和诉讼请求所包含的实体内容或者实体主张，共同构成原告请求法院保护或者审判的具体范围。

对于特定的民事纠纷，原告根据其享有的"诉权"而向法院"起诉"，请求法院适用争讼程序来解决，所以原告"起诉"（提起"诉"）实际上是向法院行使（特定民事纠纷的）诉权，于是"诉"所包含的程序内涵和实体内涵就构成"诉权"的程序内涵和实体内涵。换言之，将民事纠纷引导到争讼程序中是民事诉权的程序功能，体现了民事诉权的程序内涵。民事纠纷是以民事实体权益或者民事实体关系为内容的争议，从而民事诉权具有实体内涵。根据诉的类型（给付之诉、确认之诉和形成之诉），民事诉权可分为给付诉权、确认诉权和形成诉权，这也揭示出民事诉权包含程序

---

① 在英美法中，诉权即 right of action，即"the right to bring a specific case to court"（*Black's Law Dictionary*，p. 1520）。与诉权相近的概念或者权利还有"诉诸司法的权利"（right of access to courts）等，即国民用诉讼程序处理案件的可能性。参见［美］彼得·G. 伦斯特洛姆编：《美国法律辞典》，贺卫方等译，226页，北京，中国政法大学出版社，1999。

和实体两方面的内涵和属性。

民事诉权具有程序内涵和实体内涵，并不违背逻辑学原理，因为根据逻辑学的原理，一个概念的内涵可以是单一的或者数个。民事诉权具有程序内涵和实体内涵并不意味民事诉权包含或者分为两种不同的权利——（传统二元诉权说将民事诉权界定为）"程序意义上的诉权"和"实体意义上的诉权"。因此，笔者不主张"程序意义上的诉权"和"实体意义上的诉权"的提法，而主张"诉权的程序内涵"和"诉权的实体内涵"的提法。

民事争讼是民事诉权行使的领域，也是实体法和诉讼法共同作用的领域，所以不能撇开诉讼目的和实体价值来理解民事诉权的内涵。从诉讼法与实体法的联结点来理解民事诉讼的目的和价值、民事之诉、诉权、诉讼标的、诉讼行为和既判力等问题，能够营造出统一和谐的民事诉讼理论体系、制度体系及运行机制。

有些国家和地区是在其民事诉讼法典中规定诉权或者民事司法救济权的，基本上肯定诉权或者民事司法救济权具有程序内涵和实体内涵。比如，《法国新民事诉讼法典》第30条规定："对于提出某项请求的人，诉权（action）是指他就该项请求之实体的陈述能为法官听取，以便法官裁判该请求是否有依据的权利。对于他方当事人，诉权是指辩论此项请求是否有依据的权利。"据此看来，法国法中的诉权包含了程序内容和实体内容。①

法国现代法理论认为，诉权不是实体权利，但是，与实体权利存在如下密切的联系："诉权实现了"实体权利与确保这种权利得到确认的诉讼程序之间的结合，即实体权利与诉讼程序正是通过诉权才连接在一起的。由此，根据实体权利的性质来划分诉权的类型，如物权诉权与债权诉权、

----

① 据此看来，法国法中的诉权包含了被告的辩论权、抗辩权的内容，与笔者所主张的诉权的概念有所区别。法国学者中有批评者认为，与原告诉权相对称的应是被告"诉讼不受理"的请求而不应是辩论权，况且完全可以运用"尊重辩论权制度"，而无须将诉权理论作为被告"辩论原告诉讼请求是否成立"的依据。法国权威学者认为，诉权是指承认个人享有的诉诸法院以获准尊重其权利与正当利益的权利。参见［法］让·文森、塞尔日·金沙尔：《法国民事诉讼法要义》上册，罗结珍译，115～116、120页，北京，中国法制出版社，2001。

动产诉权与不动产诉权、占有诉权与本权诉权等；同时，实体权利被侵害或者发生争议时所产生的诉讼利益（即诉的利益）被作为诉权的构成要件。①

我国澳门地区《民事诉讼法》第 1 条［诉诸法院之保障］所表述的内容中包含了诉权的内涵。该条规定："（一）透过法院实现法律所给予之保护，包括有权在合理期间内，获得一个对依规则向法院提出之请求予以审理，并具有确定力之司法裁判，以及有可能请求执行司法裁判。（二）除非法律另有规定，就所有权利均有适当之诉讼，以便能向法院请求承认有关权利，对权利之侵害予以预防或者弥补，以及强制实现有关权利，且就所有权利亦设有必需之措施，以确保诉讼之有用效果。"

澳门地区民事诉讼法学者认为，"诉讼权"（司法诉讼权）即诉诸法院之权利，亦即"向法院开展诉讼程序之权"，其目的是在争讼或者利害冲突之个案中"向法院请求承认权利"，"诉诸法院以提起诉讼为之"②。就澳门地区《民事诉讼法》第 1 条的内容来看，所谓"诉讼权"，实际上也包含了程序内容和实体内容。

民事诉权是宪法基本权利，但若滞留于这样抽象的认识层面和制度层次，则会重蹈抽象诉权说和司法行为请求权说的覆辙，即诉权的享有和行使脱离实体权益，没有赋予诉权以请求法院为具体内容的判决的内涵，以至于诉权成为内容抽象、空虚的权利而忽视设立诉权的目的和行使诉权的目的。

（二）民事诉权的程序内涵和程序性

民事之诉和民事诉权的程序内涵主要是原告通过"起诉"，以启动争讼程序，请求法院行使审判权。"民事诉权"和"起诉"之"诉"包括所有的民事之诉，如给付之诉、确认之诉、形成之诉，本诉、反诉、参加之诉，异议之诉，再审之诉等。

---

① 参见［法］让・文森、塞尔日・金沙尔：《法国民事诉讼法要义》，上册，罗结珍译，118～119 页，北京，中国法制出版社，2001；《法国新民事诉讼法典（附判例解释）》，上册，罗结珍译，译者导言，5 页，北京，法律出版社，2008。

② 李淑华：《民事诉讼法入门》，冯文庄译，20～22 页，澳门大学－法学院－澳门基金会，1996。

民事诉权的程序内涵或者程序性质，使争讼程序的启动具有了程序方面的根据。当事人凭借诉权将民事纠纷引导到争讼程序中。可见诉权是连接民事纠纷与争讼程序之间的"桥梁"。事实上，"行使诉权"的方式就是"起诉"（即"行使起诉权"），民事诉权在程序层面表现为"起诉权"，所以上述的"桥梁"在民事诉讼层面表现为"起诉权"，架起这一"桥梁"的行为就是"起诉"。因此，在术语运用上常用"起诉"而较少说"行使诉权"，立法上亦是如此，如《民事诉讼法》第 119 条直接表述为"起诉必须符合下列条件"。

诉权是自诉讼外加以利用的权利，即诉权是存在于诉讼外的权利，是启动诉讼程序的权利。民事诉权学说中，司法行为请求权说和我国的一元诉权说主张诉权是诉讼内权利，其他学说一般认为，诉权是诉讼制度机能发挥的原动力，应为自诉讼程序外部进行运用的，与现实的诉讼构造或者诉讼阶段没有关系。

根据一事不二讼或者一事不多讼原则，同一纠纷的诉权通常仅可一次行使，原告起诉或者行使诉权直观表现为初审程序的启动，但实际上启动的是对该纠纷的整个审级程序（包括初审程序和上诉审程序），就是说，初审和上诉审作为先后有序的程序阶段，共同组成一个案件的审判程序或者争讼程序，所以主张"诉权是自诉讼外加以利用的权利"的学者一般认为，上诉权的行使不是诉权的行使。

再审案件或者再审之诉与原审或者既判的案件是同一案件或者同一个诉（原诉）。当事人提起再审之诉是一事不二讼原则或者判决既判力的法定例外，再审的主要目的是为当事人提供最后的诉讼救济机会，其本质是对再审之诉或者同一个诉的"诉权"的第二次行使，是法院对同一案件或者既判案件的再次审判。

（三）民事诉权的实体内涵和实体性

民事之诉和民事诉权的实体内涵是诉讼标的和诉讼请求所包含的实体内容或者实体权益主张。比如，给付之诉成立的实体（法）基础是民事权益人对民事义务人享有实体法上的给付请求权，即给付之诉的诉讼标的是原告享有的给付请求权，在给付请求权的基础上原告提出的具体实体请求或者实体权益主张则构成诉讼请求的实体内容，那么给付诉权的实体内涵应当包含给付请求权和具体实体请求。

比如，A 的脸部被 B 划破了，A 以 B 为被告，向法院提起了人身侵权损害赔偿之诉，请求法院判决被告赔偿医疗费 5 000 元、误工损失费 500 元、精神损害赔偿费 10 万元。A 就此案拥有的诉权的实体内涵是本案的诉讼标的和诉讼请求的实体内容。此案的诉讼标的是原告所主张的请求被告承担侵权损害赔偿责任的请求权，请求权的具体内容（赔偿医疗费 5 000 元、误工损失费 500 元、精神损害赔偿费 10 万元等）构成了诉讼请求的实体内容。

将民事诉权的实体内涵界定为当事人享有的"胜诉权"或者"期待胜诉权"的观点，是不合理的。事实上，原告提出的实体主张或者诉讼请求能否获得满足，取决于实体主张或者诉讼请求有无充足的事实根据和相应的法律根据，这些问题均由中立的国家法院通过正当程序的审理来作出终局性判断。一个人享有诉权实际上是指有权获得关于其诉讼请求合法与否的司法判决，若法院判决原告败诉，则原告没有实体权利，但原告已成功地启动了诉讼程序而请求法院行使审判权，此际说原告没有诉权是荒谬的。英国有学者认为，原告享有并行使的诉权实际上是"主观权"，即"要求法官依诉讼请求作出裁决的权利"[1]。

有人认为，当事人提起"异议之诉"（撤销或者变更判决之诉）的目的是"除去确定判决的效力"，所以异议之诉属"程序法上的形成之诉"，其诉讼标的是程序法上的形成权（撤销权或者异议权）。事实上，"除去确定判决的效力"只是维护原告实体权益的前提步骤。异议之诉比如执行异议之诉，其诉因是原告主张的实体权益受到侵害或者发生争议，其诉讼标的是原告主张的实体法律关系或者是实体法上的请求权、支配权或者形成权，其目的是维护原告主张的实体权益，故强制执行法及其理论将执行异议之诉纳入实体救济的范畴（参见第八章第二节三）。

根据诉和诉权原理，诉权仅能就一个独立的诉来行使，即某项民事法律关系或者民事权益必须是构成民事纠纷的核心法律关系或者是原告诉

---

① ［英］J. A. 乔罗威茨：《民事诉讼程序研究》，吴泽勇译，53 页，北京，中国政法大学出版社，2008。

讼目的之所在，而不是本案判决的先决事项，才能就此提起一个独立的诉。就异议之诉而言，所谓"程序法上的形成权"仅能附随于法院的判决而存在，其行使实际上是作出本案实体判决的前提，不具有独立性。

（四）民事诉权与诉讼权利

诉权是自诉讼程序外部进行运用的，从程序意义上说，旨在启动诉讼程序，从而区别于"诉讼内的诉权"。我国以往的诉权学说中，有学说主张诉权是当事人各项诉讼权利的概括和集中的体现，诉权的行使贯穿于诉讼的全过程（审判阶段和执行阶段），各种诉讼权利是诉权在诉讼各个阶段中的不同表现形态。

应当说，诉权并不是诉讼权利的权源，诉讼权利是诉讼内的权利，主要是根据诉讼运行机制和正当程序原理或者为维持诉讼程序正常运行和实现诉讼目的而设定的。根据正当程序原理，当事人作为诉讼主体，应当享有程序参与权、程序选择权等程序基本权，并且当事人能够平等、充分地享有和行使其程序基本权。这是实现案件事实真实和适时作出公正判决的必要条件或者前提基础。

民事诉权与诉讼权利除了是否为诉讼内的权利这一不同之外，还存在如下主要区别：

1. 权利的具体构成不同。民事诉权是具有多重内涵的单一概念或者权利，但诉讼权利是包含多项具体诉讼权利的类的概念或者权利。当事人各项诉讼权利的总和，统称为"当事人权"或者"程序基本权"，包括程序参与权和程序选择权等。就程序参与权而言，包括诉讼知情权和诉讼听审权，而诉讼听审权又包括程序请求权、事实主张权、证明权（举证权和质证权）、辩论权、获得审级救济权等。如今，民事诉权和程序基本权均属于宪法基本权利和基本人权的范畴。

2. 权利的主体和相对的义务主体不同。诉权主体是适格的当事人（正当当事人），与诉权主体相对的义务主体是国家法院。诉讼权利不独为当事人拥有，法院和证人等诉讼参与人也拥有诉讼权利；与诉讼权利主体相对的义务主体不单是法院，还有对方当事人和证人等诉讼参与人（特殊情况下还有案外人），比如，质证权主体是当事人，那么相应的义务主体有法院（保障质证权）、证人（按时出庭接受质证）等。

3. 能否由多人同时或者多次行使不同。根据一事不二讼原则，就同一个民事纠纷或者民事案件，其诉权通常仅可作一次行使（当事人提起再审之诉为法定例外）。但是，许多诉讼权利，如程序请求权、事实主张权、证明权、辩论权、申请回避权等，可由双方当事人同时或者多次行使而不违法。

4. 是否包含实体内涵不同。民事诉权的实体内涵使其有别于诉讼权利。诉讼权利基本上是程序性的，但是，这并不否定某些诉讼权利也具有实体内涵或者其行使能够产生实体效果。由于民事诉讼具有保护实体权益和解决民事纠纷等实体性功能，是民事实体法与民事诉讼法共同作用的领域，所以必然存在与当事人的民事实体主张和民事实体规范相关的诉讼权利，如原告对诉讼请求的舍弃权、被告对诉讼请求的认诺权、当事人对不利实体事实的自认权、当事人对民事纠纷的诉讼和解权等。

民事诉权与诉讼权利之间的关联主要有：（1）诉权的行使是当事人行使诉讼权利的前提条件，因为诉权的合法行使能够启动诉讼程序，只有在诉讼程序中当事人才能享有并行使诉讼权利。（2）事实主张权、证明权、辩论权、上诉权等诉讼权利的行使，有助于实现诉权的实体内容或者行使诉权的目的。

二、民事诉权是当事人向国家法院行使的请求权

（一）民事诉权因是当事人向国家法院行使的请求权而具有公权性

现代司法制度主要是由国家的司法权、国民的司法救济权（包括诉权）和结合两者的正当程序共同构成的。民事诉权是国民或者当事人依据宪法和民事诉讼法所享有的，请求国家法院通过民事诉讼来保护民事权益和解决民事纠纷的权利。民事诉权属于公权，是当事人请求国家法院给予司法救济的请求权，可以选择是否行使（有是否起诉的自由）。国家具有保护国民之责，承担保护诉权的职责，即"不得非法拒绝审判"或者"有告诉即受理"。

民事诉权属于肯定的、主动的请求权，"肯定"的含义是"要求他人采取肯定行动"，"主动"的含义是"选择是否从事某种行为"，而且诉权是一种法定的、特殊的、具有公法性的请求权。申言之，民事诉权是国民

或者当事人依据宪法和民事诉讼法所享有的、请求国家法院通过民事诉讼来保护民事权益和解决民事纠纷的权利。

民事诉权作为国民或者当事人享有的公权，不同于国家机关及其公务人员所拥有的公权（力）。国家机关及其公务人员所拥有的公权，是为维护和实现国家利益、社会利益和国民个人利益而设的，包含了"依法应为"的内容，即通常所谓公权力既是权力（power）又是职责（duty）。民事诉权虽属公权，但由于是为维护当事人的实体权益而设立的，是一种权利（right）（属于司法救济权），所以当事人可以决定是否行使其民事诉权，即当事人拥有"是否起诉"的自由。

民事诉权作为请求国家法院给予司法救济的请求权，体现了国民（或者当事人）和国家（或者法院）之间的公法上的权利义务关系。就民事诉权而言，权利主体是国民或者当事人，义务主体是国家或者法院，即国家或者法院承担保护诉权的义务或者职责，亦即"不得非法拒绝审判"或者"有告诉即受理"。诉讼中还存在非判决终结诉讼的情形，比如法院调解结案、当事人合法撤诉、达成诉讼和解、法院裁定诉讼终结等，并非法院拒绝审判。

国家与构成我们复杂生活的无数其他团体和组织的一个重要区别是，国家具有充当各种要求的最后裁决者和调节者的这种终极性。[1] 在文明社会，国民安全主要赖以为基础的，就是把个人随意谋求权利的事务转让给国家，于是从这种转让中产生了国家的义务，即为国民完成他们现在再也不许自己去完成的事情（如禁止强制性的自力救济），因此，如果国民之间发生权利争议，国家就有义务对权利进行裁决，并且要保护拥有权利的一方。[2]

现代国家有保护国民之责。在现代权利主导的公法关系里，国民享有要求国家履行其职责的权利，如要求给予公平的对待、要求司法救济、要求公平审判、要求维持治安秩序等。国家承担的不是可选择的、以体恤为

---

[1] See Bernard Bosanquet, *The Philosophical Theory*, London, Macmillan and Co. Limited, 1930, p. 175.

[2] 参见［德］威廉·冯·洪堡：《论国家的作用》，137页，北京，中国社会科学出版社，1998。

特征的责任。① 现代公权观念和公法理论、自由主义国家观和法治思想将国家与国民的关系视为公法上的权利义务关系，承认国民拥有要求国家给予利用诉讼制度的公权。

（二）民事诉权是宪法权利和基本人权

第二次世界大战后，国际社会开始重视维护和尊重人权，签订了一些重要的人权公约。与此同时，诸多国家和地区开始重视宪法的权威性地位，开始肯定诉权或者司法救济权为宪法基本权。与此同时，学术界开始从宪法的高度来认识诉权或者司法救济权。

诉权的"宪法化"（constitutionalization）是现代宪政发展趋势之一，而且日益呈现出普遍性来。诉权学说和制度发展到今天，人们普遍认为，诉权是公民享有的宪法基本权，是指当合法权益受到侵害或者发生法律纠纷时，当事人请求国家法院行使司法权或者审判权来保护权益或者解决纠纷的权利。

诸多国家的宪法直接或者间接地肯定诉权或者司法救济权为宪法基本权。比如，《日本国宪法》第 32 条规定："任何人在法院接受审判的权利不得被剥夺。"《意大利宪法》第 24 条规定："任何人为保护其权利和合法利益，皆有权向法院提起诉讼。"《美国联邦宪法》第 3 条规定了可由联邦法院审判的案件或者争议的三个条件，只要某个案件或者争议同时具备这三个条件，就可向联邦法院提起诉讼，从而间接规定了国民的司法救济权。

宪法学界多肯定诉权或者司法救济权的宪法基本权地位。我国宪法理论一般认为，诉权是国民在权利和利益受到不法侵害或者妨碍时，向有管辖权的法院提起诉讼、寻求法律救济的权利。② 有宪法学者将诉权作为"司法上的受益权"，认为其基本内涵是人民的生命、自由和财产如遇侵害则可行使诉权请求司法保护。③ 还有学者认为，诉权是消极的司法受益权，即诉权是国民请求法院保护而非增加其权益的权利，仅为消极地避免

---

① 参见夏勇主编：《走向权利的时代》，修订版，672～675 页，北京，中国政法大学出版社，1999。

② 参见李步云主编：《宪法比较研究》，509～510 页，北京，法律出版社，1998。

③ 参见曾繁康：《比较宪法》，133～134 页，台北，三民书局，1993。

侵害的权利。①

在日本，其宪法第 32 条所规定的权利被称为"接受审判的权利"，被列入国民"国务请求权与参政权"，其对应义务是法院"不得非法拒绝审判"②。所谓接受审判的权利，是指所有个人可以平等要求超然独立于政治权力的公平的司法机关，对于其权利和自由予以救济，而且不受这种公平法院以外的机关裁判的权利。③

民事诉讼法学界从宪法的角度来看待诉权或者司法救济权问题，始自对第二次世界大战历史灾难进行反省的德国的司法行为请求权说。此说主张，诉权是国民请求国家司法机关依照实体法和诉讼法进行审判的权利，现代法治国家原理要求宪法保障任何人均可向法院请求司法保护，倘若法院拒绝审判或者拖延审判，则当事人可向联邦宪法法院请求法律救济。

日本法学界普遍认为，根据司法行为请求权说，即使在因"欠缺诉的利益"而被驳回起诉时也仍然满足诉权，所以该说与抽象诉权说一样存在诉权内容抽象和空虚的缺陷。不过，日本法学界吸收了司法行为请求权说有关宪法和现代法治的内容，根据本国宪法第 32 条规定的"任何人在法院接受审判的权利不得剥夺"，提出了"宪法诉权说"。

此说主要是从宪法的角度为其学说提供立论根据，将宪法上所规定的公法性质的人民享有接受审判的权利与诉权相结合，主张应将宪法上所保障的诉讼受益权性质引进诉权理论。④ 随着 1970 年日本法院作出了强制调解违宪的判决，宪法议论又活跃起来。⑤ 在日本，有部分学者虽然反对

---

① 参见林纪东:《比较宪法》，247~248 页，台北，五南图书出版公司，1980。

② ［日］宫泽俊义、芦部信喜:《日本国宪法精解》，董幡舆译，261 页，北京，中国民主法制出版社，1990。

③ 参见［日］芦部信喜:《宪法》，李鸿禧译，230 页，台北，月旦出版社，1995。

④ 但是，三月章先生认为，不能简单地将日本现行宪法规定的"接受审判的权利"与德国在特定的历史条件下产生的作为诉讼法理论研究中的诉权视为同一内容。接受审判的权利的构想，源于与德国式的诉权论毫无关系的其他欧洲国家和美国。即便在现阶段，这些欧洲国家和美国对于属于诉讼法理论的诉权论的实用性完全持否定态度，但是宪法所规定的接受审判的权利这一观念仍然不容否定。宪法上确立国民的这项权利，实质上是为了保障国民拥有接受迅速、公平、最低费用的裁判这一国家法律上的地位。实际上这是完全不同的另一范畴的问题，轻易地将其与诉权混为一谈是非常不可取的。参见［日］三月章:《日本民事诉讼法》，汪一凡译，17 页，台北，五南图书出版公司，1997。

⑤ 参见［日］谷口安平:《口述民事诉讼法》，74 页，东京，成文堂，1987。

传统诉权概念及理论，但认为不必全部抛弃。通过将作为市民对国家的权利的诉权存在理由与宪法上的接受审判的权利相结合，而使诉权再生。①

我国现代诉权理论普遍支持诉权为宪法基本权利或者基本人权，主张当事人享有诉权的法律根据首先是宪法，诉权是宪法赋予国民所享有的请求司法救济的基本权利。法谚云："没有救济的权利不是权利。"宪法和法律赋予国民以生命权、自由权和财产权，在这些权利受到侵害或者发生争议时，国民充分享有平等诉权。②

当发生了特定的民事纠纷而需要诉讼救济时，从理论上说，双方当事人享有平等的具体诉权，不过双方当事人均起诉的，根据"一事不再理原则"和优先原则，法院接受先起诉而否决后起诉的，不能否认诉权的平等性。

三、民事诉权与民事纠纷解决选择权和获得正当程序审判权

(一) 民事诉权与民事纠纷解决选择权

我国《物权法》第 32 条规定，物权受到侵害的，权利人可以通过和解、调解、仲裁、诉讼等途径解决。我国《合同法》第 128 条规定，当事人可以通过和解、调解、仲裁或者诉讼解决合同争议。一个理性的和谐社会应当向其成员提供多种民事纠纷解决方式，让纠纷主体根据法律的规定按照自身利益的需求，选择相应的民事纠纷解决方式，即纠纷主体或者当事人享有并行使"民事纠纷解决选择权"，并不构成对其民事诉权之侵害。

和解、调解和仲裁等"非诉讼纠纷解决机制"或者"替代性纠纷解决机制"（Alternative Dispute Resolution，简称 ADR）能够及时解决纠纷，降低纠纷解决成本，也可以减缓纠纷对法院的压力；同时民间法（地方惯习和行业惯例等）在 ADR 中的适用较民事诉讼更频繁、更深入，能够满足当事人对民间法与国家法的不同需求，有利于民间法与国家法在民事解决纠纷领域中的协调。因此，在法治框架内，国家对 ADR 给予了制度上的支持，如国家法律赋予具有既判力的 ADR 结果以强制执行力。

---

① 参见［日］上田彻一郎：《民事诉讼法》，32 页，东京，法学书院，1982。
② 参见邵明：《民事诉讼法理研究》，119～120 页，北京，中国人民大学出版社，2004。

若法律强行要求纠纷主体必须采用非诉讼方式（"强制 ADR"）来解决纠纷，则需有充足的合理根据。比如，对于离婚纠纷，以调解为诉讼审判的必经程序。[①] 其正当根据在于调解能够不伤和气地解决纠纷，能够维护纠纷主体之间的关系和睦、感情融洽。"强制"仅限于"适用"的强制，纠纷主体不服"强制 ADR"处理结果的，可请求诉讼救济[②]，所以这不构成对纠纷主体民事诉权和获得正当程序审判权之侵害。

发生既判力的 ADR 结果（如仲裁调解书、法院调解书、仲裁裁决书等），对其解决的民事纠纷虽不得再起诉，但若其程序或者实体存在重大违法或者显著错误的，则纠纷主体还应能获得诉讼救济［参见第八章第二节一（三）］。比如，我国《仲裁法》允许当事人请求法院撤销仲裁裁决书，若法院裁定撤销的，则纠纷主体可就原纠纷提起诉讼（或者申请仲裁）；《民事诉讼法》允许通过再审程序撤销违反合法原则或者自愿原则的法院调解书（第 198、201、208 条）。

（二）民事诉权与获得正当程序审判权

早在 1628 年，英国《权利请愿书》第 4 条规定：任何人无论何种身份都有依法依照正当程序接受裁判的权利，国家未经法律正当程序不得非法驱逐、逮捕、拘禁、取消继承权或者将其处死。

在诉权的"宪法化"和"国际化"的进程中，一些人士将诉权理解为"获得正当程序审判权"（"接受裁判权"）。"获得正当程序审判权"是内涵更广的权利，除了包含诉权的内容之外，还包含诉讼当事人享有的获得公正和及时审判的权利，即当事人有权获得依法设立、有管辖权、独立、公正的法院的公正、及时审判。《世界人权宣言》第 10 条、《公民权利和政治权利国际公约》第 14 条和《欧洲人权公约》第 6 条等所规定的权利，实际上就是"接受裁判的权利"或者"获得正当程序审判权"。

---

① 《解释》第 145 条第 2 款规定："人民法院审理离婚案件，应当进行调解，但不应久调不决。"

② 比如，我国《劳动争议调解仲裁法》第 48 条规定：劳动者对劳动仲裁裁决书不服的，可以自收到裁决书之日起 15 日内向法院提起诉讼。我国的劳动争议仲裁属于法定的强制仲裁（属于"强制 ADR"）。强制仲裁由于缺少当事人仲裁协议，即不是双方当事人自愿选择适用而是法律规定必须适用的，所以其裁决往往缺少终局性，即当事人不服裁决的可以提起诉讼。

《世界人权宣言》第8条规定："当宪法或者法律赋予的基本权利遭受侵犯时，人们有权向有管辖权的法院请求有效的救济。"第10条进而规定："在确定当事人的民事权利与义务或者审理对被告人的刑事指控时，人们有权充分平等地获得独立、公正的法院进行的公正、公开的审理。"《公民权利和政治权利国际公约》第14条规定："法院面前人人平等，在审理对被告人的刑事指控或者确定当事人的民事权利与义务时，人们有权获得依法设立、有管辖权、独立、公正的法院的公正、公开的审理。"①以上国际条约主要是将诉权与公正审判相融合，实际上规定的是"获得公正审判权"（公正审判请求权）。

提高诉讼效率的内容被融入接受裁判权而生成了"获得适时审判权"（适时审判请求权）。获得公正审判权与获得适时审判权融合成获得正当程序审判权。根据世界贸易组织协议，各成员应采取的措施包括制定及时、有效的救济程序以阻止侵权或者有效遏制进一步侵权，并且这些程序的执行应依公平合理的原则，且"不应是毫无必要的烦琐、费时，也不应受不合理的时限及无保证的延迟的约束"。《欧洲人权公约》第6条第1款规定："在确定当事人的民事权利与义务或者审理对被告人的刑事指控时，人们有权获得依法设立的独立、公正的法院在合理的期限内公平、公开的审理。"

同时，许多国家和地区通过宪法或者宪法性的判例、解释确立了获得正当程序审判权或者正当程序。比如，《德国联邦宪法》第103条第1款规定："每个人都可以要求在法庭上进行法定听审。"德国联邦宪法法院判例以当事人享有诉讼听审权为依据，引申出获得正当程序审判权。日本从其宪法第32条发展出获得正当程序审判权。在美国，获得正当程序审判权来自宪法的正当程序条款。许多国家和地区在民事诉讼法典中致力于构建正当程序，目的在于保障当事人获得正当程序审判权。

至于诉权与获得正当程序审判权之间的关系，笔者赞成多数说，即认

---

① 《联合国残疾人权利公约》第13条规定："缔约国应当确保残疾人在与其他人平等的基础上有效获得司法保护，包括通过提供程序便利和适龄措施，以便利他们在所有法律诉讼程序中，包括在调查和其他初步阶段中，切实发挥其作为直接和间接参与方，包括其作为证人的作用。"

为获得正当程序审判权包括：诉权、获得公正审判权和获得适时审判权。正如新堂先生所认为的，如果将诉权与接受审判的权利等同起来，那么势必将接受审判的权利中包含的要求法院作出的各种司法行为等内容牵强附会地扯入诉权之中，致使诉权内容"重量化"和"散漫化"，从而导致法院和当事人都将难以把握诉权的内涵。[①]

我国宪法应当明文规定诉权或者司法救济权和获得正当程序审判权，彰显其宪法性地位，让法院承担"不得非法拒绝审判"的宪法职责，以有效实现国家司法保民之责。

第四节　民事诉权的保护与滥用诉权的规制

保护民事诉权是法律和诉讼程序追求及改革的目标之一。比较而言，保护民事诉权是主要方面，规制诉权滥用不应阻碍诉权的合法行使，所以滥用诉权的构成要件理当严格，否则会阻碍当事人正常行使诉权。

一、民事诉权的保护

(一) 影响或者阻碍诉权行使的因素

当事人享有请求司法救济的权利或者拥有提起诉讼的自由。古老法谚云："无人可禁止当事人作原告（nemo judex sine actore）。"现代法治社会将司法救济权（包括诉权）确立为（宪法）基本权利。但是，影响或者阻碍行使诉权或者提起诉讼的因素是众多的，且相互作用。[②] 笔者仅从法律制度和司法实务两个层面，就如何保护民事诉权作出简要分析。

与民事诉权紧密相关的是宪法、民事实体法和民事诉讼法以及律师制度等。法律制度越完备、开放程度越高，司法或者审判越公正越有效率，法律或者诉讼运行机制越合理有效，公民就越易进行诉讼；反之，则不然。同时，在存在可供当事人选择的其他纠纷解决机制的制度环境中，诉讼固有的局限性也会阻碍公民追求诉讼而寻求其他纠纷解决机制。

---

① 参见 [日] 新堂幸司：《民事诉讼法》，2版补正版，172页，东京，弘文堂，1989。

② 参见邵明：《现代民事诉讼基础理论》，142～152页，北京，法律出版社，2011。

民事诉权的保护必须依靠法律制度。从法治的角度说，法律制度本身应制定得良好（即良法）。按照亚里士多德的说法，良法是能够促进正义的法律，良法不能只于一时一地具有意义，良法之治是对人民的自我保全，而不是以法律压迫人民的威权之治。① 对这样的法律，国民才能放心大胆地凭借和利用。具体到诉权行使，当事人亲近诉讼，不仅源自诉讼保护的需要，而且源自宪法和法律所具有的"良法"品质，即法律公正合理地规定国民享有民事诉权，并且根据明确具体的实体法规范，当事人知道民事权利义务的具体分配，以及当事人能够依据明确具体的程序法规范，顺畅地行使诉权。

换个角度说，法律首先是符合本国价值观和促进正义及保护国民之法；法律自身的明确、统一和相对稳定等属性，可满足国民行使诉权和获得判决的预见性的要求；法律的可诉性，即法律具有可以被国民在法院通过诉讼程序加以运用的可能性；法律的方便易得、通俗易懂，有助于国民行使诉权；正当的诉讼程序促成诉讼公正、增进诉讼经济，不致使诉权成为"奢侈的权利"，同时也使国民对司法和诉讼产生信任；如此等等，当然会便利和促进诉权的行使。

（二）民事诉权的制度保护

与民事诉权紧密相关的宪法、民事实体法和民事诉讼法、律师制度和法律援助制度等，须是能够促进正义的良法，当事人才愿意和能够利用其实现权益。②

1. 宪法和民事实体法

诉权的"宪法化"首先表现为宪法明确规定国民享有诉权并予以充分保护。若行政机关、社会组织和其他国民等侵犯他人诉权，诉权主体应当有权获得救济。民事实体法应是裁判规范，使当事人能够依据实体法规范

① 参见周天玮：《法治理想国》，89页，北京，商务印书馆，1999。
② 《民事诉讼法》在第123条中明文规定保护诉权，自此我国在新的历史时期对保护国民诉权进行了重大而积极的实践。目前，有关规范文件主要有：《决定》《最高人民法院关于贯彻落实党的十八届四中全会决定进一步深化司法体制和社会体制改革的实施方案》（2015年）；《解释》《最高人民法院关于人民法院推行立案登记制改革的意见》（法发〔2015〕6号）；《登记立案》等。

胜诉；同时还应具有合理性，便于当事人行使诉权。

就法律的"可诉性"（justiciability）来说，是指法律所具有的在诉讼中可作为裁判依据加以运用的可能性。就法律规范而言，要使法律具有可诉性，在立法时就应注意在法律规范中制定明确的行为模式和相应的法律后果，而且要制定产生纠纷后的解决途径和诉讼主体。[①] 法律的可诉性强调的是法律的裁判规范一面以及法律与诉讼之间的关联性。具有可诉性的法律必然与诉讼发生关联，不具有可诉性的法律也就不具有诉讼适用性，依据这样的法律国民也无从行使诉权。在法律欠缺可诉性的情况下，如果发生了纠纷，纠纷主体因无法利用诉讼而自然得寻求其他方式解决纠纷。因此，法律缺乏可诉性不利于诉权的保护和行使，仅从诉权的角度来说，我国立法上应当增添和充实宪法和民事实体法等法律的可诉性。

在我国，法院在适用法律方面应当通过三种方式为基本权利提供司法保护：（1）如果法律已经对某项基本权利条款进行具体化的，法院应当直接适用该具体规范；（2）如果法律对某项基本权利的保护只作了抽象规定，法院对有关抽象规定作出合宪解释之后予以适用；（3）如果法律对某项基本权利没有作出任何具体和抽象规定，法院可以直接适用宪法的基本权利条款。[②]

"中国农业银行股份有限公司重庆万州分行与重庆市众托建设有限公司等债权执行异议纠纷上诉案"（2010年渝二中法民终字第1467号）进入执行程序，但是被执行人的财产无法实现所有债权，那么，被执行人所欠民工工资是否可以优先于银行抵押贷款本息受偿？《劳动法》第50条规定："工资应当以货币形式按月支付给劳动者本人，不得克扣或者无故拖欠劳动者的工资。"该条并没有直接规定在没有按月支付的情况下，工资和其他债权的先后受偿顺序。对此，第一审法院首先指出，《宪法》第33条第3款规定"国家尊重和保障人权"充分彰显了对人权的尊重和保护。生存权是基本人权，而民工工资关乎民工生存权。除了《宪法》以外，

---

①　参见王晨光：《法律的可诉性：现代法治国家中法律的特征之一》，载《法学》，1998（8）。

②　参见谢立斌：《论法院对基本权利的保护》，载《法学家》，2012（2）。

《劳动法》第 3 条也规定劳动者有取得劳动报酬权，第 50 条规定了工资应当按月支付。据此，第一审法院认为："这些规定说明劳动者不仅应获取劳动报酬，依法还应及时获取报酬，工资是任何企业经营中必然发生的，劳动者的付出附于整个生产经营过程，及时支付工资成了生产经营正常维系的重要因素，由此可以理解工资的支付优于其它债权的实现。"第一审法院并没有直接依据宪法作出判决，而是认为民工工资受到生存权保护，而生存权属于宪法上的重要人权；然后，在这一认识的指导之下对《劳动法》第 50 条作出了有利于民工生存权的解释。与此相应，第一审法院认为，宪法上的人权条款构成了民工工资优先受偿的"根本依据"，《劳动法》的规定是"直接依据"，政策和司法指导意见则构成"参考依据"。该案判决体现了对法律进行合宪解释的思维。[①]

就侵权责任法而言，传统的侵权责任法是消极的救济法，以填补损害或者救济私权为核心，不过，"救济私权"仍然是现代侵权责任法的核心目的和功能。根据这一目的，侵权责任法在其发展过程中，通过适时调整归责原则、构成要件、责任主体等，将损害赔偿的模式从单一的"损害移转"逐步发展到"损害分散"的责任承担模式，使受害人的权益可以在更广范围内获得救济。就归责原则而言，我国《侵权责任法》一方面坚持以过错责任为基本原则；另一方面扩展了过错推定、无过错责任的适用范围，减轻或者免除受害人对"侵权人具有过错"的证明难度或者证明责任，以增加其获得救济的可能性，同时在很大程度上能够实现现代侵权责任法"预防损害"的目的。[②]

在损害赔偿案件中，受害人往往无法确定或者没有证据来证明损害程度或者赔偿数额。但是，损害赔偿金不能被确定性地估算的事实，并不能

[①]　有学者认为，法院援引人权条款并主张生存权是基本人权的做法有可商榷之处，法院更应当援引《宪法》第 42 条所规定的劳动权。在本案中，享有抵押担保的债权人提出执行异议，导致民工工资可能无法受偿，这构成了对民工劳动权的威胁。劳动权条款所设立的国家保护义务，要求国家为这一执行异议提供保护，法院确认民工工资优先受偿，正是对这一保护义务的履行。参见谢立斌：《论法院对基本权利的保护》，载《法学家》，2012 (2)。

[②]　参见王利明：《我国侵权责任法的体系建构》，载《中国法学》，2008 (4)。

否定不当行为人支付赔偿金的必要性。① 换言之，一个受到伤害的人，不能仅仅因为他不能充分确定地证明其受到伤害的程度，就被剥夺获得实质性赔偿的权利。② 我国《侵权责任法》第 20 条规定："侵害他人人身权益造成财产损失的，按照被侵权人因此受到的损失赔偿；被侵权人的损失难以确定，侵权人因此获得利益的，按照其获得的利益赔偿；侵权人因此获得的利益难以确定，被侵权人和侵权人就赔偿数额协商不一致，向人民法院提起诉讼的，由人民法院根据实际情况确定赔偿数额。"

2. 民事诉讼法和相关法律

民事诉讼法建构起正当程序，使当事人能够便利地进入诉讼，运用正当程序公正及时地获得诉讼救济。兹举例说明如下：

(1) 明确规定特殊情形中当事人或者第三人享有或者行使诉权。比如，合法民事利益受到侵害或者发生争议的③、后发性请求的、公益纠纷诉权、第三人撤销之诉、执行异议之诉、执行分配方案异议之诉、有关折价赔偿之诉（《解释》第 494 条）、妨害执行行为造成损失之诉（《解释》第 521 条）、有关公证方面的诉权（《公证法》第 40 条）、诉的合并（包括反诉）和变更、告知（另行）起诉（《民事诉讼法》第 179 条和《解释》第 328、350、372、405、532、533、544 条等）等。

(2) 明确规定起诉条件。为保护民事诉权，根据"先程序后实体原则"，起诉条件主要是程序性要件，对此应当作出明确规定。

(3) 确立立案登记制和允许当事人补正起诉条件；为方便当事人行使诉权，法院提供网上立案、预约立案、巡回立案等诉讼服务（《登记立案》第 14 条）。

(4) 对裁定不予受理和驳回起诉作出合理规定。比如，裁定不予受理、驳回起诉的案件，原告再次起诉，符合起诉条件且不属于《民事诉讼

---

① 这是 1911 年英国 Vaughan Williams 法官在 Chap lin v. Hick 案中写下的著名判词。参见王军、王秀转：《侵权法上损害证明的确定性》，载《政法论坛》，2008 (5)。

② See The American Law Institute, *Restatement of the Law*, Second, Torts, §912, Comment a. 1970.

③ 《侵权责任法》第 2 条明确规定保护民事利益。《解释》第 69 条规定："对侵害死者遗体、遗骨以及姓名、肖像、名誉、荣誉、隐私等行为提起诉讼的，死者的近亲属为当事人。"

法》第 124 条规定情形的，法院应予受理（《解释》第 212 条）；对不予受理或者驳回起诉的裁定，当事人有权提起上诉（《民事诉讼法》第 123、154 条）①，且可申请再审（《解释》第 381、414 条）。

（5）合理设置撤诉制度。撤诉并未解决纠纷，所以撤诉后原告可以就同一纠纷再次起诉。但是，原审原告在第二审程序中撤回起诉后重复起诉的、第一审原告在再审审理程序中撤回起诉后重复起诉的，法院不予受理（《解释》第 338 条第 2 款、第 410 条第 2 款）。

当事人拥有是否行使诉权的自由，其中包括撤回起诉的权利或者自由，所以法律限制撤回起诉须有充足根据，即撤回起诉也须符合法律规定的合理要件（如不得损害公共利益等）。至于按撤回起诉处理，即否定当事人行使诉权，须有充足根据。

同时，还应当建构合理的诉讼费用救助和法律援助制度，帮助经济贫困的当事人寻求诉讼保护；并且应当完善律师制度，便于当事人及时获得律师帮助。

（三）民事诉权的实务保护

民事诉权是一种对世权，任何人不得非法侵害或者阻碍其合法行使。实务中，承担保护诉权职责的首先是法院（限于篇幅下文简要讨论法院保护诉权问题）。

一方面，法院不得非法拒绝审判。对于符合起诉条件之诉，法院应当适时受理，并且禁止随意增加起诉条件（比如要求原告在起诉阶段就应当提出充分的胜诉证据，以诉讼文书不能送达为由不予受理等）。法院应当便利和保障当事人行使诉权，不应以轻微的程序上的错误为由而拒绝受理和审判案件，比如对于起诉状中当事人基本情况记载不清、没有记载诉讼请求等情况，法院应当给予当事人补正的机会。

另一方面，法院遵循不告不理原则。当事人没有行使诉权的，法院不得主动寻找案件来立案，否则，侵犯当事人诉权（因为当事人有是否行使

---

① 《解释》第 332 条规定："第二审人民法院查明第一审人民法院作出的不予受理裁定有错误的，应当在撤销原裁定的同时，指令第一审人民法院立案受理；查明第一审人民法院作出的驳回起诉裁定有错误的，应当在撤销原裁定的同时，指令第一审人民法院审理。"

诉权的自由）。私益案件中，适用当事人处分原则，即原告有权通过诉讼标的和诉讼请求来决定请求法院保护的范围，法院只能在此范围内作出裁判，否则，侵犯原告的私权和诉权。

法院侵害诉权的，主要是通过诉讼程序（上诉和再审）来纠正。为保障法官独立审判，一般不允许在诉讼程序外部惩治法官侵害诉权的行为，除非法官侵害诉权的行为非常严重甚至构成犯罪，否则，法官不被弹劾或者治罪。

在我国，对于法院作出的不予受理或者驳回起诉的违法裁定，以上诉和再审来纠正。当事人没有起诉或者合法撤诉的，法院所作出的判决为诉外判决，属于无效判决，自始不产生判决的效力。法院违反处分原则所作出的判决，属于违法判决，可以通过上诉和再审来纠正。

二、滥用诉权和滥用诉讼的规制

【案例 1-1】自 2015 年以来，江苏省各级人民法院民刑并施，加大对虚假诉讼行为的惩处力度，以倡导诚实守信，维护审判秩序。近日，江苏省高级人民法院对一试图以伪造证据、虚假陈述的手段获得胜诉结果的金融单位，作出罚款 80 万元人民币的处罚决定。对此，该金融单位不服处罚决定而申请复议，日前已被最高人民法院依法驳回。

江苏省高级人民法院民事审判第二庭在审理宿迁市中宝投资集团有限公司（以下简称中宝公司）与江苏宿豫东吴村镇银行有限责任公司（以下简称东吴村镇银行）、江苏昊晟中小企业融资担保有限公司（以下简称昊晟公司）等借款担保合同纠纷七案过程中查明：2011 年 5 月 5 日，东吴村镇银行与昊晟公司、中宝公司签订《最高额抵押担保借款合同》一份，约定：东吴村镇银行自 2011 年 5 月 5 日至 2014 年 5 月 5 日向昊晟公司发放最高贷款限额人民币不超过 2 500 万元的贷款。中宝公司自愿以其所有的国有土地使用权作为抵押物，为昊晟公司提供担保。同日，东吴村镇银行与中宝公司签订《国有土地使用权抵押合同》一份，内容与前述合同一致，并于 2011 年 5 月 13 日办理了国有土地使用权抵押登记。东吴村镇银行向法院提交其与昊晟公司、中宝公司之间落款时间为 2011 年 6 月 15 日但实际形成于 2012 年 3、4 月份的《补充合同》。

　　该案审理中，东吴村镇银行工作人员承认，该《补充合同》系在案涉前述最高额抵押登记手续办结后由东吴村镇银行工作人员夹入案涉土地登记档案并私自粘贴的。经查实，宿迁市国土资源局宿豫分局在案涉土地登记档案中对该《补充合同》明确注明："此件系银行工作人员借档案复印为名私自粘贴，不予入档，原样封存、备查。"

　　据此，江苏省高级人民法院该案合议庭认为：《民事诉讼法》第13条第1款明确规定"民事诉讼应当遵循诚实信用原则"。东吴村镇银行作为金融机构理应严格遵守该原则，为社会作出榜样。但东吴村镇银行为牟取不当诉讼利益，擅自对案涉土地登记资料进行更改添附，并作为证据向本院提交，同时就其私自添附的《补充合同》向本院陈述系在土地登记部门备案存档，严重违反了民事诉讼应当遵循的诚实信用原则。其试图以伪造证据、虚假陈述的手段获得胜诉结果的行为，属于严重妨害民事诉讼的行为，人民法院依法应采取强制措施。依照《民事诉讼法》相关规定，决定对东吴村镇银行罚款80万元人民币。[①]

（一）滥用诉权和滥用诉讼的概念

　　广义的"滥用诉讼"既包括滥用民事司法救济权（起诉权、非讼程序申请权、执行申请权等），又包括滥用其他民事诉讼权利（程序参与权、诉讼处分权、回避申请权等）。滥用诉权属于滥用诉讼和滥用权利的范畴，行为人主观上均为故意。禁止滥用诉权与禁止滥用诉讼权利均属于诚实信用原则的内容。

　　根据诉权的程序内涵和实体内涵，滥用诉权（简称"滥诉"）体现为：（1）滥用起诉权（包括反诉权、当事人提起再审之诉）；（2）提出显无事实根据的诉讼请求。滥用诉权的情形多种多样，如原告通过行使诉权来侵害对方当事人的合法权益；原告与被告恶意串通，以诉讼侵害第三人的合法权益；原告捏造侵权事实，通过诉讼来提高知名度；等等。

　　《民事诉讼法》第112、113条对滥用诉讼（包括滥用争讼程序和滥用执行程序）界定为："恶意串通"，据此，滥用诉权和滥用诉讼实指"恶意

──────────

　　① 娄银生：《擅自更改诉讼证据 牟取不当诉讼利益》，载《人民法院报》，2016－02－15。

诉讼"。《民事诉讼法》第 112、113 条对恶意诉讼的规定,当然适用于滥用诉权。

英美法系承认在起诉和反诉方面存在司法救济权的滥用情况。大陆法系国家多承认滥用诉权或者滥用诉讼的概念,比如法国法虽然主张"起诉"不在《法国民法典》第 1382 条的适用范围内,但承认起诉和反诉都能构成滥用权利①;根据日本通说,滥用诉权属于违反诚实信用原则的范畴,即非公正、非诚实和非善意地行使诉权或者滥用纠纷解决请求权。②

人们普遍认为,当事人滥用诉权或者滥用诉讼是指当事人违背权利目的而行使权利,以达到拖延诉讼或者给他人造成损害等非法目的。滥用诉权在主观方面表现为"故意",属于"权利滥用"范畴③,即"当事人"通过行使"诉权"达到非法目的,不仅违背了诉权的正当目的,而且违背了宪法的原则和规范。我国《宪法》第 51 条规定:"中华人民共和国公民在行使自由和权利的时候,不得损害国家的、社会的、集体的利益和其他公民的合法的自由和权利。"

滥用诉权往往造成虚假和无益的诉讼,侵害了国家的法律和审判权,并且浪费了国家的审判资源。审判资源这一公共资源因滥用诉权而被非法占用,在审判资源有限的情况下,滥用诉权实际上侵占和剥夺了他人合法行使民事诉权或者利用民事诉讼的权利和机会。

当事人滥用诉权是以合法形式获得非法利益。比如,原告和被告串通,虚假行使诉权获取法院判决,以侵占他人财产。因此,禁止和规制诉权滥用实际上还符合"任何人都不应从不当行为中获利"的原则④,以防法庭沦为实施非法行为并从中获利的场所,避免民众对法律和司法产生信

---

① 参见张卫平、陈刚编:《法国民事诉讼法导论》,60 页,北京,中国政法大学出版社,1997。

② 参见 [日] 兼子一、竹下守夫:《民事诉讼法》,白绿铉译,79～90 页,北京,法律出版社,1995;[日] 谷口安平:《程序的正义与诉讼》,增补本,王亚新、刘荣军译,167～177 页,北京,中国政法大学出版社,2002。

③ 在大陆法系,滥用权利通常是指一项权利以明显不合理的方式被行使,从而对他人造成不合比例的损害。参见向在胜:《欧盟国际民事诉讼法判例研究》,70 页,北京,中国政法大学出版社,2013。

④ 参见 [英] A. J. M. 米尔恩:《人的权利与人的多样性》,夏勇等译,31 页,北京,中国大百科全书出版社,1995。

任危机。

鉴于滥用诉权所产生的诸多弊端，国际社会对诉权的非法行使都予以规制。一些国际条约，比如《发展中国家商标、厂商名称和不正当竞争行为示范法》将"以提起专利或者商标侵权诉讼威胁竞争对手，而这种威胁是欺诈性的，是以减少竞争对手的交易量和阻止竞争为目的"规定为不正当竞争行为，这种不正当竞争行为实际上就是滥用诉权行为。

《布莱克法律词典》将 abuse of process 界定为"不当地或者侵权性地使用法院程序来获得不合法或者超过程序范围的结果"。《美国侵权法重述（第二次）》第 682 条规定，滥用法律程序的人应当承担滥用法律程序而产生的损害责任。

日本实务界多根据诚实信用原则来规制诉权滥用。比如，日本最高法院 1978 年 7 月 10 日的判例认为，曾经是某有限公司实质上掌权人的原董事，把他的股份份额转让给他人后，却不尽快召开董事大会作出承认转让的决议，一直抱消极态度。可是后来他企图恢复对该公司的支配权，竟提起承认转让决议不存在的确认之诉。这对受让人来说是极其缺乏信义，而且道义上也是无法承认的。所以提起此种诉就是诉权的滥用，是不合法的。①

我国澳门地区《民事诉讼法》第 9 条［善意原则］规定，当事人应遵守善意原则；当事人尤其不应提出违法请求，亦不应陈述与真相不符之事实、声请采取纯属拖延程序进行之措施、不给予第 8 条规定之合作。其第 385 条［恶意诉讼］还具体规定了一些滥用诉权或者滥用诉讼的行为，如提出无依据之主张或者反对，而其不应不知该主张或者反对并无依据；以明显可受非议之方式采用诉讼程序或者诉讼手段，以达致违法目的；等等。

（二）滥用诉权和滥用诉讼的构成要件

比较而言，保护诉权或者司法救济权是主要方面，规制诉权滥用不应阻碍诉权的合法行使，所以滥用诉权的构成要件理当严格，否则，会阻碍

---

① 参见［日］兼子一、竹下守夫：《民事诉讼法》，白绿铉译，81 页，北京，法律出版社，1995。

当事人正常行使诉权。

《民事诉讼法》第112、113条对恶意诉讼的构成要件作出了规定，也适用于滥用诉权。滥用诉讼和滥用诉权的构成要件如下：恶意，实施了恶意诉讼的行为，存在损害后果，滥用诉讼行为与损害结果之间存在因果关系。"存在损害后果"主要是指侵害他人合法权益或者逃避履行法律文书确定的义务而产生了损害结果。

滥用诉权或者恶意诉讼往往表现为通过伪造事实或者伪造证据来启动和运用民事诉讼程序，从而体现为"虚假诉讼"。《最高人民法院关于防范和制裁虚假诉讼的指导意见》（法发〔2016〕13号，下文简称《防制虚假诉讼》）第1条规定，虚假诉讼通常包含以下要素：（1）以规避法律、法规或者国家政策谋取非法利益为目的；（2）双方当事人存在恶意串通；（3）虚构事实；（4）借用合法的民事程序；（5）侵害国家利益、社会公共利益或者案外人的合法权益。

笔者认为，滥用诉讼人是否已经获得确定判决并非滥用诉讼的构成要件；至于滥用诉讼行为与损害结果之间存在因果关系亦非滥用诉讼的构成要件，应当作为滥用诉讼所产生的侵权损害赔偿责任的构成要件。滥用诉讼构成侵权的，属于一般侵权而非特殊侵权行为，所以在侵权责任法中无须特别明文规定。

1. 滥用诉讼人存在主观上的"恶意"

根据《民事诉讼法》第112条和第113条的规定，滥用诉讼人的"恶意"是指当事人之间或者被执行人与他人"恶意串通"，并以"侵害国家利益、社会公共利益或者他人合法权益"为"恶意"的内容。至于滥用程序参与权、诉讼处分权等诉讼过程中的权利，虽以恶意为主观构成要件，但不要求恶意串通。

法国法院判例（最高司法法院民事庭，1924年5月7日）很早以来就认为，只有存在恶意（malice, mauvaise foi）或者几乎等同欺诈的严重过错时，才能构成"滥诉行为"（un abus）。但是，法院判例也以相同名义（即"滥诉行为"）制裁"应当受到谴责的轻率行为"（最高司法法院商事庭，1968年10月30日）。照此意义，行为人有过错（faute），即使不是粗暴过错或者欺诈性过错，在其引起损害时，也有理由判决行为人承担损害赔偿责任（最高司法法院第二民事庭，1985年1月10日）。[1]

在英国法中，滥用诉权即提起"恶意和无根据的民事诉讼"，要求"原告"有"恶意"。英国法中有"挑拨诉讼"（maintenance）的协议和"帮助诉讼"（champerty）的协议。前者以妨碍他人权利为目的，后者以胜诉后分得利益为目的。早期，这两种协议和行为不仅构成侵权行为而且是刑法上的轻罪（包揽诉讼罪）。英国法认为，为了真正的商业利益挑拨诉讼或者帮助诉讼，均构成包揽诉讼罪。尽管 The Criminal Law Act (1967) 已经废除包揽诉讼罪，亦无侵权行为责任，但是其第14条第2项规定这两种协议仍属不法。[2] 1999年的《民事诉讼规则》规定，对于滥用法院的诉讼程序，法院可以予以撤销。

关于"过错"，许多国家原则上采取客观标准（以普通人的认识水平为标准），即英美法中的"合理人"（reasonable man）标准；同时，也规定了一些例外情形而考虑主观情况，比如对法律专业人士和非法律专业人士，确定两者过错时就应有相应不同。

2. 实施了滥用诉权行为或者恶意诉讼的行为

笔者认为，"实施了滥用诉权行为或者恶意诉讼的行为"主要体现为通过伪造事实或者伪造证据，启动和运用民事诉讼程序（从而体现为虚假诉讼）。比如，为使违法收益合法化，虚设当事人和债务关系而就违法收益提起诉讼，通过法院判决或者强制执行，将违法收益由"败诉方"交给"胜诉方"，但实际上违法收益仍在违法收益所得人之手。再如，债务人虚设一个债权人为原告，而以债务人自己为被告，在真正的债权人之前提起履行债务之诉。诉讼中，债务人通过提供虚假证据和自认等，使虚假原告胜诉，真正债权人的债权无法实现。

"实施了滥用诉权行为或者恶意诉讼的行为"还包括明知不具有起诉要件或者申请要件和诉讼要件，仍然行使诉权或者申请权，例如民事争议

---

① 参见《法国新民事诉讼法典（附判例解释）》，上册，罗结珍译，81页，北京，法律出版社，2008。

② 参见杨桢：《英美契约法论》，4版，301页，北京，北京大学出版社，2007；［英］A. G. 盖斯特：《英国合同法与案例》，张文镇等译，324页，北京，中国大百科全书出版社，1998。

案件中,"原告"故意对自己提起诉讼,对于虚构的人或者死者提起诉讼,冒名诉讼(不适格原告冒用适格原告的姓名提起诉讼)等。

英国法中,滥用诉权的要件还包括"原告"提起"无根据的民事诉讼",即要求起诉"缺乏合理的原因",亦即"原告"对胜诉的可能性缺乏合理的信心,而且最后原告败诉。《英国最高法院诉讼规则》18r19(b)规定:如果诉讼文件是骇人听闻的、荒谬的、折磨人的,法院应当予以勾销。这种起诉就是不可接受的,构成了滥用诉权。按照英国的判例,毫无根据的、折磨人的与滥用诉讼程序具有同样的意义。所谓毫无根据的诉讼,是指当事人为了与法院开玩笑而进行的诉讼,它浪费法院的时间。所谓折磨人的诉讼,是指由于案件无从进行争辩,单是为了使人为难而提出不可能胜诉的请求或者防御方法的诉讼。1981年英国最高法院法令的第42节授予法院权力:限定"持久麻烦诉讼活动"的界限。①

美国多数州承袭英国法的做法,诉讼的理由不充分或者是烦琐累赘的、无关紧要的、不恰当的,或者诉讼出于诽谤性目的的,就构成滥用诉权,即恶意与没有合理和合适的理由就构成了滥用诉权。比如,原告以连续性的不成功的诉讼来折磨被告,以达到非法和非理目的,就属于滥用诉权。举例来说,出租者和承租者签订了一份长期租赁合同,一段时间后,租金大大低于现行的财产租赁价格,出租者不断地提起承租者违约诉讼,指控承租者在细枝末节方面违反了租赁合同。出租者反复败诉但是反复起诉。这时,法官可以推定,出租者的行为是想通过诉讼给承租者制造麻烦,让承租者耗费大量的时间、金钱和精力,以期达到要么废除租赁合同、要么提高租金的目的。②

(三)不属于滥用诉权或者恶意诉讼的特殊情形

具备起诉要件(诉权行使要件)和诉讼要件而提起诉讼或者运用诉讼,如果是因为诉的原因事实或者权利产生事实没有充分的证据得以证明,或者是因为原告在诉讼中自愿放弃诉讼请求,或者是因为原告申请撤诉或者按撤诉处理等,导致原告败诉或者终结诉讼的,不能以此认定原告

---

① See J. G. M. Tyas, *Law of Torts*, 4th edition, Macdonald and Evans, 1982, p. 207.
② 参见徐爱国:《英美法中"滥用法律诉讼"的侵权责任》,载《法学家》,2000(2)。

滥用诉权或者恶意诉讼。滥用诉讼人是否已经获得确定判决并非滥用诉讼的构成要件，并且行使诉权的合法性也不能与诉讼的成功或者失败联系起来。

至于法定的当事人变更，即在诉讼中当事人将实体权利、义务合法移转给他人，由他人作为当事人参加诉讼而原当事人失去当事人身份的，则并不属于原告滥用诉权的范畴。但是，任意的当事人变更①中，有属于原告滥用诉权之虞，比如（经法院阐明）当事人不予更换不合格当事人。对此，法院应当以原告不合格（例如 A 冒用 B 的名义提起诉讼）为由或者以被告不合格（原告将不合格被告作为被告）为由，裁定驳回诉讼。

在诉的单纯合并（并列合并）中，原告合并提起现在给付之诉（现在请求）与将来给付之诉（将来请求），两诉均具有诉的利益，均要求法院裁判的，构成有牵连关系的单纯合并，不属于诉权的非法行使。在诉的预备合并（顺位合并）中，原告提起先位之诉和备位之诉必须均不具备滥用诉权的构成要件，预备合并才为合法。

在诉讼程序中，若原告预料到原诉不足以适当或者充分解决与被告之间的纠纷，以新的诉讼标的替换原诉的诉讼标的，从而将原诉替换为新诉的，则构成诉的客观变更。若原诉的提起符合法定起诉条件，并且符合诉的客观变更要件，则原告提起原诉并不构成滥用诉权。

在给付之诉中，就不作为之诉而言，其诉的利益之基础事实既包括权利已经处于被侵犯的状态，还包括对权利没有产生实际侵害结果的"威胁"，只要具备其一的就具有诉的利益，也就不构成滥用诉权。就给付特定物之诉而言，原告知道或者应当知道该标的物已经灭失，属于客观给付不能，给付该标的物之诉没有诉的利益，若原告仍然诉求给付该标的物的，则构成滥用诉权；但是，原告改为损害赔偿之诉，或者原告起诉前不清楚对方能否交付该标的物，则有诉的利益，不构成滥用诉权。

形成之诉进行中，由于情事发生了变化，以至于没有继续诉讼的必要，此时诉的利益消灭，法院应以此为由驳回诉讼，而我国现行做法是裁

---

①　任意的当事人变更包括将无诉讼权利能力的人更换为有诉讼权利能力的人，将不适格的当事人更换为适格的当事人。

定终结诉讼。比如，即使获得形成判决，也没有实际意义，如离婚案件一方当事人死亡，当事人之间的婚姻关系自然消灭，诉讼继续进行已无实际意义。再如，作出形成判决之前，法律关系已经发生了与当事人形成请求相同的变化，如离婚诉讼进行中，当事人在诉讼外已经合法离婚的。

不仅民事实体法明确规定的民事权利能够获得诉讼保护，而且那些新兴的正当的民事利益（"形成中的权利"）也能够获得诉讼保护。成文法固有的不周延性或者滞后性致使诸多新兴的正当的民事利益没有被实体法适时规定为民事权利，若这些民事利益受到侵害或者发生争议，其利益主体也能够获得诉讼保护。即使没有相应的实体法规范作为判决的实体根据，也应当承认其具有诉的利益，此际行使诉权并不构成滥用诉权。

（四）滥用诉权和恶意诉讼的规制

对滥用诉权和恶意诉讼的规制，《民事诉讼法》第112条和第113条区别情节轻重，规定了相应的处罚措施：（1）法院应当驳回其请求；（2）作为妨害民事诉讼的行为，根据情节轻重予以罚款、拘留；（3）构成犯罪的，依法追究刑事责任。

我国澳门地区《民事诉讼法》第385~388条规定，对于恶意诉讼人，须判处罚款；受害者可请求损害赔偿，并可提起诉讼。《法国民事诉讼法》第32-1条规定："以拖延诉讼方式，或者以滥诉方式进行诉讼者，得科处最高3000欧元的民事罚款，且不影响可能对其请求的损害赔偿。"

英国侵权行为法多年以来承认不合法（恶意）民事诉讼产生的诉权（action for wrongful civil action）。在美国，恶意民事侵权诉讼包括对于受害者人身和财产的实际侵害。恶意起诉人没有合理和合适的理由，就同一性质的问题，对被告（受害人）反复提起连续性的不成功的民事诉讼，以折磨被告，因此，被告即使没有遭受到特别的实质性损害，也可提起恶意民事侵权的诉讼。①

对当事人滥用诉权和恶意诉讼的规制，主要从以下几方面统筹设计和采取措施：

1. 法院应当裁定驳回滥用行为或者认定其无效。比如，当事人滥用

① 参见徐爱国：《英美法中"滥用法律诉讼"的侵权责任》，载《法学家》，2000（2）。

诉权的，则法院裁定驳回起诉或者判决驳回诉讼请求；当事人滥用上诉权的，则上诉无效（属于"失权效"）。

2. 滥用诉权人或者恶意诉讼人承担诉讼费用和对方当事人的律师费。当事人滥用诉讼权利给对方当事人或者第三人造成直接损失的，法院可以根据具体情况支持无过错方提出的赔偿律师费用等正当请求。

3. 滥用情节比较严重的，作为妨害民事诉讼行为，给予罚款或者拘留。① 对个人的罚款金额为人民币 10 万元以下，对单位的罚款金额为人民币 5 万元以上 100 万元以下；拘留的期限为 15 日以下。被罚款人或者被拘留人自收到罚款或者拘留的决定书之日起 3 日内，可以向上一级法院申请复议一次；复议期间不停止执行。

4. 他人若因滥用诉权或者恶意诉讼受到损失的，有权要求赔偿，并可提起侵权损害赔偿之诉。滥用诉权或者恶意诉讼构成侵权的，属于一般过错侵权行为而非特殊侵权行为，所以在侵权责任法中无须特别明文规定。②

5. 滥用诉权或者恶意诉讼构成犯罪的，则根据《刑法》第 307 条之一③追究刑事责任。依据《防制虚假诉讼》第 12 条的规定，虚假诉讼行为涉嫌虚假诉讼罪、诈骗罪、合同诈骗罪等刑事犯罪的，民事审判部门应当依法将有关案件材料移送侦查机关。

6. 对于当事人双方恶意合谋通过诉讼来侵害第三人合法权益的，在

---

① 法院对滥用诉权者依法施以罚款等惩处，实际上是对其侵害法律和审判权、浪费审判资源、剥夺他人合法利用诉讼机会等的一种惩戒，在性质上可以纳入妨害民事诉讼行为的范畴。

② 《案由规定》中有"因恶意提起知识产权诉讼损害责任纠纷"的案由。依据《解释》第 315 条第 2 款的规定，被执行人与案外人恶意串通，通过执行异议、执行异议之诉妨害执行的，法院应当依照《民事诉讼法》第 113 条规定处理；申请执行人因此受到损害的，可以提起诉讼要求被执行人、案外人赔偿。

③ 此条规定："以捏造的事实提起民事诉讼，妨害司法秩序或者严重侵害他人合法权益的，处三年以下有期徒刑、拘役或者管制，并处或者单处罚金；情节严重的，处三年以上七年以下有期徒刑，并处罚金。单位犯前款罪的，对单位判处罚金，并对其直接负责的主管人员和其他直接责任人员，依照前款的规定处罚。有第一款行为，非法占有他人财产或者逃避合法债务，又构成其他犯罪的，依照处罚较重的规定定罪从重处罚。司法工作人员利用职权，与他人共同实施前三款行为的，从重处罚；同时构成其他犯罪的，依照处罚较重的规定定罪从重处罚。"

该诉讼中，第三人可以主诉讼参加人的身份提起参加之诉；若已经作出判决或者判决在执行中，第三人可以提起异议之诉，请求法院撤销或者变更判决。①

7. 建立诉讼诚信制度和综合治理机制，将严重滥用程序基本权作为严重失信行为纳入国家征信系统。对此，《防制虚假诉讼》规定，法院应当建立虚假诉讼失信人名单制度，向社会公开发布虚假诉讼典型案例，建立多部门协调配合的综合治理机制。

同时，《防制虚假诉讼》第14～16条还规定，法院工作人员、诉讼代理人、鉴定机构、鉴定人参与虚假诉讼的，依法予以制裁。

---

① 依据《解释》第301条的规定，第三人撤销之诉案件审理期间，法院对生效判决、裁定、调解书裁定再审的，受理第三人撤销之诉的法院应当裁定将第三人的诉讼请求并入再审程序；但是，有证据证明原审当事人之间恶意串通损害第三人合法权益的，法院应当先行审理第三人撤销之诉案件，裁定中止再审诉讼。

第二章 诉的类型与诉的识别

第一节 诉的类型

通常根据诉讼"标的"(请求权、支配权和形成权),将民事之诉划分为给付之诉、确认之诉和形成之诉(如下图)。①

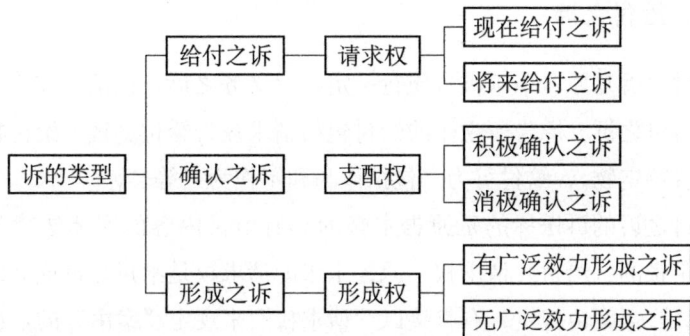

诉讼标的之性质和内容表明了原告请求法院给予保护的具体形式和

---

① 关于诉的分类的表述,下列哪一选项是正确的?(　　)

A. 孙某向法院申请确认其妻无行为能力,属于确认之诉

B. 周某向法院申请宣告自己与吴某的婚姻无效,属于变更之诉

C. 张某在与王某协议离婚后,又向法院起诉,主张离婚损害赔偿,属于给付之诉

D. 赵某代理女儿向法院诉请前妻将抚养费从每月1 000元增加为2 000元,属于给付之诉

(2013年国家司法考试卷三,参考答案为C)。笔者认为,D实际上是给付之诉,诉讼标的是请求权。

具体内容。原告提起给付之诉旨在获得给付判决，提起确认之诉旨在获得确认判决，提起形成之诉旨在获得形成判决；给付判决具有执行力，而确认判决和形成判决不需执行。

给付之诉、确认之诉和形成之诉并非民事之诉的分类，只是民事之诉的主要类型。这三类诉的最终确立，是民事诉讼制度漫长发展史中的一大终点。①

在民事法史初期（如古罗马法时期），民事之诉仅有给付之诉一种，其缘由是当时的实体法权利只有"请求权"。其影响之深远，以至于在民事诉讼传统理论中将"诉讼标的"理解为"请求权"。

为维护公共利益，国家权力（包括司法权）直接干预私人事务或者规范私法关系，从而促生了确认之诉，比如确认合同无效之诉；婚姻关系原被视为私人关系或者契约关系，后来诸多国家通过法院判决确认或者宣告其效力而予以干涉，此为确认婚姻无效之诉。民法上的形成权制度和理论的发展，又催生了形成之诉。

一、给付之诉

给付之诉是原告请求被告履行一定给付义务之诉，包括现在给付之诉和将来给付之诉。原告所主张的给付包括请求被告给付金钱、给付物（种类物或者特定物）、给付行为（包括作为和不作为）等。

给付之诉的诉讼标的是原告主张的具有给付内容的实体法律关系或者原告主张的（给付）请求权，原告主张的请求权是给付之诉成立的实体（法）基础。《案由规定》有直接以"请求权"来规定"案由"的，如票据付款请求权纠纷、票据交付请求权纠纷、票据利益返还请求权纠纷、汇票回单签发请求权纠纷等。

至于以"公证损害责任纠纷"为案由提起的诉讼，其诉讼标的是原告（公证申请人等）主张的与公证处之间存在的侵权损害赔偿法律关系，或者是原告享有的请求公证处承担损害赔偿责任的请求权。

---

① 参见［日］三月章：《日本民事诉讼法》，汪一凡译，45页，台北，五南图书出版公司，1997。

财产给付之诉的诉讼请求则是给付什么或者给付多少。比如，请求被告返还×街×号的3间房屋（此处3间房屋为诉讼标的物），请求被告支付货款5 000万元（5 000万元为诉讼标的额）。行为给付之诉的诉讼请求，要么是请求作为①，要么是请求不作为。

给付之诉可分为现在给付之诉和将来给付之诉。一般认为，"现在给付之诉"通常是在起诉时被告的债务履行期已到的给付之诉。由于法庭最后辩论终结之时为作出判决的基准时（亦是"既判力的标准时"），所以在此时或者在此前债务履行期到来的给付之诉也归入现在给付之诉。

"将来给付之诉"是在起诉时原告请求履行期未到的给付之诉。对于将来给付之诉，法院作出给付判决就是命令债务人在将来履行条件成就时或者在履行期到来时履行给付义务（将来给付判决）。对于将来给付之诉，通常需要具备一些条件。比如，我国《合同法》第108条规定："当事人一方明确表示或者以自己的行为表明不履行合同义务的，对方可以在履行期限届满之前要求其承担违约责任。"据此，权利人提起将来给付之诉，必须满足义务人"明确表示或者以自己的行为表明不履行合同义务"的条件并对此负担证明责任。

原告提起给付之诉的目的是获得给付判决来保护合法权益。原告提起给付之诉，法院作出原告胜诉的判决才是给付判决，具有执行力②；法院作出原告败诉的判决是消极的确认判决，没有执行力（即认为原告主张的权利或者法律关系不存在或者不合法）。

二、确认之诉

确认之诉是指原告请求法院确认争议的民事法律关系（或民事权益）或者特定法律事实是否存在或者是否合法有效之诉。确认之诉的发生原因通常是当事人对"现存"的民事法律关系（或民事权益）或者特定法律事

---

① 比如，请求被告消除危险，物权保护纠纷中的修理、重作、更换等。再如，发生股东知情权纠纷的，股东可以起诉公司，请求查阅、复制公司文件材料。

② 给付判决还有确认力，即给付判决对于作为诉讼请求基础的民事法律关系或者民事权益是否存在或者是否有效具有确认力。比如，给付财产的判决，对原告合法拥有该财产所有权的判定，具有确认力。

实是否存在或者是否合法有效而存在争议。确认之诉有积极确认之诉和消极确认之诉。

积极确认之诉即原告请求法院确认争议的民事法律关系（或民事权益）或者特定的法律事实存在或者合法有效之诉，比如原告请求法院确认其与被告之间存在收养关系，公司决议效力确认之诉等。通常情况下，积极确认之诉的诉讼标的是争议的民事法律关系或民事权益，或者是原告对该民事法律关系或民事权益所主张的支配权。

比如，权利确认之诉①中的著作权确认之诉，其诉讼标的是争议的"著作权"或者对此权的支配权。再如，确认劳动关系之诉的诉讼标的是原告与被告之间的劳动关系或原告拥有的劳动权利或者对劳动关系的（肯定性）支配权，原告的诉讼请求则是请求法院判决确认劳动关系存在或者劳动权利合法。

消极确认之诉是原告请求法院确认争议的民事法律关系（或民事权益）或者特定法律事实不存在、不合法或者无效之诉，比如原告请求法院确认合同无效②之诉、确认婚姻无效③之诉、确认收养无效之诉④，确认票据无效之诉，确认人民调解协议无效之诉等。因此，消极确认之诉的诉讼标的依然是争议的民事法律关系（或民事权益），或者是原告对该民事法律关系（或民事权益）所主张的（否定性）支配权。

---

① 我国《物权法》第33条规定，因物权的归属、内容发生争议的（即物权确认纠纷，包括所有权确认纠纷、用益物权确认纠纷、担保物权确认纠纷），利害关系人可以请求确认权利，即提起物权确认之诉。按照《案由规定》，还有共有权确认之诉、土地承包经营权确认之诉、企业出资人权益确认之诉、股权确认之诉、公司债券权利确认之诉、国债权利确认之诉、证券投资基金权利确认之诉、著作权确认之诉、商标专用权权属确认之诉、专利权确认之诉、专利申请权确认之诉、植物新品种申请权确认之诉、植物新品种权确认之诉、集成电路布图设计专有权确认之诉、计算机网络域名权确认之诉、发明权确认之诉、其他科技成果权确认之诉、破产债权确认之诉等确认权利之诉。

② 我国《劳动法》第18条规定，劳动合同的无效由劳动争议仲裁委员会或者人民法院确认。合同无效为当然无效，无待主张，也不必经一定程序使其失效。当事人对于合同效力有争执时，固然可以提起确认之诉，但是此项确认判决仅有宣示性质，无效合同并非因判决而无效。在诉讼中，即使当事人没有主张，法院也应当依职权认定其无效。

③ 在我国，当事人也可依行政程序请求婚姻登记机关宣告婚姻无效。

④ 依据民政部《中国公民收养子女登记办法》的规定，收养关系当事人弄虚作假骗取收养登记的，收养关系无效，由收养登记机关撤销登记，收缴收养登记证。

有关自然人"身份"的确认之诉，其诉讼标的是争议的身份关系（婚姻关系、收养关系、亲子关系等）或者是原告对该身份关系所主张的支配权。比如，确认婚姻无效之诉属于消极确认之诉，其诉讼标的是争议的婚姻关系，或者是原告对该婚姻关系所主张的支配权。有关自然人"身份"的确认之诉，其确认判决（如确认婚姻无效的判决等）多有广泛的"确认力"，即能够产生约束不特定第三人的确认效力。这与确认合同无效判决的效力是不同的。

诸多国家和地区的法律通常规定不得对"事实"或者"事实情况"提起确认之诉，但是法律允许当事人对"特定法律事实"的争议提起诉讼。德国、日本等的民事诉讼法设立了确认证书真伪之诉。[①] 英美国家的法院也比较谨慎地许可对事实问题作出宣告判决，比如确定事物的法律特征（如确定某块土地为现在不使用的墓地），利用宣告诉讼来确定侵权行为的发生。

依据《案由规定》，当事人对特定的法律事实存在争议的，也可提起确认之诉。比如，确认证券发行失败之诉、确认公司合并无效之诉等，其诉讼标的是原告所主张的对特定法律事实的支配权。在我国实务中，有关确认不侵权纠纷案件，比如确认不侵犯专利权纠纷案件、确认不侵犯注册商标专用权纠纷案件、确认不侵犯著作权纠纷案件，属于消极确认之诉。[②]

在确认之诉中，不论原告胜诉还是败诉，其判决均为确认判决。但是，如果原告主张民事法律关系存在或者合法有效，则其胜诉判决是积极的确认判决，其败诉判决为消极的确认判决；如果原告主张民事法律关系不存在或者不合法或者无效，则其胜诉判决是消极的确认判决，其败诉判决为积极的确认判决。

---

① "确认证书真伪之诉"的"证书"系指处分性法律文书。确认证书的真伪，是指就确认证书的制作而言是否真实。我国台湾地区"民事诉讼法"第247条除了规定确认证书真伪之诉，还规定了（以原告不能提起他诉时）可以提起"确认法律关系基础事实存否之诉"。

② 有争议的是，既然主张没有"不侵权"，就无诉的利益，即无请求诉讼保护的必要，为什么《案由规定》中有此类案由？

三、形成之诉

形成之诉是指原告请求法院运用判决变动已成立或者既存的民事法律关系或者民事权益之诉。形成之诉的实体法基础是原告主张的形成权。形成权包括:(1)设立性形成权,即使法律关系发生的形成权(积极形成权),如法定代理人的追认权、优先购买权、先占取得权等;(2)变更性形成权,即使法律关系变更的形成权,如选择之债的选择权、损害赔偿权人多种救济方法的选择权等;(3)消灭性形成权,即使法律关系消灭的形成权,如终止权、免除权、撤销权、解除权、抵销权、继承放弃权等,此类消极形成权最为常见,可视为典型的形成权。

当事人行使形成权或者提起形成之诉的目的,是使某项具体民事法律关系或者民事权益发生、变更或者消灭。创设另一项新的具体民事法律关系或者民事权益的形成之诉,可称为"创设之诉"。在我国,所谓"变更之诉",事实上只是形成之诉的一部,没有包括创设之诉。

多数形成权是单纯形成权或者简单形成权,即此类形成权是以形成权人单方的意思来行使,其意思通知到相对人即发生形成效力,既无须求助于法院,又无须相对人的同意、协助或者不作为,相对人只能无条件地承受形成权人对法律关系进行改变的法律后果。但是,在我国,(因重大误解、欺诈、胁迫或者显失公平而产生的)变更权和撤销权的行使方式是提起诉讼或者申请仲裁①,债权人撤销权的行使方式是提起诉讼(《合同法》第74条)。

对于单纯形成权,相对人可以行使形成抗辩权或者形成反对权以抗辩或者反对形成权人,由此形成权人与其相对人对于应否解除或者变更法律关系及特定的法律事实发生争议的,形成权人可以提起诉讼,请求法院确认形成效力。比如,《合同法》第96条第1款规定,相对人对解除的效力有异议的,解除权人可以提起民事诉讼或者申请仲裁来确认解除合同的效

---

① 参见我国《民法总则》第147~151条、《合同法》第54条。至于变更或者撤销人民调解协议,是否可以参照前法条文的规定来处理,值得讨论。至于公司解散的方式,取决于《公司法》的规定,有关公司解散的纠纷可以通过民事诉讼解决。

力。法院或者仲裁机构认为解除的意思表示有效的，所作出的应是确认判决或者确认裁决，其解除的效力仍于解除的意思表示通知到相对人时发生，并非自判决或者裁决确定时始发生。①

对于婚姻撤销权、婚姻解除权、收养解除权、公司决议撤销权等形成权，诸多国家和地区的法律要求通过诉讼途径（即形成之诉）行使，被称为"形成诉权"。在我国，这类形成权也可以通过其他法定途径行使，比如胁迫结婚的，受胁迫的一方还可以请求婚姻登记机关撤销该婚姻（《婚姻法》第 11 条）；自愿离婚的，男女双方必须到婚姻登记机关申请离婚（《婚姻法》第 31 条）；收养人和送养人协议解除收养关系的，应当到民政部门办理解除收养关系的登记（《收养法》第 26、28 条）。

形成之诉大体上分为两类：（1）无广泛效力的形成之诉，即其形成判决的形成力主要存在于当事人双方之间而不具有对世效力，如合同变更之诉、合同撤销之诉、债权人撤销权之诉等。（2）有广泛效力的形成之诉，即其形成判决的形成力不仅存在于当事人双方之间，而且具有对世效力，这类形成之诉集中于有关身份关系的人事诉讼（如撤销或者解除婚姻关系之诉、撤销或者解除收养关系之诉）、社团关系的公司诉讼（如撤销公司股东会决议之诉）等。

有学者认为，无广泛效力的形成之诉只不过是类似性的形成之诉，真正意义上的形成之诉是具有广泛效力的形成之诉。提起具有广泛效力的形成之诉的根据是原告主张的"形成诉权"，此类形成权由于涉及人们基本的身份关系，涉及未成年人的保护或者众多人的利害关系，或者为使交易更加安全和清晰，以当事人个人意思表示来变动法律关系是不妥当的，所以许多国家的法律将此类形成之诉视为涉及公益之诉而加以明文规定，并

---

① 有学者认为，此种诉讼应当是确认之诉，不过解除的效力仍然于形成权人的意思通知到相对人时即已经发生。参见韩世远：《合同法总论》，3 版，521 页，北京，法律出版社，2011。

要求由法院以形成判决作出统一变动。①

　　有人将形成之诉分为实体法上的形成之诉和程序法上的形成之诉。前者是指变动实体法律关系的形成之诉，如离婚之诉、撤销公司决议之诉、认领子女之诉等。后者是指变动程序法上效果的形成之诉，如撤销法院调解之诉、再审之诉（撤销原判决等）、撤销除权判决之诉、执行异议之诉等。但是，程序法上的形成之诉并非独立之诉（参见第八章第二节三）。

　　就请求法院运用判决变动民事法律关系或者民事权益的形成之诉来说，其诉讼标的是原告主张变动的具体民事法律关系或者民事权益，或者是原告对该民事法律关系或者民事权益所主张的形成权。就请求法院运用判决变动特定法律事实的形成之诉来说，如依据《案由规定》，有请求变更公司登记之诉等，其诉讼标的是原告对该法律事实所主张的形成权。形成之诉的诉讼请求通常是原告请求法院变动某项民事法律关系或者民事权益。比如，原告提起离婚之诉，其诉讼标的是原告主张解除的婚姻关系或者是原告对该婚姻关系所主张的解除权，诉讼请求则是原告请求法院解除婚姻关系（即判决离婚）。

　　在形成之诉和确认之诉中，从表象上来看，诉讼请求的变更也会改变诉的质的规定性，如原告将"请求法院判决离婚"的诉讼请求变更为"请求法院判决婚姻无效"，即将形成之诉（诉讼标的是解除权）变更为确认之诉（诉讼标的是支配权），但实质是诉讼标的之变更引起诉讼请求的变更。

---

　　① 在德国，人们普遍认为，很多情况下为了法律利益的安全，根据单方行为改变当事人之间法律关系的效果，必须经过法院检查性的判决或者符合法律设定的前提条件的确认性判决才能生效。尤其是在严重侵犯形成相对人的法律地位或者在形成效果上涉及重大社会利益的情况下，为使交易更加安全、清晰，形成权人更不能以自己意志独自发生形成的效果，而更应通过提起形成之诉获得这样的判决。例如，在以形成之诉提起离婚之诉、终止婚姻之诉或者对婚生子女的撤之诉时，就更应该以法院判决的方式发生形成的效果。这样的形成判决在公司法中尤其多见，比如在《无限公司法》《股份法》的实务中，剥夺公司经理人职权的行为、剥夺商业代理人权利的行为，或者排除股东或者合伙人的行为以及涂销股权的行为等，经常都是依靠法院判决来实现的；在股份公司实务中的无效宣告、撤销股东大会决议及有限公司解散等活动中的形成之诉，常常也是通过法院判决来实现的。上述情形中，形成权的行使都涉及重大或者广泛的利益安全问题，因此，只有在经过强有力的法律确认之后才能发生形成的效果。参见［德］卡尔·拉伦茨、曼弗瑞德·沃尔夫：《德国民法中的形成权》，载《环球法律评论》，2006（4）。

在形成之诉中，原告胜诉的，即法院承认原告提出的变动既存的民事法律关系的请求，此判决为形成判决。应当注意，原告败诉的，即法院否认原告提出的变动的请求，实际上法院判决维持民事法律关系的现状，所以此判决是确认判决。形成判决具有形成力，即对已成立或者既存的民事法律关系产生变动的效力。① 有广泛效力的形成判决，无须强制执行就自动发生法律关系变动的效果，其形成力于判决确定时发生。无广泛效力的形成判决，其形成力在判决确定时溯及形成权人意思通知到相对人之时。

通常情况下，在形成之诉中，当事人对已经成立的或者现在的民事法律关系没有争议，而对是否变动该民事法律关系存在争议。原告提起形成之诉的目的是，利用法院判决将现在的民事法律关系予以变动。确认之诉是当事人对于现存的民事法律关系是否存在或者是否合法有效存在争议，原告请求法院予以确认。

在定义上，婚姻关系无效之诉、收养关系无效之诉等不是形成之诉而是确认之诉。不过，这些诉与形成之诉确有相同之处：这些诉的确认判决与有广泛效力的形成判决一样，均具有对世效力。因此，对这些诉，有学者认为是确认之诉，有学者认为是形成之诉，还有学者认为是处于确认之诉与形成之诉之间并同时具有确认和形成两种性质之诉。②

第二节　诉讼标的学说与诉的识别

在大陆法系，关于诉讼标的之内涵和识别标准，学术史上有旧实体法说、诉讼法说、新实体法说等。这些学说之间的争议主要是为解决请求权竞合问题而展开的，而请求权竞合主要存在于具有成文法传统和规范出发型诉讼的大陆法系。

诉讼标的学说之争主要存在于大陆法系，尤其是在德国和日本。大陆法系学术上对诉讼标的之注重情势与其成文法传统和规范出发型诉讼有

---

①　非讼案件判决通常无既判力但有形成力。

②　参见［日］高桥宏志：《民事诉讼法》，林剑锋译，62～63 页，北京，法律出版社，2003。

关。具体来说，大陆法系成文法上如果不存在实体请求权的竞合现象，诉讼标的学说之争也就无从兴起。与大陆法系成文法传统和规范出发型诉讼不同，英美法系奉行判例法主义，其民事诉讼是事实出发型的，即不从既定的法律规范而是从案件事实出发来发现法和构造诉讼，由此案件本身就是诉讼标的。因此，英美法系中有关诉讼标的的问题在理论和制度上一般不会发生大陆法系式的争议。

在某些特殊情形（如请求权竞合）中，仅从规范出发型诉讼思维的角度，解释诉讼问题和设置诉讼制度，也会产生一些缺陷。对此，需要采用一些特殊方法来处理。德国通过借鉴事实出发型诉讼的优点，来弥补规范出发型诉讼的缺陷。比如，在诉讼标的方面，就撇开实体法规范而从未经实体法评价的自然事实的角度来确定诉讼标的，从而产生了与旧实体法说相对抗的诉讼法说。

一、旧实体法说与诉的识别

旧实体法说在德国始于 Hellwig 而终于 Lent。旧实体法说虽将诉讼标的与实体请求权加以区别，但仍从实体法出发界定诉讼标的。旧实体法说主张，诉讼标的是原告在诉讼中提出的具体的实体法上的权利主张。凡同一案件事实，在实体法上按其权利构成要件，能产生多个不同请求权（即请求权竞合）时，每一个请求权均能独立成为一个诉讼标的。由此，诉讼标的的识别根据是实体法上的请求权。

比如，同一原告对同一被告，根据借贷合同和买卖合同，提起返还借款之诉和支付货款之诉，诉讼标的分别是返还借款请求权和支付货款请求权。这里原告享有两个不同的请求权，所以存在两个不同的诉或者诉讼标的，从而构成诉的客观合并。

此说要求原告明确请求法院审判的具体请求权。在诉讼中，围绕具体请求权及其产生事实，双方当事人展开攻击、防御，法院对此进行审理和作出判决，具体请求权构成判决既判力的客观范围。由此可见，此说具有如下优点：（1）便于明确当事人争讼的对象和法院审判的对象；（2）便于双方当事人攻击和防御；（3）便于明确既判力的客观范围等。

非请求权竞合的场合中，运用此说并不存在缺陷，但在请求权竞合的场合此说显露出其缺陷。例如，被告盗取原告的汽车的案件，被告虽仅有盗取原告的汽车这一侵权事实，但在原告可依所有权或者占有等行使物的返还请求权。依旧实体法说，原告至少可以提出两个诉讼标的，法院得分别作出两个判决，但是两个判决均判决返还同一物，这显然是荒唐的，并且就返还同一物而将同一被告多次拉入诉讼，对被告是不公平的，而且还造成诉讼浪费。

二、诉讼法说与诉的识别

20 世纪 30 年代，德国学者 Rosenberg 等提出诉讼法说，主张从诉讼法立场考察诉讼标的问题，不以实体请求权为诉讼标的之识别根据。诉讼法说是为了克服旧实体法说的弊端而产生的，是从诉讼法立场考察诉讼标的问题，强调同一纠纷一次解决和公平保护当事人。诉讼法说就诉讼标的之认识和识别类似于英美法系关于诉讼标的之看法。

此说早期采二分肢说，认为诉讼标的由诉讼请求和案件事实构成；前后两诉的诉讼标的是否相同，应视前后两诉的诉讼请求和案件事实是否全部同一，并且两者中任一是多数，则诉讼标的相应为多数。此说将案件事实界定为不以实体法评价的案件自然事实（生活事实），以此来脱离实体法。就上例来说，根据二分肢说，由于案件事实（窃取汽车的事实）是单一的，请求（请求返还汽车）也是单一的，所以仅存在单一的诉讼标的。即使原告在诉讼中将所有物返还请求权改为占有物返还请求权，也不构成诉的变更，而仅仅被视为原告攻击方法的变更，并不影响诉讼标的之同一性。

但是，二分肢说不能合理解释如下情况，比如，原告请求解除婚姻关系，然而离婚的事实理由可能是多个：重婚、虐待、与别人非法同居等，如果在诉讼中原告同时提出这些事实理由，那么根据二分肢说，诉讼标的则为多个，法院得相应作出多个判决。这显然违背常理和法理。为合理解决这一问题，我国有学者主张"新二分肢说"，而德国学者 Bötticher 提出了"一分肢说"。

新二分肢说认为，诉讼请求与案件事实，只要其中任一项为单一，则诉讼标的为单一,只有两者均为多数时,诉讼标的才相应为多数。① 按照新二分肢说,在上例离婚案件中,虽然案件事实为多数,但是诉讼请求是单一的(请求解除婚姻关系),所以诉讼标的是单一的。如果原告以被告重婚为由请求解除婚姻关系获得胜诉后,原告再以受虐待为由请求解除婚姻关系,法院当然驳回此诉。如果原告败诉(法院不同意解除婚姻关系)后,原告再以受虐待等其他事实理由请求解除婚姻关系,法院应当受理此诉。但是,按照新二分肢说,前诉与后诉的诉讼标的是单一的,根据一事不再理原则,法院不应当受理后诉。这样将不利于保护当事人的合法权益和解决纠纷。

一分肢说认为,案件事实并不能构成诉讼标的之要素,诉讼标的仅由诉讼请求构成,即以诉讼请求为诉讼标的之识别标准。但是,此说不能合理识别金钱或者种类物给付之诉的诉讼标的。因为同一当事人之间可能有几个事实关系而发生多次给付金钱或者种类物,如果不结合案件事实,就不能识别各诉的诉讼标的,所以诉讼标的之识别离不了案件事实。比如,被告拖欠原告货款1万元,另外被告又从原告处借款1万元,如果仅凭原告的诉讼请求,显然无法判断是请求返还哪个1万元,而必须把诉讼请求与其所依据的具体案件事实(拖欠货款或者借款)一并考虑,才可识别诉讼标的。

三、新实体法说与诉的识别

由于诉讼法说所存在的局限,以及与实体法脱离了关系,所以一些学者又回到从实体法角度来研究诉讼标的问题。20世纪60年代,德国学者Nikisch认为,凡基于同一事实关系发生的、以同一给付为目的的数个请求权存在时,实际上只存在一个请求权,因为发生请求权的事实关系是单一的,并非真正的竞合,不过是请求权基础的竞合。

就盗取汽车例来说,产生请求权的事实关系(盗取汽车)为单一,给付目的是同一(返还汽车),所以原告只拥有一个实体法上的请求权,至

---

① 参见江伟主编:《中国民事诉讼法专论》,86~87页,北京,中国政法大学出版社,1998。

于所谓的所有物返还请求权、占有物返还请求权不过是"请求权基础竞合"。这种认识也基于纠纷的一次性解决原则，主张上述情况仅是一个纠纷。在新实体法说看来，所谓请求权竞合，系指基于多数事实关系分别发生多数请求权而其给付相同的情形。

日本有学者认为，传统实体请求权的竞合实际上是人们观念上的请求权的竞合，作为实体请求权其实只有一个。例如，在要求返还不动产的诉讼中，基于债权的请求权和基于物权的请求权都是人们对同一请求权在法律性质上的不同看法，而不是存在两个请求权。还有学者从实体法规范竞合和实体法秩序的实质角度来认识这一问题，认为在多个实体法规范包容的场合，如果实体法秩序的实质是只认可一次给付，则实体请求权只有一个。

新实体法说所面临的问题是：就不法行为同时产生合同法上的请求权与侵权损害赔偿请求权来说，原告既可依据合同法又可依据侵权法提出请求，那么哪个优先？是由当事人选择，还是由法官依职权裁量？诉讼标的之确定，是根据权利人能够获得最大利益，还是根据义务人承担最大义务？这些问题需要实体法与诉讼法来共同解决。

第三节　诉的识别之通常方法

在民事争讼程序中，所谓"一事多讼""一事不再理"中的"事"，实际上是"诉"或者"案件"之义。要判断原告所提之诉是否属于"一事多讼"或者"一事不再理"的情形，则需正确识别诉（诉的识别），即判断两个诉是否为同一个诉。

《解释》第 247 条规定："当事人就已经提起诉讼的事项在诉讼过程中或者裁判生效后再次起诉，同时符合下列条件的，构成重复起诉：（一）后诉与前诉的当事人相同；（二）后诉与前诉的诉讼标的相同；（三）后诉与前诉的诉讼请求相同，或者后诉的诉讼请求实质上否定前诉裁判结果。当事人重复起诉的，裁定不予受理；已经受理的，裁定驳回起诉，但法律、司法解释另有规定的除外。"

笔者认为，诉的识别或者识别诉通常是根据诉的构成要素依次进行的，即首先根据诉的主体来识别；诉的主体相同，则须根据诉讼标的来识别①；在特定情况下，还须结合诉的原因（事实）来识别。但是，遇有特殊情况时，尚需运用其他方法，才可达到合理的结果。

通常所谓诉讼标的之识别或者判断，亦称"识别诉讼标的"，旨在识别诉，只不过是在诉的主体确定的前提下进行的，即若诉的主体相同，则需根据诉讼标的来识别诉，因为诉讼标的是诉的"质"的规定性，诉讼标的不同则是不同的诉。由于一分肢说、（新旧）二分肢说等学说不易适用，所以笔者撇开这些学说，直接阐释如何进行诉之识别。

一、根据诉的主体来识别诉

通常情况下，诉的主体不同，包括其中任一主体不同及原告与被告在他诉中互换诉讼地位（如本诉与反诉）等，一"诉"与他"诉"也就不同了。

【案例2-1】在甲诉乙买卖合同纠纷案中，甲以乙少付货款为由，请求A法院判决乙支付所欠货款及其利息。乙收到起诉状副本后，以甲的货物质量不符合合同的约定为由，以甲为被告提起反诉，请求A法院判决甲更换货物并赔偿损失。

此例中，存在两个诉：一个是本诉（即甲诉乙买卖合同纠纷案），另一个是反诉（即乙诉甲买卖合同纠纷案）。这两个诉之所以不是同一个诉，首先在于诉的主体不同。在本诉中，原告是甲，被告是乙。而在反诉中，原告是乙，被告是甲。虽然这两个诉的主体都是甲和乙，但是原告与被告已经互换了诉讼地位。

例外的情形是，虽然诉的主体发生变更，但是仍然是原诉。其情形主要有：（1）在"法定当事人变更"的情形中，虽然当事人一方或者双方发生了变更，但是依然是原诉。（2）在必要共同诉讼中，即使必要共同诉讼人发生增减或者发生其他变更，也还是原诉。比如，对同一纠纷，部分连

---

① 如上所述，诉讼标的是诉的质的规定性，诉讼标的不同则是不同的诉。若诉讼标的没有变更，即便诉讼请求发生变更，诉也仅发生量的变更，还是原来的诉。因此，识别诉、判断诉的客观合并或者变更，应当根据诉讼标的来进行。

带债权人提起诉讼，后来全部或者其他连带债权人也提起诉讼，前后两诉仍是同一的。

【案例2-2】赵某和钱某两人合伙经营一家商店。甲公司按照合同的约定，将复印纸运至该商店。赵某发现复印纸质量有问题，要求更换复印纸，甲公司不予更换。于是，赵某向法院提起诉讼，请求判决甲公司更换复印纸、支付违约金5 000元。法院受理了此案。后来，钱某得知甲公司违约，以甲公司为被告向同一法院提起诉讼，请求判决甲公司更换复印纸、支付违约金5 000元和赔偿损失1 000元。

此例中，赵某所提之诉与钱某所提之诉实际上是同一个诉，法院应当根据一事不再理原则，驳回钱某所提之诉。赵某和钱某作为共同合伙人，是必要共同原告，应将钱某追加为共同原告。至于钱某提出的赔偿损失1 000元的诉讼请求，根据原告赵某和钱某的意志，增加到赵某所提的诉之中。

二、根据诉讼标的来识别诉

若诉的主体相同或者根据诉的主体无法识别出是否是不同的诉，则需根据诉讼标的来识别诉。一般说来，一个诉讼标的即构成一个诉（案件），诉讼标的不同则是不同的诉（案件）。如何识别诉讼标的呢？我们可以运用以下方法：

1. 直接根据民事实体法律关系的具体内容来识别诉讼标的。比如，在同一诉讼程序中，A对B同时提起返还借款之诉和返还货款之诉，构成诉的客观合并，前诉的诉讼标的是借款合同关系，而后诉的诉讼标的是买卖合同关系，显见是两个不同的诉讼标的。

2. 若根据民事实体法律关系难以或者无法识别诉讼标的，则可根据民事实体权利来识别。有时候，从实体权利（请求权、形成权和支配权）的角度，更易识别出诉讼标的。上例中，当然可以根据民事实体权利的具体内容，识别诉讼标的。这两个诉均是给付之诉，诉讼标的均是请求权，但是这两个请求权的具体内容不同，所以这两个诉的诉讼标的是不同的，即前诉的诉讼标的是返还借款的请求权，后诉的诉讼标的是返还货款的请求权。再如，婚姻无效之诉与离婚之诉，若从法律关系的角度来看，则这两个诉的诉讼标的均是原、被告之间存在的婚姻关系;若从实体权利的角度考察,则前诉的诉讼标的是支配权,而后诉的诉讼标的是解除权或者撤销权(属于形成权),所以婚姻无效之诉属于确认之诉,而离婚之诉属于形成之诉,属于不同类型的诉。

3. 若两个诉的诉讼标的均是同一类权利,如均是请求权,则需根据其具体内容来识别是否是同一个权利。【案例2-1】中,虽然本诉与反诉的诉讼标的均是请求权,但是本诉的请求权的内容是"请求乙支付所欠货款及其利息",反诉的请求权的内容是"请求甲更换货物并赔偿损失",是不同的请求权,因此是不同的诉讼标的。再如,在同一诉讼程序中,A对B先请求返还甲房屋,后变更为请求返还乙房屋。此例中,虽然均是给付之诉,但是两诉之标的物已发生质的变更,从而导致请求权和诉讼标的之具体内容发生质的变更。此例属于诉的客观变更。

三、结合诉的原因来识别诉

在特定情况下,需结合诉的原因(事实)(即权利产生直接事实)来识别诉。

【案例2-3】A以B有恶习为由,提起与B离婚之诉。败诉后,A又以受B虐待为由,提起与B离婚之诉。法院应否受理后诉?

此例中,前诉和后诉的主体完全相同,两诉的诉讼标的均为"A与B的婚姻关系"或者"A主张的婚姻关系解除权"。如果因此认为这两诉是同一个诉,按照一事不再理,法院就不应当受理后诉。这种结果显然是不合理的,即A永远无法通过诉讼请求与B离婚。

这时,我们应当根据诉的第三个方面的构成要素"案件事实"来识别诉。此例中,前诉的案件事实是"B有恶习",而后诉的案件事实是"B虐待A"。案件事实不同,则诉不同。因此,法院应当受理后诉。①

在【案例2-1】中,本诉与反诉的案件事实均是违约事实,进一步

---

① 《民事诉讼法》第124条第7项规定:"判决不准离婚和调解和好的离婚案件,判决、调解维持收养关系的案件,没有新情况、新理由,原告在六个月内又起诉的,不予受理。"其中,"新情况、新理由"应被理解为"新的原因事实"。

分析则发现本诉与反诉的案件事实实际上是不同的：本诉的案件事实是乙对甲少付货款的违约事实，而反诉的案件事实却是甲的货物质量不符合合同的约定和乙因此受损的事实，由此本诉的原因事实与反诉的原因事实是不同的。

原因事实有误写、遗漏、模糊或者其他类似显然的技术上或者形式上的错误而予以补正的，由于并未改变原因事实的质的规定性，即没有改变"诉的原因之同一性"，所以依然是原诉。在比较法上或者从法理上说，对上述错误采用"判决更正"，即以裁定予以更正（参见本书第六章第三节二中"判决更正"）。

四、案例分析

【案例2-4】2007年1月2日，包××和陈××签订了一份《购兰合同》，约定由包××向陈××购买春兰泰斗蝶春苗（蕊皇品种，二苗兰草），并约定如果此花不纯真、有差错，卖方陈××无条件退还一切由此损失的款项。李××作为介绍人在合同上签字。合同签订后，包××按约向陈××支付了合同价款151 680元，同时陈××向包××交付了兰草。2008年2月14日，包××以所购兰草开花后发现品种并非春兰泰斗蝶为由向杭州市江干区公安分局报案，后于2008年4月29日向杭州市中级人民法院提起诉讼［(2008)杭民三初字第139号］（以下简称前案），要求陈××退还购兰款并支付利息。

杭州市中级人民法院经审理认为：讼争兰草在诉讼过程中均未开花，包××也无法向法院提交具有证据效力的讼争兰草开花的视像资料，故在这种情况下，无法判断讼争兰草是否属于春兰泰斗蝶的品种。根据"谁主张谁举证原则"，在包××提交的证据不足以证明其主张的情况下，应当由包××承担不利后果。法院于2010年2月10日作出初审判决，驳回包××的全部诉讼请求。判决后，双方均未提出上诉。

2011年2月24日，讼争兰草再次开花。包××再次诉至杭州市中级人民法院，请求判令陈××退还购兰款及利息。法院于2011年2月25日受理该案［(2011)浙杭商外初字第20号］。陈××辩称：法院的立案决定错误，该诉讼早已经前案生效判决，法院应当驳回包××的全部诉讼请求。理由是：根据《民事诉讼法》（2007 年修正）第 111 条第 5 项的规定和一事不再理原则，现原告以同一当事人、同一诉讼请求、同一事实理由再次提起诉讼不符合法律规定，兰草开花仅是一个证据的变化而非事实的变化，法院不应再对本案立案审理，故请求法院裁定驳回原告的起诉。

审理过程中，包××向杭州市中级人民法院申请鉴定，鉴定结论认为所鉴兰草与春兰泰斗蝶品种的表现特征有明显不同，不是春兰泰斗蝶品种。法院经审理认为：因讼争兰草在前案的审理过程中均未开花，在客观上无法取得判断其是否为春兰泰斗蝶品种的有效鉴定报告。本案中讼争兰草开花的事实以及据此所作出的鉴定报告，是前案审理结束后新出现的事实和证据。该院根据该新的事实和证据对本案进行立案审理，并不违反一事不再理原则和民事诉讼法相关规定。根据鉴定报告的鉴定结论，讼争兰草不是春兰泰斗蝶品种，因此包××有权要求陈××退还购兰款人民币151 680 元并赔偿相应的利息损失，并据此判决。

陈××以本案违背了一事不再理原则为由，上诉至浙江省高级人民法院。浙江省高级人民法院经审理认为：兰草再次开花并未改变本案案件基本事实，即所购兰花是否与合同约定的品种一致。包××主张的事实、理由及诉讼请求已在前案中进行了实体审理，且前案判决已经发生法律效力，根据《民事诉讼法》（2007 年修正）第 111 条第 5 项关于"对判决、裁定已经发生法律效力的案件，当事人又起诉的，告知原告按照申诉处理，但人民法院准许撤诉的裁定除外"的规定，上诉人陈××的上诉理由成立，本案包××的起诉应当予以驳回。如包××认为本案兰草再度开花为新的证据，可依法申请再审。因此，浙江省高级人民法院作出民事裁定书［（2011）浙商外终字第 89 号］，裁定撤销原判，驳回包××的起诉。

分析： 在上述包××诉陈××兰草买卖合同纠纷案中，"前案"［（2008）杭民三初字第 139 号］与"后案"［（2011）浙杭商外初字第 20 号］是同一个案件或者是同一个诉。具体说，"前案"与"后案"，在诉的主体方面是相同的，即原告是包××，被告是陈××；在诉的客体方面是相同的，即本案的诉讼标的是兰草买卖合同关系，或者是包××主张的要求陈××退还兰草购买款并支付利息的请求权；在诉的原因事实方面是相同的，即违约事实是陈××提供的兰草不属于春兰泰斗蝶的品种。至于兰草再次开花的证据仅仅是前案［案号为（2008）杭民三初字第 139 号］判决生效后产生的"新的证据"，并未改变本案的原因事实。因此，包××提起"后案"违反"一事不再理原则"。不过，包××可以申请再审。

第四节　诉的识别之特殊情形

特殊情形中，还需运用民事诉讼价值和目的等基本原理，才能正确识别诉，以裁定是否受理后诉。对识别诉的特殊情形，应当以列举方式具体阐释，本节摘其要者作出阐释。

一、人事诉讼与诉的识别

在人事诉讼中，往往还需要运用其他原理或者方法，来处理诉的识别问题或者一事不再理原则的适用问题。

【案例 2-5】在同一个诉讼程序中，A 对 B 提起离婚之诉，A 同时提出 B 有恶习、受 B 虐待两个离婚的事实理由。问题是：本案例中，有几个诉？

与【案例 2-3】不同的是，【案例 2-5】是"在同一个诉讼程序中"，而【案例 2-3】则是"败诉后，又起诉"，由此二者的处理办法和结果均不相同。

【案例 2-5】中，根据上述诉的识别方法，由于 A 提出了两个离婚的事实理由，所以有两个诉：A 根据"B 有恶习"提起的离婚之诉；A 根据"受 B 虐待"提起的离婚之诉。若离婚的事实理由均成立，则需作出两个准许离婚的判决，这显然是不合理的。

对此，大陆法系国家和地区的主要看法和做法是，由于离婚之诉性质的特殊性，依据实体法只能产生一个婚姻关系解除权，至于实体法所规定的离婚理由并非构成不同诉讼的请求原因，而是离婚理由中独立的攻击、防御方法，所以应作一个诉对待。在我国实务中，也是作一个诉对待的。

笔者认为，为了保持诉的识别方法的一致性，仍然可以采用上述识别诉的通常方法，不过还需要采用其他方法来处理此类问题。按照上述诉的识别方法，【案例 2-5】中有两个诉，但是，不得对这两个诉作出原告均胜诉的两个判决。可以采取诉的预备合并或者选择合并来处理（我国现行法没有规定这两种诉的客观合并，实务中也不采用）。

在同一个诉讼程序中，数个诉在实体法上存在排斥关系或者诉讼目的相同而不得均被判胜诉（但均可被判败诉），则可通过诉的预备合并或者选择合并来处理此类问题。对这两种处理方法，原告应当任选其一。

若原告选择诉的预备合并，则应当确定主位之诉和备位之诉。比如，原告可将以有恶习为由提起的诉作为主位之诉，而将以受虐待为由提起的诉作为备位之诉。若法院判决主位之诉胜诉，则无须就备位之诉作出判决；若法院判决主位之诉败诉，则应就备位之诉作出判决。

若原告选择诉的选择合并，则无须确定主位之诉和备位之诉。在选择合并中，任何一个诉有理由而被判胜诉，其他的诉就无须判决。比如，若原告以有恶习为由提起的诉获得胜诉，则无须对以受虐待为由提起的诉作出判决。

二、请求权竞合与诉的识别

【案例2-6】某市市民王××购买车票乘坐该市某路公共汽车。在行驶过程中司机突然刹车，致使王××的脸部被碰受伤。于是，王××以该市公交公司为被告，向法院提起了人身侵权损害赔偿诉讼，要求法院判决被告赔偿医疗费1 000元。后来，王××向法院请求变更诉讼请求，要求被告承担违约责任。

此案事实是，王××购买车票乘坐某路公共汽车，在行驶过程中司机突然刹车致使王××的脸部被碰受伤。该事实尚属未经法律评价的事实，可称为"自然事实"（"生活事实""社会事实"）。该事实若经过相应的合同法规范评价，则为违约事实；若经过相应的侵权法规范评价，则为侵权事实。据此，被告的行为可能同时构成违约和侵权。

于是，王××可以提起违约之诉和侵权之诉，而不受"一事不再理"或者既判力的制约。若王××同时或者分别提起违约之诉和侵权之诉，有可能均获胜诉。由此产生的弊端是：王××因同一违法行为而获得两次受偿，因同一诉讼目的将被告两次引入诉讼而对被告不公。

对请求权竞合，我国现行法规定的处理办法是：

1. 择一诉提起。比如,《合同法》第 122 条规定:"因当事人一方的违约行为,侵害对方人身、财产权益的,受损害方有权选择依照本法要求其承担违约责任或者依照其他法律要求其承担侵权责任。"这种解决办法因赋予原告选择权而获得正当性,并且回避了两诉均获胜的弊端。【案例 2-6】中,原告 A 应当就侵权之诉和违约之诉选择其一起诉。

2. 选择之后,通过"诉的变更"获得有效保护。原告作出选择之后,考虑到可能败诉或者不能充分保护自己的合法权益,可以通过诉的变更来获得保护。比如,若原告选择提起侵权之诉,则有可能败诉;但是,若原告提起违约之诉,则可能胜诉①,那么原告可以通过诉的变更获得保护,即原告提起违约之诉来替代侵权之诉。

《最高人民法院关于适用〈中华人民共和国合同法〉若干问题的解释(一)》(法释〔1999〕19 号)第 30 条规定,债权人依照《合同法》第 122 条的规定向法院起诉时作出选择后,在一审开庭以前又变更诉讼请求的,法院应当准许。② 此条中的"变更诉讼请求"应理解为:将基于侵权请求权提出的诉讼请求变更为基于违约请求权提出的诉讼请求,或者将基于违约请求权提出的诉讼请求变更为基于侵权请求权提出的诉讼请求。这种诉讼请求的变更实质上是建立在诉讼标的变更之基础上的,为"诉的客观变更"。

笔者认为,在我国现行诉讼标的之制度框架内,还可以采用诉的预备合并来处理请求权竞合问题。原告可以同时提起侵权之诉和违约之诉,但是原告必须作出选择:何为主位之诉,何为备位之诉。就【案例 2-6】而言,若王××对公交公司同时提起侵权之诉和违约之诉,按照预备合并处理,则可将侵权之诉作为主位之诉,而将违约之诉作为备位之诉。这种处理办法既可以回避两诉均被判胜诉的弊端,又能够比较全面地保护原告的合法权益。

---

① 这是因为:一般情况下,在责任构成要件方面,侵权损害赔偿责任较违约责任更为严格,由此侵权损害赔偿责任不成立而违约责任却可能成立;在免责事由方面,侵权损害赔偿责任要多于违约责任。

② "在一审开庭以前"这一期限过于严格,不利于当事人充分利用诉的客观变更来保护合法权益。笔者认为,应当适用《解释》有关规定(参见下文诉的客观变更要件)。

由于案件的自然事实是同一的，所以应以一个诉或者一个案件对待，即以"案件事实的同一性"或者"诉因同一性"为识别或者确定诉的标准。这种标准实际上是英美法系识别诉的标准，体现或者遵从了英美法系的"从事实出发型"诉讼思维特性。大陆法系诸多民事诉讼学者也主张采取此标准，即凡基于同一事实关系发生的、以同一给付为目的的数个请求权存在时，实际上只存在一个请求权，因为发生请求权的事实关系是单一的，并非真正的竞合，不过是"请求权基础的竞合"，而请求权竞合系指基于多数事实关系分别发生多数请求权而其给付相同的情形。如此，当事人只需依据案件"自然事实"提出诉讼请求，至于适用何种实体法规范，则由法官从维护受害者合法权益、诉讼经济等角度裁量。

笔者认为，也可考虑采取以上办法来解决"请求权竞合"问题，并非一定要遵循诉识别方法的统一性或者有关理论体系的完整性。因为理论有追求体系化的趋向和要求，而现实生活往往是非体系化的；同时，既然有通常情况必然有特殊情形，所以对于通常情况采用识别诉的一般方法，对于特殊情形则采用识别诉的特殊方法，此种做法并不悖理。

三、部分请求和后发性请求与诉的识别

【案例2-7】2014年5月1日，酒后驾车的王××将行人李××撞倒，李××的左臂和头部被撞伤。2014年7月8日，李××以王××为被告，请求法院判决王××赔偿医疗费100万元、误工费10万元、护理费5万元、住院伙食补助费6万元和精神损害费20万元。2014年9月23日，法院判决王××赔偿以上费用。王××没有上诉。

此后，李××感觉到视力下降，医院诊断出李××视力下降是上次王××撞伤李××头部所致。2015年9月15日，李××以王××为被告，请求法院判决王××赔偿治疗视力所付出的费用共计50万元。王××在答辩状中声称，法院就侵权案件作出的判决已经产生既判力，法院应当适用"一事不再理"或者既判力，裁定驳回李××的起诉。

许多案件中，诉讼请求是由多个可分的部分组成的。【案例2-7】中，根据处分原则，李××可以提出其中一项或者几项请求，比如仅提出

赔偿医疗费 100 万元和误工费 10 万元，即提出"部分请求"（"一部请求"）①。部分请求属于诉讼请求在量上的缩减，并未改变诉的质的规定性（仍然是同一原告诉同一被告、同一诉讼标的和同一案件事实），所以还是原诉。

在原告提出部分请求并已作出确定判决之后，原告就其余的诉讼请求可否再行起诉？原则上，禁止就其余请求另行起诉（即禁止就同一案件分割起诉）。主要理由是：（1）基于同一案件事实和同一诉讼标的，同一原告对同一被告提出"部分请求"，仅属于诉讼请求在量上的缩减，并未改变诉的质的规定性，还是原诉。（2）原则上应当禁止就同一案件分割起诉，旨在避免原告滥用诉讼程序，折腾被告，浪费审判资源。（3）既然原告明确提出部分请求或者放弃诉讼请求，就应受其处分行为的约束，不得就其余请求另行起诉；同时法院也应尊重原告的处分权，不得受理原告就其余请求的起诉。因此，【案例 2-7】中，李××就其余请求不得再行起诉，法院也应不予受理或者予以驳回。

但是，若从原告的真实意思来看并非行使处分权，而是由于比如欠缺法律知识，因诉讼标的额巨大而负担不起律师费等正当理由（原告应当释明正当理由的存在），不得已只提出部分请求的，若不允许原告就其余请求提起诉讼，特别在我国律师制度不健全的情况下，则有违保护合法权益和解决民事纠纷的诉讼目的。在此种情形下，就不能教条地采用识别诉的通常方法来适用既判力或者一事不再理，应当允许原告就其余请求另行起诉。

在原告败诉的情况下，即法院审理后认定原告胜诉要件不具备而判决驳回原告的诉讼请求，原则上也禁止原告就其余请求另行起诉。不过，因不具备起诉要件而被法院裁定驳回或者不予受理，原告在符合起诉要件后再次起诉的，可以补足前诉中其余的诉讼请求。原告在起诉时提出部分请求（非故意规避级别管辖）的，在第一审和第二审中可以增加诉讼请求。

---

① 在我国，原告虽在起诉时提出部分请求，但在第一审和第二审中可以增加诉讼请求。对此如何处理，参见第四章第一节四。

"当事人异议之诉"主要是指当事人提起撤销或者变更法院确定判决之诉,实际上是当事人就"后发性请求"提起诉讼。从比较法上看,当事人对法院确定判决提起异议之诉的理由只是在本案最后言词辩论终结后(即既判力基准时后)或者本案判决确定后,因客观原因或者其他正当理由的发生,致使原确定判决在实体上对当事人显著不公,原案当事人无法通过上诉程序和再审程序获得救济,所以诸多国家和地区的民事诉讼法中规定了原案当事人可以对原确定判决提起异议之诉,就后发性实体请求再行起诉。我国现行司法解释将其作为"新案"(《解释》第218、248条)。

【案例2-7】中,在前诉判决确定后,才产生后发性损害后果,即李××的视力因被王××的车撞伤头部而下降,李××付出50万元治疗视力的费用。对此,王××应当承担损害赔偿责任。《最高人民法院关于审理人身损害赔偿案件适用法律若干问题的解释》(法释〔2003〕20号)第17条中规定,继续治疗实际发生的必要的后续治疗费,赔偿义务人也应当予以赔偿。

【案例2-7】中,李××在前诉中并未放弃对后发性损害后果的赔偿请求权,法院应当受理后诉。后发性请求与部分请求在原因事实发生的时间、原告起诉时的主观状态和处理方法等方面是不同的。[1] 引发后发性请求的原因事实是在本案最后言词辩论终结后或者本案判决确定后发生的,很多情况下原告或者受害人不能或者难以预料到后发性请求是否发生而没有作出处分的意思表示,所以对后发性请求,法官不能如部分请求那样考虑原告或者受害人是否有处分实体权益的意思,而应当根据民事诉讼目的,允许原告再行起诉。

---

[1] 参见[日]高桥宏志:《民事诉讼法》,林剑锋译,97~98页,北京,法律出版社,2003。

第三章　民事之诉的合法要件

第一节　诉·审·判之关系原理

一、诉的要件或者诉权要件之构成

民事诉权是关于"民事之诉"的权利，所以民事之诉的合法要件（"诉的要件"）即民事诉权的合法要件（"诉权要件"）。"诉的要件"通常是根据"诉的构成要素"并结合其他必要诉讼事项来设立的；在具体案件或者特定诉中，其诉状的基本内容即"诉的构成要素"之具体化，亦即"诉的构成要素"在具体案件或者特定诉中应当遵循民事纠纷"可诉性"或者"诉（的构成要素）的具体化"要求①，其适用意义在于据此识别诉来适用一事不再理或者既判力。

有关诉的合法要件，大陆法系民事诉讼中有起诉要件（起诉条件）、诉讼要件和实体要件（原告胜诉要件或者本案判决要件）。根据"先程序后实体原理"和"正当程序保障原理"，"起诉要件"主要是"程序性"要件。原告起诉具备起诉要件的，法院受理该诉。之后，法院审查诉讼要件，诉讼要件全部具备的，则诉讼程序继续进行；"诉讼要件"居于起诉要件与实体要件之间，属于"程序与实体交错性"要件，但偏向于程序性要件。最后，法院根据"实体要件"作出"本案判决"，实体要件主要包

---

① 参见邵明：《论民事之诉的合法要件》，载《中国人民大学学报》，2014（4）。

括实体事实方面的要件和实体法律方面的要件。

起诉要件和诉讼要件是否具备决定争讼程序是否启动和续行。若原告所提之诉不具备起诉要件或者诉讼要件，则争讼程序没有必要启动或者续行，法院应当直接驳回诉讼，避免无益的诉讼，节约司法资源，专力解决需要诉讼救济的案件。正因为如此，在诸多国家和地区，起诉要件和绝对诉讼要件被作为包含公益内容的事项而纳入"职权调查事项"，有关起诉要件和绝对诉讼要件的诉讼规范基本上属于强行规范。

我国现行民事诉讼法没有区分起诉要件与诉讼要件，诉讼要件被纳入起诉要件和实体要件。比如，有关当事人适格的诉讼要件，我国现行法中包括实质当事人适格和形式当事人适格，均作为起诉要件，如《民事诉讼法》第119条将"原告是与本案有直接利害关系的公民、法人和其他组织"明文规定为起诉条件。至于诉的利益，我国现行法中无此概念，但就其相应规定来看，主要是作为实体要件〔参见第三章第三节二（二）中将来给付之诉的利益〕。

笔者认为，对诉的要件，我国可选方案有二：（1）基本上沿用起诉要件和实体要件的做法；（2）基本上采用大陆法系起诉要件、诉讼要件和实体要件的做法。对此，笔者认为，现阶段我国宜沿用第一种方案，将来可以采用第二种方案（参见下文"诉的要件之审判"），不过，宜将实质当事人适格和诉的利益纳入实体要件（这两项要件通常须经法庭审理才能确定其是否具备），将形式当事人适格归为起诉要件（因为根据法律是否有明文规定或者实体当事人有无授权就可判断出是否具备）。

二、诉的要件之审判：诉·审·判

"诉·审·判"构成民事争讼程序的三个基本阶段，分别对应或者存在于民事争讼程序之"开始—续行—终结"。

根据先程序后实体原则和正当程序保障原理，起诉要件、诉讼要件和实体要件的审理裁判顺序通常是：

1. 起诉要件是争讼程序的启动要件，所以法院首先调查起诉要件是否具备，若起诉要件具备则受理起诉。起诉要件的审理和裁定通常在法院受理阶段完成。不过，受理后发现原告所提之诉不具备起诉要件的，也得裁定驳回起诉。

2. 审查诉讼要件是否具备的时间为自裁定受理之后至（初审、上诉审、再审）言词辩论终结之时。诉讼要件是本案判决作出的前提条件，若有不具备的，则驳回原告之诉。如法院作出本案判决前查明属于重复起诉的，则驳回原告之诉（再审除外）。诉讼要件多兼具程序和实体内容，须在程序启动以后的审理程序中进行审理，特别是实质当事人适格、诉的利益等更具实体内容，往往需到言词辩论终结时才能判断是否具备。①

3. 实体要件应当在开庭审理阶段审理，在程序上应当遵行对审、公开、直接言词等原则，在法庭言词辩论终结时，法院适用实体法作出本案判决。

起诉要件和诉讼要件通常采用自由证明程序和释明标准。实体要件中的实体事实则应当适用严格证明程序和完全证明标准。保障双方当事人平等的质证权和辩论权是严格证明或者判决程序的必要阶段。对"原告的诉"（包括起诉、上诉、提起再审之诉、异议之诉等），须经"必要的口头辩论"（"严格证明程序"）后，法院才以"终局判决"（"本案判决"）作出应答。

"诉不合法"是指诉不合程序性要件（主要是起诉要件，其次是诉讼要件）。诉无理由是指诉不合实体要件，即没有实体根据（实体事实根据和实体规范根据），据此法院作出原告败诉的"本案判决"。

不具备起诉要件或者在当事人没有起诉或者没有上诉（包括当事人合法撤回起诉或者撤回上诉）的情况下所作出的本案判决为"诉外判决"（属于无效判决）。对于不具备诉讼要件所作出的本案判决通常按"无效判决"处理。不具备实体要件所作出的本案判决虽是违法判决，但不属于无效判决，可以通过上诉、再审、异议之诉等法定方式予以撤销或者变更。

三、民事诉权的消灭

就特定的或者具体的民事纠纷而言，其诉权的消灭，在我国主要有以下情形：

1. 已被合法提起诉讼或者处于审理过程中；

---

① 笔者认为，在审查起诉阶段，形式当事人不适格的，法院通常裁定驳回起诉；在法庭审理阶段，实质当事人不适格的，法院通常以实体要件不备为由判决原告败诉。

2. 法院已经作出确定判决（再审、异议之诉除外）；

3. 已经作出具有既判力的其他法律文书；

4. 法院按照《民事诉讼法》第 151 条，裁定终结诉讼；

5. 撤诉后，法律或者司法解释规定不得再起诉；

6. 法院依法裁定执行被执行人到期债权，对该债权纠纷，被执行人没有诉权；

7. 对于涉外民事纠纷，外国法院作出的判决或者国外仲裁机构作出的裁决等，被我国法院承认；

8. 对于涉港、澳、台民事纠纷，港、澳、台地区法院作出的判决或者其仲裁机构作出的裁决等，被大陆或者内地法院承认。

第二节　起诉要件：程序性要件

民事之诉或者民事诉权第一方面的合法要件是起诉要件，即原告向法院提起诉（讼）首先应当具备起诉要件。从比较法上来看，起诉要件主要包括提交合法起诉状和依法交纳案件受理费①等程序性要件。所谓合法起诉状，是指起诉状必须载明法律所规定的内容，这些内容实际上是根据诉的构成要素来确定的。②

---

① 许多国家将原告预交案件受理费作为起诉要件，若原告不依法预交案件受理费的，应当裁定驳回起诉。

我国民事诉讼法没有明确将依法交纳案件受理费规定为起诉要件。《诉讼费用交纳办法》第 20 条规定，案件受理费由原告在起诉时预交；其第 22 条规定，当事人逾期不交纳诉讼费用又未提出司法救助申请，或者申请司法救助未获批准，在人民法院指定期限内仍未交纳诉讼费用的，由人民法院依照有关规定处理。依据《解释》第 213 条和《登记立案》第 11 条，登记立案后，当事人未在法定期限内交纳诉讼费的，按撤诉处理，但符合法律规定的缓、减、免交诉讼费条件的除外。既然是按撤诉处理，其前提是法院受理了起诉。可见，我国并未将依法交纳案件受理费作为起诉要件。

笔者认为，我国现行做法对于保护当事人的诉权是有积极意义的，所以我国无须将依法交纳案件受理费规定为起诉要件，如此，则起诉要件仅包括原告应当提交合法起诉状。

② 至于简单的民事案件，《民事诉讼法》第 158 条规定原告可以口头起诉；不过，法院应将当事人的基本情况、联系方式、诉讼请求、事实及理由予以准确记录，将相关证据予以登记。法院应将上述记录和登记的内容向原告当面宣读，原告认为无误后应当签名或者捺印。有些国家的民事诉讼法规定，即使书面起诉，起诉状也得适当简化，比如《日本民事诉讼法》第 272 条规定："提起诉讼以明确纠纷的要点代替请求的原因即可。"

在我国，起诉要件基本上是根据诉的构成要素来确立的（《民事诉讼法》第119、121条）。根据纠纷的可诉性或者诉的具体化要求，特定的诉中，其构成要素须具体或者明确，否则，不符合诉的合法要件。

民事起诉状

（原告是自然人）原告：×××，男/女，××××年××月××日生，×族，……（写明工作单位和职务或者职业），住……。联系方式：……。

法定代理人/指定代理人：×××，……。

（原告是法人或者其他组织）原告：×××，住所……。

法定代表人/主要负责人：×××，……（写明职务），联系方式：……。

委托诉讼代理人：×××，……。

被告：×××，……。

…………

（以上写明当事人和其他诉讼参加人的姓名或者名称等基本信息）

诉讼请求：

…………

事实和理由：

…………

证据和证据来源，证人姓名和住所：

…………

此致

××××人民法院

附：本起诉状副本×份

起诉人（公章和签名）

××××年××月××日

【说明】

1. 本样式根据《中华人民共和国民事诉讼法》第一百二十条第一款、第一百二十一条制定，供公民/法人或者其他组织提起民事诉讼用。

2. 起诉应当向人民法院递交起诉状，并按照被告人数提出副本。

3. 原告应当写明姓名、性别、出生日期、民族、职业、工作单位、住所、联系方式。原告是无民事行为能力或者限制民事行为能力人的，应当写明法定代理人姓名、性别、出生日期、民族、职业、工作单位、住所、联系方式，在诉讼地位后括注与原告的关系。

4. 起诉时已经委托诉讼代理人的，应当写明委托诉讼代理人基本信息。

5. 被告是自然人的，应当写明姓名、性别、工作单位、住所等信息；被告是法人或者其他组织的，应当写明名称、住所等信息。

6. 原告在起诉状中直接列写第三人的，视为其申请人民法院追加该第三人参加诉讼。是否通知第三人参加诉讼，由人民法院审查决定。

7. 起诉状应当由本人签名。

（原告是法人或者其他组织）起诉状应当加盖单位印章，并由法定代表人或者主要负责人签名。

一、关于诉的主体要件

民事之诉的第一方面构成要素是"诉的主体"（包括原告与被告）。相应的，起诉状中必须载明原告和被告（及其诉讼代理人）的基本情况。在起诉阶段就得明确原告和被告，即"当事人的确定"。通常情况下，法院是根据起诉状来确定当事人的，即以自己的名义请求法院行使审判权或者提出诉讼请求的人为原告，被告则是起诉状中指定的对方当事人。

司法不同于立法和行政，其主要功能和基本性质是对特定主体之间已经发生的具体纠纷的事后性的终局性的解决，所以在特定的"诉"中，原告和被告均须是具体的或者明确的。在制度层面，体现为起诉状必须载明原告和被告（及其诉讼代理人）的基本情况。

根据《民事诉讼法》第 121 条的规定，起诉状应当记明：原告的姓名、性别、年龄、民族、职业、工作单位、住所、联系方式，法人或者其他组织的名称、住所和法定代表人或者主要负责人的姓名、职务、联系方式；被告的姓名、性别、工作单位、住所等信息，法人或者其他组织的名称、住所等信息。

按照《民事诉讼法》第 119 条的规定，"有明确的被告"为起诉要件之一。《解释》第 209 条第 2 款规定："起诉状列写被告信息不足以认定明确的被告的，人民法院可以告知原告补正。原告补正后仍不能确定明确的被告的，人民法院裁定不予受理。"

实务中，许多民事纠纷的受害人不知加害人的基本情况。比如，交通事故的肇事者即刻逃逸，受害人无法知道肇事者的姓名、单位、住址等基本情况。对此，有些法院的做法是，待被告明确后，原告才能起诉，法院才予以立案。

笔者认为，"有明确的被告"作为起诉要件之一无可厚非；不过，为及时保障当事人的诉权，如果有诉的原因事实，即使被告逃匿或者下落不明，也应当立案，此后可以裁定诉讼中止，待被告明确后，继续审理，同时可以依法采用公告送达，必要时缺席审判。

二、关于诉的客体要件

民事之诉的第二方面构成要素是"诉的客体"（包括诉讼标的与诉讼请求）。相应地，起诉状中必须载明具体的诉讼请求。

具体"诉"中，原告应当提出具体的诉讼请求，并于起诉状中载明或者由法院记录在案。"具体的诉讼请求"首先是指：（1）在质的方面，原告必须确定请求诉讼保护的具体形式和具体对象或者内容，即必须具体明确给付什么、确认什么或者形成什么，比如"请求返还坐落于××市××区××街××号一栋别墅""请求确认原告与被告婚姻不成立""请求判决原告与被告离婚"。（2）若诉讼请求包含数量的，则在量的方面，通常应当表明具体的数量，如请求返回借款 24 000 元人民币、请求交付 3 000 吨××牌大米等。

在损害赔偿案件中，受害人在起诉时往往无法确定或者没有证据证明损害程度或赔偿数额。对此,我国《侵权责任法》第20条规定:"侵害他人人身权益造成财产损失的,按照被侵权人因此受到的损失赔偿;被侵权人的损失难以确定,侵权人因此获得利益的,按照其获得的利益赔偿;侵权人因此获得的利益难以确定,被侵权人和侵权人就赔偿数额协商不一致,向人民法院提起诉讼的,由人民法院根据实际情况确定赔偿数额。"《专利法》第65条第2款规定:"权利人的损失、侵权人获得的利益和专利许可使用费均难以确定的,人民法院可以根据专利权的类型、侵权行为的性质和情节等因素,确定给予一万元以上一百万元以下的赔偿。"

对损害事实的认定并非单纯的司法事实判断问题,还包含法律价值取舍评价。《德国民事诉讼法》第287条第1款①对侵权损害赔偿数额不适用普通举证责任之法则,盖在侵权损害赔偿数额之核定,重心不在于其是否客观地存在,而在于能否为适当之判断。②《日本民事诉讼法》第248条规定:"在承认产生损害的情况下,由于损害的性质所决定证明其损害金额极其困难时,法院根据口头辩论的全部意旨和调查证据的结果,可以认定适当的损害金额。"日本有学者认为,损害金额的确定不是有关案件事实存在与否的问题,而是一个通过金钱来对损害予以评价的问题;此条并非降低证明度的规定,而是将损害金额的认定委诸法官自由裁量,作为结果此条具有减轻原告对损害金额之举证负担的效果。③

我国台湾地区"民事诉讼法"第244条规定:"第一项第三款之声明(即'应受判决事项之声明',亦即诉的声明——笔者注),于请求金钱赔偿损害之诉,原告得在第一项第二款之原因事实范围内,仅表明其全部请求之最低金额,而于第一审言词辩论终结前补充其声明。其未补充者,审

---

① 《德国民事诉讼法》第287条第1款规定:"当事人对于是否有损害、损害的数额,以及应赔偿的利益额有争执时,法院应考虑全部情况,经过自由心证,对此点作出判断。应否依申请而调查证据,应否依职权进行鉴定,以及调查和鉴定进行到何种程度,都由法院酌量决定。法院就损害和利益可以询问举证人;此时准用第452条第1款第一句、第2款至第4款的规定。"

② 参见毋爱斌:《损害额认定制度研究》,载《清华法学》,2012(2);段文波:《事实证明抑或法官裁量:民事损害赔偿数额认定的德日经验》,载《法学家》,2012(6)。

③ 参见[日]新堂幸司:《新民事诉讼法》,林剑锋译,395~396页,北京,法律出版社,2008。

判长应告以得为补充。前项情形,依其最低金额适用诉讼程序。"此项规定甚为合理,值得借鉴。

至于是否要求原告在起诉状中记明"诉讼标的",我国台湾地区"民事诉讼法"第 244 条有着明确要求;《日本民事诉讼法》第 133 条规定诉状应记载请求趣旨(即诉讼请求),无须记明诉讼标的;我国《民事诉讼法》第 119 条和第 121 条要求记明具体的诉讼请求,无须记明诉讼标的。笔者认为,起诉状中无须记明诉讼标的。因为法官和律师可以通过诉讼请求和案件事实及实体规范,推导出本案的诉讼标的,所以起诉状不列明诉讼标的并无实质性不利影响。再者,诉讼标的是一个难以理解的专门概念,作为非法律职业人的公民则更难以理解,而诉讼请求却易被理解。

三、关于诉的原因要件

民事之诉的第三方面构成要素是"诉的原因",即权利产生直接事实或者权利成立要件事实。相应地,起诉状中必须载明具体的原因事实。若不将诉的原因事实作为诉的构成要素,则诉的原因事实无须记载于起诉状中。

根据司法的基本性质和"可诉性"标准,在具体的诉或者特定的案件中,诉的原因事实作为诉的构成要素应当予以具体化或者特定化,唯有如此才能支持具体的诉讼标的和诉讼请求,并在必要时使诉具体化或者特定化。比如,起诉状仅记载"原告依据租金请求权"请求被告支付租金 6 万元,其中原因事实"依据租金请求权"并没有具体化,应当具体化为比如"被告在 2005 年 1 月 1 日就某房屋与原告达成租期 1 年的契约,根据该契约的约定,被告应当按月支付原告月租金 1 万元,2005 年 7 月至 12 月共 6 个月被告没有支付租金"。

《民事诉讼法》第 119 条将"有具体的事实"规定为"起诉条件",第 121 条规定起诉状应当记明"诉讼请求和所根据的事实与理由"。据此可以推断出原告主张诉的原因事实的通常期限在起诉阶段。不过,在起诉以后,法官发现原告并非故意或者有正当理由而在其事实主张方面出现不明了、不具体或者前后矛盾等情况的,应当向原告阐明,并给予原告补正的机会,这实际上是允许在特定情况下推延原告主张事实的期限。

笔者赞成,既然诉的原因事实为民事之诉的构成要素之一,通常应由原告在起诉时主张,并且为及时"整理争点"和实行"集中审理",要求原告和被告应当在"诉答"和"审前准备"阶段主张利己事实(和提供利己证据);若有正当理由,则可以申请延期主张和举证,或者在本案法庭辩论终结前可以主张和举证。

在法院受理起诉阶段,发现原告没有正当理由未主张上述具体的权利产生直接事实,法院阐明并酌定期限给予原告补正机会而原告不予补正或者逾期补正的,按照《民事诉讼法》第119条的规定,不必经过"法庭审理"或者"实体审理",法院就以起诉不合法为由,裁定不予受理。笔者赞成如下做法:在受理起诉以后,有些国家是以"本案诉讼标的和诉讼请求没有实体事实支持"或者"主张本身失当或者不充分"为由,判决驳回原告的诉讼请求。

《民事诉讼法》第119条将"属于人民法院受理民事诉讼的范围和受诉人民法院管辖"作为第4项起诉条件。此外,另有法律或者司法解释明文规定的其他起诉条件。在我国公益诉讼、第三人撤销之诉、再审之诉虽属独立之诉(独立启动诉讼程序之诉),但因其特殊性,除具备通常的起诉条件外,还应具备其他条件,比如,提起公益诉讼还应提供社会公共利益受到损害的初步证据(《解释》第284条),提起第三人撤销之诉还应提供相应的证据(《解释》第292条)。

上述三方面的起诉要件在起诉状中均应明确且相互一致,否则为起诉不合法。比如,原告主张权利产生直接事实应当遵循"主张一贯性",即原告主张的权利产生直接事实依据相应的实体法规范能够直接支持本诉的诉讼标的和诉讼请求,即在法律上能够根据原告主张的权利产生直接事实推导出与诉讼标的和诉讼请求相一致的法律效果。例如,如果原告请求法院确认合同无效,在起诉状中应当主张引起合同无效的具体事实,而不应主张引起合同违约或者可撤销等其他事实。

应当明确的是,有关"诉的主体""诉的客体"和"诉的原因"的起诉要件,在受理阶段,法院只是从形式上审查有无双方当事人及其是否具体、有无诉讼请求及其是否具体、有无原因事实及其是否具体,至于原告是否是合法实体权益人和被告是否是合法实体义务人、诉讼请求有无原因事实根据、原因事实是否真实充分等实体问题，应当经过法庭审理，在法庭审理终结之后（即法庭言词辩论终结之后）才能判定。

《民事诉讼法》对起诉要件的规定过于严格而不合理，主要体现为：（1）我国现行民事诉讼法没有区分起诉要件与诉讼要件，有些诉讼要件被纳入起诉要件。比如，根据《民事诉讼法》第119条的规定，"原告是与本案有直接利害关系的公民、法人和其他组织"是起诉条件，实际上是关于民事诉讼权利能力和当事人适格的诉讼要件；"属于人民法院受理民事诉讼的范围和受诉人民法院管辖"是起诉条件，实际上属于诉讼要件。（2）根据《民事诉讼法》第124条的规定，法院在受理阶段审查判断起诉要件是否具备，包括如何处理民事可诉性、诉的利益、法院管辖权、既判力等诉讼要件。对于包含实体内容的当事人适格、诉的利益等诉讼要件，在法院受理阶段往往无法调查，并且也无法展开辩论，往往需到法庭言词辩论终结时才能判断其是否具备。①

《民事诉讼法》对起诉要件的规定过于严格，因而不利于当事人诉权的行使或者诉讼的提起。笔者认为，我国将来可以采用大陆法系起诉要件、诉讼要件和实体要件的做法，将起诉要件和诉讼要件划分出来，在制度上设置合理的起诉要件，主要包括提交合法起诉状这一程序性要件，至于诉讼要件通常在立案以后由法院进行调查并允许当事人辩论，并且宜将实质当事人适格和诉的利益纳入实体要件，将形式当事人适格归为起诉要件。

---

① 根据《民事诉讼法》第124条的规定，在受理阶段，将大陆法系所谓"诉讼要件"作为起诉要件来审查。比如，（1）"依照行政诉讼法的规定，属于行政诉讼受案范围的，告知原告提起行政诉讼"；"依照法律规定，双方当事人达成书面仲裁协议申请仲裁、不得向人民法院起诉的，告知原告向仲裁机构申请仲裁"；"依照法律规定，应当由其他机关处理的争议，告知原告向有关机关申请解决"，此三项规定的是"民事可诉性"或者"法院民事审判权范围"。（2）"对不属于本院管辖的案件，告知原告向有管辖权的人民法院起诉"，此项规定的是"民事管辖权"。（3）"对判决、裁定、调解书已经发生法律效力的案件，当事人又起诉的，告知原告申请再审，但人民法院准许撤诉的裁定除外"，此项规定的是"一事不再理"或者"既判力"。（4）"依照法律规定，在一定期限内不得起诉的案件，在不得起诉的期限内起诉的，不予受理"；"判决不准离婚和调解和好的离婚案件，判决、调解维持收养关系的案件，没有新情况、新理由，原告在六个月内又起诉的，不予受理"，此两项规定的是"诉的利益"。

四、关于主张具体化问题

(一) 国外对主张具体化的规定和看法

所谓主张的"具体化"(Substantiierung),对于负主张责任的当事人而言,仅向受诉法院抽象地主张某一法律要件事实之存在尚不能认其已完成主张责任,而是需要向受诉法院作具体陈述。其主要内涵有二:(1) 当事人向受诉法院主张法律要件事实时,不能仅抽象为之,而应作具体的陈述。例如,关于金钱的交付这一要件事实,当事人必须具体陈述何时、在哪儿、以什么方式交付金钱的事实。(2) 当事人所为之事实主张不能是凭空捏造的或者仅为射幸式的陈述,而应当具有一定的线索或者根据。因此,当事人所为之事实主张从外观上看虽然非常明确、具体,但却明显是恣意的陈述或者欠缺明显线索的主张,也不能认为其满足了具体化的要求。在德国、日本的民事诉讼中,当事人向法院所为的事实主张若未臻具体化,将被认为是不适格的主张,法院并不将之作为审理的对象予以斟酌,其结果是,当事人因未能尽主张责任而遭受败诉的不利益。①

根据《德国民事诉讼法》第 253 条的规定,诉状应记明:(1) 当事人与法院;(2) 提出的请求的标的与原因,以及一定的申请。其第 253 条还规定:"关于准备书状的一般规定,也适用于诉状。"对此,通行的解释是,诉状应当满足关于准备书状的规定,即应当提出作为诉的理由的事实以及证据。② 此外,应该送达的诉状和当事人的其他声明与陈述,都应该用书面提出,并且按照其送达或者通知所要的份数,附具缮本提交给法院。德国联邦法院反复强调应遵循以下立场判断当事人的主张是否满足了具体化要求:

1. 通常情形下,原告所主张的事实只须达到能满足法院对其作重要性审查的具体化即可,原告无须陈述与法律效果的发生无关的细节性事

---

① 此部分内容主要参考占善刚:《主张的具体化研究》,载《法学研究》,2010 (2);张海燕:《"进步"抑或"倒退":美国民事起诉标准的最新实践及启示》,载《法学家》,2011 (3);段文波:《美日民事诉状比较及借鉴》,载《国家检察官学院学报》,2012 (2)。

② 参见[德] 奥特马·尧厄尼希:《民事诉讼法》,周翠译,219 页,北京,法律出版社,2003。

实，即原告所陈述的事实与一定的法律规范相结合若能够合理地推断其所主张的权利为自身享有，进而使其所提诉讼请求有适当的根据，则可认为其所为主张乃充分的，从而也是重要的。由于这样的事实主张作为证明主题能满足法院的重要性审查，故符合主张的具体化要求。如原告主张契约成立的事实，只须就当事人间达成合意的事实予以具体陈述即可，而对于契约订立的时间、场所等细节并无陈述的必要，因为这些细节性事实与契约成立的法律效果无关。

2. 主张是否需要具体化应视对方当事人的防御态度而定，在对方当事人未予否认的场合，抽象化的主张即为已足；仅在对方当事人予以争执时，负主张责任的当事人才有必要对其抽象的主张作具体的陈述。例如，原告基于所有物返还请求权请求被告返还所有物，原告在被告未作争执之场合，抽象地主张其为所有权人即可；若被告对此有争执，则必须具体地陈述其取得所有权的原因。法院民事裁判的重要事实资料仅以当事人有争执者为限，为避免增加不必要的诉讼资料，在对方当事人无争执时，无须要求主张的具体化。

3. 依照生活经验法则判断原告的主张具有多大程度的可信凭性，原则上与具体化的程度无关。因此，主张的具体化并不绝对禁止原告作推测性的陈述，只要事实主张不是凭空捏造、捕风捉影或者不着边际的，就可认为其为妥当的陈述。

德国学说上关于主张具体化的程度或者界限主要看法有二：（1）当事人必须陈述使其主张具有可信凭性的事实，仅主张能涵摄法律要件的事实尚属不足。按照此说对主张具体化的理解，当事人的事实主张即便已很详细、特定，但若欠缺依据，仍然不符合主张具体化的要求。（2）与德国联邦法院判例的立场相同，认为当事人主张能涵摄法律要件的事实即能满足法院作重要性审查，符合具体化的要求。为此，当事人必须具体地陈述能推导出法律效果存在的法律要件事实。从已有研究成果看，日本学说在总体上乃遵循德国判例、学说所持的见解。①

基于促进整理争点的目的，日本 1996 年修正民事诉讼法时，要求诉

---

① 参见占善刚：《主张的具体化研究》，载《法学研究》，2010（2）。

状中除了记载（诉讼）请求原因事实（即要件事实）之外，还必须对此种
事实作出具体记载，而且要求原告记载与原因事实相关的间接事实及证
据。具体记载原因事实、间接事实及证据的诉状，实际上兼有准备书证的
性质和功能。但是，即便诉状没有或者不充分记载间接事实和证据，不影
响诉状的效力，也不构成驳回诉状的事由。不过，有人主张，为实现
1996 年修正民事诉讼法典"尽早实现充实整理争点"的目标，有必要将
其确立为一项律师实务习惯。①

　　根据《日本民事诉讼法》（2003 年修正）第 133 条的规定，"诉状"
应当记载如下事项：（1）当事者及其法定代理人；（2）请求趣旨②及其原
因。许多情况下，请求趣旨尚需请求原因才能得以特定。在诉状中，通常
还记载管辖原因、其他诉讼要件之原因事实及其证据方法等事项。这些事
项的记载并非特定请求所必需的，只是考虑到诉状兼有原告最初准备书状
的性质，出于便利的目的，要求原告记载上述事项（《日本新民事诉讼规
则》第 53 条第 3 款），即使欠缺上述事项的记载或者记载不充分也不影响
诉状的效力。③

　　根据《日本民事诉讼法》2003 年修正的内容，日本最高法院制定了
新民事诉讼规则。《日本新民事诉讼规则》在第 53 条第 1 款、第 80 条第 1
款和第 81 条中首次正面强调当事人必须使其事实主张具体化，要求当事
人于诉状、答辩状及其他准备书状中就要证事实作"具体的"记载。尽管
依日本官方解释，上述规定仅为训示规范而非效力规范。

　　在大陆法系一些国家和地区，当事人双方主张事实和提供证据属于攻
击、防御方法，均须受攻击、防御时限的制约，即当事人必须根据诉讼的
进展状况适时主张事实和提出证据，但事实主张期限和证据提出期限并未

---

　　① 参见［日］新堂幸司：《新民事诉讼法》，林剑锋译，158～159 页，北京，法律出版
社，2008。
　　② "请求趣旨"相当于本书所谓"诉讼请求"，是指通过诉要求审判之内容的简洁且确
定之表示，原告通常使用与确认请求判决之主文相对应的表述，如"要求作出确认某处房屋
为原告所有的判决""请求作出被告向原告支付 100 万元货款的判决""请求作出原告与被告离
婚的判决"。
　　③ 参见［日］新堂幸司：《新民事诉讼法》，林剑锋译，159 页，北京，法律出版社，
2008。

被限制在起诉答辩（诉答）阶段。因此，立法上仅要求原告在诉状中载明使诉讼标的得以特定化或者能被识别出所需的最低限度的案件实体事实，与此相应的是理论上的"识别说"或者"具体化"理论。按照"识别说"或者"具体化"理论，原告在诉状中只需主张使本诉或者其诉讼标的能够得以特定化或者能被识别出所需的最低限度的权利产生直接事实，即原告在诉状中对诉的原因事实的记载可以具体地叙述原因事实，以至于可以与其他事实区别开来，并且该记载适合于用来说明原告诉讼请求的理由即可。此项要求与实体法说所理解的诉讼标的是一致的。至于支持原告胜诉的案件事实或者说满足"事实主张充分性"或者"有理性"的事实，则可在以后的诉讼程序中适时主张。与"识别说"相对的是"理由记载说"，与"具体化"理论相对的是"实质性"理论。就"实质性"理论而言，要求原告在诉状中主张"能够推导出诉讼正当性结论所必需的"事实，即支持原告胜诉的案件事实或者说满足"事实主张充分性"的事实。由于现行法通常允许原告补正其事实主张，所以"实质性"理论太过激了。①

从德国联邦法院的判例来看，在以下两种场合，当事人可以抽象地进行事实主张并以之作为证明主题申请法院进行证据调查（即"主张具体化的缓和"）：（1）当事人因欠缺只有专业人士才具备的知识而不能提供细节性事实，可以抽象地陈述假定的事实并申请法院进行证据调查，不构成不合法的摸索证明。（2）当事人因无法详尽知晓事实的经过而难以进行充分、具体的陈述，也可以仅抽象地主张假定的事实，以之作为证明主题向法院申请证据调查，并不属于摸索证明。与德国联邦法院判例所持之见解基本相同，德国学说一般也认为，相对于作为证明对象的事实而言，当事人若在物理上或者社会上处于被隔绝的地位，从而欠缺关于事实经过的详细认识，不得已抽象地主张推测的事实应当被允许，以之为证明主题申请法院进行证据调查，不属于不合法的摸索证明。

虽然日本最高法院没有关于当事人被容许抽象地进行事实主张或者

---

① 参见［德］罗森贝克等：《德国民事诉讼法》，下册，李大雪译，688 页，北京，中国法制出版社，2007；［日］新堂幸司：《新民事诉讼法》，林剑锋译，158 页，北京，法律出版社，2008。

提示证明主题的判例，但日本地方法院在若干文书提出命令的事件中已承认不持有情报的当事人可以抽象地表示证明主题。日本学说认为，通常情形下，对于发生于自己生活、法领域内的事实，固应要求当事人的主张具体化，但如果事实发生于对方当事人或者第三人的支配领域内，负主张责任的当事人处于与事实关系相隔离的地位，欠缺获得必要情报的手段，若仍要求当事人的主张应予具体化，则于其是不可期待的，也是不妥当的。

半个多世纪以来，美国"通知起诉标准"深入人心。"通知起诉标准"即仅需原告提出结论性主张，尽到对被告的公平通知义务即可，不需提供诉讼主张所依赖的具体事实。2007 年，联邦最高法院在 Twombly 案中首次提出合理起诉标准，要求原告起诉应提出具体事实，实现对诉讼主张的论证从"可能性"到"合理性"的转变；2009 年，Iqbal 案将其适用于所有民事案件。合理起诉标准在美国的出现，虽具民事司法改革的必然性和制度价值选择的合理性，但也存在当事人难以接近司法和规避联邦法院管辖等困境，应通过设定合理的标准将其适用范围限定在复杂民事案件中。

所谓"合理起诉标准"，是指原告应当提出充分的事实表明其救济主张具有合理性，否则将被法院驳回。合理起诉标准的核心是原告主张事实的充分性和救济主张的合理性，即原告起诉时所提供的具体事实能够充分且合理地推出其诉讼请求，在此意义上"合理性"等同于"充分性"。按照合理起诉标准，原告应当主张的事实即为大陆法系中的要件事实。在美国，原告只有提出构成诉讼请求的所有构成要件事实，才能满足"充分性"（"合理性"）要求。当然，如果该要件事实是抽象事实（如过错、不可抗力），还需原告提供能够推出该抽象事实的间接事实。"合理起诉标准"中的"合理性"是一种高于"可能性"（possibility）却低于"盖然性"（probability）的中间状态，是一种仅仅要求原告提出理由让法院相信其主张具有价值、有必要进入证据发现程序的最低标准。对于原告的起诉主张是否具有"合理性"的判断，本质上是一个法官自由裁量权问题，且是一个在特定案件背景下实现的任务，法官需要运用利益衡平的分析方法，借助自身的司法经验和生活常识为之。

（二）我国对主张具体化的应有态度

就原告的主张责任来说，笔者主张，首先需要处理的问题是"起诉时"主张责任的承担程度。作为"诉"的构成要素，诉的原因事实（权利产生要件事实或者直接事实）应当载明于起诉状中；同时，基于适用一事不再理原则或者既判力的考虑，原告起诉时所主张的原因事实应当达到一定程度的具体化，从而使诉能够具体化或者特定化。为保护当事人诉权并根据"先程序后实体原理"，在起诉阶段，我国应当采用大陆法系"识别说"或者"具体化"理论和美国的合理起诉标准，即原告起诉时主张具体化的程度只需达到较低的识别标准，以便适用一事不再理原则。

在法庭审理阶段，当事人应当适时补足直接事实以满足"事实主张充分性或者有理性"的要求。支持原告胜诉的权利产生事实（即满足"事实主张充分性或者有理性"的事实）、被告主张责任的承担程度和期限问题，可在起诉以后的审理阶段适时主张。通常要求原告和被告应当在审前准备阶段完成主张责任和举证责任（在此阶段指的是行为责任）；若有正当理由的，可以申请延期主张举证，在本案法庭辩论终结前均可主张举证。在这方面，我国台湾地区的做法具有借鉴意义。

我国台湾地区现行"民事诉讼法"第244条规定，诉状"应"表明下列各款事项：（1）当事人及法定代理人；（2）诉讼标的及其原因事实；（3）应受判决事项之声明（诉的声明）。[1]诉状内"宜"记载"因定法院管辖及其适用程序所必要之事项""第二百六十五条所定准备言词辩论之事项"。其第265条规定，当事人因准备言词辩论之必要，应以书状记载其所用之攻击或者防御方法，及对于他造之声明并攻击或者防御方法之陈述。其第266条规定，原告准备言词辩论的书状，应记载下列各款事项：（1）请求所依据之事实及理由；（2）证明应证事实所用之证据。被告的答辩状，应记载下列各款事项：（1）答辩之事实及理由；（2）证明应证事实所用之证据；（3）对他造主张之事实及证据为承认与否之陈述（如有争执则陈述其理由）。

我国台湾地区现行"民事诉讼法"将"诉状"与"准备（言词辩论）书状"作出了适当区别规定。"诉状"中应当载明的内容是诉的构成要素

---

① 至于请求金钱赔偿损害之诉，原告得在原因事实范围内，仅表明其全部请求的最低金额，而在第一审言词辩论终结前补充其声明。其未补充者，审判长应告以得为补充。

（属于强行规定）。至于管辖、攻击/防御方法等事项属于"诉状"中"宜"载明的内容，属于任意规定或者鼓励性规定，不过立法者的意图是鼓励当事人在"诉状"中包含"准备书状"的内容，以便促进整理争点。若当事人在"诉状"中记载"准备书状"的内容，则"诉状"在一定程度上具有"准备书状"的功能。与"诉状"不同，第265条和第266条明确要求原告准备言词辩论的书状"应"记载攻击方法，被告的答辩状"应"记载防御方法。事实上，攻击方法和防御方法作为"准备书状"的内容，属于审前准备程序的内容，目的在于整理争点。

《民事诉讼法》第121条规定起诉状应当记明"诉讼请求和所根据的事实与理由"。对此，笔者认为，原告在起诉时首先应当提供或者主张支持其诉讼标的和诉讼请求的权利产生要件事实，换言之，仅就事实根据而言，由原告提供或者主张的权利产生要件事实能够合理推出其诉讼请求。这与大陆法系中的"识别说"或者"具体化"理论和美国的合理起诉标准①基本上是一致的。

关于事实主张的范围应当包括要件事实或者直接事实。自由心证、辩论主义、主张责任和证明责任的适用对象通常是"要件事实"。但是，对于间接事实即使当事人没有主张，法院也可以根据举证过程中呈现出来的情况进行审理和作出判断，这样可能对当事人造成突然袭击。如今，在坚持辩论主义的同时，学术和立法上对辩论主义的适用范围作出了相应的修正，即无论是要件事实还是间接事实，只要足以影响诉讼的胜负结果或者可能被作为判决基础的事实，都要求当事人主张。比如，若某个要件事实是抽象事实（如过错、不可抗力等），还需原告和被告提供能够推出该抽

---

① 英美法系民事诉讼中，与大陆法系要件事实大致对应的是"争点事实"（facts in issue），又称"结局事实"（ultimate facts），一般包括：（1）"诉因"（cause of action）的构成事实；（2）"抗辩"的构成事实，相当于大陆法系被告的"抗辩直接事实"。

原告基于"诉因"，可以提出相应的诉讼请求。"诉因"的一个重要内涵是"产生法律效果的总体事实"，据此一个人能够对另一个人从法院获得救济。参见［美］杰克·H. 弗兰德泰尔登等：《民事诉讼法》，夏登峻等译，228 页，北京，中国政法大学出版社，2005；L. B. Curzon, *Dictionary of Law*, sixth edition, cause of action, Pearson Education Limited, 2002。

一个"诉因"包括几个具体的构成要件及其要件事实，比如一个"诽谤诉因"包括以下具体构成要件及其要件事实：被告作出过诽谤性陈述，被告公开该陈述，该陈述是虚假的，被告在作出该虚假陈述时存在过错，对原告名声造成损害。参见［美］斯蒂文·N. 苏本等：《民事诉讼法》，傅郁林等译，181～182 页，北京，中国政法大学出版社，2004。

象事实的间接事实（参见本书第五章第一节中"辩论主义"部分）。笔者认为，间接事实主要是用来证明直接事实的，实际上起的是证据的作用，所以按照举证时限规定提供间接事实。

　　关于事实主张具体化的范围或者主张具体化的缓和问题，我国可以借鉴德国的做法，即明确规定，通常情况下，当事人应对发生于自己生活领域内的事实提出具体主张，而不能提出抽象的、缺乏根据的推测性的事实主张，但是以下情形除外：（1）因欠缺只有专业人士才具备的知识而不能提供细节性事实的，可以在起诉时提出抽象的、推测性的事实主张[1]；（2）因事实发生于对方当事人或者第三人的支配领域而无法详尽知晓事实的经过，从而难以进行充分、具体的陈述的，可以在起诉时提出抽象的、推测性的事实主张。

第三节　诉讼要件：程序性与实体性交错要件

　　民事之诉第二方面的合法要件是诉讼要件。根据诉的构成要素，诉讼要件包括诉的主体要件和客体要件（但仅指有关诉讼标的之要件）。"诉"的本质是当事人请求国家法院行使审判权以保护实体权益和解决民事纠纷，因此原告所提之诉应当符合有关审判法院的合法性规定（即具备审判者方面的诉讼要件）才可继续审理，这也是审判正当性的重要来源。

　　在此仅阐释通常的诉讼要件（适用于所有的民事之诉和民事争讼程序，见下图）。至于诉的合并（包括共同诉讼、代表人诉讼、主诉讼参加人参加之诉、反诉等）、诉的变更、上诉、再审、撤销除权判决之诉、执行异议之诉等，除了必须具备通常的起诉要件和上述诉讼要件之外，还须

---

[1]　我国《侵权责任法》第 19 条规定："侵害他人财产的，财产损失按照损失发生时的市场价格或者其他方式计算。"第 20 条规定："侵害他人人身权益造成财产损失的，按照被侵权人因此受到的损失赔偿；被侵权人的损失难以确定，侵权人因此获得利益的，按照其获得的利益赔偿；侵权人因此获得的利益难以确定，被侵权人和侵权人就赔偿数额协商不一致，向人民法院提起诉讼的，由人民法院根据实际情况确定赔偿数额。"我国《专利法》（2008 年修正）第 65 条第 2 款规定："权利人的损失、侵权人获得的利益和专利许可使用费均难以确定的，人民法院可以根据专利权的类型、侵权行为的性质和情节等因素，确定给予一万元以上一百万元以下的赔偿。"

具备相应的特殊要件，这些特殊要件多属于诉讼要件（对此类问题在本书相应部分阐释和讨论）。

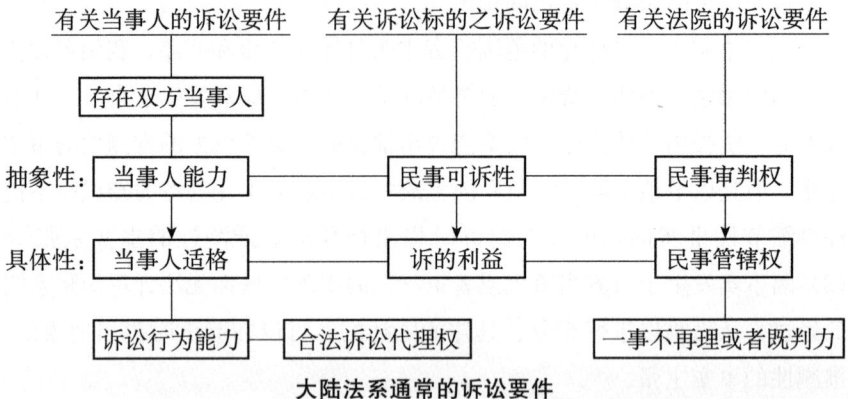

有关当事人的诉讼要件	有关诉讼标的之诉讼要件	有关法院的诉讼要件
存在双方当事人		
抽象性：当事人能力	民事可诉性	民事审判权
具体性：当事人适格	诉的利益	民事管辖权
诉讼行为能力 — 合法诉讼代理权		一事不再理或者既判力

大陆法系通常的诉讼要件

上述诉讼要件可划分为：（1）积极的或者正面的诉讼要件，例如有管辖权、有诉的利益、有当事人能力等；（2）消极的或者反面的诉讼要件，例如不属于一事不再理或者没有既判力、无合法仲裁协议、无不起诉协议等。消极的诉讼要件中，有些属于诉讼障碍的事由。如今，如德国等将重大违反法治国原则的情形，列入诉讼障碍的事由。

大陆法系民事诉讼中，"诉讼要件"是法院作出"本案判决"（实体判决）的前提条件，若全部具备的，则诉讼程序继续进行，直至作出本案判决；若不具备的，则诉讼程序没有必要继续进行，法院应当直接驳回诉讼，避免无益的诉讼，以节约审判资源和降低诉讼成本。因此，诉讼要件具有一定的公益性。

各诉讼要件的公益性或者强行性的程度有所不同，大体上可以划分为绝对诉讼要件和相对诉讼要件。"相对诉讼要件"（"诉讼障碍"）主要有：无合法仲裁协议，无不起诉协议，支付诉讼费用担保①，原告撤诉后就同

---

① 《民事诉讼法》没有规定诉讼费用担保制度。根据《日本民事诉讼法》第75条和第78条的规定，原告在日本国内没有住所、事务所及营业所时，根据被告的申请，法院以裁定命令原告提供诉讼费用担保（所提供的担保不足时亦同），若原告在应提供担保的期间内不提供担保的，法院不经过口头辩论，可以判决驳回其诉讼，但是在作出判决之前提供担保的，则不在此限。支持诉讼费用担保制度的理由是，没有充分根据的诉讼可能很容易对被告人造成损害和给管辖法院造成费用损失。

一请求重新起诉时已向被告偿还诉讼费用①等。"绝对诉讼要件"的公益性或者强行性较强，故属"（法院）职权调查事项"，而相对诉讼要件的公益性或者强行性较弱，故属"当事人抗辩事项"。绝对诉讼要件之间，其公益性或者强行性也有强弱差异（比如专属管辖的公益性或者强行性要强于协议管辖的）。

不具备绝对诉讼要件所作出的本案判决是违法判决，通常按"无效判决"处理。法院在误以为当事人有诉讼行为能力或者在无合法诉讼代理权等情况下作出的判决，一般不作无效判决，但可以通过上诉或者再审予以矫正。对相对诉讼要件，当事人没有提出异议（责问）或者丧失异议权（责问权）的，则视为法院合法审判；若当事人提出合法异议的，法院不顾该异议所作出的判决，应为无效判决。

一、关于诉的主体之诉讼要件

关于"诉的主体"方面的要件，即关于当事人的诉讼要件，此为"主观要件"，主要包括存在双方当事人、具有当事人能力（民事诉讼权利能力）、当事人适格（正当当事人）、具有诉讼行为能力（诉讼能力）和合法诉讼代理权等，基本上属于"职权调查事项"，通常是在诉讼开始阶段，法院审查裁定是否具备。

在法院立案或者受理阶段，就得具体明确本案的原告和被告，即"确定当事人"（当事人的确定）。通常情况下，法院是根据起诉状来确定当事人的。② 当事人确定后，通常应当审查是否具备诉讼权利能力、（形式）当事人适格和诉讼行为能力等要件，并作出相应处理。我国现行法将诉讼权利能力和当事人适格作为起诉条件来审查处理。

民事争讼解决的是民事纠纷或者民事争讼案件，其基本属性是争讼性或者对审性，当事人的基本构造是双方当事人二元对立（"任何人均

---

① 比如，《德国民事诉讼法》第 269 条第 4 款。

② 有时仅凭起诉状难以确定当事人，比如原本起诉 A，起诉状却被送达给同姓名的 B，这样就会导致诉讼在原告与 B 之间进行。这时需要根据原告的意思或者参考作为诉讼对象的实体法律关系来确定本案真正的被告。参见 ［日］高桥宏志：《民事诉讼法》，林剑锋译，131～139 页，北京，法律出版社，2003。

无起诉自己的义务")。当事人能力是抽象的当事人资格,当事人适格是具体的当事人资格,前者是后者的基础。具有诉讼行为能力和合法诉讼代理权属于诉讼行为合法要件。无诉讼行为能力的当事人应由其法定代理人代为诉讼行为,有诉讼行为能力的当事人和法定代理人有权委托诉讼代理人。

(一) 存在双方当事人

民事争讼程序中,当事人的基本构造是双方当事人(原告与被告)二元对立的构造。第一审中,表现为原告与被告对立;第二审中,表现为上诉人与被上诉人对立;再审中,表现为再审原告与再审被告对立。但是,在非讼程序中,仅有一方当事人或者申请人,不存在相对立的原告与被告。

在大陆法系规范出发型诉讼中,从实体法出发来把握诉讼标的,即诉讼标的是原告在诉讼中提出的具体的民事实体权利义务关系,那么实体权利人和义务人就是诉讼当事人,其中主张权利者为原告,承担义务者为被告。由于实体权利和义务处于相互对立的关系,所以在诉讼中存在双方当事人(双方当事人主义),并且双方当事人之间呈现对立关系(对立主义)。因此,大陆法系民事诉讼中,当事人的基本构造是双方当事人对立。即使是案件的关系人,如果不行使诉权或者不被原告认作被告,都不能成为当事人。

在英美法系事实出发型诉讼中,从事实的角度来把握诉讼标的,诉讼标的即案件本身;并且,由于追求纠纷的一次性解决,所以案件的关系人或者与案件有利害关系的人原则上都应被纳入诉讼而成为当事人,当事人不限于双方当事人,如果有三面争议也可形成三方当事人诉讼,从而构成并列的结构(并列主义)。英美法系主张,享有利益者为原告,而持反利益者为被告,并且与案件有共同利害关系的人将被强制作为原告一方或者被告一方的共同当事人。由于偏重于将所有的案件关系人作为当事人,所以原告与被告的区别没有像在大陆法系中那样明确。比如,根据《美国联邦民事诉讼规则》(2017 年)规则 19 (a) 的规定,权利人本来应作为必要共同诉讼原告方，却拒绝作为原告参加诉讼时，将被作为被告纳入诉讼。[1]

后来受到英美法系的影响，大陆法系民事诉讼也认可了第三人诉讼参加。在独立第三人以原告身份参加的诉讼中，大陆法系曾普遍认为，本诉的原告与被告以及独立第三人相互对立，构成三面诉讼的格局。如今多将三面诉讼分解为原来的原告对被告之诉（本诉）、独立第三人对本诉的原告和被告之诉（参加之诉），从而符合双方当事人对立的构造。

我国民事争讼程序中，存在相互对立的双方当事人，即双方当事人二元对立的构造，请求法院行使审判权的人为原告，原告的相对方即应诉的人为被告。原告与被告因实体争议而相互对抗，即对诉讼请求、事实证据和程序事项存有争议，表现为相互否认或者抗辩。当然，原告与被告也会相互合作（比如达成诉讼契约），也会承认对他方有利的诉讼请求、事实证据和程序事项。民事争讼程序中，不仅"任何人均无起诉自己的权利"，而且"不得对虚构的人提起诉讼"，若故意对自己或者虚构的人提起诉讼，则属滥用诉权的范畴。

（二）具有民事诉讼当事人能力或者民事诉讼权利能力

1. 民事诉讼当事人能力（民事诉讼权利能力）的内涵

民事诉讼当事人能力（民事诉讼权利能力）与当事人适格（正当当事人）均属民事诉讼当事人资格，前者是"抽象"的当事人资格，而后者是"具体"的当事人资格，前者是后者的基础。具有当事人能力的主体，才可能成为诉讼当事人；要成为具体案件的当事人，还须具备当事人适格的基础，并通过起诉或者应诉来实现。

《民法总则》第 2 条规定："民法调整平等主体的自然人、法人和非法人组织之间的人身关系和财产关系。"《民事诉讼法》第 48 条第 1 款规定："公民、法人和其他组织可以作为民事诉讼的当事人。"据此，在我国，公民（自然人）、法人和其他组织（非法人组织）同时具有民事权利能力和

---

[1]　英国除遗嘱认证程序以外的任何诉讼中，若其他人与原告共同享有原告所主张的救济，则所有共同享有该救济权利的人皆应成为诉讼当事人，若其他人不愿成为原告的，除法院另有指令外，则将其列为被告。参见徐昕：《英国民事诉讼与民事司法改革》，86 页，北京，中国政法大学出版社，2002。

民事诉讼权利能力，但是死者、动物、树林、文物等不具有当事人能力。①

民事诉讼权利能力属于诉讼要件，是诉讼法上的概念，可以单独从诉讼法立场加以规定，不过在诉讼法没有特别规定的场合，可以按照民事实体法来确定有无诉讼权利能力。由于民事诉讼的目的在于保护民事权益和解决民事纠纷，所以在通常情况下，民事诉讼权利能力与民事权利能力是一致的，即有民事权利能力的人就有民事诉讼权利能力，但是两者也有不一致的，比如有诉讼权利能力的人有时却无民事权利能力。

2. 自然人的诉讼权利能力

《民法总则》第 13 条规定："自然人从出生时起到死亡时止，具有民事权利能力，依法享有民事权利，承担民事义务。"通常情况下，自然人的民事权利能力与民事诉讼权利能力是一致的，始自出生时，终于死亡时。自然人在其人身、财产权益受到侵害或者与他人发生争议时，均可作为当事人提起诉讼或者参加诉讼。尤应注意胎儿、死者和罪犯的诉讼权利能力。

(1) 胎儿。《继承法》第 28 条规定，遗产分割时，应当保留胎儿的继承份额。《民法总则》第 16 条规定："涉及遗产继承、接受赠与等胎儿利

---

① 与大陆法系不同，英美法系由于是"事实出发型"诉讼，同时基于经验主义哲学，十分重视法官的裁量和判断，没有过多预设的理论框架，在当事人问题上亦是如此。英美法系社会的理想主义倾向是，只要存在受到侵害等不正义的事态，就应当予以纠正；纠正的有效方法是可以利用个人及其律师的利益动机提起诉讼，这也可被视为美国传统的实用哲学的表现。事实上，英美法系基于解决纠纷和纠正侵害需要的考虑，民事诉讼当事人的范围不断扩张，甚至扩张得让大陆法系无从理解。

此类主张在司法实践中，最先为美国最高法院法官道格拉斯接受，他认为，当代公众对保护自然生态平衡的关心，必然导致对那些就环境问题提起诉讼的人授予诉讼资格，以便为了公众自身的保护而就环境问题提起诉讼。在美国，动物、树林、文物在司法实践中皆已成为诉讼主体。如美国普林斯顿市一条狗因为常常欺负别的家犬而被居民起诉，法院接收了此案，并经陪审团和法官审理而判决原告败诉。

克里斯托弗·斯通在《树林应有诉讼资格：自然体的法律权利》（1974 年）一文中，提出自然或者无生命体的法律权利和诉讼资格的主张。他认为，"像河流、森林、海滩和原生地等自然的无生命物体应该拥有保护其利益的诉讼资格，就像公司和自治地区等无生命物体也由法律赋予其诉讼资格一样。"他进而主张，既然法律可以赋予不能说话、没有意识的国家、公司、婴儿、无行为能力人、自治城市和大学等以法律资格，可以为它们设定保护人或者代理人，为什么法律不能赋予自然物体以法律资格？为什么不能为它们设定保护人、代理人呢？参见江山：《法律革命：从传统到超现代》，载《比较法研究》，2000（1）。

益保护的，胎儿视为具有民事权利能力。但是胎儿娩出时为死体的，其民事权利能力自始不存在。"

对胎儿的保护，应当采取总括的保护主义，即只要符合胎儿利益的，胎儿就视为具有民事权利能力①，并有诉讼权利能力。如今许多国家给予胎儿越来越多的保护，特别是因环境污染、医疗事故等使胎儿受损的，承认胎儿有民事权利能力和诉讼权利能力。同时，胎儿在母体中受到侵权行为侵害的，也有权在出生后请求损害赔偿。②

在胎儿作为实质当事人的诉讼中，其父母为法定诉讼代理人。此时若胎儿没有姓名的，可以冠以"×××的胎儿"，其中"×××"是胎儿的母亲或者父亲的姓名。还有种做法是，法律可以明文规定，当胎儿的合法权益受到侵害时，其父母可以作为形式当事人。具体采取何种办法，由立法者根据立法政策来抉择。由于形式当事人采取法律明定原则（参见下文"当事人适格"），所以在法律没有明文规定胎儿的父母为形式当事人的情况下，应当以胎儿为实质当事人，由其父母为法定诉讼代理人。

（2）死者。我国现行法中，死者没有民事权利能力和诉讼权利能力，但是，侵害死者的遗体、遗骨、姓名、肖像、名誉、荣誉、隐私等合法利益的，死者的近亲属有权请求侵权人承担侵权责任。③

死者不得作为原告而由其近亲属作为原告。对此，有如下两种做法：1）死者的近亲属为实质诉讼当事人（死者的近亲属因死者名誉等受到侵害而成为事实上的受害者），旨在维护近亲属的合法权益；2）死者的近亲属为形式诉讼当事人，旨在保护死者的正当利益。我国民事实体法和理论界多主张第一种做法，笔者主张第二种做法。

在现代社会，对于自然人的法律保护应从其生前至死后。人们希望自己的人身权在死后不被侵害。在我国这样注重生前死后名的国家中，许多

---

① 参见梁慧星：《民法总论》，5版，89页，北京，法律出版社，2017。
② 参见杨立新：《侵权法论》，5版，435页，北京，人民法院出版社，2013。
③ 《侵权责任法》第18条第1款规定："被侵权人死亡的，其近亲属有权请求侵权人承担侵权责任。被侵权人为单位，该单位分立、合并的，承继权利的单位有权请求侵权人承担侵权责任。"《解释》第69条规定："对侵害死者遗体、遗骨以及姓名、肖像、名誉、荣誉、隐私等行为提起诉讼的，死者的近亲属为当事人。"

人在世的作为也是为了在其死后享有美誉或者至少不被唾骂，这样的意愿和作为应当得到尊重。

采取第二种做法的情形中，在有关死者的肖像、名誉等侵权案件中，死者的近亲属可以有双重身份：1）为保护死者的正当利益，则为形式诉讼当事人；2）自己受到侵害而成为事实上的受害者，则为实质诉讼当事人。

（3）罪犯。就与生命权相关的诉讼权利能力而言，被判处自由刑和"死缓"的罪犯，其生命权未被剥夺而依然受法律保护，所以该罪犯可以作为原告，请求法院消除威胁生命安全的危险或者除去其生命权所受到的侵害。但是，死刑立即执行犯的生命权自死刑判决核准生效时就被剥夺，与生命权相关的诉讼权利能力也随之被法律剥夺。在死刑犯的生命权被剥夺至生命终止（死刑执行）期间，若有人侵害该死刑犯的生命，应被视为对国家死刑执行权的侵犯。

就与人身自由权相关的诉讼权利能力而言，监内执行犯的人身自由权被依法剥夺，被依法判处管制、缓刑、假释等罪犯的人身自由权被依法限制。对于这类被剥夺或者限制的人身自由权，该罪犯的民事诉讼权利能力实际上也被依法剥夺或者被依法限制。对于罪犯在犯罪前所享有的荣誉被依法剥夺或者中止的，该罪犯亦不得为民事诉讼当事人。

就与财产权相关的诉讼权利能力而言，法院判决没有剥夺监内执行犯财产权的，与此相关的诉讼权利能力仍然存在。至于罪犯在监狱内持有或者拥有的现金、贵重物品等，根据我国有关法律规定，虽由狱政机关保管，但该财产受到侵害时，该罪犯具有民事诉讼权利能力。

3. 法人的诉讼权利能力

法人的诉讼权利能力与民事权利能力（法人的经营范围和法人的人身权利）通常是一致的，从法人成立时产生，到法人终止时消灭（《民法总则》第59条）。法人合并的，其权利和义务由合并后的法人享有和承担。法人分立的，其权利和义务由分立后的法人享有连带债权，承担连带债务，但是债权人和债务人另有约定的除外。

但是，将法人的诉讼权利能力限制在其民事权利能力范围之内，也有不足。民事权利能力限制说认为，超出法人经营范围的行为一律无效。这种看法不利于保护对方当事人的合法权益和交易安全，所以民事行为能力限制说认为，超出法人经营范围的行为并非一律无效。

《合同法》第50条规定："法人或者其他组织的法定代表人、负责人超越权限订立的合同，除相对人知道或者应当知道其超越权限的以外，该代表行为有效。"此条采取民事行为能力限制说。① 对法定代表人之越权行为所引起的民事纠纷，该法人有诉讼权利能力。

4. 其他组织或者非法人组织的诉讼权利能力

根据《民法总则》（第2、102条）和《合同法》（第2条第1款②）等规定，非法人组织具有民事权利能力。《民事诉讼法》第48条规定其他组织有诉讼权利能力，即以本组织的名义③作为当事人。

根据《民法总则》，非法人组织是不具有法人资格，但是能够依法以自己的名义从事民事活动的组织，包括个人独资企业、合伙企业、不具有法人资格的专业服务机构等（第102条）。非法人组织应当依照法律的规定登记；设立非法人组织，法律、行政法规规定须经有关机关批准的，依照其规定。非法人组织的财产不足以清偿债务的，其出资人或者设立人承担无限责任（法律另有规定的依照其规定）。

依据《解释》第52条，其他组织成为当事人，应当同时具备如下条件：合法成立，有一定的组织机构和财产，不具备法人资格。

其他组织具体包括：依法登记领取营业执照的个人独资企业；依法登记领取营业执照的合伙企业；依法登记领取我国营业执照的中外合作经营企业、外资企业；依法成立的社会团体的分支机构、代表机构；依法设立并领取营业执照的法人的分支机构；依法设立并领取营业执照的商业银行、政策性银行和非银行金融机构的分支机构；依法登记领取营业执照的乡镇企业、街道企业；其他符合法律规定条件的组织。④

---

① 参见梁慧星：《民法总论》，5版，129页，北京，法律出版社，2017。

② 《合同法》第2条第1款规定："本法所称合同是平等主体的自然人、法人、其他组织之间设立、变更、终止民事权利义务关系的协议。"据此，笔者认为，其他组织在我国立法上，至少是在合同法中，已被承认为民事主体，具有民事权利能力。

③ 比如，《解释》第59条规定："在诉讼中，个体工商户以营业执照上登记的经营者为当事人。有字号的，以营业执照上登记的字号为当事人，但应同时注明该字号经营者的基本信息。营业执照上登记的经营者与实际经营者不一致的，以登记的经营者和实际经营者为共同诉讼人。"

④ 比如，根据《物权法》第78条，业主大会或者业主委员会作出的决定侵害业主合法权益的，受侵害的业主可以请求法院予以撤销；依据《解释》第68条，村民委员会或者村民小组与他人发生民事纠纷的，村民委员会或者有独立财产的村民小组为当事人。

不符合以上条件的组织，没有诉讼权利能力，具体案件的当事人需具体确定。比如，《解释》第53、60条等规定，即法人非依法设立的分支机构，或者虽依法设立但没有领取营业执照的分支机构，以设立该分支机构的法人为当事人；企业法人解散的，依法清算并注销前，以该企业法人为当事人，若未依法清算即被注销的，则以该企业法人的股东、发起人或者出资人为当事人；诉讼中，未依法登记领取营业执照的个人合伙的全体合伙人为共同诉讼人。

(三) 当事人适格或者正当当事人

1. 当事人适格的概念

"当事人适格"（"正当当事人"）是大陆法系民事诉讼中的概念，是指对于特定诉讼或者具体案件可以自己的名义成为原告（上诉人）或者被告（被上诉人）的资格，包括原告适格（积极适格）和被告适格（消极适格）。具有此等资格的主体则是"正当当事人"（"适格当事人"），拥有"诉讼实施权"而可以"自己名义"进行诉讼。

日本和我国台湾地区学者所界定的当事人适格的含义中，通常包含着诉讼标的的要素或者当事人资格的要素，而且包含着判决的要素。比如，当事人适格系指"对于诉讼标的的特定权利或者法律关系，以当事人的名义参与诉讼并且请求透过裁判来予以解决的一种资格"[1]。"关于诉讼标的的权利或者法律关系的存否、受判决的适格"，即当事人的适格。[2] 当事人适格系指"当事人就具体特定诉讼，得以自己之名为原告或者被告之资格，因而得受为诉讼标的之法律关系之本案终局判决者"[3]。

就具体的或者特定的诉讼案件而言，具有当事人适格的人，可以自己的名义作为原告或者作为被告进行诉讼。此种权能，在大陆法系民事诉讼理论中还被称为"诉讼实施权"或者"诉讼遂行权"（Prozessfuhrungsrecht, Prozessfuhrungs—befugnis）。诉讼实施权或者诉讼遂行权并非真正意义上的权利，而是指在某个具体诉讼中，以自己的名义实施诉讼的资

---

① [日]三月章：《日本民事诉讼法》，汪一凡译，225页，台北，五南图书出版公司，1997。

② 参见[日]斋藤秀夫：《民事诉讼法概论》，新版，181页，东京，有斐阁，昭和57年（1982年）。

③ 王甲乙等：《民事诉讼法新论》，48页，台北，广益印书局，1999。

格或者权能。对特定的诉讼或者诉讼标的，有诉讼实施权或者诉讼遂行权的人即为本诉讼的"正当当事人"（die richtige Partei）。实际上，当事人适格、正当当事人、诉讼实施权或者诉讼遂行权，四者的内涵基本相同。

当事人适格或者正当当事人包括两种：（1）"实质正当当事人"，又称"实体的诉讼权能"（Sachlegitimation），即争讼的实体权利、义务主体作为诉讼当事人。（2）"形式正当当事人"（Prozesslegitimation），又称"程序的诉讼权能""职务正当当事人"，即非争讼实体权利、义务主体作为诉讼当事人，主要存在于第三人的"诉讼信托"或者"诉讼担当"中。诉讼信托包括法定诉讼信托和任意诉讼信托两种。

德国严格区别当事人适格与"本案适格"（Sachlegitmation）。本案适格系以实体法之权利义务关系为判断，实体法上之权利人即为原告之本案适格，其义务人为被告之本案适格。德国和奥地利等的民事诉讼文献中，对于实质的正当当事人，"当事人适格"用 Sachlegitimation；对于形式的正当当事人，"当事人适格"用 Prozesslegitimation。不过在当事人适格理论之初，当事人适格仅包括实质的正当当事人，因而称其为 Sachlegitimation。对于上述两种情形，汉语均使用"当事人适格"的术语，但是在具体情形中，应当明确其具体所指。

英美法系不存在当事人适格的词语，美国民事诉讼中"实质的利益当事人"的概念与大陆法系"实质正当当事人"的概念基本一致。美国民事诉讼一般遵守"实质的利益当事人原则"[①]，同时就例外情况加以明文规定（相当于大陆法系诉讼信托的情形）。例外情况的扩大规定，使得确定当事人适格的"实质的利益"的标准渐被淡化，以此将当事人适格的基础

---

① 按照《美国宪法》第 3 条的规定，"真正相争或者对抗的当事人"构成了可由联邦法院解决的"案件或者争议"（case or controversy）的必要条件之一。对此，州法律也多作出相同或者相似的规定。这一条件要求提起诉讼的原告必须已受到直接损害，诉案不能由第三人或者与损害无直接关系的其他人提出；而被告必须与原告在法律利益上存在真正的相争或者真正的对抗。参见［美］彼得·G. 伦斯特洛姆编：《美国法律辞典》，贺卫方等译，265 页，北京，中国政法大学出版社，1999。

1848 年纽约民事诉讼法典本着"有实体上权利者得受裁判上救济"的观念，将衡平法诉讼所采用的实质利益当事人的概念和原则予以导入，认为所有诉讼，除财产管理人、受托人或者依制定法明文的规定承认外，须以实质利益当事人的名义提起。参见王甲乙：《当事人适格之扩张与界限》，载民事诉讼法研究基金会编：《民事诉讼法之研讨》（六），台北，三民书局，1997。

予以扩张,从而扩大诉讼救济的幅度。①《美国联邦民事诉讼规则》(2017年)规则 23 规定了集团诉讼,以此承认扩散利益,其结果是当事人适格的基础得以再度扩张。

当事人适格不同于当事人能力,但当事人能力是当事人适格的存在前提。当事人能力或者诉讼权利能力是"抽象"当事人资格,即不以特定诉讼的存在为前提,对任何民事诉讼,这种能力都是存在的。当事人适格属于"具体"当事人资格,即特定诉讼或者具体案件当事人的资格,比如 A 的权利被侵犯,就此而提起诉讼,那么对于该诉讼 A 即为适格当事人。另一方面,具有诉讼权利能力才可能成为诉讼当事人;当具有适格当事人基础时,才能成为具体案件的当事人(当事人之具体化)。再者,当事人能力和当事人适格虽然都是诉讼要件,但是当事人能力纯粹是诉讼法上的问题,而当事人适格兼有实体和程序两方面的内容。②

当事人适格不同于诉讼行为能力。诉讼行为能力属于诉讼行为的合法要件,其判断标准是人的认知能力和表达能力,法律上通常以一定年龄(如我国是 18 周岁)和一定精神健康为确认标准,因而诉讼行为能力具有一般性和抽象性。不具备诉讼行为能力的当事人不得亲自实施诉讼行为或者其实施的诉讼行为无效。适格当事人是具体诉讼案件的正当当事人,不当然有诉讼行为能力(比如权利受到侵犯的未成年人或者精神病人等);有诉讼行为能力的人不当然是某个案件的适格当事人(比如委托代理人、证人、鉴定人等)。

---

① 根据《美国联邦民事诉讼规则》(2017 年)规则 17(a)的规定,所有诉讼应以实质的利益当事人之名义提起;遗嘱执行人、遗产管理人、监护人、受托人、明示信托的受托人、为他人利益订立契约或者以自己名义为他人利益订立契约的当事人,或者依制定法授权的当事人,可为未参加诉讼的他人的利益以自己的名义提起诉讼;合众国法律有规定者,为他人行使权利或者为他人利益,可以合众国的名义提起诉讼。在实质的利益当事人要求追认诉讼的开始阶段,或者提出合并或者变更的异议之后,任何诉讼在容许的合理期间内,不得以未以实质的利益当事人的名义进行诉讼为理由,驳回该诉讼;此项追认、合并或者变更,与由实质的利益当事人提起的诉讼具有同等效力。这种规定为美国多数州所遵从。

② 当事人适格的诉讼性或者程序性表现为,其作为诉讼要件是否具备,只是诉讼程序是否续行的条件之一。至于其实体内容,则表现在当事人适格与实体法律关系之关联十分重要,故与诉讼当事人认定或者当事人能力等纯属诉讼法问题相比,当事人适格的实体关系的性质不容否定。参见〔日〕三月章:《日本民事诉讼法》,汪一凡译,225 页,台北,五南图书出版公司,1997。

2. 民事诉讼目的、民事诉权论与当事人适格、民事诉权主体范围

私权保护说与私法诉权说和具体诉权说都主张：凡是应受审判保护的民事权利主体都享有诉权，并且在具体案件中，唯有直接利害关系人才能行使诉权和诉讼实施权。这是传统当事人适格的理论根据。但是，私权保护说、私法诉权说和具体诉权说，无法为消极确认之诉和诉讼担当中正当诉权主体或者当事人提供合理根据。

维护私法秩序说与抽象诉权说认为：民事诉讼是以国家制度的组成部分出现的，国家为了满足社会整体的需要才设立民事诉讼制度，因此，从整体上维护国家私法秩序是民事诉讼的目的。为了维护法律秩序，应当允许任何人都享有诉权和诉讼实施权，不问其民事权利是否受到侵犯或者发生争议。这两说虽能在一定程度上解释诉权主体和当事人适格的基础，但是，根据这两说似乎可以推导出，当事人的适格没有明确具体的界限。

本案判决请求权说与解决纠纷说都认为：民事诉讼目的不在于私权的保护，乃在于解决民事纠纷，以确定私法上权利义务关系。基于解决纠纷的需要，应当扩大当事人适格的基础，由此，直接利害关系人甚至非直接利害关系人（诉讼担当人），均享有诉权和诉讼实施权。这两说比较全面、合理地解释了诉权主体和当事人适格的根据问题，但是，由于该理论具有自身的局限性，因而难以为诉权主体和当事人适格提供比较完善的根据。

"民事公益诉权"的赋予是为了维护公益。凡是侵害的危险性较大，影响层面较广，尚未具体投射到特定人身上的，就必须扩大民事公益当事人的适格基础或者民事公益诉权的主体范围，以维护公益。公益和私益并存时，法律既保护公益又保护私益，此际在赋予私人以诉权的同时，也赋予"公益维护者"以民事公益诉权或者民事公益原告的资格。诸多国家和地区的现行立法对于维护私益的"保护法规"的规定采取从宽态度，对于维护公益的诉权法规或者适格当事人却采取从严态度，基本上限于法律的明文规定。①

民事诉权主体范围的大小直接影响或者决定民事审判可能性或者民

---

① 这样，虽然可以因此避免"爱发牢骚者诉讼"（Querulantenklage）的发生，但是也将导致公益缺乏保护的情形发生。参见蔡志方：《论诉愿与行政诉讼的诉权》，载《万国法律》，1997（10）。

事可诉性的大小，民事诉权主体范围与民事审判可能性成正相关关系，在很大程度上标志一个国家法治水平的高低。民事诉权主体范围的大小，从国家的角度来说，体现出国家对社会主体合法权益保护的程度；从社会主体的角度来说，体现出社会主体寻求诉讼救济机会的多寡。

3. 当事人适格法理的发展

传统当事人适格理论是从实体法角度去考虑当事人适格的基础，把当事人适格的基础完全归于原告和被告对诉讼标的的管理权或者处分权（参见下文），而且管理权或者处分权源于实体法的规定。我国传统民事诉讼理论强调诉讼当事人必须与案件有直接利害关系，即强调民事诉讼当事人与民事实体主体的同一性。从当事人适格理论的角度来看，我国传统诉讼当事人理论与传统当事人适格理论基本上是一致的。

当事人适格理论的发展直接根源于对传统当事人适格基础的质疑，而质疑直接来源于诉讼的发展和纷争的现实。如今，学者们一般认为，管理权或者处分权是给付之诉当事人适格的基础，但是，很难说是形成之诉当事人适格的基础，更不是确认之诉当事人适格的基础。再如诉讼担当、群体诉讼等情形中，其当事人适格很难以传统当事人适格理论来解释。现在，学者们认为仅仅从实体法角度去考虑诉讼问题是很不够的，把当事人适格基础完全归于管理权或者处分权不符合诉讼的现实发展与诉讼目的。人们尝试着通过扩大当事人适格的基础来解决诉讼担当和群体诉讼中当事人适格问题，并以此为契机重新确立当事人适格的基础，发展了当事人适格理论。

现代型诉讼，如公害诉讼、消费者诉讼、环境权诉讼、社会福利关系诉讼等，与过去一般的诉讼事件相比，性质完全不同。现代型诉讼超越个人的利害关系，其争点往往具有公共性而得以社会化和政治化，其间存在着公的因素与私的因素之间的紧张关系。现代型诉讼中，纷争当事人一方常常是数目众多且处于弱势的受害人，从而在人数和利益等方面具有集团性和扩散性。针对现代型诉讼，总不可能是众多受害人一并参加诉讼而在法庭上提供证据进行辩论，那么，需要解决的问题是：由何人行使诉讼实施权？其根据何在？

有学者认为，应从诉讼政策的角度来考虑当事人适格的基础问题。现代的诉讼政策,不是把民事诉讼目的完全局限于争议的相对解决或者个别解决,而是应当顾及争议的整体解决。"个别解决"常常使争议在整体上并未得到彻底解决,因而仅仅是争议的"相对解决",以致造成诉讼的浪费,增加诉讼成本。要想使那些没有参加诉讼的人的权益也受到维护,就有必要将判决的效力扩张。同时,现代诉讼政策讲求诉讼或者判决的"形成政策机能",这就意味着有扩大"纷争"概念的意图,因为这是将当事人未来为判决的纷争事项视为在该诉讼上一并存在,从而兼顾潜在的纷争而作出判决。①

为有效保护众多处于弱势的受害者,是否有必要让某些社会团体享有诉权或者成为适格当事人?如是作肯定回答的话,是否应以无害于众多受害者的诉权和实体权益为其前提?理论上对这些问题多作肯定回答。有学者以平衡实现实体利益和程序利益为其肯定回答的论据,即让某些社会团体作为群体诉讼的适格当事人,一方面有助于保障受害者的实体权益,另一方面可以减少诉讼环节和诉讼浪费而有利于减少程序利益的耗费。② 对这些问题作出法律上回答的,首先是德国。德国 1908 年的《不正当竞争防止法》(UWG)赋予一些产业界团体以适格的当事人资格,他们可以诉请法院发布不正当竞争行为禁止令状。此后,德国在更多的领域赋予更多的团体以诉权或者当事人资格。我国台湾地区早在 1994 年公布、施行的"消费者保护法"第 49、50、53 条规定,消费者保护团体在一定条件下,可以自己的名义提起消费者受损害的赔偿诉讼或者禁止侵害的不作为诉讼。

有学者主张,当事人适格的基础是"代表性"或者"争议(纠纷)管理权"。这些学者认为,过去考察当事人适格的基础只是从实体权利的方面,而没有考虑到当事人适格的基础的诉讼特性。代表性或者争议管理权观点充分考虑到了诉讼政策,把诉讼的个别解决与诉讼外争议的解决紧密地联系起来,把诉讼前解决争议的活动与诉讼后解决争议的活动联系起来。现在对当事人适格基础的认识与过去有所不同,现在人们在更积极地

---

① 参见邱联恭:《司法之现代化与程序法》,12、16 页,台北,三民书局,1992。
② 参见邱联恭:《程序制度机能论》,157～160 页,台北,三民书局,1992。

考虑，对于群体性诉讼，谁作为当事人最为合适，最合适的人就应该是适格的当事人。如果现在当事人适格的理论排除这一最合适的当事人，说明当事人适格的理论存在问题。尤其是一些为他人利益而进行的客观诉讼中，以实体管理权、处分权来解释当事人是否适格显然是陈旧的。例如，代替地方公共团体请求侵权人给予损害赔偿或者要求返还不当得利的住民诉讼以及以维护他人利益为目的的其他民众诉讼，其当事人都不具有实体管理权或者实体处分权，但却是最适合的当事人。如果以代表性或者争议管理权的观点来解释自然能自圆其说。日本学者所提出的"纠纷管理权说"，意在突出当事人应当具有围绕某一问题积极地进行交涉和有效地进行诉讼的实际能力。① 实际上，这是强调最合适进行诉讼的人就应该是适格的当事人。

笔者认为，法律上确定和理论上确立正当当事人的标准或者当事人适格的基础，主要是基于诉讼的目的和避免侵害诉讼外他人的正当权益。启用诉讼并不是不讲求实益：就国家来说，设置和运作诉讼是为了保护真正需要保护的民事权益和解决实在的民事纠纷，唯有如此，才能进而达到维护法律秩序或者政治及社会体系正统性的目的；就诉权主体或者当事人来说，其行使诉权或者运用诉讼，旨在保护真正需要保护的民事权益和解决实在的民事纠纷，否则，诉讼便是纯粹浪费资源的毫无意义的法律制度。再者，根据正当当事人的标准或者当事人适格的基础，将不适格的当事人排除于特定诉讼之外，以免这些人被恶意地引入诉讼而发生侵害，同时在一定程度上可以避免因当事人不适格而产生无效判决的情形。此外，由于正当当事人的标准或者当事人适格的基础是从法律上来判断和确定的，因而正当当事人的标准或者当事人适格的基础可以排除道德或者感情等非法律纠纷进入诉讼（此项作用与诉之利益共同）。这些都是人们确立和研讨正当当事人的标准或者当事人适格的基础所依凭的根据。

4. 当事人适格的基础

实质正当当事人和形式正当当事人各有其适格的基础。当事人适格的

---

① 参见［日］小岛武司：《现代型诉讼的意义、性质和特点》，载《西南政法大学学报》，1999（1）。

基础，即确定当事人是否适格或者正当的根据或者理由。当事人适格及其基础，对于争讼实体权利关系主体或者实质正当当事人来说，意义相对不大，因为既然是争讼实体权利关系主体，当然属于适格当事人或者（实质）正当当事人。但是，当事人适格及其基础，对于形式正当当事人或者诉讼信托的意义是不可或缺的，因为非争讼的实体权利关系主体为什么能够作为诉讼当事人，是需要通过当事人适格的基础作出合理而充分的解释的。

（1）实质当事人适格的基础——原告享有实体权利和被告承担实体义务

传统当事人适格理论是从实体法角度理解当事人适格的基础，把当事人适格的基础完全归于管理权或者处分权，而管理权或者处分权源于实体法的规定。[①]

在传统当事人适格理论中，对于管理权和处分权的含义及其关系有着不同的理解：1）狭义的管理权，不包括处分权，仅指对于某项财产可为保管行为。主张狭义管理权的学者之间还有分歧：只有管理权才能作为当事人适格或者诉讼实施权的基础；只有处分权才能作为当事人适格或者诉讼实施权的基础；管理权和处分权共同作为当事人适格或者诉讼实施权的基础。2）广义的管理权，包括处分权，是指对于某项财产或者实体权利、义务可为保管或者处分行为。3）管理权与处分权同义。多数学者认为，管理权和处分权是当事人适格或者诉讼实施权的基础，并且从广义上理解管理权。[②]

在实体法上，管理权和处分权在内涵上是不同的。管理权的内涵包括：1）可实施对物的保管行为，即保持原物的原状（形状、性质），不得对原物加以利用或者履行。[③] 如保管合同和仓储合同中保管人的保管行

① 参见［日］三月章：《日本民事诉讼法》，汪一凡译，225页，台北，五南图书出版公司，1997。
② 参见杨建华：《当事人适格与管理权、处分权》，载《民事诉讼法问题研析》（一），37页，台北，三民书局，1996；张卫平：《程序公正实现中的冲突与衡平》，119～120页，成都，成都出版社，1993。
③ 参见史尚宽：《债法各论》，521～522、569页，北京，中国政法大学出版社，2000。

为、遗产管理人保管遗产的行为等。2）在不改变物的性质范围内可对物实施利用行为或者改良行为。[1] 利用行为可为管理人（利用人）带来收益，改良行为可增加原物的价值。

实体处分权的内涵是权利人对某物或者某项权利的处分，包括事实上的处分和法律上的处分。前者是指就标的物为物质的变形改造或者毁损等物理上的事实行为，例如拆除房屋、撕毁书籍、刈取禾麦、以麦制面、变森林为平原等。后者是指就标的物的权利为变更、限制或者消灭等法律行为，例如所有权的转移、就土地设定地上权、动产的出质、物之抛弃等。[2] 处分行为往往是物权行为，但是不一定都是物权行为而涉及债，例如抵销、债务免除、债权转让等，都是处分行为。[3]

笔者认为，传统理论所谓的"管理权或者处分权"实质上就是当事人的实体权利，只不过是对实体权利作种类上的重新划分或者说是实体权利的代名词而已。根据民事诉讼目的（保护民事权益、解决民事纠纷等），实质当事人适格的基础应当是享有民事权益或者承担民事义务，没有必要以管理权和处分权来解释实质当事人适格的基础。当然，是否合法享有实体权益或者应否承担民事义务通常要到法庭审理终结时才能作出判断。

实质当事人或者争讼实体法律关系主体当然属于适格当事人或者正当当事人，即实质当事人适格的基础是其享有实体权利（即实体权利人）或者承担实体义务（即实体义务人）。据此，笔者将实质当事人适格纳入实体要件。

给付之诉中，其诉讼标的是民事实体请求权，原告适格的基础是其享有民事实体权利或者民事实体请求权，适格被告则是满足原告民事实体权利或者民事实体请求权的义务方或者责任者。

---

[1] 参见史尚宽：《民法总论》，3版，288页，台北，正大印书馆，1980；杨建华：《当事人适格与管理权、处分权》，载《民事诉讼法问题研析》（一），台北，三民书局，1996。

[2] 参见史尚宽：《物权法论》，63页，北京，中国政法大学出版社，2000；谢在全：《民法物权论》，上册，124～126页，北京，中国政法大学出版社，1999。

[3] 参见沈达明、梁仁洁编：《德意志法上的法律行为》，57页，北京，对外贸易教育出版社，1992。

形成之诉中，其诉讼标的是形成权，原告适格的基础是其享有形成权（形成权人即正当原告），适格被告则是形成权的相对方。

确认之诉中，其诉讼标的是支配权，适格当事人是争讼法律关系的双方主体，原告适格的基础是支配权，适格被告则是支配权的相对方。

（2）形式当事人适格的基础：诉讼信托（诉讼担当）

1）诉讼信托的意义。当事人适格及其基础，对于形式当事人或者诉讼信托意义至巨。非争讼实体法律关系主体成为诉讼当事人，需要通过当事人适格的基础作出合理解释。

诉讼信托是关于形式当事人适格基础的概念和制度，大体是指非争讼实体法律关系主体，为保护争讼实体法律关系主体的合法权益或者公共利益，以诉讼当事人身份或者名义进行诉讼，诉讼实体结果仍归属争讼实体法律关系主体。诉讼信托中，诉讼信托人（诉讼担当人）与争讼实体法律关系主体均受法院判决、法院调解书既判力的约束。

诉权是实质当事人固有的基本权利，没有法律的明文允许或者实质当事人的明确授权，任何人不得拥有该实质当事人的诉权。诉讼信托的意义在于，通过法律明文规定（法定诉讼信托）或者实质当事人的明确授权（任意诉讼信托），使第三人成为适格的当事人。[①]

特殊案件中，实质当事人没有能力或者没有动力提起诉讼或者参与诉讼，第三人因其能力或者职责等（如专业性、公益性等）而更适合作为诉讼当事人，能够更有效地保护实质当事人的私权或者维护公共利益，于是法律将适合的第三人规定为形式当事人。

2）法定诉讼信托。在法定诉讼信托的情形中，当事人适格的直接基础是法律的明文规定。法定诉讼信托是指法律明确规定了特定情形或者案件中的形式当事人，所以法定诉讼信托中当事人适格的基础是法律的明文规定。

在我国，法定诉讼信托的情形有：

---

① 因此，笔者认为，可以将形式当事人适格作为起诉条件或者诉讼要件，如此也比较容易判断。

集体合同纠纷诉讼原告工会①、公益诉讼原告②、代位债权人(《合同法》第73条);破产管理人③;股东派生诉讼原告股东(代公司之位)(《公司法》第151条)④;婚姻当事人的近亲属提起宣告婚姻无效诉讼⑤;家庭暴力受害人的近亲属可以提起侵权诉讼(《反家庭暴力法》第13条第2款)等。

3)任意诉讼信托。在法律明确规定了任意诉讼信托的适用范围内,当事人适格的直接基础是法定情形中实质当事人的明确授权。在法定的适用范围中,实体权利人或者实质当事人将某项纠纷的诉权明确授予第三人,从而使该第三人成为适格当事人。原则上禁止任意诉讼信托,旨在防止一般第三人利用诉讼信托行为包揽诉讼⑥,破坏律师诉讼代理制度(特别是律师强制代理制度),损害当事人的利益,妨碍司法制度健全运作。

----

① 《工会法》第20条中规定:"因履行集体合同发生争议,经协商解决不成的,工会可以向劳动争议仲裁机构提请仲裁,仲裁机构不予受理或者对仲裁裁决不服的,可以向人民法院提起诉讼。"《劳动合同法》第56条规定:"用人单位违反集体合同,侵犯职工劳动权益的,工会可以依法要求用人单位承担责任;因履行集体合同发生争议,经协商解决不成的,工会可以依法申请仲裁、提起诉讼。"

② 参见《民事诉讼法》第55条、《消费者权益保护法》(2013年修正)第47条、《环境保护法》(2014年修订)第58条等。

③ 《破产法》第25条规定:管理人代表债务人参加诉讼、仲裁或者其他法律程序。但是,下述清算组并非法定诉讼信托人:根据《民法总则》第70条,法人解散的,除合并或者分立的情形外,应当及时组成清算组进行清算。法人的清算程序和清算组职权,依照有关法律的规定;没有规定的,参照适用公司法的有关规定(第71条)。清算期间法人存续,但是不得从事与清算无关的活动(第72条第1款)。《最高人民法院关于适用〈中华人民共和国公司法〉若干问题的规定(二)》(法释〔2008〕6号)第10条规定:"公司依法清算结束并办理注销登记前,有关公司的民事诉讼,应当以公司的名义进行。公司成立清算组的,由清算组负责人代表公司参加诉讼;尚未成立清算组的,由原法定代表人代表公司参加诉讼。"

④ 若公司参加该诉,则为从诉讼参加人。问题是:若股东同意的,公司可否替代股东继续诉讼?

⑤ 参见《最高人民法院关于适用〈中华人民共和国婚姻法〉若干问题的解释(一)》(法释〔2001〕30号)第7条。《最高人民法院关于适用〈中华人民共和国婚姻法〉若干问题的解释(二)》(法释〔2003〕19号)第6条规定:"利害关系人依据婚姻法第十条的规定,申请人民法院宣告婚姻无效的,利害关系人为申请人,婚姻关系当事人双方为被申请人。夫妻一方死亡的,生存一方为被申请人。夫妻双方均已死亡的,不列被申请人。"

⑥ 《日本信托法》第11条规定:"信托的实行,不得以实施诉讼行为为主要目的。"《韩国信托法》第7条规定:"使受托人以诉讼行为为目的的信托无效。"我国台湾地区"信托法"也作出相同的规定,旨在禁止任意诉讼信托。我国《环境保护法》第58条、《环境民事公益诉讼》第34条等明文禁止形式当事人以诉讼为营利手段,以维护司法公正。

笔者认为，对任意诉讼担当不加合理限制，其最大的危害性是诉讼将成为营利的手段，从而破坏司法公正。

任意诉讼信托的典型是日本和我国台湾地区的选定当事人制度。被选定人（选定当事人）成为适格当事人是由于全体共同利益人的"选定"行为，即明确或者特别的授权。被选定人代表全体成员实施诉讼行为，而其他成员退出诉讼。[①] 我国诉讼代表人作为当事人通常是由群体成员"推选"的，体现了群体成员的意志，包含了任意诉讼信托的成分。

根据《著作权法》第8条和《著作权集体管理条例》第2条，"著作权集体管理组织"经著作权人和与著作权有关的权利人授权，可以以自己的名义，为著作权人和与著作权有关的权利人主张权利，并可以作为当事人进行涉及著作权或者与著作权有关的权利的诉讼、仲裁。据此，"著作权集体管理组织"也可以成为任意诉讼信托人。

（四）具有诉讼行为能力和合法诉讼代理权

1. 诉讼行为能力

作为诉的主体或者诉讼主体，原告和被告具有诉讼行为能力的，才能够自己合法地实施诉讼行为。若原告和被告没有诉讼行为能力，则由其法定代理人以原告和被告的名义代为诉讼行为。同时，原告和被告及其法定代理人委托律师等代为诉讼行为的，则应有合法的授权委托书。

诉讼行为能力是指以自己的行为行使诉讼权利和履行诉讼义务的能力，或者说能够自己合法或者有效实施诉讼行为或者接受诉讼行为的能力。为维持诉讼程序的安定性，不仅在诉讼上所为的诉讼行为，当事人应具有诉讼行为能力，而且在诉讼前所为的诉讼行为，例如合意管辖、授予诉讼代理权，当事人亦应具有诉讼行为能力。

当事人诉讼行为能力包括有与无诉讼行为能力两种。完全民事行为能力的人当然有诉讼行为能力，而限制、无民事行为能力的人没有诉讼行为能力，应由其法定代理人代为诉讼行为。法人和其他组织从其合法成立时

---

① 美国的集团诉讼（Class Action）是依据衡平法则建构的，所以对美国集团诉讼当事人适格的基础不能以大陆法系任意诉讼信托原理进行解释。在美国，有关"代表合适性"的诸多规定，被视为程序公正在集团诉讼中的具体体现。See Geoffrey Hazard and Michele Taroffo, *American Civil Procedure：An Introduction*，Yale University Press，1993，p. 160.

起具有诉讼行为能力,至其撤销或者解散时终止。不过,与自然人不同,法人由其法定代表人进行诉讼,其他组织由其主要负责人进行诉讼。

2. 合法诉讼代理权

诉讼代理人是指以当事人的名义代当事人进行诉讼的人。我国民事诉讼代理人包括法定诉讼代理人和委托诉讼代理人。诉讼代理人以被代理的当事人名义进行诉讼。诉讼代理人不是诉讼当事人,只得以被代理的当事人(被代理人)的名义提起诉讼或者参加诉讼。作为诉讼代理人的人在同一案件中只能代理一方当事人,而不能同时代理对立的双方当事人。

无诉讼行为能力的当事人须由其法定代理人代为进行诉讼,有诉讼行为能力的当事人和法定代理人有权委托诉讼代理人代为进行诉讼。诉讼代理人应当具有诉讼行为能力。合法代理权属于法院依职权调查的事项。无诉讼行为能力人未经法定代理人代为诉讼的,属于严重违反法定程序,为上诉和再审的理由(《民事诉讼法》第200条、《解释》第325条)。

诉讼代理人须在其代理权限内实施诉讼行为。诉讼代理人超出代理权限所为的诉讼行为,未必不利于被代理人,被代理人合法追认的,则溯及行为时有效。诉讼代理人实施诉讼行为所产生的实体法和诉讼法后果由被代理人负担。此种负担的前提是,诉讼代理人须在代理权限内实施诉讼行为,或者经被代理人合法追认。

代理诉讼的律师和其他诉讼代理人有权调查收集证据,可以查阅本案有关材料。查阅本案有关材料的范围和办法由最高人民法院规定,比如《最高人民法院关于诉讼代理人查阅民事案件材料的规定》(法释〔2002〕39号)。

与委托诉讼代理(人)相比,法定诉讼代理(人)具有如下基本特征:(1)代理权的取得依据是法律的明文规定,而不是当事人的委托授权;(2)被代理人只限于无诉讼行为能力的当事人;(3)法定诉讼代理是"全权代理"。

法定诉讼代理是全权代理,法定诉讼代理人有权按照自己的意志,代理当事人行使其诉讼权利,无须当事人特别授权就可处分其诉讼权利和实体权益。但是,法定诉讼代理人毕竟不是被代理的当事人本人,应以被代理的当事人的名义进行诉讼,其代理行为所产生的实体法后果由被代理人承受。

根据《侵权责任法》第 32 条的规定，被监护人致人损害的，首先从其财产中支付赔偿费用，不足部分由监护人赔偿。[①] 据此，监护人有双重诉讼身份：（1）是被监护人的法定诉讼代理人；（2）就自己承担赔偿责任的部分是实质诉讼当事人，与被监护人构成必要共同被告。[②]

法定诉讼代理权的存在有其客观基础，如果这些客观基础不存在，法定诉讼代理权也随之消灭。引起法定诉讼代理权消灭的主要原因是：（1）被代理人具有或者恢复了诉讼行为能力；（2）法定诉讼代理人死亡或者丧失诉讼行为能力；（3）基于收养或者婚姻关系而发生监护权，收养或者婚姻关系解除；（4）被代理人死亡。

委托诉讼代理人（授权诉讼代理人、意定诉讼代理人）根据委托人（诉讼当事人、法定诉讼代理人或者法定代表人等）的授权，替当事人代为诉讼。与法定诉讼代理（人）相比，委托诉讼代理（人）具有如下主要特征：（1）诉讼代理权的根据是当事人等的授权；（2）可以被授权全权代理或者部分代理。委托人可以与代理人一并出庭参加诉讼。《民事诉讼法》第 62 条规定：离婚案件有诉讼代理人的，本人除不能表达意思的以外，仍应出庭；确因特殊情况无法出庭的，必须向人民法院提交书面意见。

委托代理权的取得应当有委托人的授权委托书。委托代理权限由委托人在授权委托书中明确规定。委托人可变更或者解除代理人的权限，但是，应当书面告知法院，并由法院通知对方当事人，在此之前的诉讼代理行为通常有效。委托代理建立在代理人与委托人相互信任的基础上，所以没有经过委托人的同意，一般不允许委托代理人再行委托。在紧急情况下，为了保护委托人的利益可以转托他人代理[③]，不过非经委托人的同

---

① 此条的内容是："无民事行为能力人、限制民事行为能力人造成他人损害的，由监护人承担侵权责任。监护人尽到监护责任的，可以减轻其侵权责任。有财产的无民事行为能力人、限制民事行为能力人造成他人损害的，从本人财产中支付赔偿费用。不足部分，由监护人赔偿。"

② 《解释》第 67 条规定："无民事行为能力人、限制民事行为能力人造成他人损害的，无民事行为能力人、限制民事行为能力人和其监护人为共同被告。"

③ 《律师执业行为规范》第 89 条规定："受委托律师遇有突患疾病、工作调动等紧急不能履行委托协议时，应当及时报告律师事务所，由律师事务所另行指定其他律师继续承办，并及时告知委托人。"

意，代理人不能因为转委托而增加委托人的经济负担。

当事人、法定代理人等可以委托1~2人为诉讼代理人。《民事诉讼法》第58条规定：下列人员可以被委托为诉讼代理人：（1）律师、基层法律服务工作者；（2）当事人的近亲属或者工作人员①；（3）当事人所在社区、单位以及有关社会团体推荐的公民。② 但是，无民事行为能力人、限制民事行为能力人或者可能损害被代理人利益的人以及法院认为不宜作诉讼代理人的人，不能作为诉讼代理人。③

依据《北京市高级人民法院关于民事诉讼代理人若干问题的解答（试行）》，法院在接受当事人委托书时应当认真审核。当事人对委托代理人的资格有异议的，应当在法庭辩论终结前提出。法院发现代理人不符合法律规定的，应当及时以口头（记入笔录）或者书面方式通知当事人本人，要求其更换代理人、补交证明材料或者亲自参加诉讼，并向其告知：拒不更换代理人或者补交证明材料的，不允许该代理人参加诉讼；开庭时仍由该代理人单独到庭的，该代理人是原告（上诉）方的则按自动撤诉处理，是被告（被上诉）方的则缺席审理。④

---

① 依据《解释》，与当事人有夫妻、直系血亲、三代以内旁系血亲、近姻亲关系以及其他有抚养、赡养关系的亲属，可以当事人近亲属的名义作为诉讼代理人（第85条）；与当事人有合法劳动人事关系的职工，可以当事人工作人员的名义作为诉讼代理人（第86条）。

② 《解释》第87条规定，有关社会团体推荐公民担任诉讼代理人的，应当符合下列条件：（1）社会团体属于依法登记设立或者依法免予登记设立的非营利性法人组织；（2）被代理人属于该社会团体的成员，或者当事人一方住所地位于该社会团体的活动地域；（3）代理事务属于该社会团体章程载明的业务范围；（4）被推荐的公民是该社会团体的负责人或者与该社会团体有合法劳动人事关系的工作人员。专利代理人经中华全国专利代理人协会推荐，可以在专利纠纷案件中担任诉讼代理人。

根据《北京市高级人民法院关于民事诉讼代理人若干问题的解答（试行）》（京高法发〔2014〕13号），"当事人所在社区"是指当事人住所地或者经常居住地的居（村）委会，法人或者其他组织的所在社区也可以为其推荐诉讼代理人；如果法院查明或者对方当事人证明被推荐人与当事人存在有偿法律服务关系的，则不允许其作为代理人参加诉讼，还应将此情况通报推荐人（中华全国专利代理人协会推荐的专利代理人不受"不得从事有偿法律服务"的限制）。

③ 《法官法》第17条规定："法官从人民法院离任后二年内，不得以律师身份担任诉讼代理人或者辩护人。法官从人民法院离任后，不得担任原任职法院办理案件的诉讼代理人或者辩护人。法官的配偶、子女不得担任该法官所任职法院办理案件的诉讼代理人或者辩护人。"

④ 不符合法律规定的代理人已经从事的诉讼行为的效力如何？在委托系基于当事人真实意思表示的前提下，不能仅以违反《民事诉讼法》第58条第2款的规定为由，否定已经发生的诉讼行为的效力。

　　授权委托书应当记明委托事项和权限。授权委托书仅写"全权代理"而无具体授权的，代理人无权处分有关被代理人重大权益的实体事项和程序事项，比如不得承认或者放弃、变更诉讼请求，无权撤诉，无权和解，无权提起反诉、上诉等。委托代理人实施这些诉讼行为，须有委托人的特别授权。

　　诉讼代理人在其代理权限内，可以自己的意志实施诉讼行为而不受被代理人意志的拘束，即不论是否违反被代理人的意志，代理行为都对被代理人产生效力。① 法院、检察院、司法行政机关等应当依法保障律师的知情权、申请权、申诉权，以及会见、阅卷、收集证据和发问、质证、辩论等执业权利，不得侵害律师合法权利〔《最高人民法院关于依法保障律师执业权利的规定》（法发〔2015〕16 号）〕。

　　委托诉讼代理人应当按照法律规定和诚实信用原则，履行代理事务，以维护当事人的合法权益，否则将承担相应的法律责任。委托代理人若未遵守授权委托书，应当承担民事责任，主要是退回诉讼代理费；若因过错给当事人造成损失的，则应承担损害赔偿责任。因此产生争议的，可以通过民事诉讼解决。

　　律师或者律师事务所有如下行为之一的，律师协会可以作出行业处分；司法行政机关应当依法作出行政处罚；构成犯罪的，依法追究其刑事责任：在同一案件中为双方当事人代理的、无正当理由拒绝代理的、故意损害委托人利益的、泄露当事人商业秘密或者个人隐私的、牟取当事人争议的权益的、接受对方当事人财物的、向委托人索要规定或者约定之外的费用或者财物的、不向委托人开具律师服务收费合法票据的等。

　　委托代理权或者委托代理关系因下列原因而消灭：（1）委托人解除委

---

　　① 在当事人与其委托代理人一并出庭的情况下，事实陈述相抵触的，通常以当事人的为准，因为当事人对案件事实知道得更清楚些。代理人作出的非事实上的陈述，已对当事人产生效力的，当事人通常不得撤销或者变更。被代理人与代理人对法律问题有不同看法的，最终由法院作出判断。

　　有学者认为，当事人的诉讼行为与其代理人的诉讼行为发生抵触时，若两者的诉讼行为均不可撤回，则先作出的行为发生效力，后作出的行为无效；若当事人立即撤销或者更正代理人的事实陈述的，该陈述不发生效力；若同一当事人有数个委托代理人，他们的诉讼行为相抵触的，通常是先行作出的诉讼行为效力优先。参见〔日〕中村英郎：《新民事诉讼法讲义》，陈刚等译，69～70 页，北京，法律出版社，2001。

托；（2）委托人与代理人终止委托代理协议；（3）代理人辞去委托；（4）代理的案件审结、代理人完成代理或者委托期限届满；（5）代理人与委托人发生利益冲突；（6）代理人死亡或者丧失诉讼行为能力；（7）其他合理原因（如《律师执业行为规范》第58、59条）。

（五）关于外国当事人和我国港澳台地区当事人要件

1. 关于外国当事人要件

根据我国《涉外民事关系法律适用法》，自然人的民事权利能力、行为能力适用经常居所地法律；自然人从事民事活动，依照经常居所地法律为无行为能力，依照行为地法律为有行为能力的，适用行为地法律，但涉及婚姻家庭、继承的除外（第11、12条）。法人及其分支机构的民事权利能力、行为能力、组织机构、股东权利与义务等事项，适用登记地法律；法人的主营业地（即其经常居所地）与登记地不一致的，可以适用主营业地法律（第14条）。

国际社会中，对于诉讼权利能力和诉讼行为能力，通常做法是首先适用当事人属人法中的诉讼法，即依其本国法具有诉讼权利能力或者诉讼行为能力的，在内国就具有（委托诉讼代理应适用法院地国的诉讼法或者律师法）[1]；其次适用法院地诉讼法，即外国人依其本国法虽无诉讼权利能力或者诉讼行为能力，但依法院地诉讼法有的则有。据此，为无诉讼行为能力的当事人确定法定诉讼代理人。至于委托诉讼代理，通常适用法院地诉讼法或者律师法。

诉讼权利能力被德国古典教条主义作了极为广泛的解释，即它既是认可某一诉讼程序的一个先决条件，同时又是诉讼行为有效的一个条件。现在几乎所有国家的法律都明确地保证自由进入法院的权利，而且依据国际习惯，即使没有国际条约的规定，除某些例外（如敌国公民），大多数关于友好通商的国际条约都授予外国人以诉讼权利能力。诉讼中的"法外法权人"（现在一般称为享有司法豁免权的人）这一例外，也不是基于其缺乏诉

---

① 适用当事人属人法中的诉讼法，正如实体法领域属人法中的民法的适用一样，均是基于同样的考虑，即基于对同一人的法律能力，无论由哪个国家法院来审判，也不管与什么实体法相关，都应有作出一致判决的必要性。参见李双元等：《国际民事诉讼法概论》，3版，74页，武汉，武汉大学出版社，2016。

讼权利能力，而是限制了法院对其的管辖权，旨在保障外交事务正常进行。

2. 关于我国港澳台地区当事人要件

在大陆（内地）民事诉讼中，港澳台当事人的诉讼权利能力、诉讼行为能力和法定诉讼代理，首先适用当事人属人法中的诉讼法，即依其本地区法有诉讼权利能力或者诉讼行为能力，在大陆（内地）就具有之；其次适用法院地诉讼法，即港澳台当事人依其本地区法虽无诉讼权利能力或者诉讼行为能力，但依大陆（内地）人民法院地诉讼法有之，则在大陆（内地）有之。至于委托诉讼代理则适用大陆（内地）人民法院地诉讼法或者律师法。

港澳台当事人应向大陆（内地）人民法院提交港澳台有关部门出具的证明文件（如身份证、护照、公司执照、婚姻状况公证书等）以证明其身份；若因特殊原因确无法取得上述证明文件，可用其他适当方法证明其身份（如通过合法的同乡会、宗亲会等来证明）。

港澳台当事人在大陆（内地）进行民事诉讼活动，有权根据大陆（内地）民事诉讼法的规定，委托诉讼代理人代为诉讼。需要委托律师代理诉讼的，必须委托大陆（内地）的律师。也可以委托港澳台的律师和普通公民以公民个人名义代理诉讼，但不得以律师身份代理。

港澳当事人从港澳委托的诉讼代理人，其授权委托书须经司法部授权的香港委托公证人证明、澳门有关机构证明，并明确代理权限。未履行公证、认证手续的，人民法院不允许受托人出庭代理诉讼。[1] 台湾地区当事人委托台湾地区居民代理诉讼的，从台湾地区向人民法院提交的授权委托书，应当经公证证明。

（六）当事人要件调查与当事人变更

1. 当事人要件调查

诉讼权利能力、当事人适格、诉讼行为能力和诉讼代理权是否具备或

---

① 港澳当事人从港澳提交给人民法院的授权委托书，应当按如下规定办理证明手续：(1) 驻港澳机构（新华社香港分社、中国银行、华润公司、招商局、澳门南光公司、澳门南通银行）的工作人员，可由所在机构出具证明；(2) 港九工会联合会、香港中华总商会、香港教育工作者联合会、澳门中华教育会、澳门中华总商会的会员可以由其所在的社团出具证明；(3) 社会上的一般群众可以由司法部委托的香港律师出具证明；(4) 对香港民政署、民政处出具证明认证问题，凡由司法部委托的律师转送的，即可以认为是可靠的。

者是否合法，属于"职权调查事项"。

无诉讼权利能力或者当事人不适格的，法院应当驳回诉讼（参见下文"任意的当事人变更"）。法院以无诉讼权利能力人或者不适格当事人为"当事人"作出判决的，由于不存在合格当事人而无人承受实体法效果，所以该判决是"无效判决"，不能产生判决的效力。

由于无当事人能力者无资格成为当事人，不适格当事人并非正当当事人，所以不受"判决"效力约束，无权提起上诉或者再审。不适格"原告"故意以适格原告的名义提起冒名诉讼的，适格原告故意对不适格"被告"提起虚假诉讼的，均属滥用诉权的范畴。

无诉讼行为能力的当事人或者无诉讼代理权人实施的诉讼行为，对该当事人并非一概不利，所以法院应当酌定期间，让（后来具有诉讼行为能力的）当事人或者其法定代理人补正（即追认），则溯及行为时有效；若无正当理由没有在酌定期间补正的，则其诉讼行为无效。对于法院误认为有诉讼行为能力或者在无合法诉讼代理权时作出的判决，可以通过上诉或者再审予以纠正，通常不作无效判决处理。

2. 当事人变更

诉讼当事人变更包括法定的当事人变更与任意的当事人变更。当事人变更可能发生于初审程序、上诉审程序①、再审程序和执行程序②中。仅是纠正当事人姓名或者名称的错误而当事人本人并未改变的，不属于当事人变更。

（1）法定的当事人变更

大陆法系民事诉讼中，法定的当事人变更［或称诉讼承继（受）、承继（受）诉讼、诉讼承担、承担诉讼、诉讼上的继承］是指根据法律规

---

① 第二审程序中，发生法定当事人变更的，法院直接裁定变更，继续审理，不必发回重审。《解释》第 336 条规定：在第二审程序中，作为当事人的法人或者其他组织分立的，法院可以直接将分立后的法人或者其他组织列为共同诉讼人；合并的，将合并后的法人或者其他组织列为当事人。

② 参见《最高人民法院关于民事执行中变更、追加当事人若干问题的规定》（法释〔2016〕21 号）。

定，在诉讼进行中①，因争讼或者争议的实体权利、义务转移而使原来合格的当事人变为不合格，需要更换不合格的当事人。

1）当事人没有死亡或者消灭而发生的当事人变更（大陆法系称为"参加承继"或者"引受承继"②）。依据《解释》第 249 条，争议的民事权利、义务转移的，不影响当事人的诉讼主体资格和诉讼地位；法院生效判决、裁定对受让人具有拘束力；受让人申请以无独立请求权的第三人身份参加诉讼的，法院可予准许；受让人申请替代当事人承担诉讼的，法院可以根据案件的具体情况决定是否准许，不予准许的则可以追加其为无独立请求权的第三人。比如，诉讼中，原告 A 将其债权合法移转给 B 后，A 退出诉讼，B 代替 A 成为适格原告，继续原来的诉讼，A 已为的诉讼行为对 B 有效，判决的既判力及于 B 和 A。③

2）当事人死亡或者消灭而发生的当事人变更（大陆法系称为"当然承继"）。比如，诉讼中，当事人死亡的，由其继承人作为当事人承担诉讼；法人和其他组织分立的，由分立者承担诉讼；法人终止的，由其实体权利、义务继受人承担诉讼；法定诉讼信托人死亡的，由同一资格人承担诉讼。法院裁定当事人变更的④，原当事人退出诉讼（若须参加诉讼，则是无独立请求权第三人），诉讼程序继续进行，仍然是"原诉"，原先的诉讼程序和诉讼行为继续有效（即对诉讼承继人具有拘束力）；法院裁判对承继人和原当事人均有拘束力（包括既判力⑤）。

---

①　当事人变更发生在诉讼进行中。诉讼之前发生实体权利、义务转移的，则直接以"实体权利、义务的承继人"为诉讼当事人。诉讼之后发生实体权利、义务转移的，承继了原当事人的实体权利、义务的人即"诉讼承继人"，虽没有以当事人身份参加诉讼但受到本案确定判决的约束，并可以作为再审当事人。此处的"诉讼之后"，是指本案最后审级程序的法庭辩论终结后，即"本案最后辩论终结后"。

②　民事权利、义务承继人主动申请参加诉讼，法院裁定变更当事人的，称为参加承继。经对方当事人申请，民事权利、义务承继人参加诉讼的，称为引受承继。

③　这种处理方法被称为"诉讼承继（承受）主义"。另一种处理方法是"当事人恒定主义"，即原当事人在诉讼系属中，仍是适格当事人（此时为形式当事人），从而在形式上不发生当事人变更；在该案的诉讼系属中，受让实体权利的人不得对受让的实体权利另行起诉。参见《德国民事诉讼法》第 265、266 条。

④　最高人民法院 2016 年颁行的《民事诉讼文书样式》中有变更当事人用的民事裁定书样式。

⑤　依据《解释》第 375 条第 1 款，当事人死亡或者终止的，其权利、义务承继者可以申请再审。其第 2 款规定：判决、调解书生效后，当事人将判决、调解书确认的债权转让，债权受让人对该判决、调解书不服申请再审的，法院不予受理（笔者认为此款规定有问题）。

法定当事人变更的程序是：1）法院裁定中止诉讼，并通知（原当事人实体权利、义务的）诉讼承继人（承受人、受让人）作为当事人承担诉讼。2）承继人参加诉讼的，法院裁定变更当事人，诉讼程序继续进行。3）原告的承继人无正当理由不出庭的，按撤诉处理（部分必要共同诉讼人无正当理由不出庭，但没有明确放弃实体权益的，仍应追加）；被告的承继人无正当理由不出庭的，则缺席审判。4）符合《民事诉讼法》第151条的，裁定终结诉讼。

（2）任意的当事人变更

任意的当事人变更（我国称为"当事人更换"）是指在诉讼中，将不符合条件的当事人更换为符合条件的当事人，包括将无诉讼权利能力的人更换为有诉讼权利能力的人，将不适格的当事人更换为适格的当事人。

任意当事人变更的程序和法律效力是：1）原告不合格的，法院裁定驳回起诉。例如，法院查明A冒用B的名义提起诉讼，以A是不适格原告为由驳回A所提之诉。2）被告不合格的，若原告更换为合格被告，则诉讼"重新"开始（先前诉讼程序对合格被告不生效力）；若原告不予更换，则法院裁定驳回诉讼。

有关当事人变更的程序，综述如下：1）在诉讼之前，发生实体权利、义务合法转移的，则直接以"实体权利、义务的承继人"为诉讼当事人。2）在法院受理阶段，发生实体权利或者义务合法转移的，则裁定（法定）当事人变更；发现当事人不合格，当事人更正的，则程序重新开始，不予更正的，则裁定不予受理。3）在诉讼进行中，发生实体权利或者义务合法转移的则裁定（法定）当事人变更；发现当事人不合格，当事人更正的，则程序重新开始，不予更正的，则裁定驳回起诉。4）判决确定后，发生实体权利或者义务合法转移的，则由继受人承担判决后果；当事人不合格的，因无人承受判决实体法效果，该判决为"无效判决"。

二、关于诉讼标的之诉讼要件

诉讼标的是诉的"质"的规定性，是诉讼请求的基础，所以立法上和理论上多是根据"诉讼标的"而不是"诉讼请求"来设置诉讼要件的。

关于诉讼标的之诉讼要件，此为"客观要件"，主要包括具有可诉性、具有诉的利益、无合法仲裁协议、无不起诉协议、不受一事不再理或者既判力的约束等。可诉性和诉的利益属于积极诉讼要件，即从肯定方面要求民事纠纷应当具备可诉性和诉的利益，才能适用争讼程序，而无合法仲裁协议①、无不起诉协议、不受一事不再理或者既判力的约束等，则属于消极诉讼要件。

（一）具备可诉性

在大陆法系，民事纠纷的"可诉性"或者"可司法性"（Justiciability）被作为"本案判决的一般资格"或者"权利保护资格"。在民事诉讼领域，民事纠纷的可诉性或者可司法性即诉讼标的具有可诉性或者可司法性，亦即作为诉讼标的之实体法律关系或者实体权利，能够运用民事争讼程序获得保护，旨在强调诉或者诉讼标的应当具有可诉性或者可司法性。

民事纠纷因其可诉性，可以通过当事人"行使诉权"（即"起诉"）进入诉讼程序，接受法院审判，则成为"民事之诉"（"民事争讼案件"）。民事纠纷的可诉性同时界定了当事人行使民事诉权（获得司法救济）的范围和法院"受诉范围"（属于法院"民事审判权"的范围），因而具有浓厚的宪法上的意义。②

民事可诉性（亦即法院对民事争讼案件的受诉范围或者受案范围）在大陆法系属于"诉讼要件"，《民事诉讼法》第119条将其规定为"起诉条

---

①　仲裁协议排除法院的民事审判权，即当事人达成仲裁协议的，只能由仲裁机构受理。仲裁协议无效或者被撤销的，法院才可受理当事人的起诉。合同无效、被撤销或者终止的，不影响合同中独立存在的有关解决争议方法的条款的效力（《合同法》第57条）。

根据《仲裁法》第26条，原告违背合法仲裁协议，向法院起诉且法院受理的，对于法院受理该案件，在首次开庭前，若被告提出异议的，则法院经调查后，应当裁定驳回起诉；若被告没有提出异议的，则视为被告放弃异议权，法院继续审理。此为默示管辖（应诉管辖），属于当事人"责问事项"。

②　与审判方式改革、提高审判质量、加强审判管理等相比较，法院的受案范围问题可能更具有本质意义。司法权的界限问题关注的是法院应（或者不应）审理的案件范围，它决定着某一案件能否进入诉讼渠道、某一权利能否通过诉讼获得救济；而审判方式改革、提高审判质量等问题更强调案件进入法院之后，如何提高案件审理水平，合理认定双方当事人的权利义务。因此，两者之间是质与量的关系，如果进入诉讼的通道被堵死的话，其他问题都无从谈起。就此而论，审判权限问题，不仅仅是诉讼法的课题，更具有浓厚的宪法上的意义。参见刘风景：《界分审判权与团体自治权的理论模式》，载《河北法学》，2007（3）。

件"①。"可诉性"是民事纠纷或者诉讼标的能够进入争讼程序的"一般"资格,具有"抽象性",而"诉的利益"是具体的民事纠纷或者诉讼标的能够进入争讼程序的"具体"资格,具有"具体性"。可诉性是诉的利益之基础或者前提,在具有民事可诉性的基础上或者前提下,才能具体判断或者确定具体的民事纠纷有无诉的利益。

英美法中的"可司法的事项"或者"可起诉的争执"是指,确定而具体的、影响到有对立法律利益的当事人之间的法律关系的案件,并且这样一项争议或者案件必须是"真实而有实际意义的,容许通过结论性的判决采取特别救济"。《美国联邦宪法》第 3 条要求提交到法院的案件必须是真实的争议,联邦法院不能受理假设诉讼或者解惑请求诉讼(friendly suits),这一点也适用于州级法院。符合宪法第 3 条要求的案件是:(1) 必须涉及真正相争或者对抗的当事人,(2) 必须存在一项起源于法定事实情形的可被承认的合法利益,且 (3) 争议的问题必须是可以通过运用司法权力加以解决的,即"可司法之事项"(Justiciable Issue)。具备上述条件的,从法院的角度来说,即具有了实体意义上行使司法审判权的必要性。同时,法院还必须具有审理程序获得启动并进行运作的可能性(程序意义上的行使司法审判权的可能性)。从当事人角度来看,提起诉讼的原告必须同时具有实体意义上和程序意义上的诉权,法院才能行使管辖权,形成司法审判。②

在大陆法系,"可诉的民事纠纷"是指适用法律能够终局性地解决对立当事人之间关于具体的民事权利义务的纠纷。③ 在民事诉讼领域,可诉性作为决定民事审判权或者民事诉权行使界限的基本标准,还与"部分社会"理论有关。"部分社会"理论的主要内涵是,在自治性或者自律性的社会团体内部的决定得到法律尊重的前提下,"部分社会"内部发生的纷争,与一般的市民法秩序没有直接关系,应依据团体的自治性规则解决,

---

① 该条第 1 款第 4 项中规定,"属于人民法院受理民事诉讼的范围"是起诉条件之一。
② 参见 [美] 彼得·G. 伦斯特洛姆编:《美国法律辞典》,贺卫方等译,7~9、253~255 页,北京,中国政法大学出版社,1999。
③ 参见 [日] 兼子一、竹下守夫:《民事诉讼法》,白绿铉译,14 页,北京,法律出版社,1995。

司法权不宜介入。实际上，日本各级法院面对有关部分社会的纠纷时，并非简单地拒绝受理，而往往是从实体和程序两个方面对团体自律权进行司法审查。

1. 实体性限制。法院对团体自律权的实体性审查，往往从维护公共利益和保护私人利益两个方面着眼。司法权可对团体的破坏公共利益的行为进行审查，不允许其作出违背国民期待的处分。无论是否属于团体的自律权，如果要求团体成员作出违反公序良俗和强行性法规的行为，即属于破坏国家法律秩序的行为。这包括禁止超越裁量范围的处分和禁止滥用处分权两种情况：团体命令或者希望作出违反公序良俗原则或者强制性法规的行为，成员因不服从而被科以不利的处分，如杀人、放火、强奸等；相反的，团体禁止履行根据法秩序作为个人应当完成的职能，成员因不服从而被科以不利的处分，如服兵役、纳税、受教育等。私人团体的自律性处分，也必须在该团体本来应有的处分权范围内进行，如果超出裁量权的范围，则该处分也可以成为司法审查的对象。

2. 程序性限制。这包括以下几个方面：（1）是否违反团体内部的程序规定。某人因承认团体规则而加入团体，所以，就与成员的关系而言，团体的程序规定可视为一种契约。团体不按照自身设定的程序作出处分，在与其成员的关系上是违背公平原则的，应接受司法审查。（2）是否由有处分权的机关作出。团体的内部性处分必须是由依据团体的内部规范拥有权限的机关作出的，法院可就此进行司法审查。（3）是否违反最低限度的正当程序要求。如果团体的处分程序规定不完备或者不符合正当程序，则该处分必须符合最低限度的正当程序要求。（4）是否欠缺事实基础。事实认定是处分的基础，否则必然侵害成员的正当权利。另外，如果要求严格的事实认定，将团体内部的处分程序拿到法院逐一重新审理，则又可能侵犯团体的自律权。为了协调上述矛盾，既往的判例只将完全欠缺事实基础的处分作为司法审查的对象。①

只有适应民事诉讼、法院及其审判权的功能和特征的民事纠纷才具有

---

① 参见刘风景：《界分审判权与团体自治权的理论模式》，载《河北法学》，2007（3）。

可诉性。与立法不同，民事诉讼或者司法的主要功能和基本特征是终局解决"个案"纠纷或者"具体"纠纷，即对"特定"纠纷主体之间已经发生的具体纠纷的事后性解决，以最终明确法律上的"具体"权利、义务或者责任的内容和归属。因此，可诉性的民事纠纷通常具备以下属性：

1. 事件性（具体性），即纠纷主体应是具体的或者特定的，并且是关于具体的民事权益、义务或者责任的纠纷（"纠纷"意味着纠纷双方主体处于相互对立的状态），纠纷事实是具体的。有关一般性的、抽象性的法律法规的效力的争议，属于立法处理的事项，不具有民事可诉性。在现代法治社会，有两类治理方式或者途径："一般性治理"（主要是通过立法制定法律规则）和"具体性治理"。司法或者诉讼是通过解决个案来保护具体权益、解决具体纠纷的，属于"具体性治理"。

2. 法律性，即该纠纷可由法院适用民事实体法以判决的方式"终局性"（"结论性"）地解决，遵行"司法最终解决原则"。由其他国家机关或者社会组织最终解决的事项，比如在我国，有关国防、外交等国家行为发生的争议等，不具有民事可诉性。在民事法领域，非法律权利的纠纷不具有民事可诉性，比如有关诉讼期间（消灭时效）届满的民事权利、未被法律规定或者认可的"权利"（如"亲吻权"等）[①]。

在立法技术层面，很难从正面将具有可诉性的案件或者法院可受理的案件——列举出来，即使列举出来也难免挂一漏万。理想的立法模式是：

1. 根据审判权或者司法权的主要功能和基本特征，从正面作出抽象的定义。比如，《民事诉讼法》第 3 条对民事纠纷可诉性作出了比较抽象的规定，该条规定："人民法院受理公民之间、法人之间、其他组织之间以及他们相互之间因财产关系和人身关系提起的民事诉讼，适用本法的规定。"《民法总则》第 2 条规定："民法调整平等主体的自然人、法人和非

---

① 《最高人民法院关于适用〈中华人民共和国婚姻法〉若干问题的解释（三）》（法释〔2011〕18 号）第 1 条规定："当事人以婚姻法第十条规定以外的情形申请宣告婚姻无效的，人民法院应当判决驳回当事人的申请。当事人以结婚登记程序存在瑕疵为由提起民事诉讼，主张撤销结婚登记的，告知其可以依法申请行政复议或者提起行政诉讼。"第 9 条规定："夫以妻擅自中止妊娠侵犯其生育权为由请求损害赔偿的，人民法院不予支持；夫妻双方因是否生育发生纠纷，致使感情确已破裂，一方请求离婚的，人民法院经调解无效，应依照婚姻法第三十二条第三款第（五）项的规定处理。"

法人组织之间的人身关系和财产关系。"各国民事可诉性范围多有不同，比如在美国，除刑事案件外，其余一切纠纷和案件适用民事诉讼程序。

2. 反面列举没有可诉性的案件或者法院不予受理的案件范围。《民事诉讼法》第124条第2款列举了没有民事可诉性的案件或者法院不予受理的案件范围，比如已有合法仲裁协议并申请或者正在仲裁或者已作出仲裁裁决；发生既判力（的消极效果）[①]；不符合法律明文规定的起诉期限，可以视为没有可诉性。[②] 原告以我国《公司法》（2013年修正）第22条第2款[③]、第74条第2款[④]规定的事由，向法院提起诉讼，超过公司法规定期限的，法院不予受理。[⑤]

虽然有些民事纠纷同时具备事件性和法律性，但是，立法者往往根据国家社会发展状况或者民事纠纷的特殊性等而制定相应的政策，适当阻断某些特殊民事纠纷的可诉性。比如，对于具有高度专业性的有关专利、商标等特定的民事纠纷，我国《专利法》和《商标法》规定可由相关职能部门解决[⑥]；破产案件不具有可诉性，只能适用破产程序；强制ADR，即

[①] 一事不再理或者既判力已经形成自身的理论制度体系，并且为避免可诉性之内涵过于庞大，将一事不再理或者既判力排除于可诉性范畴已经成为共识。

[②] 比如，我国《婚姻法》第34条规定："女方在怀孕期间、分娩后一年内或者中止妊娠后六个月内，男方不得提出离婚"（包括不得提出离婚诉讼）。《民事诉讼法》第124条第2款第7项规定："判决不准离婚和调解和好的离婚案件，判决、调解维持收养关系的案件，没有新情况、新理由，原告在六个月内又起诉的，不予受理。"《解释》第214条第2款规定：原告撤诉或者按撤诉处理的离婚案件，没有新情况、新理由，6个月内又起诉的，不予受理。

[③] 此款规定："股东会或者股东大会、董事会的会议召集程序、表决方式违反法律、行政法规或者公司章程，或者决议内容违反公司章程的，股东可以自决议作出之日起六十日内，请求人民法院撤销。"

[④] 此款规定："自股东会会议决议通过之日起六十日内，股东与公司不能达成股权收购协议的，股东可以自股东会会议决议通过之日起九十日内向人民法院提起诉讼。"

[⑤] 参见《最高人民法院关于适用〈中华人民共和国公司法〉若干问题的规定（一）》（法释〔2006〕3号）第3条。

[⑥] 根据我国《商标法》第45条的规定，对已经注册的商标有争议的，可以自该商标经核准注册之日起5年内，向商标评审委员会申请裁定；当事人对商标评审委员会作出维持或者撤销注册商标的裁定不服的，可以向法院提起行政诉讼。

根据我国《专利法》第60条的规定，未经专利权人许可而实施其专利侵犯其专利权所引起纠纷的，当事人不愿协商或者协商不成的，专利权人或者利害关系人可以向法院起诉，也可以请求管理专利工作的部门处理，当事人对其处理不服的，可以提起行政诉讼。我国《商标法》第60条第1款也作出了相同的规定。

法律规定某些类型纠纷须将调解或者仲裁等作为民事诉讼的前置阶段或者程序。①

法律明文规定的民事权利受到侵害或者发生争议的，当然具有可诉性。但是，对于法律没有明文规定是民事权利的利益受到侵害或者发生争议的，如何判断其是否具有可诉性？

一般说来，对于某种民事利益，现行法规定是权利的则为权利，没有规定是权利的则不是权利而是利益。法律或者诉讼保护正当或者合法的利益在现代社会已是不争的事实，比如我国《侵权责任法》第2条明确规定保护民事利益。

那么，实务中如何判断应否给予利益以保护？（1）按照社会生活经验来判断是不是利益，通常，能增加当事人的财产收益的是财产利益，有益于其身心的是人身利益。（2）根据现行的法律体系［包括法律的明文规范、基本原则和基本精神（比如"法不禁止即为合法"是民法的基本精

---

① "强制ADR"之"强制"仅限于"适用"的强制，纠纷主体不服强制ADR处理结果的，则可请求诉讼救济，不构成对纠纷主体"民事诉权"或者"获得正当程序审判权"的侵害［参见第一章第三节三（一）］。

若法律强行规范纠纷主体应当采用非诉讼方式（强制ADR）来解决纠纷，则需有充足的合理根据。《解释》第145条第2款规定："人民法院审理离婚案件，应当进行调解，但不应久调不决。"其根据在于调解能够不伤和气地解决纠纷，能够维护纠纷主体之间的关系和睦、感情融洽。

强制ADR一般是根据以下标准确立的：（1）纠纷所涉及的社会关系的特殊性，主要是亲属法、劳动法纠纷，由邻里或者相邻关系发生的纠纷（如地界、共有物使用管理等方面的纠纷）；（2）争议标的一般是数额较小或者涉及实物交割的纠纷；（3）某些经常性、多发性或者专业性的纠纷，必须借助其他已经设立的ADR机构及专家解决的纠纷，如劳动争议、消费者纠纷、交通事故、医疗事故等，通过强制ADR使民事诉讼程序与ADR之间建立合理的分工和衔接程序；（4）事实清楚或者法律关系单纯的纠纷。参见范愉：《非诉讼纠纷解决机制研究》，401~403页，北京，中国人民大学出版社，2000。

按照我国现行法，当事人无须仲裁协议就可依法申请劳动仲裁、人事仲裁和"农地仲裁"等，属于不同于自愿仲裁的特殊仲裁。根据《劳动法》和《劳动争议调解仲裁法》，对劳动争议，不愿调解、调解不成或者不履行调解协议的，可以申请仲裁；对仲裁裁决不服的，可以起诉（法律另有规定除外）。根据《农村土地承包法》和《农村土地承包经营纠纷调解仲裁法》，对农村土地承包经营纠纷，和解、调解不成或者不愿和解、调解的，可以申请仲裁，也可以直接起诉。

神）］，判断是不是合法的民事利益。① （3）至于受到侵害或者发生争议的民事利益，是用物权法、侵权法还是用合同法来保护，对此没有明确标准，实务中是按照社会生活经验，针对个案进行综合判断。② （1）和（2）是判断受到侵害或者发生争议的利益是否具有可诉性。（3）是关于选择判决所应依据的实体法律规范。

自 20 世纪后半叶以来，民事诉讼的治理功能或者司法的社会功能不断扩展，诸多社会、经济、政治问题可以通过民事诉讼解决。与立法和行政不同，民事诉讼是对特定纠纷主体之间已经发生的具体纠纷的事后性解决，以明确法律上的具体权利、义务或者责任的内容和归属，所以，民事诉讼是通过解决个案纠纷来实现其治理功能的。例如，就维护公民的平等就业权而言，我国《就业促进法》（2015 年修正）第 62 条规定："违反本法规定，实施就业歧视的，劳动者可以向人民法院提起诉讼。"

20 世纪后半叶以来，现代型纠纷（比如消费者纠纷、环境权纠纷、社会福利纠纷等）在当事人的众多性和利益的扩散性方面与过去一般纠纷不同，争议的权利、义务的内容及权利主体的外延未必清楚，若依上述传

---

①　我国《婚姻法》第 4 条规定："夫妻应当互相忠实，互相尊重；家庭成员间应当敬老爱幼，互相帮助，维护平等、和睦、文明的婚姻家庭关系。"《最高人民法院关于适用〈中华人民共和国婚姻法〉若干问题的解释（一）》（法释〔2001〕30 号）第 3 条规定："当事人仅以婚姻法第四条为依据提起诉讼的，人民法院不予受理；已经受理的，裁定驳回起诉。"从民事纠纷的属性与可诉性的角度，符合《婚姻法》第 4 条规定的纠纷不属于民事纠纷的范畴（因为不具有民事性），当然也不具有可诉性。我国台湾地区"民法典"在 1985 年修正亲属编时，在第 1084 条第 1 款中增加规定："子女应孝敬父母。"这大概是全部法典唯一不具任何法律意义的条文。当时立法者提出的理由也有着明确的道德取向："……于此世事变化日益加速，人际关系转趋疏离之时代，如何加强人际纽带，增进社会之亲和感与凝聚力，实为当务之急。而提倡孝道，正为达成此项目之之最佳途径。"立法者还引据了德国、法国的民法典相关规定。实际上，《德国民法典》第 1626 条第 1 款规定的是父母的照顾权利和义务，并没有类此的泛道德呼吁。我国台湾学者苏永钦教授认为，不论公法还是私法，法律条文如果只想传输道德，而不能创造任何可司法的权利义务内涵，除了制造司法的混乱，不会有其他效果。参见苏永钦：《民事立法与公私法的接轨》，33 页，脚注 52，北京，北京大学出版社，2005。

②　因为社会生活的复杂性，如果凡是属于合法利益都要用侵权法保护的话，将导致侵权责任法适用范围的无限扩大，并且会导致法律体系、法律秩序的极大混乱。因此，好些利益虽然合法却没有得到侵权法保护，诸如保护所谓配偶权、生育权、性福权、亲吻权等请求，均被法庭驳回。参见梁慧星：《民法理论与实务的若干问题》，见 http://www.aisixiang.com/data/77807.html。

统的可诉性标准,则得出的结论是:这些新型纠纷不具有可诉性。然而,事实上又必须解决这些纠纷和保护受害权益,同时基于增加国民接近法院或者使用诉讼的机会,扩大民事诉讼解决纷争和保护权益及形成政策的功能,理当突破传统可诉性的标准和观念,将现代型纠纷纳入可诉性范畴。现今,许多国家和地区为加强对公益的保护,对于侵害性较大、影响面较广,但尚未具体投射到特定人身上的侵权案件,努力扩大民事诉权主体或者民事诉讼当事人的范围。

(二)具有诉的利益

1. 诉的利益之内涵、本质、功能与定位

(1)诉的利益之内涵和产生

大陆法系民事诉讼中,诉的利益(权利保护必要、权利保护利益)是当民事权益受到侵害或者与他人发生纠纷时需要运用民事诉讼予以救济的必要性和实效性,是原告主张的实体权益或者实体法律关系现实地陷入侵害或者发生纠纷时才得以产生,判决除去这些侵害或者纠纷对原告来说具有好处(即有利益)(有学者称为"诉讼追行利益")。①

诉的利益与成为诉讼对象的权利或者作为法律内容的实体性利益是有区别的,它是原告所主张的实体权益或者实体法律关系面临危险和不安时,即有必要以诉讼或者判决除去这些危险和不安。这种"危险和不安"源于侵权行为或者争议状态,而这种侵权行为或者争议状态构成了大陆法系传统诉讼理论中的"诉的消极理由",即直接促成原告请求诉讼保护的理由或者事实。判决除去这些危险和不安,对原告来说具有好处(即利益)。

在大陆法系,在"无利益即无诉权"的原则之下,"诉的利益"作为诉讼要件或者诉权要件,是法院作出本案判决的一个必要前提。② 在大陆法系,每个诉讼案件都必须满足"对司法救济有着需要"这样的要求或者要件,对于这样的"需要",法国称"利益",德国称"权利保护必要"或

---

① 参见[日]三月章:《日本民事诉讼法》,汪一凡译,64~65页,台北,五南图书出版公司,1997。

② 参见邵明:《论诉的利益》,载《中国人民大学学报》,2000(5)。

者"权利保护利益"，日本、葡萄牙和我国澳门特别行政区等称"诉之利益"，我国台湾地区兼有德国和日本的称谓。法、德、奥、日、葡和我国澳门、台湾地区等大陆法系国家和地区的民事诉讼法等，均对诉的利益作出了规定。① 我国民事诉讼法至今尚未对诉的利益作出必要规定。

英美民事诉讼法学理论中没有大陆法系"诉的利益"的概念，但是并不是说英美法系民事诉讼制度和理论中没有诉的利益的内容。英美法学理论认为，既然权利遭受侵犯的原告请求司法救济，那么对于司法救济的需要是不成问题的。大陆法系有些学者也认为英美法的看法有一定的道理，因为既然提起诉讼，"需要"当然存在。《英国最高法院诉讼规则》18r19（b）规定，如果诉讼文件是骇人听闻的、荒谬的、折磨人的，法院应当予以勾销。美国社会的理想主义倾向是，只要存在受到侵害等不正义的事态，就应予以纠正，即可以利用个人及其律师的利益动机提起诉讼。这也可被视为美国传统的实用哲学的表现。②

传统理论中，广义"诉的利益"的概念的含义包括：（1）本案判决的一般资格（权利保护资格）；（2）当事人适格；（3）（狭义）诉的利益。此三者虽具有某种程度的共同性，有时也难以明确其间的区别，例如，通说认为，确认之诉中，当事人适格与确认利益具有表里一体的关系。然而，本案判决的一般资格是关于何种事项为私权的问题，涉及司法权的界限和法院主管问题，即"可诉性"或者"可司法性"；当事人适格问题是确定何人为特定诉讼的正当当事人，如今已发展为另一套理论。因此，理论上常常将诉的利益作狭义理解而独立探究。本书也是在此意义上讨论诉的利益问题。

从历史沿革来看，在古罗马法时代，尚无"诉的利益"这一观念，只

---

① 比如，我国澳门特别行政区《民事诉讼法》第72条规定："如原告需要采用司法途径为合理者，则有诉之利益。"第73条（1）规定："在确认之诉中，如原告采取行动欲解决一客观上不确定及严重之情况，则有诉之利益。"《德国民事诉讼法》第256条（1）规定："确定法律关系成立或者不成立的诉讼，承认证书的诉讼，或者确定证书真伪的诉讼，只在法律关系的成立与否、证书的真伪由法院裁判并即时确定，对于原告有法律上的利益时，原告才可以提起。"

② 参见［日］谷口安平：《程序的正义与诉讼》，增补本，王亚新、刘荣军译，257页，北京，中国政法大学出版社，2002。

是在 19 世纪以后随着确认之诉的产生，诉的利益始被提出并加以讨论。

在此之前，对给付之诉作出本案判决无须诉的利益作为其前提条件，因而对诉的利益的概念没有单独进行讨论的必要。在给付之诉中，一旦发生给付请求权的争议，就此而提起诉讼，法院当然受理并依法作出判决，没有必要逐一考虑进行诉讼有无利益的问题。至于形成之诉，法律明确规定了可以提起诉讼的具体、个别的情形，只要符合这些法定情形就可提起形成之诉并得到依法判决，因此，也无必要考虑有无利益的问题。

然而，确认之诉却不然。如果对于可以请求确认的对象不以法律明文加以限制，那么当事人对于任何事情均可请求法院予以审判确认，所以必须通过确定确认利益（诉的利益）来限定确认之诉的对象。这样，确认利益便成为确认之诉的诉讼要件或者诉权要件。随着确认之诉及其确认利益被认定为一项制度，便产生了这样一种机缘：国家或者法院在谋求民事纠纷的解决时，要求将一定的利益以及必要性当作一项诉讼要件。

这种要求明确地出现在实定法中，促使学界研究诉的利益的本质问题。理论上的研究表明，在利用诉讼制度时以一定的利益及必要性为诉讼要件的现象，并不是确认之诉或者将来给付之诉所特有的，而是所有的诉讼都具有的共同现象，只是产生或者存在的形态互异而已。[1]

（2）诉的利益的本质与功能

大陆法系有关诉的利益本质，主要有三种看法：国家利益说、当事人利益说，以及国家和原告、被告利益说。

1）国家利益说将诉的利益理解为"运作民事诉讼制度时发现的国家利益"[2]。此说认为，民事诉讼是国家掌管的一种制度，所以，对某种纠纷是否可以运用这一制度来解决，必须考虑到"统制这类司法制度运转的国家利益"[3]。因此，囿于国家有限的人力、物力和财力，私人也不得将

---

① 参见［日］三月章：《日本民事诉讼法》，汪一凡译，64～65 页，台北，五南图书出版公司，1997。

② ［日］三月章：《权利保护的资格和利益》，载《民事诉讼讲座》（1）·三月章《研究》（1）。转引自［日］谷口安平：《程序的正义与诉讼》，增补本，王亚新、刘荣军译，158页，北京，中国政法大学出版社，2002。

③ ［日］三月章：《日本民事诉讼法》，汪一凡译，61 页，台北，五南图书出版公司，1997。

民事诉讼程序随便作无意义的使用，所以，不得不以诉的利益来筛选需要运用民事诉讼予以解决的纠纷。

2）当事人利益说是从当事人的角度来探讨诉的利益问题。或者认为，民事诉讼设置的目的，在于权利保护，因此，权利是否有诉讼保护的必要，或者说是否有诉讼保护的利益，应当从当事人的利益状态，并根据诉讼法的客观价值作出判断后，予以决定；或者认为，民事诉讼设置的目的，无非是保障当事人抗争程序得以充分实施，因此，是否有诉之利益，应以当事人有无此抗争利益为核心，而这一抗争利益的有无，尤应对当事人在诉讼外或者诉讼前的纷争过程、交涉过程予以考量。①

3）笔者赞同国家和原告、被告利益说，此说实际上是国家利益说和当事人利益说的协调，具有其合理性。既然民事诉讼是国家设立的，是国家运用审判权的领域，就应当考虑国家利益。国家基于设立民事诉讼制度的目的及其实现的考虑，通过诉的利益界定当事人行使诉权的要件。同时，还应当考虑民事诉讼使用者的利益，一方面国家法律赋予当事人使用民事诉讼的诉权以实现诉讼目的，另一方面禁止原告滥用诉讼以避免被告不必要的应诉，诉的利益就具有这样的功能。

在现代法治社会，国家和当事人在诉的利益方面应当是一致的。法治国家保障当事人有平等使用诉讼制度的机会，并且努力扩大诉讼保护的范围；同时，当事人也需要获得平等使用诉讼制度的机会，并且有着扩大诉讼救济范围的欲求及行为。然而，两者难免存在冲突，这往往是因为国家诉讼保护能力是有限的。因此，宪法、民事诉讼法和民事实体法都得具备协调功能。

诉的利益的功能在于，将需要诉讼救济之事项纳入诉讼救济范围（积极功能），而将无须诉讼救济之事项排除于诉讼救济范围（消极功能）。自20世纪后，诉的利益不再仅仅扮演消极角色，而是发挥其积极的功能。20世纪以后，涌现出大量的现代型纷争和诉讼，充实和扩大民事诉讼的保护权益和解决纠纷的功能，促成民事诉讼的政策形成功能，等等。其间

---

① 参见吕太郎：《诉之利益之判决》，载民事诉讼法研究基金会编：《民事诉讼法之研讨（四）》，417页，台北，三民书局，1993。

蕴含着国家和当事人的新的要求和利益。为此，亟待扩大诉的利益的功能，合理减少对诉的利益的限制，使新型诉讼具备诉的利益以获得诉讼救济。

新型纠纷出现后，往往无从将这些纠纷或者侵害的事实纳入现行法律所承认的权利体制或者框架之中，然而，事实上又必须对这些纠纷和侵权予以解决和保护，例如，企业的制造生产活动，常常侵害到社会大众的同样的利益，对于此种扩散利益被侵害的情形如何提起诉讼予以救济即有疑问。因为其权利、义务的内容及权利主体的外延未必清楚，若依传统的诉的利益的观念和标准进行审查和确认的话，可能会得出不承认其诉的利益的结论。因此，基于增加国民接近法院或者使用诉讼的机会或者途径、扩大民事诉讼的解决纷争和保护权益的功能，以及实现判决形成政策的机能，就不应当仅从实体法的角度来判断有无诉的利益，而应当尽量扩大诉的利益的范围。对于诉的利益的衡量，不应从其消极功能而应由其积极功能的角度来进行。据此，应当承认群体诉讼或者公益诉讼具有诉的利益。

通常限于现在的法律关系才可为确认之诉的诉讼标的。然而，将来的法律关系也可能有需要法院确认的必要。"形成中的权利"是一种正当利益，是尚未被现行法明确、具体承认的权利，还不属于法律权利的范畴。对于"形成中的权利"的诉讼救济，是在没有相应的实体法规范的情形下进行的。在实体法尚无明确规定的情况下，正当利益享有者需要运用诉讼来判断其利益的有无，如果仅仅从"权利既成"（权利在法律上已经客观存在）的角度来考虑诉的利益的话，则这种"形成中的权利"不能获得诉讼救济。

当平等主体之间有关人身或者财产的正当利益或者形成中的权利受到不法侵害时，就应当承认其具有诉的利益和享有民事诉权，这样就扩大了诉的利益的基础和功能。同时，法官不得以没有实体法规范作为裁判依据为由，拒绝受理和审判就形成中的权利受到不法侵害而提起的诉讼，否则就构成对诉权的侵犯。"形成中的权利"如果获得法院裁判的承认，则成为新的法律权利。依此，诉的利益在判决或者诉讼生成权利方面具有不可或缺的作用，因为是诉的利益将"形成中的权利"引入诉讼之中。对将来法律关系的裁判承认或者通过裁判促成权利的生成，都牵涉法院判决的政策形成功能。

以"权利生成"为基点，探讨诉的利益的积极功能，在国外不乏其人，日本学者谷口安平即是其一。① 谷口先生以救济法为研究视角，探讨诉的利益的功能与权利生成之间的关系：由于救济手段在本质上属于具体、个别的方法，对此法官的裁量幅度也就很宽，由此法院积极地创制法或者权利便是可行的。山木户教授认为，原告请求救济的实体利益和与此关联的诉的利益，两者之间的关系属于实体法与诉讼法移行领域问题，通过认可诉的利益，实体性利益也将作为值得法律保护的利益获得一定的权利性。从新的社会现象中产生的利益（即形成中的权利）演变成为请求权，而通过定型化了的手段性权利不能加以充分保护时，就可以通过承认诉的利益来提供审判的机会。

在救济法中，如果在诉的利益要件中已经定型的要件能进入实体法领域的话，当新的类型诉讼及其诉的利益在救济法中得到认可时，其诉讼上的请求权将被作为新的手段性权利来加以认识。在日本，日照权正是经过这样的机制得到认可的，即法官认识到应依法保护当事人有继续享受日照的权利，而且认为为了保护这种权利仅仅对之加以确认仍不够，还必须禁止建造任何建筑物。这在救济法中只不过承认了给付之诉的利益，但是在实体与诉讼的两分法体系下，它就表现为禁止请求权的生成，乃至具体性权利即日照权的生成。如果从历史角度看可以理解实体法规范正是通过诉讼来逐渐生成的话，那么这种生成机制在今天的程序法与实体法之中也同样能够发挥其功能。从英美法中得到的启发之一是，救济法这一中间性的法律领域可能是使诉讼法理论恢复历史上曾经大力发挥过的功能的关键。

法律权利具有公示性，其内容和范围由法律作出了比较明确的界定，所以权利人和义务人知道权利的内容和范围。但是，关于"形成中的权利"或者正当利益的内容或者范围，法律并未明确规定，人们往往不知什么利益是合法的、什么利益是不受诉讼保护的，往往由法官在个案中作出评价。事实上，正当利益过于宽泛的话，人们的行为自由往往会受到不当

---

① 参见［日］谷口安平：《程序的正义与诉讼》，增补本，王亚新、刘荣军译，178～195 页，北京，中国政法大学出版社，2002。

限制。因此，侵害正当利益的，其侵权构成要件应受到比较严格的限制。同时，正当利益必须在侵权法上具有可补救性和可执行性，否则，不能获得侵权诉讼救济，比如实践中出现的"亲吻权"是否属于侵权法保护的利益，尚需研讨。①

我国诉讼实务中，已经出现了多起就"形成中权利"受到侵害而提起诉讼的案件。以"正常收视权"诉讼为例。

【案例 3-1】1999 年 7 月中旬，某有线电视台用户王某向法院起诉该有线电视台。原告王某诉称：被告有线电视台在播放《还珠格格》续集时，滥播广告，第 14 集约 70 分钟，其中插播的广告时间占了约 27 分钟。法院经审理后认定，被告上述行为严重违反了原广电部的有关规定，侵犯了原告的"正常收视权"。于是，依据《民法通则》的有关规定，判决如下：被告向原告赔礼道歉，并向其赔偿因此次诉讼造成的损失 707.60 元，赔偿其一个月收视费 17.80 元。②

简短评论：在该案中，法院遵从了上面所述的原理，肯定了原告之诉具有诉的利益，受理了案件，值得称道。至于案例中所谓的"正常收视权"，在目前仅在原广电部的有关规定（行政规章）中作出规定，因而不属于既定的法律权利，但是法院判决予以保护，实际上是通过判例来形成新的法律权利。由此，我们可以看到民事诉讼的机能之一是创制或者生成实体权利或者实体法规范，弥补成文法的不周延性或者滞后性。

对"形成中的权利"给予诉讼救济，而催生出新的法律权利，从而在一定程度上消减成文法固有的不周延性或者滞后性。在这个意义上说，诉的利益的积极功能，是法律自身所具有的消减其不周延性或者滞后性的内在机制之一。

（3）诉的利益的定位：程序与实体的交错

"诉的利益"的定位问题，即诉的利益究竟是实体法上的事项抑或诉讼法上的事项的问题。在此前提下，判定其作为诉权要件是属于权利保护要件，还是属于诉讼要件？实质上，诉的利益兼涉实体法上的事项和诉讼

---

① 参见王利明：《我国侵权行为法有七大发展趋势》，载《检察日报》，2004-08-04。
② 载《陕西日报》，2000-03-04。本书作了技术上的改动。

法上的事项。

诉的利益的判断标准或者存在基础是纠纷事实和实体规范，比如现在给付之诉中，原告就已届清偿期的请求权，通常具有诉的利益。与本案请求（诉讼请求）不同，诉的利益不是原告之诉和法院审判的最终目的。诉的利益的功能是将不具有诉的利益的事项排斥于诉讼之外，而将具有诉的利益的民事纠纷吸收于诉讼之内，可见诉的利益具有程序性。

英美法系救济法以实体法与诉讼法各自延伸出来的部分作为组成部分，是介于实体法与诉讼法之间的领域。诉的利益与救济法在诉讼功能上是一致的，法院据此决定对原告之诉求是否给予救济，或者说是确定当事人的诉求是否值得救济而不将其拒之于诉讼之外。尚未被实体法所确认的正当利益是否需要作为诉讼救济对象，其确认基准正是诉的利益。因此，诉的利益具有贯穿于实体与程序两个领域的性质。[1] 三月章教授认为，"诉的利益本质上属于诉讼法和私法的移行领域"[2]。上北武男教授主张，诉的利益概念具有介乎于实体法与程序法之间的"中间性"[3]。

诉的利益是权利保护要件还是诉讼要件。对此，理论上和实务中存在两种相异的看法和做法。

1）认为诉的利益是权利保护要件，如不具备，法院以诉无理由判决驳回诉讼。具体诉权说即是持这种看法，其根据是诉权要件与案件事实和实体法律关系有关，并以此作为判断是否具备诉权要件的标准。

2）认为诉的利益是诉讼要件，属于"（法院）职权调查事项"；如不具备，法院以诉不合法驳回诉讼。法院在是否具备诉权要件不明的情况下，不得作出本案判决。本案判决请求权说即持这种看法，在德日等处于通说地位，亦是司法实践中的通行做法。

---

① 参见［日］谷口安平：《程序的正义与诉讼》，增补本，王亚新、刘荣军译，160 页，北京，中国政法大学出版社，2002。

② ［日］三月章：《权利保护的资格和利益》，载《民事诉讼讲座》（1）·三月章《研究》（1）。转引自［日］谷口安平：《程序的正义与诉讼》，增补本，王亚新、刘荣军译，158 页，北京，中国政法大学出版社，2002。

③ ［日］上北武男：《关于诉的利益之考察》，载《民事诉讼杂志》21 号（1975 年）。转引自［日］谷口安平：《程序的正义与诉讼》，增补本，王亚新、刘荣军译，158 页，北京，中国政法大学出版社，2002。

诉的利益虽包含私人利益和实体内容，但毕竟蕴含着国家利益和程序性质，因为后者诉的利益被作为诉讼要件而纳入"职权调查事项"。在民事私益案件中，诉的利益有无的事实证据应采取辩论主义而由当事人主张提供。诉的利益之实体内容，往往需到言词辩论终结时才能判断其是否具备，所以笔者认为，诉的利益在我国宜被纳入实体要件或者权利保护要件。

2. 认定诉的利益

在具备民事可诉性的前提下，才能认定或者判断某个事项是否具有诉的利益。因为若某个事项不具有民事可诉性，就无法获得诉讼救济，也就谈不上诉的利益的有无问题。

认定或者判断某个事项是否具有诉的利益，从肯定方面说，如果以"需要诉讼救济或者判决保护的必要性和实效性"为标准，则过于抽象，无多大的实用性，所以确定诉的利益的标准应当具体化，应当根据诉的类型来认定诉的利益。

（1）给付之诉与诉的利益

由于现在给付之诉是给付义务已届清偿期之诉，所以在大陆法系民事诉讼中，原则上，现在给付义务的清偿期一到就具备诉的利益。至于起诉前，原告是否催告被告履行，原、被告之间是否就履行给付义务发生争执等，均不影响诉的利益。

不过，原告在被告未拒绝履行的情况下起诉的，虽有诉的利益，但若被告不加争议而即时承认原告诉讼请求的（即时认诺，此际法院作出原告胜诉判决），则意味原告毋庸起诉，所以有些国家和地区法律规定，诉讼费用由原告承担。①

【案例 3-2】原告与被告达成一份借款协议。该协议中约定，被告应于 2006 年 6 月 12 日返还 200 万元借款。2006 年 6 月 13 日，原告向法院提起请求被告返还借款之诉。被告在答辩状中承认了原告的诉讼请求，并且提出了用来返还此项借款的一张 200 万元的支票来证明原告毋庸起诉。

---

① 参见《德国民事诉讼法》第 93 条、《日本民事诉讼法》第 62 条、我国台湾地区"民事诉讼法"第 80 条、我国澳门地区《民事诉讼法》第 377 条（一）等。

最后，法院判决被告返还原告 200 万元借款；诉讼费用由原告负担，理由是原告对本案没有诉的利益。

该诉是现在给付之诉，原告就该诉拥有诉的利益。若无诉的利益，则法院应当驳回该诉，更不会作出被告败诉的判决。因此，法院认为"原告对本案没有诉的利益"，是不合法理的。至于为什么由原告负担诉讼费用，是因为原告毋庸提起该诉。笔者认为，完全由原告负担诉讼费用也不合理，因为毕竟被告在清偿期届至时没有履行还款的义务。

现代法律中，侵害行为不仅包括已经造成实际侵害结果的侵害行为，而且包括没有产生实际侵害结果的"威胁"，所以对提起不作为之诉不再要求具备"开始或者正在侵犯"或者"重复的危险"的要件。

原告请求给付的特定物已经灭失，为客观给付不能，所以倘原告提起给付该项标的物之诉，则没有诉的利益。但是，原告改为损害赔偿之诉，或者原告起诉前不清楚对方能否交付标的物，则有诉的利益。即使客观上不能实现强制执行的，所提起的给付之诉也应具有诉的利益。①

对于将来给付之诉，在诉的利益上，许多国家和地区在法律上往往作出限制规定。下面，以日本为例，予以阐述。

《日本民事诉讼法》第 135 条规定："请求将来给付之诉，仅限于有预先提出请求之必要的情况，方可提起。"此条并未规定，仅以"履行期未到"为确定将来给付之诉的诉的利益的标准，并且日本的判决和学说也未将确定将来给付之诉的诉的利益的标准，局限于"履行期未到"。

"有预先提出请求必要"通常是指"原告主张履行期即使届满也没有立即履行的指望，或者从义务的性质来看不马上履行则原告会蒙受显著损失"的情况。② 如果根据债务人的言行可以推定其无届时履行的意思，即可认为已有预先请求的必要，至于是否发生给付争议、是否附加原告先行给付条件以及将来请求权是否附有条件，则在所不问。

---

① 因为诉的利益的基础不在于是否可以强制执行，而在于有无诉讼救济的必要性，在于权利受到侵害或者发生争议的事实。再者，强制执行的可能与否应由强制执行机构来判断，而在裁判过程中法官并不需要对执行的可能性进行过度慎重的调查。

② 参见 [日] 兼子一、竹下守夫：《民事诉讼法》，白绿铉译，52 页，北京，法律出版社，1995。

　　根据权利的不同性质，有时将来给付之诉的利益自然得到认可。例如，如果不适时采取强制执行措施，可能导致无法获得符合债务本来目的的履行（某种定期行为等）；如果现在应当给付的部分尚未得到履行，则据此推断将来应当给付的部分（回归性给付请求）也有可能不得履行。在诉的合并时，可能有预先提出请求的必要，比如，与离婚之诉合并请求分割财产；在提起给付之诉时考虑到将来不能执行而合并提出代偿请求的情况。①

　　我国《民事诉讼法》没有对将来给付之诉作出限制规定。但是，《合同法》第108条规定："当事人一方明确表示或者以自己的行为表明不履行合同义务的，对方可以在履行期限届满之前要求其承担违约责任。"据此，若权利人在履行期限届满之前要求义务人承担违约责任的，权利人可以提起将来给付之诉，但是，必须满足义务人"明确表示或者以自己的行为表明不履行合同义务"的条件，并且应当提供充足证据予以证明。

　　（2）确认之诉与诉的利益

　　请求法院审判确认之诉必须具有值得诉讼救济之诉的利益（确认利益）。当事人提起确认之诉，旨在通过法院判决确定某项法律关系是否存在或者是否合法有效，使当事人之间的法律关系确定化，或者说使原告和被告之间的法律地位得以安定，从而给不确定的法律关系的主体带来好处，此种好处即确认利益。

　　法律之所以规定审判确认之诉必须具有确认利益，是因为如果对于可以请求确认的对象不以法律明文加以限制，那么当事人对于任何事情均可请求法院审判确认。据此，许多国家和地区的民事诉讼法规定了确认之诉的诉的利益。②

　　通常情况下，原告提起的确认之诉是否具有诉的利益，需从诉的客体和有效适当性两方面来认定。

---

　　① 参见［日］三月章：《日本民事诉讼法》，汪一凡译，68～69页，台北，五南图书出版公司，1997。

　　② 比如，《德国民事诉讼法》第256条（一）、我国澳门《民事诉讼法》第73条（一）、我国台湾地区"民事诉讼法"第247条、《日本民事诉讼法》第134条（确认证书真伪之诉）等。

就确认之诉的客体来看，通常是对现在的民事法律关系或者民事权益提起确认之诉，在法律明文允许时可以对现存的特定法律事实提起确认之诉。过去的民事法律关系可能发生了变动，没有必要对其作出确认判决；对将来的民事法律关系作出确认判决，可能阻碍将来的民事法律关系的合理变动。对过去的或者未来的民事法律关系可否提起确认之诉，取决于是否具有以现在确认之诉加以确认的必要，比如承租人可以请求法院确定其续租权。

就提起确认之诉的有效适当性来看，1) 确认利益的产生，往往是由于被告的行为而使原告的实体权利或者原、被告之间的法律关系处于争议状态。例如，被告否认与原告存在收养关系等，对此原告有必要利用确认判决，除去这种争议状态。2) 某项民事法律关系或者民事权益必须构成民事纠纷的核心法律关系或者是原告诉讼目的之所在而不是本案判决的先决事项，才能对此提起独立的确认之诉。①

(3) 形成之诉与诉的利益

与给付之诉、确认之诉相比，有广泛效力的形成之诉具有两大特性：法定性和现实性。同时具备法定性和现实性的形成权纠纷，才具有诉的利益。

1) 法定性。立法上对有广泛效力形成之诉的规定并不普遍，明文规定仅在特定情形下才可提起此种形成之诉，当事人不得提起法律没有明文规定的形成之诉（即形成之诉明定原则）。形成之诉的法定性，还表现在法律往往对形成之诉的适格当事人也作出明确规定，比如因受胁迫而提起撤销婚姻之诉的，原告只能是受胁迫一方的婚姻关系当事人本人②；离婚之诉的适格当事人是夫妻双方。

---

① 比如，在给付财产之诉中，原告对该财产拥有所有权则不得提起独立的确认所有权之诉，即作为给付前提的确认事项缺乏诉的利益。因为在给付之诉中，当事人的诉讼目的是获得给付判决，而确认民事法律关系或者民事权益之存在只是作出给付判决的前提，若允许就确认关系提起确认之诉则意味着为获得给付判决而需要提起两个诉，其结果是造成诉讼浪费。事实上，法院对给付之诉和形成之诉作出本案判决前，均需确认作为本案判决先决事项的某项民事法律关系或者民事权益是否合法有效。

② 参见《最高人民法院关于适用〈中华人民共和国婚姻法〉若干问题的解释（一）》（法释〔2001〕30号）第10条第2款。

2）现实性。只有现存的法律关系才能够成为形成之诉的诉讼标的。这是因为当事人对于现存的民事实体法律关系并无争议，争议的却是对于现存的民事实体法律关系应否变更，原告提起形成之诉的目的是，利用法院判决将现在的法律关系予以变更。

形成之诉提起之后，由于情事发生了变化，以至于没有继续进行诉讼的必要或者说即使获得形成判决也没有实际意义，此时诉的利益消失。对此，《民事诉讼法》第151条规定，"裁定终结诉讼"。比如，离婚案件一方当事人死亡的，当事人之间的婚姻关系自然消灭，诉讼继续进行已无实际意义，此际应当裁定终结诉讼。再如，作出形成判决之前，法律关系已经发生了与当事人形成请求相同的变化，如离婚诉讼进行中，当事人在诉讼外已经合法离婚的，诉讼继续进行已无实际意义并且浪费诉讼资源，所以应当裁定终结诉讼①；若从诉的利益来考察，则法院应以无诉的利益为由驳回诉讼。

（三）不受一事不再理或者既判力的制约

1. 一事不再理与既判力

"禁止重复起诉"（即"一事不二讼"）与"一事不再理"本质上是相同的，只是前者是从当事人的角度来说的，后者则是从法院的角度来说的，其效力包括"诉讼系属的效力"和"既判力的消极效果"。

诉讼系属的效力是针对"已经起诉或者正在审判中的案件（未决诉讼）"，既判力的消极效果是针对"确定判决所处理的案件（已决诉讼）"，当事人不得再起诉（属于禁止重复起诉或者一事不二讼的内容），法院也不得再受理（属于一事不再理的内容）。

关于既判力和一事不再理的关系，有着不同的看法。

其一是同一说。此说认为，一事不再理原则属于既判力的概念范围，既判力当属一事不再理原则在民事诉讼中的特殊表现，因为禁止法院就同一既判事项重复审理，这一效力的基础实际上贯彻了解决纠纷的一次性原则，亦即一事不再理精神，判决既判力则是一事不再理的理念在诉讼中的

---

① 至于子女抚养，由于一方当事人死亡，自然由对方当事人抚养。至于死者财产的处理，转化为遗产继承，若发生遗产继承纠纷，则应另行起诉予以解决。

体现，即一事不再理是既判力的消极作用。①

其二是区别说。此说认为，既判力重视的是禁止法院就同一事件为前后矛盾的判决，并非一事不再理，而一事不再理是指判决一经确定，法院不得就同一事件再为审理。一事不再理是刑事诉讼制度中重要的审判制度，保护被告的正当权益，符合法律正义。因为民事诉讼与刑事诉讼不同，作为民事判决对象的私法上的权利义务关系即使已被确定，也有重复发生的可能性，所以如果加进时间因素来考虑的话，从严格意义上说，不存在同一案件，而刑事裁判是以审判过去所为的具有可惩罚性的行为为目的，其同一性不变。②

其三是交叉说（笔者赞同）。一事不再理的效力包括诉讼系属的效力和既判力的消极效果。一事不再理的诉讼系属效力不为既判力所包含，既判力的积极效果③则是"一事不再理"所没有的。既判力的消极效果或者消极作用强调的是一事不再理的理念和意义，而既判力的积极效果或者积极作用则强调判决具有拘束后诉判决的积极作用。一事不再理与既判力的重合效力是既判力的消极效果（如下图）。

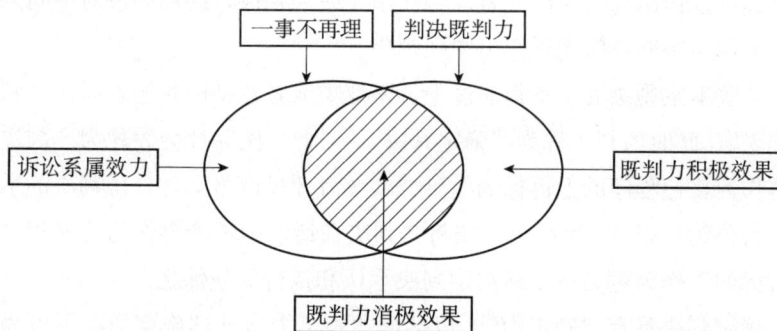

① 参见［日］三月章：《日本民事诉讼法》，汪一凡译，30～32页，台北，五南图书出版公司，1997。

② 参见［日］兼子一、竹下守夫：《民事诉讼法》，白绿铉译，167～168页，北京，法律出版社，1995；江伟主编：《中国民事诉讼法专论》，169～170页，北京，中国政法大学出版社，1998。

③ 既判力的积极效果或者积极作用（即"禁止矛盾"）是法院在处理后诉时应受前诉确定判决的拘束，在制度上体现为：（1）法院应以前诉确定判决对诉讼标的之判断为基础，来处理后诉；（2）若后诉判决与前诉确定判决相矛盾，则为对后诉判决的再审理由（除非前诉确定判决被依法撤销或者被变更）。

2. 具有既判力的法律文书

哪些法律文书具有既判力，或者说当事人对哪些法律文书所处理的案件不得再起诉，应当采用法律明定原则。按照我国现行法，在我国领域内具有既判力的法律文书，主要有：

（1）我国大陆人民法院确定判决和具有既判力的其他法律文书

法院确定判决是指确定的本案判决。"本案判决"是对案件的诉讼标的和诉讼请求是否具有实体事实和实体法律根据所作出的终局判定，属于"终局判决"（"中间判决"没有既判力）。"终局判决"是指终结审级程序的争讼判决，终局判决一作出即意味着相应的审级程序结束，在我国，终局判决包括第一审终局判决和第二审终局判决①，而在实行三审制的国家和地区，终局判决还包括第三审终局判决。"终局判决"首先必须具备判决的成立要件与生效要件，待其确定之时才产生既判力。

外国法中的"中间判决"不具有既判力。诉讼进行中，中间判决是就终局判决的前提问题作出的处理，并不解决本案的诉讼标的是否合法等判决事项，所以不能终结审级程序，只是为终局判决做准备。如果根据诉讼的进程可以作出终局判决或者已经作出了终局判决，终局判决对中间判决的事项作出判断，就无须作出中间判决。

法院本案判决处于不得通过上诉来变更或者撤销的状态，叫作"判决的确定"，此时的判决称为"确定判决"。对此，国际社会表述为"判决不能再作为普通程序的上诉标的"。比如，《海牙民商事案件外国判决的承认和执行公约》（1971年）第4条将"判决在请求国不能再作为普通程序的上诉标的"作为对另一个缔约国判决承认和执行的条件之一。

确定判决具有"确定力"，包括形式确定力（外部确定力、不可撤销性）和实质确定力（内部确定力、既判力）。形式确定力是指判决所具有的不得以上诉来变更或者撤销的效力。通常情况下，判决确定之时，即形式确定力发生之时，就产生既判力、执行力、形成力或者确认力等。

确定判决是国际上通行的概念，我国实务中称为"生效判决"，在我国主要有：地方各级法院超过上诉期的第一审判决、小额诉讼一审判决、

---

① 我国2012年修正的《民事诉讼法》第162条中规定，对小额案件，实行一审终审。

地方法院的第二审判决、最高人民法院的第一审判决和第二审判决。我国用"生效判决"来指称"确定判决"是不合理的。因为任何本案判决一经宣告，就产生"羁束力"，就是生效判决，所以生效判决包括未确定判决和确定判决。

如今，既判力扩张化的一个表现是将既判力由法院确定判决扩张到其他特定的法律文书，如支付令、法院调解书、法院对调解协议的确认书、仲裁裁决书、仲裁调解书等。① 赋予以上法律文书以既判力，是因为既然民事纠纷已经得到了"终局性"的解决，并且这种解决获得国家法律的正式承认，那么此纠纷就不该再由民事诉讼来解决。这种做法既符合既判力的精神和降低纠纷解决成本的要求，又是法律对其他民事纠纷解决方式的尊重和支持。

如下法律文书虽未解决或者直接解决纠纷，但也能产生一事不再理或者既判力的效力。就此而言也可称其是具有既判力的法律文书：法院按照《民事诉讼法》第151条的规定，作出终结诉讼的裁定；法律规定不得再起诉的撤诉裁定；被执行人对第三人拥有到期债权时，在强制执行中，法院依法裁定执行该到期债权的（《解释》第501条），对该到期债权纠纷，被执行人没有诉权，即执行该到期债权的裁定具有既判力。

（2）我国大陆或者内地人民法院承认的港澳台地区法院确定的终局判决和具有既判力的其他法律文书

在中国，根据"一国两制原则"和"各法域平等原则"，港澳台地区法院确定的终局判决和其他法律文书在大陆或者内地产生既判力，其前提是该判决和其他法律文书被大陆或者内地人民法院所承认。

目前，内地与香港特别行政区的相关法律文件主要有：《最高人民法院关于内地与香港特别行政区相互执行仲裁裁决的安排》（法释〔2000〕3

---

① 我国《公证法》第40条规定："当事人、公证事项的利害关系人对公证书的内容有争议的，可以就该争议向人民法院提起民事诉讼。"据此，公证债权文书没有既判力。依据《最高人民法院关于当事人对具有强制执行效力的公证债权文书的内容有争议提起诉讼人民法院是否受理问题的批复》（法释〔2008〕17号）的规定，由于经公证的以给付为内容并载明债务人愿意接受强制执行承诺的债权文书依法具有强制执行效力，所以债权人或者债务人对该债权文书的内容有争议直接起诉的，法院不予受理；但公证债权文书确有错误，法院裁定不予执行的，当事人、公证事项的利害关系人可以就争议内容起诉。

号)、《最高人民法院关于内地与香港特别行政区法院相互认可和执行当事人协议管辖的民商事案件判决的安排》(法释〔2008〕9号)等。依据后者,其"判决"在内地包括判决书、裁定书、调解书、支付令,在香港特别行政区包括判决书、命令和诉讼费评定证明书;获认可的判决与执行地法院的判决效力相同;在法院受理申请认可和执行判决期间,当事人依相同事实再行起诉的,法院不予受理;已获认可和执行的判决,当事人依相同事实再行起诉的,法院不予受理;对于不予认可和执行的判决,申请人可以按照执行地法律依相同案件事实向执行地法院起诉。

目前,内地与澳门特别行政区的相关法律文件主要有:《最高人民法院关于内地与澳门特别行政区关于相互认可和执行民商事判决的安排》(法释〔2006〕2号)、《最高人民法院关于内地与澳门特别行政区相互认可和执行仲裁裁决的安排》(法释〔2007〕17号)等。依据前者,其"判决"在内地包括判决、裁定、决定、调解书、支付令,在澳门特别行政区包括裁判、判决、确认和解的裁定、法官的决定或者批示;经裁定予以认可的判决与被请求方法院的判决具有同等效力;在被请求方法院受理认可和执行判决的申请期间,或者判决已获认可和执行,当事人再行提起相同诉讼的,被请求方法院不予受理;对于不予认可的判决,申请人根据被请求方的法律,当事人可以就相同案件事实向当地有管辖权的法院另行起诉。

目前,大陆与台湾地区之间的相关规范文件有:《最高人民法院关于认可和执行台湾地区法院民事判决的规定》(法释〔2015〕13号)、《最高人民法院关于认可和执行台湾地区仲裁裁决的规定》(法释〔2015〕14号)。在大陆,对于台湾地区法院民事判决、法院民事裁定、调解书、支付令、仲裁机构裁决,大陆法院受理认可申请后,对当事人就同一案件事实起诉的,不予受理;案件虽经台湾地区有关法院判决,但当事人未申请认可,而是就同一案件事实向大陆法院起诉的,应予受理;对大陆法院不予认可的民事判决,申请人可以就同一案件事实向大陆法院起诉;大陆法院作出民事判决前,一方当事人申请认可台湾地区有关法院就同一案件事实作出的判决的,应当中止诉讼,对申请进行审查,经审查,对符合认可条件的申请则予以认可并终结诉讼,对不符合认可条件的则恢复诉讼。

（3）我国人民法院承认的外国法院确定的终局判决和具有既判力的其他法律文书

根据国家主权独立原则，一国法院判决只能在该国主权范围产生法律效力（包括既判力等），所以，在涉外民事诉讼领域或者国际民事诉讼领域，外国法院确定的终局判决在我国若能够产生既判力，其前提是该判决被我国法院所承认。

目前，我国加入了多边的《承认及执行外国仲裁裁决公约》，并且签订了诸多双边司法协助条约。根据我国现行缔结的相关条约，相互给予承认的具有既判力的法律文书包括：1）司法裁判或者司法文书，主要有法院（财产性或者非财产性）民商事判决；2）司法外裁决或者司法外文书，主要有法院民事调解书、仲裁裁决、仲裁调解书等。

目前，我国还没有加入《海牙民商事案件外国判决的承认和执行公约》（1971 年）。该公约适用于缔约国法院作出的民事或者商事判决。①由于各国对承认和执行外国法院判决的规定存在很大差异，为了保护当事人利益，促进国际合作，国际社会致力于制定一个广泛参与的有关外国法院判决承认和执行的专门公约，该公约就是在这种情况下产生的。但至今只有少数国家加入。

2017 年 9 月 12 日，中国政府签署了《海牙选择法院协议公约》。该公约于 2005 年通过，2015 年生效；旨在保障国际民商事案件当事人排他性选择法院协议的有效性；其第三章规定了承认与执行判决，其"判决"系指法院就争议事实所做的任何决定，但是临时保护措施的裁定不属判决。

遵循司法礼让原则，对国与国而言，是进一步促进经济上相互依存的各国间民商事交流良性发展的需要；对一国内不同的法域而言，则是建立

---

①　其第 1 条第 2 款规定："本公约不适用于主要决定下列事项的判决：（一）人的身份或者能力，或者家庭法上问题，包括父母子女之间和夫妻之间的人身和财产的权利和义务问题；（二）关于法人的存在或者成立，或者法人机构的职权；（三）关于不包括在本条第二款第一项之内的扶养义务问题；（四）有关继承问题；（五）有关破产、清偿协议问题，或者类似的诉讼程序，包括由此可能引起的并且与债务人行为的有效性有关的判决；（六）社会保障问题；（七）关于核能所造成的损失或者损害。本公约不适用于责令支付一切关税、税款或者罚款的判决。"

共同市场即实现人员、资金及技术无碍流通的需要。司法礼让原则之实质,既是国家对其司法主权所要求的属地性原则的自我限制,也是一国内的各法域对其司法自治权所要求的地域性原则的自我约束,其目的是使民商事关系当事人的权益得到稳固而切实的保障。由此,在民商事判决的承认与执行中坚持司法礼让原则,是国际和区际民商事交流良性发展的前提之一。①

3. 平行诉讼

在国际民事诉讼领域,许多国家并不将一事不再理或者既判力作为消极的诉讼要件,对于非本国专属管辖的案件,允许"一事多讼",即"平行诉讼"(parallel proceedings)(诉讼竞合、平行管辖)。实际上这属于"未决诉讼"问题,即未决诉讼程序在内国的法律效力问题。

平行诉讼是指相同当事人基于同一纠纷事实或者案件事实(诉因)在两个以上国家的法院进行诉讼的情形,主要有两种类型:

(1)原告、被告共通型,又称"重复诉讼"(repetitive suits),属于一事多讼的情形,是指同一原告针对同一被告,就同一诉讼标的和同一案件事实(诉因),在两个以上国家提起诉讼的情形。

(2)原告、被告逆转型,又称"对抗诉讼"(reactive suits),不属于一事多讼的情形,是指基于同一纠纷事实,A 对 B 在一国法院起诉,同时 B 对 A 在另一国法院起诉。比如,国际货物买卖合同纠纷发生后,一方当事人在一国提起给付之诉,而对方当事人在另一国提起确认该合同无效之诉。

对于平行诉讼,法院往往是根据本国立法确定其是否行使管辖权。这是因为:(1)各国均有平等、独立的司法主权,不存在互相移送案件的义务(国际条约另有规定的除外);(2)要求受诉法院调查是否为平行诉讼也是过分要求;(3)若发生不承认和不执行外国判决,本国肯定平行诉讼是给予当事人司法救济的机会。

根据"规制消极说",允许平行诉讼。但是,绝对允许也可能产生一

---

① 参见刘仁山:《国际民商事判决承认与执行中的司法礼让原则》,载《中国法学》,2010(5)。

些弊端，比如原告、被告共通型中，就同一纠纷可能作出数个相互矛盾的判决，使得当事人民事权益的实现发生冲突；因同一诉讼目的，将被告多次拉入诉讼，则显对被告不公。因此，还存在"承认预测""适合或者方便的法院（利益衡量）"等学说和做法。

"承认预测说"主张，在他国法院系属的同一诉讼，本国法院预测他国判决在本国可能被承认的，则裁定驳回或者中止审理在本国的平行诉讼。"方便法院说"主张，本国法院衡量本案各种利益而认为由他国法院审判较方便的，则驳回或者中止在本国的平行诉讼。

依据《解释》第 533 条，一方当事人向外国法院起诉，另一方当事人向我国法院起诉的，我国法院作出判决后，外国法院申请或者当事人请求我国法院承认或者执行该外国法院判决的，不予准许（但是双方共同缔结或者参加的国际条约另有规定的除外）；外国法院判决已经被我国法院承认的，当事人就同一争议向我国法院起诉的，不予受理。

鉴于平行诉讼的利弊，笔者认为，我国处理平行诉讼问题，首先应当遵行有关条约的规定；若没有相应的国际条约，可以采用以下解决办法：（1）若我国法院可以预测到某个案件在外国法院可能得到正常审理或者其判决将可能得到我国法院承认和执行的，或者我国法院是不方便法院的，应当裁定中止诉讼。（2）中止诉讼后，当事人能够证明或者我国法院能够确定，该纠纷在外国法院得不到正常审理或者外国法院拒绝行使管辖权的，或者外国判决得不到我国法院承认或者执行的，我国法院恢复诉讼。（3）中止诉讼后，外国法院作出了判决，且能被我国法院承认或者执行的，我国法院应当终结诉讼。

4. 判决既判力的效力范围

判决既判力的效力范围主要包括既判力的时间范围、空间范围、主观范围和客观范围。"诉与判"的关系在民事之诉的构成要素与既判力的效力范围方面既有一致性又有相异处，如既判力的主观范围除包括诉的主体外还包括当事人以外的主体和法院，其客观范围为诉讼标的，但通常不包括判决理由。至于其他具有既判力的法律文书的效力范围，在遵循各自法律规定的前提下，比照判决既判力的效力范围来理解和适用。

（1）既判力的时间范围和空间范围

判决既判力的时间范围主要包括：既判力的"发生"时间、既判力的"标准时"（诉讼的基准时）和既判力的"存续"时间。

关于判决既判力的"发生"时间，通常是在判决不得上诉之时，即判决确定之时。但是，法国法院判决主文一宣布就产生既判力、执行力等效力；美国联邦法院民事判决由书记官在诉讼记录簿上登记后即产生既判力、执行力等效力。其主要原因是法国和美国把法官行使审判权视为当事人的委托，判决一旦宣布或者登记，即意味着当事人对法官所委托的事项结束，判决当然即刻生效。① 德国和日本及我国不认可当事人的审判委托，而强调法官对民事案件作出判决是代表国家行使审判权，所以认为判决什么时候确定（生效）合适，国家法律就规定判决什么时候确定（生效）。

关于判决既判力的"标准时"，通常为"本案最后辩论终结之时"（"适合于裁判时"），若确定判决是第一审终局判决则为第一审程序中法庭辩论终结之时，若确定判决是第二审终局判决则为第二审程序中法庭辩论终结之时。因为法院是根据"本案最后辩论终结之时"所形成的本案全部资料②对诉讼标的与诉讼请求作出终局判决的，而在本案最后辩论终结之后发生的实体争议，由于没有经过当事人的起诉和正当程序的审判，所以不应受既判力的拘束。通过既判力"标准时"，可以确定何时所审判的诉讼标的（争讼的实体权利、义务）对后诉有既判力。

关于判决既判力的"存续"时间，即自既判力发生之时至其消失之时。导致判决既判力消失的情形，主要是通过再审程序、异议之诉（撤销或者变更判决之诉）等法定途径撤销确定判决。

既判力的空间范围，是指既判力在多大的空间范围或者地域范围内有效。我国法院确定判决的既判力及于我国整个主权空间。

在国际民事诉讼领域，对于"已决诉讼"的效力，一般来说，我国法

---

① 参见白绿铉编：《美国民事诉讼》，152～153页，北京，光明日报出版社，1996。

② 在民事诉讼中，作为判决基础的资料（即"判决资料"）包括：（1）诉讼资料，是指从当事人辩论中获得的案件事实；（2）证据资料，是指从证据调查中获得的证据资料。

院确定判决必须得到相关外国法院的承认，在该国才具有既判力；外国法院判决必须得到我国法院的承认，在我国才具有既判力。

在区际民事诉讼领域，对于"已决诉讼"的效力，大陆（内地）与港澳台地区法院判决的既判力仅及于各自的地域范围，除非本法域法院判决被其他法域法院所承认。

（2）既判力的主观范围

既判力的主观范围，是指哪些人受到既判力的拘束。首先，法院和当事人属于既判力的主观范围。因为确定判决是法院和当事人按照正当程序及实体规范共同作用的结果，所以法院和当事人当然接受既判力的拘束。

民事诉讼解决的是当事人之间的民事纠纷，确定判决处理的是当事人之间的实体争议，所以除法院以外，既判力的主体范围原则上只限于当事人[1]，此即"既判力的相对性"。受到既判力约束的当事人须有诉讼权利能力且须是适格当事人，无诉讼权利能力和不适格的"当事人"不受本案"判决"既判力的拘束。法院对无诉讼权利能力和不适格的"当事人"作出的"判决"，由于没有实体权利、义务承受人，故为无效判决。

原则上，本案判决的既判力不得及于本案当事人以外的案外人或者第三人。案外人不是本案或者争讼标的（诉讼标的）之实体当事人，自然不受本案判决既判力的约束。同时，唯有经过正当程序审理或者在保障诉讼听审权基础上所作出的判决，对实质性地参加到审理程序中的当事人，才能产生既判力、确认力、形成力、执行力等效力，所以案外人没有参加本案诉讼就不应承受本案判决既判力的约束。

但是，判决既判力的相对性不适用于以下情形，即在特定情形下，既判力扩张到当事人以外的特定第三人，主要有[2]：

1）本案最后辩论终结后，当事人实体权利、义务的承继人。即在本案言词辩论终结后，承继当事人实体权利、义务的人，如当事人的继承

---

[1] 至于法定诉讼代理人和委托诉讼代理人，虽不直接承受确定判决的实体法效果，但既然作为当事人的诉讼代理人，理所当然地接受确定判决既判力的约束。

[2] 以下1）～3）可以作为再审的当事人。但依据《解释》第375条，当事人死亡或者终止的，其权利、义务承继者可以根据《民事诉讼法》第199、201条申请再审，但是判决、调解书生效后，当事人将判决、调解书确认的债权转让，债权受让人对该判决、调解书不服，申请再审的，法院不予受理。

人、债的受让人等。诉讼承继人虽然没有以当事人身份参加此前的诉讼，但是既然承继了当事人的实体权利、义务，就应接受对该实体权利、义务所作出的判决的既判力的拘束。

2）诉讼信托中（诉讼信托人是形式当事人）的实体权利、义务主体。诉讼信托人（如破产管理人、代位债权人、股东派生诉讼中的股东等）非本案实体权利、义务主体，以"形式当事人"的身份参加诉讼而得到的确定判决之实体效果归属于本案实体权利关系主体，其既判力也及于本案实体权利关系主体。[①]

3）法律规定对当事人的实体权利、义务或者争讼财产有管理权或者处分权的人或者占有该财产的人。比如，"破产"债务人在破产前曾作为原告提起诉讼，法院对其债权作出了确定判决，其既判力及于破产管理人，即在破产后，破产管理人对该债权不得再行起诉。

4）法定当事人变更中，退出诉讼的原当事人。法定当事人变更是指在诉讼进行中，因争讼的实体权利、义务的转移而使原来合格的当事人变为不合格的当事人，法院根据法律规定裁定更换不合格的当事人。比如，诉讼中，原告 A 将其债权合法移转给 B 后，A 退出诉讼，B 代替 A 成为适格原告，继续原来的诉讼，本案判决既判力及于 B 和 A。

诸多学者指出，有些特定判决的既判力具有对世效力，扩张到不特定的第三人或者一般第三人。这类判决包括具有对世效力的形成判决（如离婚判决、解除收养关系判决、撤销股东大会决议判决等）和确认判决（如确认婚姻关系无效判决、确认收养关系无效判决、确认股东大会决议无效判决等）、集中于有关身份关系的人事诉讼判决和有关社团关系的公司诉讼判决。[②] 在定义上，婚姻关系无效之诉、收养关系无效之诉、确认股东大会决议无效之诉等不是形成之诉而是确认之诉，不过这些诉与形成之诉

[①] 在大陆法系一些国家和地区，在通常的从诉讼参加人之外，还存在另一种从诉讼参加人，德国称之为"独立的从参加人"或者"共同诉讼的从参加人"，日本称之为"共同诉讼的补助参加人"。我国虽然没有区分通常的从诉讼参加人和独立的从诉讼参加人，但是，也存在一些受到他人之诉判决之既判力约束的从诉讼参加人，这类第三人实属独立的从诉讼参加人。比如，法定当事人变更中，以从诉讼参加人身份参加诉讼的原当事人；代位权诉讼中，参加诉讼的债务人；债权人仅以债务人为被告的撤销权诉讼中，参加诉讼的受益人或者受让人；股东派生诉讼中，参加诉讼的公司等。

[②] 参见［日］新堂幸司：《新民事诉讼法》，林剑锋译，490 页，北京，法律出版社，2008。

确有相同之处，即这些诉的确认判决也具有对世效力。①

笔者认为，上述形成判决和确认判决具有对世效力是就其实体形成力和实体确认力而言的，而上述形成判决和确认判决的既判力并不具有对世效力。判决既判力的消极效果在于禁止适格当事人就"一事"而再诉，并且通常法律对于上述关于身份关系的人事诉讼、关于社团关系的公司诉讼规定了适格的当事人（包括实质的适格当事人和形式的适格当事人），不允许其他人提起诉讼或者提起再审。比如，在我国，离婚之诉的适格当事人是夫和妻，能够成为离婚之诉的再审当事人依然是夫和妻；婚姻当事人及其近亲属可以作为原告，向法院提起宣告婚姻关系无效之诉②，能够成为婚姻关系无效之诉的再审当事人只能是婚姻当事人及其近亲属。

必须说明的是，本案判决对第三人的财产权和人身权有直接影响的，该第三人可以"从诉讼参加人"身份参加诉讼，有权主张事实、提供证据和进行辩论等。若第三人对他人之间的诉讼标的拥有独立的请求权、支配权或者形成权，或者他人之间的诉讼结果将侵害第三人的合法权益，在他人的诉讼程序（本诉）中，第三人可以"主诉讼参加人"身份提起参加之诉；在本诉判决确定后，以本诉双方当事人为被告提起异议之诉；也可以在对本诉判决的强制执行过程中，提起执行异议之诉；若本诉判决已经执行完毕，可以执行权利人为被告提起返还不当得利之诉及损害赔偿之诉。

（3）既判力的客观范围

判决既判力的客观范围是"判决主文或者判决结论"，即判决中对"诉讼标的"之判断部分（但表面上判决主文是对"诉讼请求"的判断）。诉讼标的是诉的"质"的规定性，法院确定判决对诉讼标的作出终局判断

---

① 由于人事诉讼的特殊性，一些大陆法国家和地区对人事诉讼判决的"对世效力"作出了特别规定。比如，《法国民法典》第 311 条第 9 项规定："亲子关系的判决得以对抗当事人以外的第三人。"《日本人事诉讼法》第 24 条规定，就婚姻无效或者撤销、离婚或其撤销之诉作出的判决对第三人亦发生效力。《德国民事诉讼法》第 640 条之 8 就亲子事件判决的效力作出如下规定："判决在当事人生存时确定的，该判决为一切人并对一切人均生效力。但确认亲子关系存在的判决或者确认亲权存在的判决，对于主张自己有双亲关系或者有亲权的第三人，以已参加该诉讼者为限，发生效力。"我国台湾地区"民事诉讼法"第 582 条规定："就婚姻无效、撤销婚姻或者确认婚姻成立或者不成立之诉所为之判决，对于第三人亦有效力。"

② 参见《最高人民法院关于适用〈中华人民共和国婚姻法〉若干问题的解释（一）》（法释〔2001〕30 号）第 7 条。

即意味着法院审判完该诉,据此判断是否重复起诉,以诉讼标的为基础的诉讼请求随之不得再被提起和再被审判。

【案例 3-3】"李××诉王××人身损害赔偿纠纷案民事判决书"在其判决主文(判决结果)部分写明:被告王××于本判决生效后 7 日内向原告李××支付医疗费人民币 100 万元等。此为法院经过审理判决原告胜诉,即同意原告的诉讼请求:被告赔偿原告医疗费人民币 100 万元等。

实质上,判决主文是指判决中对"诉讼标的"之判断部分。就上例来说,法院经过审理,认为原告李××之诉具备胜诉要件,即有实体要件事实和相应实体规范来支持原告李××之诉的诉讼标的(原告拥有请求被告承担人身损害赔偿责任的请求权),那么原告基于该诉的诉讼标的或者该请求权所提出的请求必然获得法院支持。既判力的客观范围之所以是判决中对诉讼标的之判断部分,主要是因为诉讼标的是当事人请求诉讼救济的实体事项,是诉讼请求的基础,是诉的"质"的规定性。法院确定判决对诉讼标的作出最终判断即意味着法院审判完该诉,可据此判断是否为"一事多诉"或者"一事再理"。那么,以该诉讼标的为基础的诉讼请求,也随之不得再被提起和再被审判。①

判决理由主要包括得出判决结论的事实根据和法律根据。确定判决对

① 在英美法系,与大陆法系中的"既判力"观念最相近的是"Res judicata",通常译为"既判力"。据《布莱克法律词典》的解释,Res judicata 是指"已判决的事项或者案件。其效力规则是有完全事物管辖权的法院作出的终局判决对当事人及其利害关系人的权利具有决定作用,同时该判决绝对地阻止他们就同一请求和诉因再行起诉"。

在英美法系"事实出发型"诉讼中,将基于"诉因"提出的"诉讼请求"的判断所产生的约束力称作"既判力"。英美法系通常根据"诉因"来判断是否适用既判力,若法院对某个"诉因"作出了确定判决,则对基于该"诉因"的诉讼请求或者权利主张不得再提起诉讼。

在美国民事诉讼中,将这种不得将诉讼请求通过另行起诉方式进行重新审理的规则称为"既决判决"规则,又称"请求禁止"规则。此条规则包括如下两部分内容:(1)"吸收"。如果原告在原诉中胜诉,则表明其所提出的诉讼请求被原诉判决所吸收,所以该原告无权以同一诉讼理由对同一被告另行起诉以获得更多赔偿。(2)"排除"。如果原告在原诉中败诉,则表明其所提出的诉讼请求被原诉判决所排除,其请求权归于消灭,所以该原告不得以同一诉讼理由对同一被告另行起诉。

"请求禁止"规则的例外常常发生于成文法中的管辖规定。根据美国《联邦第二判决汇编》第 26 条 1 款 c 项的规定,若审理前诉的法院对该诉并不具有事物管辖权,前诉判决对新诉并不具有排除或者吸收的法律效力,则当事人有权另行起诉。

案件"实体事实"的确认，原则上没有既判力，只有"预决效力"或者"争点效力"。在我国，"已为法院发生法律效力的裁判所确认的事实"被称为"预决事实"，在后案或者后诉中有相对免证的预决效力，即能够直接采用（除非被推翻）。与预决效力相通的是日本的"争点效力"和英美法系的"争点排除效力"（issue preclusion）。预决效力或者争点效力对当事人的约束属于间接禁反言的范畴，即强调在前后不同的案件中，对于同一案件事实、同一个人应当作出一致的主张。

但是，在特殊情形中，判决理由也具有既判力，为既判力客观范围的例外。比如，法院对被告"诉讼抵销抗辩"的判断属于判决理由，但是在下列两种情形中，确定判决对诉讼抵销抗辩的判断具有既判力和预决效力：

1）若法院判决抵销成立的，则诉讼抵销具备债务抵销要件并且被告对原告的债权是合法的，那么该确定判决对被告债权的确认具有既判力，同时对支持被告债权的事实的确认具有预决效力。诉讼抵销成立的，判决仅在其抵销抗辩范围内具有既判力。诉讼抵销是被告抗辩或者防御方法，法院对此所作的判断，虽不一定表现于判决主文，但须在终局判决的理由中经判断才有既判力。

2）若法院驳回抵销的，则被告就其未抵销的债权有权起诉。具体来说，若法院以被告的债权没有事实根据和法律根据为由，驳回抵销的，则本案判决对被告的债权无事实根据的确认有预决效力，不过被告在对未抵销的债权提起的诉讼中有权推翻该项预决效力。若法院仅以不具备债务抵销要件为由，驳回抵销的，则本案判决对被告的债权有无事实根据未作判断，也未否定被告对原告的债权，那么本案判决对支持被告的债权的事实并未形成预决效力，对被告的债权也未形成既判力。

（四）无不起诉协议

【案例3-4】有位法官曾向笔者咨询过一个案件如何处理。案情大致是：法院受理某案后，被告在答辩中声称与原告在诉前达成了不起诉协议，并向法院出示了该不起诉的书面协议，请求法院据此驳回诉讼。对此，法院有两种处理意见：（1）该不起诉协议合法有效，应当驳回诉讼；

（2）该不起诉协议没有效力，不应驳回诉讼。

我国现行民事诉讼法和司法解释没有规定"不起诉契约或者不起诉协议"。不起诉契约属于放弃型诉讼契约，其主要内涵是在起诉之前双方当事人合意约定对于特定的民事纠纷，不通过民事诉讼来解决。

对于"不起诉协议"的效力问题，学界有三种处理意见：（1）肯定说认为，只要当事人对实体请求权可以处分，尤其是可为债的免除时，自然也可以合意排除其纠纷的可诉性①，故此不起诉协议合法有效。（2）反对说认为，对于仲裁协议的许可，尚要求严格的条件，完全以合意排除可诉性应更不可能，所以应当否定不起诉协议合法有效。（3）折中说认为，既然诉权系宪法基本权，依据合宪性原则，应当以反对说为长，但是若当事人约定在一定期间内双方不得起诉，只要此期间短于消灭时效，当事人仍有行使权利的合理期间，则不起诉协议应具有容许性。②

笔者认为，需要根据民事诉讼安定性原理和民事诉讼法律规范性质，来处理不起诉协议有效性问题。不起诉协议属于"诉讼契约"，相关规定属于"任意规范"。对此，我国现行民事诉讼法和司法解释没有作出明文规定。根据民事诉讼安定性原理，只有对于民事诉讼法明确规定的任意规范或者选择事项，法院和当事人才可作出选择或者处分，否则，选择或者处分行为无效。③ 法谚云："公法或者公权不因私人协议而改变"（Jus publicum privatorum pactis mutari non potest）。因此，我国当今民事诉讼实务中，不应承认不起诉协议的有效性。

将来我国民事诉讼法应否明文允许当事人在诉前达成不起诉协议，即将来我国民事诉讼法应否肯定不起诉协议的有效性？

笔者认为，将来我国民事诉讼法对于民事私益纠纷，应当允许当事人达成不起诉协议，以排除民事诉讼。因为在多元化民事纠纷解决体系中，

---

① 有学者认为，不起诉协议排除的是某项纠纷的"诉的利益"。参见［日］新堂幸司：《新民事诉讼法》，林剑锋译，189页，北京，法律出版社，2008。

② 参见黄立：《民法债编总论》，11页，北京，中国政法大学出版社，2002；［德］汉斯·约阿希姆·穆泽拉克：《德国民事诉讼法基础教程》，周翠译，76页，北京，中国政法大学出版社，2005。

③ 参见邵明：《现代民事诉讼安定性原理》，载《中国人民大学学报》，2011（3）。

当事人享有"纠纷解决选择权",即当事人可以依法选择解决民事纠纷的具体方式,其中包括当事人选择民事诉讼来解决民事纠纷,即当事人拥有是否行使民事诉权的自由。比如,我国《物权法》第 32 条规定,物权受到侵害的,权利人可以通过和解、调解、仲裁、诉讼等途径解决;《合同法》第 128 条规定,当事人可以通过和解、调解、仲裁或者诉讼解决合同争议。

在德国、日本等大陆法系国家的民事诉讼中,原初的做法是,对于民事诉讼法没有明文规定的诉讼契约,当事人就不得达成此项诉讼契约;但是,如今为提升和保障当事人的程序主体地位和程序选择权,即使民事诉讼法没有明文允许的,但只要是任意规范的程序事项或者是在当事人程序选择权的范围内,当事人就可达成诉讼契约。① 笔者主张,待到我国真正确立了正当程序保障意识之时,为提升和保障当事人的程序主体地位和程序选择权,也可以允许当事人就任意规范的程序事项达成诉讼契约,而不以法有明文规定者为限。

当事人达成不起诉协议,并不当然地使其失去诉权。不起诉协议的受益人通常是被告,所以在德国、日本等大陆法系国家的民事诉讼中,不起诉协议被纳入被告抗辩或者责问事项,属于相对诉讼要件和消极诉讼要件,即原告违背不起诉协议而提起诉讼或者不撤诉,被告提出异议(责问)的,则法院以存在有效的不起诉协议为由,驳回原告之诉;若被告没有提出异议且应诉答辩的,则视为被告同意解除不起诉协议,诉讼继续进行。②

---

① 参见〔德〕罗森贝克等:《德国民事诉讼法》,李大雪译,453～454 页,北京,中国法制出版社,2007;沈冠伶:《诉讼权保障与裁判外纷争处理》,2 版,219～228 页,台北,元照出版有限公司,2012。我国有学者认为,"诉讼契约"兼具实体正义和程序正义的价值优势,所以我国民事诉讼法中应当接受和容纳更多的诉讼契约。参见张卫平:《论民事诉讼的契约化》,载《中国法学》,2004(3)。

② 诸多学者主张,虽然诉讼继续进行,但是被告可以请求原告负担违约责任、赔偿损失。参见〔日〕兼子一、竹下守夫:《民事诉讼法》,白绿铉译,51～52 页,北京,法律出版社,1995;〔德〕罗森贝克等:《德国民事诉讼法》,李大雪译,453 页,北京,中国法制出版社,2007;沈冠伶:《诉讼权保障与裁判外纷争处理》,2 版,221 页,台北,元照出版有限公司,2012。

在大陆法系，当事人对不特定的或者将来可能发生的民事私益纠纷达成一律不起诉的协议（普遍性的不起诉契约），实际上是"对民事诉权的一般放弃"，多被视为违反公序良俗而作无效处理。多数情况下，不起诉协议的背后包含着当事人将来能够自主解决纠纷的期望，但是当实际发生当事人不能自主解决的纠纷时，纠纷的解决就不得不听凭于事实上强者的支配，所以应当否定普遍性的不起诉契约的合法性或者有效性。①

笔者认为，对于"民事公益纠纷"或者包含公共利益的"民事争讼案件"，当事人不得达成不起诉协议，旨在防止当事人以不起诉协议阻碍通过民事诉讼保护公益。在许多国家和地区，检察机关等为了维护公益，有权提起或者参加民事公益诉讼，并且受害者私人与侵权者之间达成的不起诉协议没有约束力。② 这一做法值得我国借鉴。

将来我国民事诉讼法可以明确肯定不起诉契约的有效性，但是对普遍性的不起诉契约和有关民事公益纠纷的不起诉契约，应当否定其有效性。不起诉契约属于当事人的抗辩事项（责问事项），若原告违背不起诉契约向法院起诉的，则被告可以存在有效不起诉契约为由请求法院裁定驳回原告所提之诉；若被告没有提出抗辩并且应诉答辩的，则视为其同意解除不起诉契约而诉讼继续进行。

三、关于诉的裁判者之诉讼要件

（一）关于诉的裁判者之诉讼要件的构成

关于诉的裁判者之诉讼要件，主要包括法院拥有民事审判权和民事管辖权等（《民事诉讼法》第119条将两者纳入起诉条件）。民事审判权是民事管辖权的基础或者前提，民事管辖权是民事审判权的具体实现，两者均属法院司法权限的范畴。

《联合国关于司法机关独立的基本原则》中要求："司法机关对所有司法性质的问题享有管辖权，并应拥有权威就某一提交其裁决的问题按照法

---

① 参见［日］新堂幸司：《新民事诉讼法》，林剑锋译，189页，北京，法律出版社，2008。
② 参见邵明：《我国检察机关在民事法领域的功能分析》，载《学习与实践》，2007（7）。

律是否属于其权力范围作出决定。"司法机关"对所有司法性质的问题享有管辖权",属于司法权范围;拥有权威就"某一提交其裁决的问题按照法律是否属于其权力范围作出决定",属于司法案件管辖权范围。

民事司法权或者民事主管(权)是法院"抽象"的司法权限,即法院作为国家司法机关在整个国家机构体系及民事纠纷解决机制中解决(审判和执行)民事案件的分工和权限,故称为"抽象管辖权",亦为民事诉讼法的对事效力。① 民事审判权是就某抽象的民事事件有无审判权,即法院作为国家司法机关在整个国家机构体系及民事纠纷解决机制中审判民事案件的分工和权限。

民事管辖权是就某类民事案件有无审判权,是法院"具体"的司法权限,即在法院民事审判权的范围内,还须在整个国家的法院系统内(各级法院之间和同级法院之间)具体划分和规定民事案件的管辖范围,实际上是划分和规定各法院间对民事案件的具体审判权,故称为"具体管辖权"。

(二)拥有民事审判权

作为民事之诉的合法要件,法院对其受理的诉拥有民事审判权。原告起诉的民事纠纷属于法院民事审判权的范围,即该民事纠纷具有"可诉性(可司法性)"。可诉性揭示了民事纠纷或者民事事件具备能够运用民事争讼程序解决的属性,既界定当事人行使民事诉权的范围,又界定法院民事审判权的范围。

有关民事审判权的范围事实上还包括民事司法豁免的情形。民事司法豁免主要包括外交特权与豁免、国家及其财产豁免。

《民事诉讼法》第 261 条规定,对享有外交特权与豁免的外国人、外国组织或者国际组织提起的民事诉讼,应当依照我国有关法律和我国缔结或者参加的国际条约的规定办理。凡依照我国有关法律和我国缔结或者参加的国际条约的规定,享有司法豁免权的外交代表,我国法院不受理对他

---

① 民事诉讼法的对事效力,即法院民事"主管"的范围,是指民事诉讼法对什么事发生规范作用。我国现行《民事诉讼法》适用于民事案件和非民事案件(选民资格案件)。民事案件包括民事审判案件和民事执行案件,民事审判案件又包括民事争讼案件(民事之诉)和民事非讼案件。

们提起的民事诉讼。但是,下列情形除外:外交代表的派遣国政府明示放弃豁免的;外交代表以私人身份进行遗产继承诉讼的;外交代表在我国境内从事公务范围以外或者商业活动引起诉讼的;享有司法豁免权者提起民事诉讼而被反诉的。

国家及其财产的民事司法豁免包括"管辖豁免",所谓"平等者之间无司法管辖权",即未经外国同意,不得对其提起诉讼或者以其财产为诉讼标的物。① 国家及其财产的民事司法豁免,存在以下例外情况:外国明示放弃豁免权的(仅限明示放弃的事项,不得作扩张解释和适用);根据条约的规定在某些事项上不享有司法豁免权;采取报复措施,即一国未根据公认的国际法原则或者国际惯例尊重另一国的司法豁免权,另一国有权采取对等的报复措施,也不给其司法豁免权。

按照我国现行法,某个或者某类纠纷不具有民事可诉性或者不属于民事审判权范围,则初审法院应当裁定不予受理或者驳回起诉(《民事诉讼法》第119条);上诉审法院则应直接裁定撤销原判,驳回起诉(《解释》第330条)。

(三)拥有民事管辖权

1. 我国民事争讼案件管辖的构成和适用次序

我国法院对其受理的诉拥有"民事管辖权"包括三个方面的内容:(1)对涉外民事争讼案件,拥有涉外民事管辖权或者国际民事管辖权;(2)对涉港澳台民事争讼案件,拥有区际民事管辖权;(3)对大陆(内地)民事争讼案件,拥有民事管辖权。

"民事争讼案件管辖权"包括"级别管辖权"和"地域管辖权"。在适用次序方面,即在确定具体案件的管辖法院时,首先确定级别管辖,之后

---

① 我国《外国中央银行财产司法强制措施豁免法》(2005年)规定,我国对外国中央银行财产给予了财产保全和执行的司法强制措施的豁免,但是外国中央银行或者其所属国政府书面放弃豁免的或者指定用于财产保全和执行的财产除外。"外国中央银行",是指外国的和区域经济一体化组织的中央银行或者履行中央银行职能的金融管理机构。"外国中央银行财产",是指外国中央银行的现金、票据、银行存款、有价证券、外汇储备、黄金储备以及该银行的不动产和其他财产。外国不给我国中央银行或者我国特别行政区金融管理机构的财产以豁免,或者所给予的豁免低于本法的规定的,我国根据对等原则办理。

确定地域管辖。在确定地域管辖方面，首先确定专属管辖；非专属管辖的，则适用协议管辖；无协议管辖或者管辖协议无效的，则适用特殊地域管辖；非特殊地域管辖的，则适用一般地域管辖。这与立法上的次序往往是相反的。

民事审判管辖权的范围及确定标准包含实体内容。就级别管辖来说，其确定标准首先是诉讼标的额，其次是案件的实体类型或者性质，比如海事案件、知识产权案件等由中级人民法院管辖。再就地域管辖而言，通常是根据当事人的住所地、诉讼标的物所在地、民事法律事实发生地等连结因素来确定管辖法院的，比如合同纠纷诉讼由被告住所地或者合同履行地法院管辖（《民事诉讼法》第23条）。

2. 确定管辖的宗旨和原则

确定管辖的宗旨是方便诉讼，包括方便当事人诉讼和方便法院司法（简称"两便"），两者相辅相成。据此，（1）以管辖的法定性和确定性为原则性；（2）大多数第一审案件由基层法院管辖；（3）由与案件有实际联系的法院管辖；（4）根据具体案件情况，当事人协议管辖，法院裁定管辖，以方便诉讼和方便审判。同时，确定管辖还得考虑保护弱者。[1]

管辖确定性属于法定法官原则的内容，是指法律应当明确规定管辖规则，禁止在案件发生时临时设置或者规定管辖法院；禁止法院随便移送有管辖权的案件，旨在消减法院之间相互推诿或者争抢管辖，不使当事人因管辖的任意和模糊而告诉无门。

根据管辖确定性，以（级别和地域）管辖恒定为原则，即"起诉时"或者"受理时"对某个案件拥有管辖权的法院，不因"起诉后"或者"受理后"确定管辖因素的变更而失去管辖权。[2] 依据《解释》（第37～39

---

[1] 比如，追索赡养费、抚育费、扶养费案件的几个被告住所地不在同一辖区的，可以由原告住所地法院管辖（《解释》第9条）；经营者使用格式条款与消费者订立管辖协议，未采取合理方式提请消费者注意，消费者主张管辖协议无效的，人民法院应予支持（《解释》第31条）。

[2] 起诉后或者诉讼中，确定管辖的因素可能发生变更，比如原告合法增加诉讼请求而提高诉讼标的额，使案件超出受诉法院级别管辖权限的；被告住所地迁到或者诉讼标的物移到受诉法院辖区之外地区的；受诉法院辖区变更，使案件不属于其地域管辖范围的；等等。如果因此而改变管辖法院，就可能使本案管辖变动不居。

条），案件受理后，受诉法院的管辖权不受当事人住所地、经常居住地变更的影响；有管辖权的法院受理案件后，不得以行政区域变更为由，将案件移送给变更后有管辖权的法院；法院对管辖异议审查后确定有管辖权的，不因当事人提起反诉、增加或者变更诉讼请求等改变管辖（违反级别管辖、专属管辖的除外）。

管辖恒定也存在一些例外。比如，当事人为规避级别管辖，起诉时故意降低标的额而受理后再提高标的额的，受诉法院应当将案件移送上级法院管辖；起诉后或者受理后，出现受诉法院全体法官回避事由或者发生自然灾害致使受诉法院无法审判的，请求上级法院指定其他法院管辖（属于指定管辖的情形）。

根据方便诉讼的宗旨，我国管辖主要采取属地管辖原则，以地域为确定管辖的因素或者标准，即由当事人住所地、诉讼标的物所在地、民事法律关系及法律事实发生地的法院为管辖法院。比如，一般地域管辖中，通常由被告住所地法院管辖；特殊地域管辖中，如由合同履行地法院管辖；专属管辖中，如由不动产所在地法院管辖。①

3. 对违法管辖的处理

违法管辖，既包括法院违法管辖，又包括原告欺诈性获得利己而不利于被告的管辖，原告欺诈性的行为比如故意改变管辖的连结因素（住所等），故意提高诉讼标的额以获得上级法院管辖等。

对违法管辖的处理程序或者方式，笔者认为，应当分阶段来设置相应的纠正程序或者救济途径。具体说：

（1）受理前，受诉法院裁定不予受理，并告知原告向有管辖权的法院起诉（《民事诉讼法》第124条第4项）。

（2）受理后至本案判决作出前，受诉法院应当裁定移送给有管辖权的法院（即移送管辖）；当事人也可以提出管辖权异议，法院同意的则裁定移送管辖；属于默示管辖范围的案件②，被告未提出异议并已应诉答辩

---

① 地域管辖的法院与其辖区内的当事人、诉讼标的物、私法关系及法律事实，依法形成一种"隶属"关系。这种隶属关系，大陆法系称之为审判籍。这种"隶属"关系既是司法管辖关系，又是司法保护关系。

② 比如，存在合法仲裁协议的民事纠纷案件、存在合法诉讼管辖协议的民事纠纷案件等。

的，视为有管辖权。

（3）本案判决作出后，违反专属管辖规定的，为上诉理由。① 《民事诉讼法》第 200 条中并未规定此项再审理由。

对于案件管辖是否违法或者法院有无管辖权的事实，当事人可以提供证据加以释明，但是有关级别管辖、专属管辖是否合法的事实，应由法院依职权调查。

第四节　胜诉要件：实体性要件

在诉的实体审判方面，法官必须对下列事项作出裁判：（1）本案证据材料是否具备证据能力及其证明力之大小；（2）本案直接事实是否真实（遵循证据裁判原则）；（3）本案诉讼标的和诉讼请求是否合法（有无实体规范支持）。

在诉的实体审判过程中，法官的法律判断是在"事实与规范"之间形成的，就是将本案直接事实一般化为规范要件事实，将实体客观规范具体化为主观规范以适用于本案；实际上是三段论的推演，即根据大前提实体规范（构成要件）和与其相应的案件直接事实（小前提），作出判决（结论）。②

民事之诉第三方面的合法要件是实体要件，称为"本案判决要件"，从原告的角度来说，即原告的"胜诉要件"，主要包括下列两方面的内容：（1）实体事实方面的要件（原告胜诉应有事实根据）；（2）实体法律方面的要件（原告胜诉应有法律根据）。

---

① 《解释》第 331 条规定："人民法院依照第二审程序审理案件，认为第一审法院受理案件违反专属管辖规定的，应当裁定撤销原裁判并移送有管辖权的人民法院。"

② 假如从法律判断形成的经验上考察，实际影响到判断的还有许多因素，如在司法社会学视野中，法官的出身、法官的个性、法官的年龄、法官的社会态度、法官受社会环境的影响（同僚、社会）、当事人如雇员的特点（主动性、见识、与法院打交道的经验）、审判方式（职权性的与自由的、口头的）、判决过程中的组织形式等，对判决形成起着作用。此外，信息、权力、民情与舆论等因素也与判断结果关联在一起。参见第六章第一节二（三）；［德］考夫曼、哈斯默尔主编：《当代法哲学和法律理论导论》，郑永流译，495～499 页，北京，法律出版社，2002。

一、实体事实方面的要件

诉的实体事实方面的要件，即存在事实根据，亦即支持本诉的诉讼标的和原告的诉讼请求之（实体）权利产生要件事实或者直接事实（诉的原因事实）是真实的，并且有利于被告的抗辩要件事实或者直接事实不存在或者不真实。

在民事争讼案件中，"权利产生直接事实"是原告用来直接支持诉讼标的和诉讼请求的事实，故称"诉的原因（事实）"（简称"诉因"）；被告"抗辩直接事实"（包括权利妨碍直接事实、权利阻却直接事实和权利消灭直接事实）是被告用来直接推翻诉讼标的和诉讼请求的事实。

民事私益案件适用辩论主义，原告主张（提供）权利产生直接事实，被告主张（提供）抗辩直接事实，主张责任与证明责任的通常关系是"谁主张谁证明"。民事公益案件适用职权探知主义，对权利产生直接事实，原告不负主张责任和证明责任而由法院依职权探知（不过法律鼓励原告收集事实和提供证据）。同时，还存在"主张的共通性"和"证据的共通性"[参见第五章第一节三（一）]。

对直接事实的证明途径主要有：（1）运用"直接证据"作出"直接证明"；（2）通过"间接事实"作出"间接证明"。在没有直接证据证明直接事实时，只得运用间接证据证明间接事实，多个相关的间接事实形成一个事实逻辑链，以证明直接事实是否存在。例如，没有证据来直接证明 B 曾向 A 借款的事实，可以由 A 多次催促 B 还钱的事实和 B 没有拒绝的事实（间接事实），推导出 B 向 A 借过钱的事实（直接事实）。①

在案件初审、上诉审或者再审审理终结时或者言词辩论终结时，法律所许可的证据或者证明手段已经用尽，对案件事实的审理已经结束，作出

---

① "辅助事实"是用来证明证据能力有无和证明力大小的事实，通常在质证阶段证明其真伪。例如，证据收集的违法事实（关涉证据能力有无）、证人与原告是亲属的事实（关涉证明力大小）等。

对某项直接事实承担主张责任和证明责任（"纲举"），则对支持该项要件事实或者直接事实的间接事实及辅助事实负责主张和证明（"目张"）。

判决的条件已经成熟，即诉讼程序已到"适合于裁判时"。此时，从承担证明责任的当事人的角度来说，案件事实的证明状态或者证明结果有：

（1）"真"。即案件事实的真实性得到了确定或者证明，达到了证明标准，亦即法官"内心"对案件事实的真实性形成了"确信"，法官采信该项事实。

（2）"伪"。即案件事实是虚假的，案件事实的真实性未得到确定或者证明，未达到证明标准，亦即法官"内心"对案件事实的真实性没有形成"确信"，法官不采信该项事实。

（3）"真伪不明"。即案件事实是"真"是"伪"不能确定（半真半假和半信半疑），此际当事人主张的利己事实实际上并未达到证明标准，亦即法官"内心"对案件事实的真实性没有形成"确信"，法官不采信该项事实。

根据《民事诉讼法》第 170 条，我国民事诉讼证明标准是"事实清楚"（没作出具体规定），但是依据《解释》第 108 条①和第 109 条②等，民事诉讼证明标准由高到低包括：

（1）排除合理怀疑（直接事实的真实）。③ 适用于特殊案件事实，即欺诈、胁迫、恶意串通的事实；口头遗嘱或者赠与的事实。

（2）（直接事实真实的）高度可能性或者高度盖然性。此为民事诉讼

---

① 《解释》第 108 条规定："对负有举证证明责任的当事人提供的证据，人民法院经审查并结合相关事实，确信待证事实的存在具有高度可能性的，应当认定该事实存在。对一方当事人为反驳负有举证证明责任的当事人所主张事实而提供的证据，人民法院经审查并结合相关事实，认为待证事实真伪不明的，应当认定该事实不存在。法律对于待证事实所应达到的证明标准另有规定的，从其规定。"

② 《解释》第 109 条规定："当事人对欺诈、胁迫、恶意串通事实的证明，以及对口头遗嘱或者赠与事实的证明，人民法院确信该待证事实存在的可能性能够排除合理怀疑的，应当认定该事实存在。"

③ "排除合理怀疑"（beyond reasonable doubt）中的"合理怀疑"虽然不可能被明确定义，但是它并非随便或者毫无根据的怀疑，而是一种根据普遍接受的人类常识和日常经验而被认为有合理的虚假可能性。"排除合理怀疑"实际上表达了法官对于案件事实的"确信"，即"达到不允许相反事实可能存在的程度"，本质上要求最大限度地接近客观存在的自然事实（即案情的本来面目）。不过，"排除合理怀疑"达到的"真实"是一种最大限度地接近"客观真实"的"主观真实"。

通常证明标准，适用于通常民事诉讼案件。①

（3）（事实真实的）优势可能性或者优势盖然性。主要适用于释明对象（参见下文）和初步证据。提起公益诉讼的条件包括"有社会公共利益受到损害的初步证据"（参见《解释》第 284 条）。

（4）（直接事实）真伪不明。适用于反证，作为反证成功的标准。

（5）关联性。《最高人民法院关于审理环境侵权责任纠纷案件适用法律若干问题的解释》（法释〔2015〕12 号）第 6 条规定，原告被侵权人应当提供证据证明"污染者排放的污染物或者其次生污染物与损害之间具有关联性"②。

---

① "盖然性"（probability）主要是指某个事物存在或者发生的"可能性"（possibility）。"优势盖然性"（preponderance of probability）主要是指某个事物存在或者发生的可能性大于不存在或者不发生的可能性。

大陆法系国家的民事诉讼证明标准一般为"高度盖然性"标准，即能够从证据中获得事实"极有可能如此"的心证，法官虽然还不能够完全排除其他可能性（其他可能性在缺乏证据支持时可以忽略不计），但已经能够得出"待证事实十之八九是如此"的结论。对某些特殊类型的民事案件，如口头信托、口头遗嘱，以错误或者欺诈为理由请求更正文件等，确立了比普通民事案件更高的证明要求，主张者须以明确的及令人信服的证据证明。

英美法系民事诉讼通常的证明标准是："优势证据"或者"优势盖然性"。根据"优势证据"所达到的"优势盖然性"的证明结果，可表述为"争论事实的存在比不存在更有可能"。《美国模范证据法典》（Model Code of Evidence）规则 5（1）规定："Finding a fact means determining that its existence is more probable than its non-existence…"

一位英国学者认为，导致两大法系证明标准不同的主要原因是两大法系对民事诉讼承载价值的认识不同：英美法系单纯地认为民事诉讼仅承载着金钱价值；大陆法系却认为民事诉讼除承载金钱价值外，还承载人格尊严与人格自由，即使是金钱本身也是非常重要的，因为在现代社会，金钱所折射出来的内容已经远远超过了金钱的本身，已经辐射到人的尊严、地位、价值等方面。因此，大陆法系对民事诉讼价值的高看一眼使其为民事诉讼的证明标准确立了高标。See Kevin M. Clermont&Emily L. Sherwin，"A Comparative View of Standard of Proof"，*Am. J. Comp. L.* 2002，p. 50.

一位美国学者则认为，两大法系民事诉讼制度的差异也是造成证明标准差异的重要原因，即英美法系采用的是纯粹的"对抗制诉讼"（adversary system），对证据的调查与收集完全系于当事人，为减轻当事人的负担，故采用较低的证明标准。See Mirjana R. Damaka，*Evidence Law Adrift*，Yale University Press，1997，p. 232.

21 世纪之初美国发生金融风暴之后，一位美国学者认为："现在看来，金钱是很重要的，如果失去金钱，我们同时会失去家庭、失去社会地位，甚至会失去生命。看来，我们不能对民事诉讼过于轻率了，是时候提高民事诉讼证明标准了。"（Kevin M. Clermont&Emily L. Sherwin，"A Comparative View of Standard of Proof"，*Am. J. Comp. L.* 2002，p. 132.）

② 《侵权责任法》第 66 条规定："因污染环境发生纠纷，污染者应当就法律规定的不承担责任或者减轻责任的情形及其行为与损害之间不存在因果关系承担举证责任。"据此，此条将污染行为与损害之间的因果关系倒置给被告污染者证伪。

应当注意，民事诉讼证明标准通常是高度可能性或者高度盖然性，所以特殊证明标准及其适用对象应由法律作出明文规定。①

民事诉讼中，对于不同的证明对象，基于不同的价值追求，往往采用不同的证明标准，即证明标准多元化（也符合诉讼比例原则的要求）。具体说：

1. 通常，严格证明与完全证明的对象（证明责任的适用对象）基本一致，均为民事争讼案件的直接事实，适用完全证明标准（高度可能性或者排除合理怀疑）。完全证明是指让法官"确信"案件事实为真的证明。"释明"（日本称为"疏明"）（我国规范性文件中往往使用"说明"）是指法官根据有限的证据可以"大致推断"案件事实为真（大体真实）的证明。完全证明与释明都是证实行为，但完全证明标准高于释明标准。②

释明对象一般限于法律有明文规定（旨在防止法院随意降低证明标准），下列事项多为释明对象：

（1）法院裁定事项。法院裁定主要解决程序问题，还用来处理临时救济或者及时救济的事项（比如财产保全、行为保全和证据保全等）。

（2）要求快速处理的决定事项，比如申请延长期间的理由、申请回避的理由、司法救助与诉讼费用救助的理由、证人拒绝作证的理由、第三者请求阅览法庭记录的条件（第三者与案件有法律利害关系）、辅助参加诉

---

① 对于优势盖然性，英美学者中有的用百分比和重量比较来解释，即将证据的"证明力"比喻为秤盘或者砝码。若在重量上证明责任承担者的本证重于对方当事人的反证，用百分比表达即双方当事人的证据总量形成了51%（或者更高）对49%（或者更低）的关系或者状态，则证明责任承担者本证须达到优势盖然性，其证明责任才得以解除。

事实上，"优势盖然性"证明标准难以或者不能以数字（如真实性达到51%）来固定。主要缘由是：（1）"标准"必须适用于许多不同的情况（不同的案件），必须具有一定的灵活性才可适用于诸多不同的情况，"优势盖然性"标准允许在个别情形中具有一定的灵活性，这是其超越单个数字标准的优点之一，这是"规范与标准"之间的一个重要差异（参见［美］凯斯·R. 孙斯坦：《法律推理与政治冲突》，金朝武等译，30～31页，北京，法律出版社，2004）。（2）认定事实的真实性不同于数学计算，在具体案件中对事实的认知和对真实性的判断，通常包含合理性推断、感性判断或者经验法则的运用。笔者对证明标准列出大致相应的百分比（虽然不够准确但是便于理解）："排除合理怀疑"即真实性至少是95%；"高度盖然性"即真实性至少是80%；"优势盖然性"即真实性至少是51%；"真伪不明"即真实性是50%；"关联性"即真实性大致为30%～50%。

② 参见邵明：《正当程序中的实现真实》，58～60页，北京，法律出版社，2009。

讼理由、妨害民事诉讼行为的事实等。

2. 对完全证明事实，还需根据案件性质的不同及证明难易程度的不同，确定相应不同的证明标准。比如，人身权纠纷案件的证明标准通常高于财产权纠纷案件的证明标准。再如，在消费者权益纠纷、医疗事故纠纷、环境污染纠纷等现代性纠纷中，受害者往往处于明显弱势地位，同时还面临证据匮乏、取证难等困难，对该类案件采用相对较低的证明标准也不失为一种很好的选择，当然也有国家和地区采取证明责任倒置或者表见证明等方式合理减轻受害者的证明负担。①

在许多国家和地区，民事诉讼证明标准随着具体案情之不同而有变动，涉讼权益的意义越重大或者案件事实的性质越严重，所要求的证明标准就越高。比如，在美国民事诉讼中，"优势盖然性"（盖然性约在51%之上）主要运用于普通的民事诉讼案件，而"明晰可信"（clear and convincing）的标准（盖然性约在80%之上，相当于"高度盖然性"）运用于特殊的民事诉讼案件，比如有关剥夺公民基本权利的诉讼案件、有关监护权诉讼案件、有关欺诈的指控案件②、撤销或者变更书面交易的诉讼案件等。③

在英美国家，依待证事实发生概率的高低调整证明标准的做法也日益受到重视。根据常识、生活经验和统计结果，对于发生的可能性或者盖然性高的事实，主张该事实的当事人的证明标准可以适当降低。在大陆法系，对于证明责任分配，有"盖然性说"，此说主张证明责任应当根据待证事实发生的可能性高低来分配，比如对于发生的盖然性高的事实，主张

---

① 参见邵明：《正当程序中的实现真实》，344～372页，北京，法律出版社，2009。

② 对"存在欺诈"之证明需达此项标准，即证明"存在欺诈"的标准比证明"存在过失"要求更高的盖然性或者可能性。之所以对"存在欺诈"之证明采用"明晰可信"的标准，主要原因有二：(1)"诚实和公平交易的推定"，即推定所有人都是诚实的，所有交易都是公平的。要推翻这个推定，则必须达到"明晰可信"的标准。(2)"罪犯印象"，即当法院认定某个人有欺诈行为时，该人可能会被他人认为是个罪犯。由于欺诈可能会严重影响当事人的声誉，所以对"存在欺诈"之证明需达"明晰可信"的标准。See Roger D. Colton, "Heightening the Burden of Proof in Utility Shutoff Cases Involving Allegations of Fraud", *Harvard Law Journal*, Vol. 33, 1990, p. 137.

③ 参见［美］约翰·W. 斯特龙主编：《麦考密克论证据》，汤维建等译，657～658页，北京，中国政法大学出版社，2004。

该事实的当事人不需要举证证明，而由对方当事人负担证伪的责任，若对方当事人证伪不了则推定此类事实是真实的。

3. 反证的证明标准是真伪不明，低于本证的证明标准。通常情况下，"反证"的证明标准要低于"本证"的证明标准。当事人（证明责任承担者）对利己案件事实的证明（即"本证"），使法官的心证达到确信其主张的事实为真实的程度，始属证明成功，但是对方当事人推翻该案件事实的证明（即"反证"），使法官就对方主张的事实的真实之心证发生动摇，即致使该事实处于"真伪不明"的状态，即属反证成功。比如，在证明责任分配一般规则下，对权利产生事实，原告本证须达到高度可能性，被告反证仅需证明真伪不明即可；对于被告抗辩事实，被告本证须达到高度可能性，原告反证仅需达到真伪不明的程度即可。

二、实体法律方面的要件

按照"依法裁判原则"，诉的实体法律方面的要件，即存在与本诉原告权利产生要件事实相应的实体规范，来支持本诉的诉讼标的和原告的诉讼请求。

《解释》第390条规定："有下列情形之一，导致判决、裁定结果错误的，应当认定为民事诉讼法第二百条第六项规定的原判决、裁定适用法律确有错误：（一）适用的法律与案件性质明显不符的；（二）确定民事责任明显违背当事人约定或者法律规定的；（三）适用已经失效或者尚未施行的法律的；（四）违反法律溯及力规定的；（五）违反法律适用规则的；（六）明显违背立法原意的。"

笔者借鉴《解释》第390条的规定，来阐释"适用法律确有错误"的具体情形，以此阐释"适用法律正确"的具体情形。

1. 适用的法律与案件性质明显不符的。确定案件的性质，实际上就是确定案件的诉讼标的或者案由，其目的在于寻找与本案实体"要件事实"和"诉讼请求"相应的实体规范（即"发现法律"），然后"适用"实体规范作出判决。比如，案由是"所有权纠纷"的民事案件，就得适用《物权法》有关所有权的规范；案由是"继承纠纷"的民事案件，就得适用《继承法》所规定的相关规范。我国民法学者杨立新教授提出的"五步裁判法",是将民事法律关系定性方法与请求权法律基础结合起来,寻找出民事案件所应适用的实体法规范。[1]

不过,笔者认为,应当将民事法律关系定性方法与请求权、支配权、形成权法律基础结合起来,寻找出民事案件所应适用的实体法规范,因为民事之诉除了以实体请求权为标的之给付之诉之外,还包括以实体支配权为标的之确认之诉和以实体形成权为标的之形成之诉。

现实中,社会主体享有的新兴、正当的民事利益往往尚未被及时纳入现行法律所承认的权利体制或者框架之中,然而事实上又必须保护这些正当利益。若当事人起诉到法院,则法院不得以无相应的实体法规范为借口拒绝审判。在此情形中,必须遵从宪法保护国民的基本目的和价值,运用法解释学的解释方法,寻求裁判的实体法根据,解决纠纷和保护正当利益。

2. 确定民事责任明显违背当事人约定或者法律规定的。法院判决确定民事责任的具体承担,应当遵循法定的归责原则、责任方式、免责事由和减责事由。比如,在侵权案件中,归责原则决定了被侵权人和侵权人如何承担证明责任。在侵权责任构成要件或者侵权请求权产生要件、免责事由和减责事由、证明责任的分配和适用对象方面,一般侵权责任或者过错责任则应遵循《侵权责任法》一般条款的规定,而过错推定和无过错责任由于属于特殊侵权责任,体现了特殊的立法政策,法律有明文规定的方可适用(我国《侵权责任法》明文规定了两者各自适用的案件类型),并且法官和当事人均不得随意或者合意排除适用。

法院判决确定民事责任的具体承担,还得遵循当事人的约定。在法律允许当事人约定民事责任的承担方式、免责事由和减责事由,当事人就民事责任作出具体约定时,法院应当予以尊重。比如,我国《合同法》第12条规定,当事人可以约定违约责任,不过,第53条规定合同中的下列免责条款无效:(1)造成对方人身伤害的;(2)因故意或者重大过失造成

---

① 参见杨立新:《民事裁判方法》,北京,法律出版社,2008;王泽鉴:《民法思维》,北京,北京大学出版社,2009;许可:《民事审判方法》,北京,法律出版社,2009;邹碧华:《要件审判九步法》,北京,法律出版社,2010;等等。

对方财产损失的。

3. 适用已经失效或者尚未施行的法律的。

4. 违反法律溯及力规定的。比如，法院判决适用没有溯及力的法律，没有适用存在"有利追溯"的法律等。法律适用以"法不溯及既往"为原则，即"溯及既往的法律（retroactive law）应该是无效的"。"法律必须巧妙地将过去与现在勾连起来，同时又不忽视未来的迫切要求"①，所以诸多国家和地区允许法律适用有条件地溯及既往，主要是"有利追溯"的做法。比如，我国《立法法》第 93 条规定："法律、行政法规、地方性法规、自治条例和单行条例、规章不溯及既往，但为了更好地保护公民、法人和其他组织的权利和利益而作的特别规定除外。"

至于法院司法解释的溯及力，应当区别两种情况：（1）适用性的司法解释，由于其仅是就具体适用法律所作出的解释，所以其溯及力应当追溯到被解释的法律生效之时，但是司法解释对其溯及力有特别规定的，则应遵从之。（2）立法性的司法解释，由于其具有"立法"或者"立法解释"的性质和作用，所以其溯及力遵循"法不溯及既往"的原则，作为例外可以采取"有利追溯"的做法。②

5. 违反法律适用规则的。法律适用规则是根据法律的效力等级或者效力位阶等来确立的，主要有：（1）上位法优于下位法（地位高的立法机关制定的法律优于地位低的立法机关制定的法律）；（2）后法优于前法；（3）特别法优于普通法；（4）分则优于总则（一部法律中，分则规定的规范可予适用的则适用其规范，分则中没有规定可予适用的规范则适用总则规定的相应规范）；（5）具体规定优于原则规定（除非没有具体规定）；（6）例外规范排除一般规范；（7）强行法优于任意法；（8）遵循当事人的真实意思。③

---

① ［美］罗尔斯：《正义论》，何怀宏译，236 页，北京，中国社会科学出版社，1998。

② 参见蔡小雪：《行政解释性文件的效力应追溯至被解释的法律生效之日》，载《人民司法》，2008（20）；孙祥壮：《民事再审程序原理精要与适用》，126～127 页，北京，中国法制出版社，2010。

③ 参见孙祥壮：《民事再审程序原理精要与适用》，122～124 页，北京，中国法制出版社，2010。

在我国，法院在适用法律方面应当通过三种方式为基本权利提供司法保护：（1）如果法律已经对某项基本权利条款进行具体化的，法院应当直接适用该具体规范；（2）如果法律对某项基本权利的保护只作了抽象规定，法院在对有关抽象规定作出合宪解释之后予以适用；（3）如果法律对某项基本权利没有作出任何具体和抽象规定，法院可以直接适用宪法的基本权利条款。①

6. 明显违背立法本意或者立法目的的。如果法院判决明显违背某部法律的立法本意或者立法目的，则亦为违法判决。审判法院应当根据所应适用的法律的立法本意或者立法目的，选择适当的法律规范作出判决。

---

① 参见谢立斌：《论法院对基本权利的保护》，载《法学家》，2012（2）。

第四章　诉的合并与诉的变更

第一节　诉的合并

诉的合并包括诉的主观合并（当事人合并）和诉的客观合并（诉讼标的合并），诉的变更包括诉的主观变更（当事人变更）和诉的客观变更（诉讼标的变更）。诉的客观合并、被告反诉和诉的客观变更除了应当具备通常的起诉要件之外，还应当具备其他特殊要件。

一、诉的合并之内涵

诉的合并包括两种基本形态：诉的主观合并和诉的客观合并。大陆法系的著作多将诉的主观合并放在诉讼主体或者当事人部分予以阐释，而在诉讼客体（复数的诉讼对象）部分阐释诉的客观合并。

同时，还存在诉的主客观合并的情形，比如普通共同诉讼及以其为基础的群体诉讼、有独立请求权第三人提起的参加之诉与本诉的合并、被告提起的反诉与本诉的合并等。

诉也可分为独立之诉和诉讼中之诉（诉讼内之诉）。前者是指，独立启动诉讼程序之诉。后者是指，当事人或者第三人在已经启动的诉讼程序中所提起之诉，比如被告在本诉程序中提起的反诉、有独立请求权第三人在本诉程序中提起的参加之诉、诉的变更等。

允许诉的合并，其主要理由或者主要益处是：在一个诉讼程序中同时解决多数人之间的纠纷或者多个纠纷，既能够满足诉讼效率的基本要求和增强诉讼制度解决纠纷的基本功能，又能够在一定程度上减少矛盾判决。

(一) 诉的主观合并

诉的主观合并、既判力的主观范围中的"主观"，即"主体"之意。诉的主观合并（诉的主体合并）是诉讼当事人的合并，即当事人一方或者双方为两人以上的诉。其典型形态是必要共同诉讼和以其为基础的群体诉讼。

诉的主观预备合并包括原告方面的预备合并和被告方面的预备合并。在共同诉讼中，针对同一诉讼请求，如果先位原告的诉讼请求无理由的，就以后位原告的诉讼请求为裁判，即为原告方面诉的预备合并。例如，就转让的债权是否履行发生争议，于是债权的受让人和让与人作为共同原告起诉债务人，受让人请求债务人履行，如果其请求无理由时（如债权转让无效），则由让与人请求债务人履行。

在共同诉讼中，针对同一诉讼请求，如果原告对先位被告的诉讼请求无理由的，就对后位被告的诉讼请求进行裁判，此为被告方面诉的预备合并。比如，原告与代理人订立契约，因对其代理权有疑问，而以被代理人和代理人为共同被告提起履行契约之诉，先请求被代理人履行契约，如其请求无理由时，再请求代理人履行契约。

在大陆法系，关于诉的主观预备合并存在肯定说和否定说。肯定说认为，诉讼实务中（如上例），常常存在无法确定某项实体权利或者义务应当归属何人的情形，允许主观预备合并既可以避免后位原告就同一诉讼请求再次起诉，又可以避免原告对后位被告就同一诉讼请求再次起诉，符合诉讼经济要求，并能扩大诉讼解决纷争的功能；同时，还可以避免因诉讼时效已过而原告不能获得诉讼保护情形的发生。

否定说并不否认肯定说所主张的理由。但是，否定说认为：（1）诉的主观预备合并使得后位被告的诉讼地位不安定，即对于后位当事人的诉讼请求是否作出判决，处于不安定状态。（2）如果在第一审中准许先位请求，而第二审改为驳回先位请求、准许后位请求的情形，实际上损害了后位当事人的审级利益。①

（二）诉的客观合并

诉的客观合并、既判力的客观范围中的"客观"，即客体或者对象。诉的客观合并是从诉讼标的之角度来规定或者考察诉的合并形态，是指诉讼标的之合并，即在同一诉讼程序中，同一原告（包括反诉原告）对同一被告（包括反诉被告）提出两个以上诉讼标的之合并（即提出两个以上的诉）。

《民事诉讼法》第140条规定："原告增加诉讼请求，被告提出反诉，第三人提出与本案有关的诉讼请求，可以合并审理。"对"原告增加诉讼请求"，可以作出如下理解：

1. 原告仅在同一诉讼标的上增加诉讼请求。此种情形不属于诉的客观合并，还是同一个诉，但应当合并审理。

2. 在本诉程序中，原告增加诉讼标的而直接表现为增加诉讼请求，实际上构成诉的客观合并（即在同一程序中有两个以上的诉）。

至于"第三人提出与本案有关的诉讼请求"，则指有独立请求权第三人在他人之诉（本诉）中提起参加之诉，构成诉的合并。

二、诉的客观合并种类

大陆法系民事诉讼中，诉的客观合并类型主要有：单纯合并、预备合并、选择合并和竞合合并等。不同的诉讼标的理论决定了诉的客观合并类型存在着差异。

采取旧实体法说（旧诉讼标的理论）的国家和地区同时承认上述分类。现在德国民事诉讼法著作几乎不再将竞合合并列为合并的类型，一般情形是仅列单纯合并和预备合并，也有列单纯合并、预备合并和选择合并三种，其原因系采取诉讼法说（新诉讼标的理论）。日本学者不将竞合合并作为单独的合并种类，有的将其归入选择合并；而我国台湾地区学者多承认竞合合并为一种独立的合并形态，其原因是采取旧诉讼标

---

① 参见范光群：《主观预备合并之诉在台湾地区的发展》，载《法学家》，1999（5）；邵明：《民事诉权研究》，278～280页，北京，法律出版社，2002。

的理论。

我国现行法实际上仅承认单纯合并，没有规定预备合并，依现行请求权竞合规定来看，也未承认选择合并和竞合合并。笔者认为，我国应当规定单纯合并和预备合并的程序规则，无须规定选择合并和竞合合并（参见下文）。

（一）单纯合并

单纯合并（普通合并、并列合并）是指在同一诉讼程序中，同一原告对同一被告提出两个以上的均须审判的诉讼标的或者诉。其中，数个诉讼标的或者数个诉之间相互独立，诉讼目的彼此不同且并不冲突，这些诉本可以各自提起而请求法院分别审判。单纯合并又可分为两类：无牵连关系的合并和有牵连关系的合并。

无牵连关系的合并中，各诉之间在诉的客体或者原因事实方面没有法律上或者事实上的联系，如在同一程序中，原告对被告同时提出给付货款之诉和返还租赁物之诉。

有牵连关系的合并中，各诉之间在诉的客体或者原因事实方面存在法律上或者事实上的联系，被合并的诉均要求法院审判，故与预备合并不同，比如原告请求被告现在返还某特定物，原告预料即使获得胜诉判决也不能强制执行，于是又请求判决给付赔偿金。①

原告请求给付的特定物已经灭失，为客观给付不能，所以倘原告提起给付该项标的物之诉，则没有诉的利益。但是，原告改为损害赔偿之诉，或者原告起诉前不清楚对方能否交付标的物，则有诉的利益。"判决不能执行"并非诉的利益的判断标准。

判决确定后发生客观变化致使判决的内容与客观情况不符，比如判决确定后诉讼标的物发生位移，执行标的物确已变质、损坏或者灭失等，不属于判决本身的错误，基于顺利执行的考虑，当事人可以申请或者法院依

---

① 这属于现在请求（属现在给付之诉）与代偿请求（属将来给付之诉）的合并。参见[日]兼子一、竹下守夫：《民事诉讼法》，白绿铉译，180～181页，北京，法律出版社，1995；[日]三月章：《日本民事诉讼法》，汪一凡译，68～69页，台北，五南图书出版公司，1997；[日]新堂幸司：《新民事诉讼法》，林剑锋译，520～521页，北京，法律出版社，2008。

职权裁定变更执行标的。①

（二）预备合并

预备合并（顺位合并、假定合并）通常是指在同一诉讼程序中，原告提起主位之诉（先位之诉），同时提起或者追加提起备位之诉（后位之诉），若法院对主位之诉作出胜诉判决且已经确定的，则备位之诉无须审判②；若法院对主位之诉作出败诉判决且已经确定的，则应对备位之诉作出判决。③

预备合并中，主位之诉与备位之诉须存有一定的法律关系，通常是两诉在法律上有着相同或者一致的目的。比如，在请求权竞合的情形中，按照预备合并规则，若原告同时以所有权和占有权为由请求被告给付同一特定物，则原告可以决定以前诉为主位之诉，后诉为备位之诉。预备合并中，对于主位之诉和备位之诉，不得均被判胜诉，但可均被判败诉或者一胜一败。

若主位之诉胜诉，被告提起上诉，上诉审可能判决主位之诉败诉，则需就备位之诉进行审判，所以对备位之诉作出判决的前提是，主位之诉获得败诉的判决且已经确定（即不得上诉）。若备位之诉胜诉，被告提起上诉，则应按主位之诉与备位之诉的原先顺序进行审判，若上诉审法院认为备位之诉无理由而判决备位之诉败诉，而主位之诉有理由的，则应当按照

---

①　执行标的变更主要是变更作为执行标的之特定物和不可替代行为。比如，执行标的物为特定物的，应执行原物，但是，原物确已变质、损坏或者灭失的，应当裁定折价赔偿或者按标的物的价值执行被执行人的其他财产。有关单位或者自然人持有执行依据指定交付的财物或者票证，因其过失而被毁损或者灭失的，法院可责令其赔偿；拒不赔偿的，法院可被执行的财物或者票证的价值强制执行。对不可替代行为的执行，被执行人拒不实施而给债权人造成损害的，则承担损害赔偿的民事责任，从而将不可替代行为的执行转换为对被执行人财产的执行。金钱和种类物作为执行标的可能发生数量（执行标的额）的变化，但无须变更执行标的。比如，《最高人民法院关于审理人身损害赔偿案件适用法律若干问题的解释》（法释〔2003〕20号）第34条第1款规定："人民法院应当在法律文书中明确定期金的给付时间、方式以及每期给付标准。执行期间有关统计数据发生变化的，给付金额应当适时进行相应调整。"

②　此际，备位之诉溯及诉讼系属时丧失其诉讼系属的效力。日本通说认为，备位之诉被视为撤回。参见［日］新堂幸司：《新民事诉讼法》，林剑锋译，522页，北京，法律出版社，2008。

③　判决主文中应当表明主位之诉被判败诉的内容，这是因为对主位之诉和备位之诉均进行了审判。

再审程序变更或者撤销对主位之诉的原判决。

(三) 选择合并与竞合合并

选择合并（择一合并）是指在同一诉讼程序中，原告提出诉讼目的相同或者一致的两个以上的诉讼标的或者诉，明确表示任一诉讼标的或者诉获得胜诉判决即达到诉讼目的，无须再对其他诉讼标的或者诉作出判决。比如，请求权竞合情形中，原告决定采用选择合并的，与预备合并不同的是无须确定主位之诉与备位之诉，只就其中任一诉作出胜诉判决即达到目的。

选择合并与预备合并相同的是，合并之诉不得均被判胜诉，但可均被判败诉或者一胜一败。对于请求权竞合，若法律允许适用预备合并和选择合并，则由原告决定适用预备合并还是选择合并，原告没有作出决定的，法院应当通过阐明方式了解原告的真意。

有学者认为，只有在法律赋予被告选择权的选择之债的情形中，才可选择合并。例如，被告对原告有选择给付的债务：给付金钱 100 万元或者给付 50 平方米住房，原告起诉请求法院作出给付判决，由于选择权在被告，基于对等考虑，原告有以选择合并起诉的必要，即请求被告给付金钱 100 万元或者请求被告给付 50 平方米住房。法院对这两个请求均应作出判决。[1] 笔者认为，上述情形中，当事人、诉讼标的和原因事实是同一的，只不过诉讼请求是选择性的，所以是单一之诉，并非诉的客观合并。

竞合合并（重叠合并）的情形与选择合并基本相同。但是，两者的区别在于：竞合合并的情形中，原告并未明确请求法院就合并的诉之一作出了判决，其他诉就不用审判，合并的诉处于并列关系，法院都得审判；选择合并的情形中，合并的诉是择一审判的，原告明确请求法院选择其一进行裁判即可。

在竞合合并中，各合并的诉在诉讼目的方面是相同或者一致的，不属于单纯合并，不能均判胜诉。对此，法院应当阐明，让原告决定是预备合并还是选择合并。不管是按预备合并处理还是按选择合并处理，所谓竞合

---

① 参见 [德] 奥特马·尧厄尼希：《民事诉讼法》，周翠译，443 页，北京，法律出版社，2003。

合并实无必要成为单独的合并种类。

三、诉的客观合并要件

诉的客观合并与客观变更是在当事人不变的情况下，仅就诉讼标的合并与变更作出讨论和规定。因此，诉的客观合并是指在同一诉讼程序中，同一原告（包括反诉原告）对同一被告（包括反诉被告）提出两个以上诉讼标的之合并（即提出两个以上的诉）。

诉的客观合并虽然具有诸多益处，但是如果不加以限制而允许原告利用同一诉讼程序要求法院审理多个诉，有时反而造成审理混乱和诉讼迟延。因此，诉的客观合并除了必须具备通常的起诉要件和诉讼要件之外，还应当具备其他特殊要件，主要有：

1. 合并的数个诉讼标的或者数个诉应由同一原告（包括反诉原告）向同一被告（包括反诉被告）在同一诉讼程序中提出。这是因为诉的客观合并是在诉的主体不变或者确定的情况下，专门讨论或者规范诉讼标的之合并问题。

诉的客观合并要求合并的数诉应在"同一诉讼程序"中合并审判。"同一诉讼程序"通常是第一审程序①，也可以是上诉审程序和再审程序。②

诉的客观合并可能发生在提起诉讼之时，也可能发生于诉讼进行中。不过，被告提起反诉，有独立请求权第三人提起参加之诉，应当在本诉受理后、（第一审或者上诉审）法庭辩论结束前（《解释》第232条）。

2. 合并的数个诉须适用相同的诉讼程序。比如，合并的数诉，有的

---

① 第二审裁定撤销第一审判决发回重审的案件，当事人申请变更、增加诉讼请求或者提出反诉，第三人提出与本案有关的诉讼请求的，依照《民事诉讼法》第140条规定处理（《解释》第251条）。

② 根据《解释》第252条的规定，再审裁定撤销原判决、裁定发回重审的案件（原审程序可能是第一审程序，也可能是第二审程序），当事人申请变更、增加诉讼请求或者提出反诉，符合下列情形之一的，人民法院应当准许：（1）原审未合法传唤缺席判决，影响当事人行使诉讼权利的；（2）追加新的诉讼当事人的；（3）诉讼标的物灭失或者发生变化致使原诉讼请求无法实现的；（4）当事人申请变更、增加的诉讼请求或者提出的反诉，无法通过另诉解决的。

适用简易程序，有的适用普通程序的，则在简易程序中不得合并，而在普通程序中可以合并。① 不过，根据《民事诉讼法》第 157 条第 2 款和《解释》第 264 条，对于基层法院及其派出法庭适用第一审普通程序审理的民事案件（《解释》第 257 条规定的案件除外），当事人双方约定适用简易程序的，则可在简易程序中合并审理。

与财产纠纷及其通常诉讼程序相比，人事纠纷案件因包含公共利益的因素而特设人事诉讼程序来解决，所以有关财产纠纷之诉与人事纠纷之诉通常不得进行诉的客观合并。② 比如，《德国民事诉讼法》第 610 条第 2 款规定："他种诉讼不得与这些诉讼合并，特别是不得提起反诉。""这些诉讼"是指同居之诉、离婚之诉和撤销婚姻之诉等人事纠纷之诉，这些诉讼可以彼此合并。

根据我国台湾地区"民事诉讼法"第 572 条的规定，婚姻无效、确认婚姻成立或者不成立、撤销婚姻、离婚或者夫妻同居之诉，可以合并提起（也可在第一审或者第二审言词辩论终结前，进行诉的变更、追加或者提起反诉）；不过，非婚姻事件之诉中，以夫妻财产的分配或者分割、返还财物、给付家庭生活费用或者赡养费或者扶养的请求，或者以诉的原因、事实所生损害赔偿的请求为限，可以与上述人事诉讼进行合并（也可于第一审或者第二审言词辩论终结前，进行诉的追加或者提起反诉）。

----

① 《解释》第 280 条第 1 款和第 2 款规定，因当事人申请增加或者变更诉讼请求、提出反诉、追加当事人等，致使案件不符合小额诉讼案件条件的，应当适用简易程序的其他规定审理；前款规定案件，应当适用普通程序审理的，裁定转为普通程序。

② 人事纠纷案件和人事诉讼程序适用职权干预主义和职权探知主义。比如，我国台湾地区"民事诉讼法"第 574 条规定："关于认诺效力之规定，于婚姻事件不适用之。关于舍弃效力之规定，于婚姻无效、婚姻成立或者不成立之诉，不适用之。关于诉讼上自认及不争执事实之效力之规定，在撤销婚姻、离婚或者夫妻同居之诉，于撤销婚姻、离婚或者拒绝同居之原因、事实，不适用之；在婚姻无效或者确认婚姻成立或者不成立之诉，于婚姻无效或者不成立及婚姻有效或者成立之原因、事实，不适用之。关于认诺、舍弃、诉讼上自认及不争执事实之效力之规定，于第五百七十二条之一之事件（婚姻无效、确认婚姻成立或者不成立、夫妻同居之诉），不适用之。婚姻事件，当事人得合意不公开审判，并向受诉法院陈明。"第575 条规定："法院因维持婚姻或者确定婚姻是否无效或者不成立，得斟酌当事人所未提出之事实。前项事实，于裁判前，应令当事人有辩论之机会。"第 575 条之一规定："第五百七十二条之一之事件，法院得斟酌当事人所未提出之事实，并应依职权调查证据。前项事件，法院为裁判前，得征询主管机关或者社会福利机构之意见，或者嘱托其进行访视、提出调查报告及建议。"

3. 受诉法院对合并的数诉均有管辖权。若合并的诉属于其他法院级别管辖、专属管辖或者协议管辖的，则不得合并。除此之外，受诉法院基于牵连管辖，能够对无管辖权的诉取得管辖权而予以合并，即"诉的合并导致管辖权的合并"。依据《最高人民法院关于进一步推进案件繁简分流优化司法资源配置的若干意见》（法发〔2016〕21号）第2条，系列性、群体性或者关联性案件原则上由同一审判组织审理。

被告提起反诉、有独立请求权的第三人提出与本案有关的诉讼请求，法院决定合并审理的，分别减半交纳案件受理费（《诉讼费用交纳办法》第18条）。

数诉间有无法律上的关联性或者牵连关系，则非合并的必要要件（如无牵连关系的单纯合并）。但是，预备合并、选择合并、反诉、主诉讼参加人提起参加之诉等情形中，数诉间须有法律上的关联性。

四、诉的客观合并程序

> **申请书**（申请变更/增加诉讼请求——笔者注）
>
> 申请人：×××，男/女，××××年××月××日出生，×族，……（写明工作单位和职务或者职业），住……。联系方式：……。
>
> 法定代理人/指定代理人：×××，……。
>
> 委托诉讼代理人：×××，……。
>
> （以上写明申请人和其他诉讼参加人的姓名或者名称等基本信息）
>
> 请求事项：
>
> 申请将你院（××××）……号……（写明当事人和案由）一案的诉讼请求……（写明原诉讼请求具体内容），变更为……（写明变更的诉讼请求具体内容）。
>
> 对于你院（××××）……号……（写明当事人和案由）一案增加诉讼请求如下：……（写明增加的诉讼请求具体内容）。
>
> 事实和理由：
>
> ……（写明变更/增加诉讼请求的事实和理由）。

此致

××××人民法院

申请人（签名或者盖章）

××××年××月××日

【说明】

1. 本样式根据《中华人民共和国民事诉讼法》第五十一条制定，供当事人向人民法院申请变更诉讼请求用。

本样式根据《中华人民共和国民事诉讼法》第一百四十条制定，供当事人向人民法院申请增加诉讼请求用。

2. 申请人是法人或者其他组织的，写明名称住所。另起一行写明法定代表人、主要负责人及其姓名、职务、联系方式。

3. 原告、反诉原告、有独立请求权的第三人可以申请变更/增加诉讼请求。

诉的客观合并要件（和客观变更要件）一般属于"职权调查事项"，法院应当依职权主动调查是否具备。但是，为保护被告防御权及利益而设的要件（如需要被告同意才允许诉的合并、反诉的）一般属于当事人主张的"责问事项"，即只有被告提出请求，法院才予以调查。

若法院调查后，认为不具备合并要件的，应当裁定驳回合并请求（笔者认为，当事人对此不服，可以提起上诉）。法院不同意合并的，对数个诉视为分别提起，并以各自的程序分别审判。若受诉法院对后诉无管辖权的，应当将后诉移送给有管辖权的法院。

具备合并要件的，对数个诉在同一程序中合并审理，既可以合并辩论，也可以分开辩论或者限定辩论。不过，对被合并的数诉应当分别作出裁判，各裁判可以同时作出，也可以先后作出。对于可分之诉，若法院认为诉的合并不利于诉讼程序顺畅进行，并且不会导致作出相互矛盾判决的，则可将已合并之诉予以分离，以各自的程序分别审判。

诉的客观合并，可能发生在提起诉讼之时，也可能发生于诉讼进行中。不过，应当在本诉受理后、法庭辩论结束前，被告提出反诉，主诉讼参加人提出参加之诉。前述的"法庭辩论结束前"包括适用第一审程序和第二审程序时法庭辩论结束前。诉的客观合并通常发生在第一审程序中，也可能发生在第二审程序和再审程序中。

为保护新诉当事人的上诉权或者审级利益，对第二审中的新诉，虽不得适用第二审程序审判，但可以根据当事人自愿原则进行调解，调解不成的，告知当事人另行起诉；如果双方当事人同意由第二审法院按照第二审程序一并审理的，可以一并裁判（《解释》第328条）。

第一审判决不准离婚的案件，第二审法院认为应当判决离婚的，可以根据当事人自愿原则，与子女抚养、财产问题一并调解，调解不成的，发回重审（《解释》第329条）。应当参加诉讼的当事人或者有独立请求权的第三人在第一审程序中未参加诉讼的，第二审法院可以根据当事人自愿原则予以调解，调解不成的，发回重审（《解释》第327条）。

对再审中的新诉，通常处理办法是：再审适用第一审程序审理的，法院应当对新诉一并审理，所作的判决可以上诉；再审适用第二审程序审理的，按照《解释》第328条处理。

第三人的诉讼请求并入再审程序审理，按照第一审程序审理的，法院应当对第三人的诉讼请求一并审理，所作的判决可以上诉；按照第二审程序审理的，法院可以调解，调解达不成协议的，应当裁定撤销原判决、裁定、调解书，发回第一审法院重审，重审时应当列明第三人（《解释》第302条）。

笔者认为，若第一审原告作为上诉人在第二审程序中提起另一诉讼标的或者后诉，则推定其放弃了对后诉的上诉权或者审级利益，但是不能因此剥夺第一审被告对后诉的上诉权或者审级利益，所以第二审程序中能否提起另一诉讼标的或者后诉，须以第一审被告明示同意为要件，并且法院应当向其阐明按照第二审程序审理后诉，则丧失了对后诉的上诉权或者审级利益，若其不同意则法院裁定不予合并，在遵循管辖规定的前提下，按照第一审程序审判后诉，原告毋庸对后诉另行提起。

在许多国家和地区，起诉状送达被告后或者在诉讼进行中，原告对被告提出其他诉讼标的或者他诉（即追加诉讼标的或者诉的追加）而发生诉的客观合并，须以不妨碍被告防御和诉讼正常进行为必要条件。许多国家法律规定，诉的追加若妨碍被告防御则须被告同意（包括默示同意①），若不妨碍被告防御则无须被告同意；诉的追加阻碍诉讼正常进行或者当事人追加诉的意图是延滞诉讼，法院应当不予准许。

第二节　被告反诉

对被告反诉，《民事诉讼法》第51条中规定被告有权提起，但是没有具体规定要件和程序；《解释》（第232、233、251、252、328条等）作出了具体规定。

一、反诉的内涵和要件

在本诉的诉讼程序或者诉讼系属中，本诉被告以本诉原告为被告，提起与本诉相关的反诉，旨在维护合法民事权益。本诉被告为反诉原告，本诉原告为反诉被告。

反诉以本诉为存在前提，无本诉则无反诉。不过，反诉具备诉的构成要素，不同于本诉，两诉的主体、标的和原因事实均不同（参见第二章第三节【案例2-1】），所以反诉也具有一定的独立性，比如，若本诉撤回或者终结而反诉尚未审结的，则应继续审理反诉直至作出判决。

由于反诉是一个诉，所以提起反诉首先必须具备起诉条件。反诉属于特殊合并，其要件除了遵循诉的客观合并要件（如反诉与本诉应当适用相同的诉讼程序，审理本诉的法院对反诉拥有合法管辖权等）之外，还有如下特殊要件：

1. 反诉是本诉被告对本诉原告提起的，即反诉的当事人应限于本诉的当事人。这是我国对反诉的要求。英美法系为实现纠纷一次性解决目标，对反诉并无此种要求。② 大陆法系有些国家和地区现在也允许在适当

---

① 被告对诉的追加（和反诉、诉的变更）没有异议，并且就本案作出答辩或者言词辩论的，视为同意追加（和反诉、诉的变更）。

② 在英国，被告认为除了对原告以外还需对他人提出反请求的，就可将他人作为附加的反诉被告。《美国联邦民事诉讼规则》规则13（h）规定，非本诉当事人的人可按规则19和规则20，成为反诉的当事人。

情况下将第三人作为反诉当事人。① 我国法律规定的有关机关和组织提起民事公益诉讼的，由于不是受害人，所以被告不得向其提起反诉。②

2. 反诉与本诉在诉讼标的、诉讼请求或者案件事实方面存在法律上的牵连关系。比如，反诉与本诉的诉讼请求基于相同法律关系（如基于同一买卖合同关系）、诉讼请求之间具有因果关系，或者反诉与本诉的诉讼请求基于相同事实的，法院应当合并审理。反诉与本诉在诉讼请求方面存在的牵连关系，有时体现为相互冲突或者抵销，如原告提起离婚之本诉而被告提起婚姻无效之反诉。反诉与本诉在案件事实方面存在牵连关系，譬如两人互殴，一人诉请损害赔偿，对方反诉损害赔偿。

3. 反诉应在案件受理后至法庭辩论结束前提起。反诉以本诉为存在前提，反诉不在这期间提起，就构不成反诉，但可以作为一个单独的诉，进行审判。前述的"法庭辩论结束前"包括适用第一审程序（《解释》第251条）和第二审程序时法庭辩论结束前。本诉被告在本诉的第一审程序、第二审程序和再审程序均可提起反诉（《解释》第252条）。

由于诉讼行为原则上不得附条件，所以被告提起反诉一般也不得附条件。如果允许诉的预备合并，作为例外可以允许被告提起预备性反诉。比如，原告提起确认房屋租赁权存在之诉，被告可提起预备性反诉：若原告胜诉，则被告反诉请求给付租金（主位反诉）；若原告败诉，则被告反诉请求返还该房屋（备位反诉）。再如，被告请求法院驳回原告之诉，被告同时提起预备性反诉，即若自己前一请求失败或者原告胜诉，则基于抵销债务而提起反诉。

---

① 比如，我国台湾地区"民事诉讼法"第259条规定，被告于言词辩论终结前，得在本诉系属之法院，对于原告及就诉讼标的必须合一确定之人提起反诉。若反诉与本诉有法律上的牵连关系时第三人可为反诉当事人，与本诉当事人一并起诉或者被诉，其主要理由是：既然反诉具有独立性，就应允许将反诉当事人范围扩大到第三人，从而显示反诉的独立性；同时还能增进诉讼经济，避免本诉与反诉裁判发生矛盾。

② 比如，《环境民事公益诉讼》第17条规定：环境民事公益诉讼案件审理过程中，被告以反诉方式提出诉讼请求的，法院不予受理。

二、反诉的程序

民事反诉状

反诉原告（本诉被告）：×××，男/女，××××年××月××日生，×族，……（写明工作单位和职务或者职业），住……。联系方式：……。

法定代理人/指定代理人：×××，……。

（反诉原告是法人或者其他组织——笔者注）

反诉原告（本诉被告）：×××，住所地……。

法定代表人/主要负责人：×××，……（写明职务），联系方式：……。

委托诉讼代理人：×××，……。

反诉被告（本诉原告）：×××，……。

……

（以上写明当事人和其他诉讼参加人的姓名或者名称等基本信息）

反诉请求：

…………

事实和理由：

…………

证据和证据来源，证人姓名和住所：

…………

此致

××××人民法院

附：本反诉状副本×份

反诉人（公章和签名）

××××年××月××日

【说明】

1. 本样式根据《中华人民共和国民事诉讼法》第五十一条、第一百二十条第一款、第一百二十一条制定，供公民、法人或者其他组织提起民事反诉用。

2. 反诉应当向人民法院递交反诉状，并按照被反诉人数提出副本。

3. 反诉原告应当写明姓名、性别、出生日期、民族、职业、工作单位、住所、联系方式。反诉原告是无民事行为能力或者限制民事行为能力人的，应当写明法定代理人姓名、性别、出生日期、民族、职业、工作单位、住所、联系方式，在诉讼地位后括注与原告的关系。

4. 反诉时已经委托诉讼代理人的，应当写明委托诉讼代理人基本信息。

5. 反诉被告是自然人的，应当写明姓名、性别、工作单位、住所等信息；反诉被告是法人或者其他组织的，应当写明名称、住所等信息。

6. 反诉状应当由本人签名。

反诉状应当加盖单位印章，并由法定代表人或者主要负责人签名。

本诉被告提起反诉应当提交反诉状（实为起诉状），并应当送达反诉被告。简易程序和小额诉讼程序中，可以口头提起反诉。反诉案件由提起反诉的当事人自提起反诉次日起 7 日内预交案件受理费，但是，被告提出与本案有关的诉讼请求，法院决定合并审理的，减半交纳案件受理费（《诉讼费用交纳办法》第 18 条）。

法院应当依职权审查是否具备反诉要件。没有同时具备反诉要件的，法院应当裁定不予受理或者驳回反诉，告知另行起诉。笔者认为，法院认为当事人意图延滞诉讼而提起反诉的，也应当裁定不予受理或者驳回反诉。

法院受理反诉后，应当合并审理本诉和反诉，在审理中可以合并辩论，也可以分开辩论或者限定辩论，不过通常是先审判本诉。对本诉和反诉应当分别作出裁判，各裁判可以同时作出，也可以先后作出。但是，在一些特定情形中，应当先审判后诉，比如原告提起违约之诉而被告提起合同无效之反诉、原告提起离婚之诉而被告提起婚姻无效之诉，合同无效之诉或者婚姻无效之诉必须先行审判。①

反诉是相对独立的诉，不因本诉撤回或者终结而失去效力。被告有权申请撤回反诉。依据《解释》第 238 条第 2 款，法庭辩论终结后原告申请撤诉，被告不同意的，法院可以不予准许。② 有的国家法律规定，本诉撤回后，被告无须原告同意就可撤回反诉（因为反诉是以本诉存在为前提的）。

为保护反诉当事人的上诉权或者审级利益，对于在第二审程序（包括再审适用第二审程序）中提起的反诉，根据当事人自愿原则进行调解，调解不成的，告知当事人另行起诉；双方当事人同意适用第二审程序的，反诉与本诉合并审判。若再审适用第一审程序，则反诉与本诉合并。

三、强制性反诉

英美法系民事诉讼是事实出发型诉讼，以解决纠纷为其主要目的，并且基于诉讼经济的考虑，主张尽可能在一次诉讼中解决当事人之间全部的争议，故一方面把纠纷的全部关系人纳入一次诉讼之中，另一方面允许当事人在诉讼中尽可能提出诉讼请求。就反诉而言，许可被告提出任何反诉，不论反诉与本诉是否有牵连，也不论反诉的成立时间和方式。

英美国家把反诉分为"任意性反诉"（Permissive counterclaim）和

---

① 比如，《最高人民法院关于适用〈中华人民共和国婚姻法〉若干问题的解释（二）》（法释〔2003〕19 号）第 7 条第 1 款规定："人民法院就同一婚姻关系分别受理了离婚和申请宣告婚姻无效案件的，对于离婚案件的审理，应当待申请宣告婚姻无效案件作出判决后进行。"主要理由如下：（1）若合同无效之诉、婚姻无效之诉被判胜诉，则意味该合同关系、婚姻关系因无效而自始不存在，也就无须审判违约之诉、离婚之诉。只有当合同无效之诉、婚姻无效之诉被判败诉，即该合同、该婚姻是合法有效的，在此前提下，才可审判违约之诉、离婚之诉。（2）合同无效、婚姻无效的事由或者是侵犯公共利益或者是违反强行规范，而违约、离婚的事由则不然，所以法院应当首先审理合同无效之诉、婚姻无效之诉，待该诉被判败诉之后才来审理违约之诉、离婚之诉。

② 被告参加诉讼付出了成本，所以原告在辩论终结后申请撤诉的，应当把"征得被告同意"作为裁定撤诉的要件，以此来平等维护原告和被告的程序利益。《德国民事诉讼法》第 269 条规定：在言词辩论后撤诉须被告同意，若撤诉申请书送达被告 2 周内并告知其后果，被告无异议的，则视为同意撤诉。

"强制性反诉"（Compulsory counterclaim）。任意性反诉是与本诉无任何联系独立于本诉的反请求。被告可以在本诉审理程序中提起，也可以单独提出。《英国最高法院规则》O15r2（1）规定，任何诉讼的被告主张他对原告有请求权或者有权对原告主张救济的，得不提起分别的诉讼而提起反请求，该项请求或者救济不问其成立的时间以及成立的方式。

根据《美国联邦民事诉讼规则》规则13的规定，被告当事人有权自由选择提起与对方当事人诉讼请求事宜并非直接有关的反诉诉讼请求。至于强制性反诉，强调反诉与本诉之间的牵连性；反诉与本诉的牵连性是指反诉请求是基于对方当事人的请求标的的相同交易或者事件（此款又规定了两个例外）。① 强制性反诉要求符合其要件的反诉就必须提起，否则以后不得就该请求提起诉讼。

笔者不同意目前就在我国建立强制性反诉，因为我国的司法制度、诉讼制度和律师制度还不健全，法官的法律素质、律师的素质和力量以及国民的法律素质难以适应强制性反诉制度的运作要求，从而极可能侵害当事人实体权益。至于任意反诉，从大陆法系和我国的民事诉讼理论看来，无非是客观方面没有牵连关系的诉的合并，并非大陆法系和我国民事诉讼制度和理论意义上的反诉。

四、否认·抗辩·诉讼抵销

（一）否认和抗辩

民事诉讼中，"否认"既指不同意原告的诉讼请求，又指不同意有利于对方当事人的事实证据，但是并未提出相对抗的诉讼请求（即反诉）和相对抗的事实（即抗辩事实）及相对抗的证据（如反证）。狭义的"否认"

---

① 根据《美国联邦民事诉讼规则》规则13（a）的规定，只要被告的反诉请求是基于对方当事人的请求标的交易或者事件而产生的，并且对其裁判不需要法院不能取得管辖权的第三人出庭的，被告就必须提起反诉，否则被告以后不得就该请求再提起诉讼。在美国，判断原诉与反诉之间是否有牵连性，最通行的不成文标准就是逻辑联系标准（逻辑规则），即反诉请求与原诉请求所依据的交易或者事件是否具有一定的逻辑联系。此外，还有拇指规则（经验规则）。See Stephen C. Yeazell, Jonathan M. Landers and James A. Martin, *Civil Procedure*, 3rd ed., Boston, Little, Brown and Company, 1992, pp. 457 – 460; Mary Kay Kane, *Civil Procedure*, 4th edition, West Publishing Co., 1996, pp. 125 – 126.

仅指一方当事人对不利己案件实体事实的否认（即认为不利己事实是虚假的），其对立面是对不利己案件实体事实的"自认"。

比如，被告否认（不利己的）权利产生事实，即被告认为权利产生事实是虚假的，其后果是原告应当对权利产生事实履行证明责任；原告否认（不利己的）被告抗辩事实（权利妨碍、阻却和消灭事实），其后果是被告应当对其主张的抗辩事实履行证明责任。

民事诉讼中，"抗辩"（"反驳"）包括程序抗辩、证据抗辩和实体抗辩等，狭义的抗辩仅指实体抗辩。有关本案诉讼标的或者诉讼请求的实体法根据，属于法院依职权适用，所以对于实体法规范的适用，不属于当事人抗辩的范畴。当事人若对法官适用实体法规范有不同意见，则可通过上诉或者再审予以纠正。民事争讼程序中，为推翻本案的诉讼标的和原告诉讼请求，被告作出积极防御而主张权利妨碍、阻却或者消灭事实，此为狭义的抗辩；对于被告的抗辩，原告还可以再抗辩，如此往复下去。

被告抗辩并未提出诉讼请求，不具备诉的全部构成要素，不是一个反诉。若原告之诉不存在，则被告的抗辩也随之消失或者失效，反诉虽以本诉为存在前提但并不因本诉被撤回或者终结而失效。再者，对抗辩不得作出单独的判决，而对反诉则需要作出单独的判决。一般认为，与事实抗辩不同，反诉不属于被告防御方法，不受提出攻击防御方法期限的制约。①

否认者对其否认的事实不承担证明责任，而由对方当事人承担。正如法谚所云："肯定者承担证明，否定者不承担证明"（affirmanti incumbit probatio non neganti）。其原因之一是，对否定性事实或者事实不存在的证明，需排除大量可能发生的情形，其证明的难度和成本远大于对肯定性事实证明的难度和成本。但是，当事人对其提出的抗辩事实承担证明责任，而对方当事人不承担。因此，可以根据证明责任是否承担或者在何方

---

① 刘某与曹某签订房屋租赁合同，后刘某向法院起诉，要求曹某依约支付租金。曹某向法院提出的下列哪一主张可能构成反诉？（　　）

A. 刘某的支付租金请求权已经超过诉讼时效

B. 租赁合同无效

C. 自己无支付能力

D. 自己已经支付了租金

（2014 年国家司法考试卷三，参考答案为 B）

当事人，来区分否认与抗辩。

(二) 诉讼抵销

【案例 4-1】王××对李××提起偿还借款之诉，请求法院判决李××偿还借款 30 万元。在诉讼中，李××向法院提供了自己与王××签订的另外一份买卖合同，并提出证据证明王××没有支付货款 40 万元，请求法院进行抵销。

债务抵销①在诉讼之前或者诉讼之外进行的，叫诉讼外抵销。债务抵销在民事诉讼中进行的，则叫诉讼抵销。诉讼中，当同时符合债务抵销要件和反诉要件时，被告可以选择请求诉讼抵销，也可以选择提起反诉。反诉与诉讼抵销存在如下主要区别：

1. 在法律性质方面，反诉是一个相对独立的诉，但是，诉讼抵销并非一个相对独立的诉，并不改变本诉原、被告的诉讼地位。在大陆法系，通常将诉讼抵销作为被告的一种特殊抗辩即诉讼抵销抗辩，是一种特殊的诉讼防御方法。

2. 在提起要件或者申请要件方面，反诉的提起应当符合起诉要件，同时还应当具备诉的合并要件和反诉的特殊要件，但是，诉讼抵销无此要求。

3. 在审判方面，即使本诉被撤回或者终结，反诉也可继续审理下去，并应对本诉和反诉分别作出判决，但是，诉讼抵销与原告之诉只得合并审理，并因原告之诉不存在而失效，且对诉讼抵销不得作出单独的判决。

4. 在既判力方面，对反诉作出的判决，不论胜败，一旦确定，就有既判力，而本案判决对成功抵销的债权具有既判力，债权人就未抵销的债权可以不受既判力约束而提起诉讼。

【案例 4-1】中，被告李××根据《合同法》第 99 条，向法院请求抵销 30 万元借款。若李××抵销成功，则就用以抵销的 30 万元货款的债权不得再提起诉讼或者申请仲裁，只可以对未被抵销的 10 万元货款的债权提起诉讼或者申请仲裁。若抵销失败，则李××对 40 万元货款的债权有

---

① 债务抵销包括法定债务抵销（《合同法》第 99 条）和任意债务抵销（《合同法》第 100 条）。

权提起诉讼或者申请仲裁。

关于诉讼抵销的程序,《民事诉讼法》没有规定,笔者认为应当包括如下内容:(1)被告应当书面提出抵销请求(包括在答辩书中提出),口头提出的则由法院记录在案并由被告签名;(2)被告应当主张(支持抵销请求的)事实并负责证明;(3)经法庭调查和法庭辩论后,与原告之诉一并作出判决。

实务中,法官应当向被告阐明诉讼抵销与反诉的区别,告诉被告可以选择诉讼抵销也可以选择反诉,若被告选择反诉则应告知其按照反诉要件提起反诉并依法交纳案件受理费。

若被告主张抵销后却另行起诉(包括反诉)的(不属于"一事多讼"),则法院裁定中止后诉;待法院判决确定后,视抵销是否成立来作出相应处理:若抵销成立的,终止后诉;若抵销不成立(包括部分不成立),则对后诉继续审判。上诉程序中,被告提出抵销的,参照提起反诉来处理。

《德国民事诉讼法》第 530 条第 2 款规定:上诉程序中,被告主张反对债权的抵销,以此为理由提出抗辩时,须经原告同意后,或者法院认为在已系属的程序中其主张为适当时,才准其提出。

第三节　诉的变更

一、诉的变更之内涵

诉的变更包括诉的主观变更和诉的客观变更。诉的主观变更(当事人变更)在诉讼主体(当事人)部分进行阐释。狭义上,诉的客观变更仅指替换变更,即"诉讼标的"的变更,是指在同一诉讼程序中,同一原告(包括反诉原告)对同一被告(包括反诉被告),以新的诉讼标的替换原诉的诉讼标的,请求法院审判新诉而不再审判原诉。

实务中,原告在维持原来的诉讼标的之同时,还另外增加诉讼标的,有人称为"诉讼标的的追加变更"并将之纳入广义诉的客观变更的范畴。在德国、日本等国家,诉的变更包含诉的追加,不另将诉的变更与诉的追加相区分，因为在法律适用方面，两者并无差别。笔者认为，这种情形实为因诉讼标的追加而形成诉的客观合并。

诉的客观变更以诉的主体不变为前提，仅规范诉讼标的的变更问题。下列情形中，诉讼标的在质的方面没有变更，不属于诉的客观变更，还是原诉：（1）诉讼请求在数量方面的变更，比如，原先请求给付 10 000 元，后来增加到 12 000 元或者缩减到 8 000 元。（2）因案件事实或者诉讼请求有遗漏、模糊或者技术上错误而予以补充或者更正，并未改变案件的质的规定性。

【案例 4－2】 李××租住王××的房屋，王××起诉李××请求其支付拖欠的房租。在诉讼中，王××放弃李××支付房租的请求，但要求法院判决解除与李××的房屋租赁合同。

此例是在同一诉讼程序中，同一原告（王××）对同一被告（李××），基于同一案件事实（李××租住王××的房屋和李××拖欠房租），以新的诉讼标的（王××主张的房屋租赁合同的解除权）替换原诉的诉讼标的（王××主张的要求李××支付房租的请求权），从而将原诉（属给付之诉）替换为新诉（属形成之诉），属于诉的客观变更。当然，在诉讼中，王××有权继续请求李××支付房租，如此则构成"诉讼标的追加变更"，实为诉的客观合并。

诉的客观变更建立在"同一的案件事实或者生活事实"的基础上。请求权竞合中，我国现行法通过诉的客观变更来有效保护原告的权益（参见第二章第四节二）。根据《合同法》第 54 条第 2 款，一方以欺诈、胁迫的手段或者乘人之危，使对方在违背真实意思的情况下订立的合同，受损害方有权请求法院或者仲裁机构变更或者撤销，即受损害方可以提起变更合同之诉或者撤销合同之诉。若受损害方提起变更合同之诉，则可请求诉的客观变更，即变更为撤销合同之诉。若受损害方提起撤销合同之诉，则可请求诉的变更，即变更为变更合同之诉。① 其变更是建立在同一案件事实

---

① 变更合同之诉与撤销合同之诉虽然均属形成之诉，诉讼标的均是形成权，但是，变更合同之诉的诉讼标的是变更权，属于变更性形成权，而撤销合同之诉的诉讼标的是撤销权，属于消灭性形成权。

或者生活事实（即"一方以欺诈、胁迫的手段或者乘人之危，使对方在违背真实意思的情况下订立的合同"）基础上的。

允许诉的客观变更，其主要理由或者主要益处是：（1）原告预料到原初提出的诉讼标的不足以适当或者充分解决纠纷，于是变更诉讼标的，旨在使纠纷得到适当或者充分解决；（2）同一当事人之间诉的客观变更，是在原诉的诉讼程序中进行，原诉的诉讼程序和诉讼资料在同一当事人之间继续有效，仍然可以援用，从而降低诉讼成本。

二、诉的客观变更要件

诉的客观变更是原告提起新诉讼标的或者新诉，以替换原诉讼标的或者原诉，所以诉的客观变更要件与诉的客观合并要件有相同之处，比如在原诉受理后、法庭辩论结束前变更；新诉不属于其他法院级别管辖、专属管辖或者协议管辖等。不过，诉的客观变更要件还包括：变更后的新诉与原诉应当建立在同一案件事实或者生活事实的基础上，即两诉的原因事实是同一案件事实或者生活事实。

我国简易程序和小额诉讼程序中，也允许诉的客观变更。如果变更后的新诉依法不适用简易程序或者小额诉讼程序的，法院应当裁定适用普通程序或者简易程序。若变更后的新诉属于基层法院及其派出法庭适用第一审普通程序审理的民事案件（《解释》第257条规定的案件除外），则当事人双方可以约定适用简易程序审理。

基于保护被告正当权益的立场，有些国家和地区民事诉讼法规定，起诉状送达被告后须经被告同意（包括默示同意）才允许诉的客观变更，不过诉的客观变更不妨碍被告防御的则无须被告同意。比如，根据我国台湾地区"民事诉讼法"第255条的规定，诉状送达后，原告不得将原诉变更或者追加他诉，若被告同意的则可将原诉变更或者追加他诉，被告同意包括默示同意（被告对诉的变更或者追加无异议而为本案言词辩论的，则视为同意变更或者追加）。

仅仅考虑被告防御的难易而完全不顾及原告利益的做法也不合理，从诉讼经济的角度来看，在同一诉讼程序中，允许原告修正其诉，以避免无益的诉讼，也是合理的做法。因此，许多国家和地区适当放宽诉的客观变更要件，并且允许在第二审中进行诉的客观变更。比如，日本自1998年就取消了"起诉状送达后经被告同意才允许诉的变更"这一限制性规定，并且允许在第二审中进行诉的客观变更；我国台湾地区2003年修正"民事诉讼法"时放宽了诉的客观变更要件，其第255条除规定"被告同意"外，还规定允许诉的客观变更的其他情形①，并且第446条允许在第二审中进行诉的客观变更。

三、诉的客观变更程序

诉的客观变更应以书面提出，相当于新的诉状，应当送达被告。简易程序中，可以口头请求诉的变更。当事人因诉的客观变更而变更诉讼请求数额的，案件受理费依照《诉讼费用交纳办法》第21条处理。

诉的客观变更要件，一般属于"职权调查事项"，法院应当依职权主动调查是否具备。若法院调查后，认为不具备变更要件的，应当裁定驳回变更请求。笔者认为，当事人对此不服，可以提起上诉。法院不同意变更的，应对原诉进行审判，但新诉符合起诉要件的，应予受理，但应作为另案。法院准许诉的变更，应对新诉进行审判。如果对新诉作出了判决，不得再就诉的变更是否符合要件发生争议，更不允许否定诉的变更而审判原诉。

诉的客观变更通常发生在第一审程序（和适用第一审程序的再审）中，也可能发生在第二审程序（和适用第二审程序的再审）中②；第二审法院或者再审法院可以根据当事人自愿的原则进行调解，调解不成的，告知当事人另行起诉。

---

① 除外情形还包括：（1）请求之基础事实同一者；（2）扩张或者减缩应受判决事项之声明者；（3）因情事变更而以他项声明代最初之声明者；（4）该诉讼标的对于数人必须合一确定时，追加其原非当事人之人为当事人者；（5）诉讼进行中，于某法律关系之成立与否有争执，而其裁判应以该法律关系为据，并求对于被告确定其法律关系之判决者；（6）不甚碍被告之防御及诉讼之终结者。

② 依据《解释》第252条，再审裁定撤销原判决、裁定发回重审的案件，当事人申请变更、增加诉讼请求或者提出反诉符合下列情形之一的，法院应当准许诉的客观变更：（1）原审未合法传唤，缺席判决，影响当事人行使诉讼权利的；（2）追加新的诉讼当事人的；（3）诉讼标的物灭失或者发生变化致使原诉讼请求无法实现的；（4）当事人申请变更、增加的诉讼请求或提出的反诉，无法通过另诉解决的。

诉的客观变更（具备合法要件）如果发生在第二审程序中，为保护变更后的新诉的当事人的上诉权或者审级利益，虽不得适用第二审程序审判，但根据《解释》第328条的规定，第二审法院可以根据当事人自愿的原则进行调解，调解不成的，则告知当事人另行起诉。

诉的客观变更（具备合法要件）如果发生在再审程序中，再审案件按照第一审程序审理的，法院应当对新诉一并审理，所作的判决可以上诉；再审案件按照第二审程序审理的，法院可以根据当事人自愿的原则进行调解，调解不成的，则告知当事人另行起诉。

下 编

诉的解决程序：民事争讼（审判）程序

第五章　现代民事争讼程序的基本原理

民事诉讼基本原则是对民事诉讼基本属性或者基本原理的制度性抽象表述，因其直接反映了民事诉讼的基本属性或者基本原理，故具有基础性，是民事诉讼具体程序制度的基础或者根本；因其直接表达了民事诉讼的基本属性或者基本原理，故具有抽象性，并非民事诉讼的具体程序制度。现代民事诉讼程序（包括争讼审判程序、非讼审判程序和强制执行程序）具有中立性（中立原则）、参与性（参与原则）、比例性（比例原则）、安定性（安定原则）和诚信性（诚实信用原则）等基本属性或者基本原理。[1]

在遵循现代民事诉讼程序基本属性或者基本原则的基础上，民事争讼（审判）程序还应遵行自身的基本原理和基本原则。民事争讼程序基本原理（简称"争讼法理"）的制度化则为民事争讼程序基本原则或者基本主义。在正当程序的制度框架中，下述基本原理或者基本原则相辅相成，共同构成了民事争讼程序基本原理体系或者基本原则体系。

民事争讼程序解决的是民事纠纷或者民事之诉（即民事争讼案件）。解决私益纠纷的民事诉讼中，对于诉讼标的和诉讼请求须适用当事人处分主义，对于事实和证据则采用辩论主义。解决公益纠纷的民事诉讼中，对于诉讼标的和诉讼请求要求法院职权干预主义，对于事实和证据则需法院职权探知主义。

---

[1]　参见邵明：《民事诉讼法学》，2版，25～49页，北京，中国人民大学出版社，2016。

"争议性"或者"争讼性"是民事争讼案件的基本属性，决定着民事争讼程序的基本构造和基本原理。由于双方当事人之间存在平等争议或者平等对抗，所以民事争讼程序必须遵循对审原则和平等原则。在对审程序构造中，遵行公开审判原则，当事人和法院应当依据法定程序推动诉讼有序快速进行（当事人进行主义与职权进行主义），实行集中审理原则，采行直接言词原则，法官按照合理的自由心证认定事实，最后作出实体判决。

民事争讼程序基本原理或者基本原则各有侧重。处分主义和职权干预主义、辩论主义和职权探知主义主要关涉"审判对象"。对审主义主要关涉"诉讼构造"。公开审判主义、当事人进行主义与职权进行主义、集中审理主义、直接言词审判主义和自由心证主义主要关涉"诉讼运行或者诉讼行为"。

民事争讼程序基本原则属于强行规范，实务中违反民事争讼程序基本原理或者基本原则的诉讼程序和诉讼行为，属于重大的程序违法。对此，立法上规定了相应的程序后果，并设置相应的纠正或者救济的程序途径（通常是上诉或者再审）。

第一节　当事人主义与法院职权主义

一、当事人主义和法院职权主义的内涵

民事诉讼中，需要解决如下三类事项：（1）当事人实体请求或者权利主张。比如，诉讼标的和诉讼请求、申请认定财产无主、债权人执行请求。（2）实体事实及其证据。实体事实用来支持或者推翻实体请求或者权利主张。根据证据裁判原则，实体事实应当运用证据来证明。（3）诉讼程序事项。前两类事项在诉讼程序中解决。

民事争讼程序中，当事人实体请求或者权利主张体现为原告确定本案或者本诉的"诉讼标的和诉讼请求"。权利产生的直接事实或者要件事实（诉的原因）是用来直接支持"诉讼标的和诉讼请求"，而权利妨碍、阻却和消灭的直接事实或者要件事实（属于被告抗辩事实）是用来直接推翻

"诉讼标的和诉讼请求"。私益案件中，按照"谁主张谁证明原则"（He who asserts must prove)，对于权利产生的直接事实，原告应当负担"主张责任"和"证明责任"；对于权利妨碍、阻却和消灭的直接事实，被告负担"主张责任"和"证明责任"；证明责任是针对"本证"而言的，被告可以反证以推翻权利产生的直接事实，原告可以反证以推翻被告抗辩的直接事实（"反证"实属权利的范畴）。

通常将现代"民事诉讼模式"界分为当事人主义和法院职权主义。"当事人主义"主要包括（当事人）辩论主义、（当事人）处分主义和当事人进行主义，"法院职权主义"主要包括（法院）职权干预主义、（法院）职权探知主义和（法院）职权进行主义（如下图）。

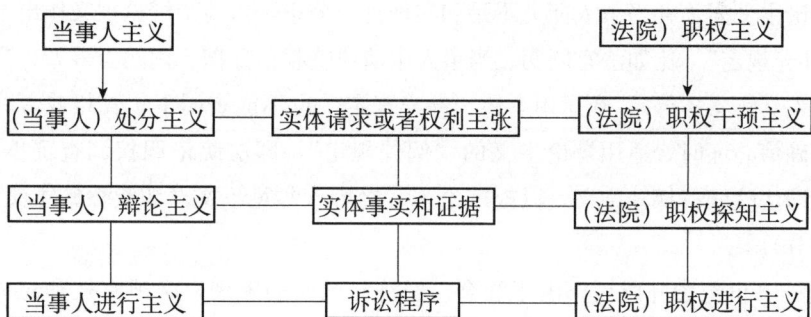

```
┌─────────────┐                              ┌─────────────┐
│ 当事人主义   │                              │ 法院）职权主义│
└──────┬──────┘                              └──────┬──────┘
       ↓                                            ↓
┌──────────────┐  ┌─────────────────┐  ┌──────────────────┐
│(当事人）处分主义│──│ 实体请求或者权利主张 │──│ (法院）职权干预主义 │
└──────────────┘  └─────────────────┘  └──────────────────┘

┌──────────────┐  ┌─────────────┐  ┌──────────────────┐
│(当事人）辩论主义│──│ 实体事实和证据 │──│ (法院）职权探知主义 │
└──────────────┘  └─────────────┘  └──────────────────┘

┌──────────────┐  ┌──────────┐  ┌──────────────────┐
│ 当事人进行主义 │──│ 诉讼程序  │──│ (法院）职权进行主义 │
└──────────────┘  └──────────┘  └──────────────────┘
```

对于程序事项、诉讼标的（或者作为诉讼标的之权利）和诉讼请求、实体事实和证据，若均由当事人来决定或者处分，即"当事人主义"（"广义处分主义"）；若均由法院来决定，即法院职权主义。

许多情形中，处分主义还指诉讼标的和诉讼请求及程序事项由当事人来决定或者处分，比如《民事诉讼法》第13条第2款的规定。不过，多数国家、地区和本书采最狭义的处分主义，仅指诉讼标的和诉讼请求由当事人来决定或者处分，与之相对的是职权干预主义。

至于实体事实和证据，若由当事人负责主张和提供，则是下文所述的辩论主义，与之相对立的是职权探知主义。

程序事项若由当事人决定或者处分，则被称为当事人进行主义，与之相对的是职权进行主义。有关诉讼程序的启动、续行和终结问题的处理，则有当事人进行主义与职权进行主义之别。

当事人处分主义与职权干预主义、当事人辩论主义与职权探知主义各有其适用的范围和根据。民事私益案件中，对当事人实体请求或者权利主张应当适用当事人处分主义（处分原则），对实体事实和证据应当适用当事人辩论主义。民事公益案件中，对当事人实体请求或者权利主张要求法院职权干预，对实体事实和证据则需法院职权探知。当事人进行主义和职权进行主义并合适用于民事诉讼程序，只是公益诉讼中职权进行主义内容更多些。

在自由资本主义或者私法至上的历史阶段，普遍的看法和做法是当事人主义是原则而法院职权主义是其例外，这种看法和做法一直延续至今。就提供事实收集证据来说，在保留传统辩论主义基本内涵的基础上，现代辩论主义为弥补当事人能力不足和实现诉讼公正，对传统辩论主义作出了"补充规定"（比如法官阐明、当事人申请法院收集证据、询问当事人、当事人真实义务等）。在运用上述"补充规定"也不能查明事实真相或者获得确信心证时，适用辩论主义的"例外规定"，即法院依职权调查证据，亦即法院职权探知主义，以救辩论主义之穷（参见下文"职权探知主义"部分）。[1]

19世纪中叶以后，由于社会、经济和政治的发展，必须有效和充分地保护公共利益。在此背景下，诞生了"公法诉讼观"或者"诉讼法诉讼观"。当今社会早已不是"私法至上"的时代，民事公益案件大量涌现致使职权干预主义和职权探知主义的适用范围日益扩大，开始摆脱所谓"例外"地位。笔者认为，从维护私益和公益或者从适用范围的角度来说，当事人主义与职权主义不应有原则与例外之别。

在我国，一种普遍性的看法是，民事诉讼中，处分主义与辩论主义为原则，而职权干预主义、职权探知主义是例外，如上所述这种看法已经不合时宜。同时，在我国民事诉讼领域，不应受"确立和维护当事人主义"看法和做法之限制，而对法院职权干预主义、职权探知主义讳莫如深。处分主义与职权干预主义、辩论主义与职权探知主义各有其适用的范围和根据。即便是在辩论主义诉讼中，当事人也应有申请法院调查取证的权利。

---

① 参见石志泉：《石志泉法学文集》，315～316页，北京，法律出版社，2014。

二、处分主义与职权干预主义

(一) 处分主义

1. 处分主义的主要内容

"(当事人)处分主义",又称"处分权主义""处分原则",其主要内涵是在民事私益案件中,根据私权自治原则,允许当事人合法处分其民事权益,在当事人实体请求(包括诉讼标的、诉讼请求、执行请求等)的范围内法院作出判决或者采取执行措施。

根据《民事诉讼法》,当事人有权在法律规定的范围内处分自己的民事权利和诉讼权利(第 13 条第 2 款);双方当事人可以自行和解(第 50、230 条);原告可以放弃或者变更诉讼请求,被告有权提起反诉(第 51 条)等。

据此,我国民事诉讼处分原则采用广义,即当事人可以处分自己的民事权利和诉讼权利。本书采狭义处分主义,即当事人依法可以处分民事权利。当事人依法处分诉讼权利属于程序处分权或者程序选择权,纳入当事人进行主义的范畴。但是,"被告可以承认或者反驳诉讼请求"(第 51 条)不属于被告处分权的范畴。

民事诉讼中,当事人通过诉讼行为处分其实体权益:(1)当事人通过诉讼标的、诉讼请求或者执行请求等来决定请求法院保护其实体权益的范围;(2)当事人可以全部或者部分放弃诉讼标的、诉讼请求或者执行请求等方式处分其实体权益。①

法院受理案件后,原告向法院明确表示放弃作为诉讼标的之权利和诉讼请求的,在有些国家和地区(如德国和我国台湾地区等),法院就作出原告败诉的判决(称为"舍弃判决")。被告向法院明确表示承认原告作为诉讼标的之权利和诉讼请求的,法院应当作出被告败诉的判决(称为"认诺判决"),但是被告认诺不属于当事人处分(权)的范畴。②

---

① 《诉讼费用交纳办法》第 21 条规定,当事人在法庭调查终结前提出减少诉讼请求数额的,按照减少后的诉讼请求数额计算退还案件受理费。
② 笔者认为,当事人可以意思瑕疵为由,在判决前撤回舍弃或者认诺;若判决作出后或者确定后,则可通过上诉或者再审来撤销或者变更舍弃判决或者认诺判决。

在我国，对于原告向法院明确表示放弃其诉讼请求的，实务中多按撤诉来处理。不过，法院作出舍弃判决的则不许原告再行起诉，而作出撤诉裁定的则原告可以再行起诉。尚需注意的是，当事人对不利己事实的诉讼上自认除了明示自认之外，还可以作出拟制（即默示自认或者推定自认），但是对诉讼请求的舍弃或者认诺、权利自认均不许拟制，我国实务要求当事人填写"声明书"（格式如下）或者记录在审理笔录（包括音像记录）中并由当事人签名。

声明书（放弃诉讼请求用）

声明人：×××，男/女，××××年××月××日出生，×族，……（写明工作单位和职务或者职业），住……。联系方式：……。

法定代理人/指定代理人：×××，……。

委托诉讼代理人：×××，……。

（以上写明声明人和其他诉讼参加人的姓名或者名称等基本信息）

本人/本方在你院（××××）……号……（写明当事人和案由）一案中，放弃全部诉讼请求/放弃第×项诉讼请求：……（写明放弃诉讼请求的具体内容）。

特此声明。

此致

××××人民法院

声明人（签名或者盖章）

××××年××月××日

【说明】

1. 本样式根据《中华人民共和国民事诉讼法》第五十一条、第五十三条、第五十四条制定，供当事人向人民法院声明放弃诉讼请求用。

2. 声明人是法人或者其他组织的，写明名称住所。另起一行写明法定代表人、主要负责人及其姓名、职务、联系方式。

3. 放弃诉讼请求的，可以是原告、反诉原告、有独立请求权的第三人等。

不仅第一审应当遵行当事人处分主义，上诉审和再审也应当遵行该原则。该原则在上诉审中体现为禁止不利益变更原则，即上诉法院只能在当事人上诉请求范围内作出判决。再审中，法院应在当事人声明不服的范围内作出判决。民事执行程序的主要目的是实现民事权益等，所以也应尊重当事人的意志和处分权，比如法院应当在当事人执行请求范围内采取执行措施，当事人可以以执行和解的方式处分自己的民事权益。

解决私权纠纷的民事诉讼中，处分原则或者处分主义一方面赋予并保障当事人对其实体权益的处分权，即原告有权确定本诉的诉讼标的和诉讼请求；另一方面要求法院尊重当事人对其实体权益的处分权，即法院应在当事人确定的诉讼标的和诉讼请求的范围内作出判决，法院判决可以支持、反对或者部分支持原告的诉讼请求，但法院不得超过或者替换当事人确定的诉讼标的和诉讼请求作出判决。

解决私权纠纷的民事诉讼中，与私权自治相一致，应当允许当事人在诉讼中合法处分其民事权益，法院应在当事人确定的诉讼标的和诉讼请求的范围内作出判决。同时，遵行处分主义，也可在一定程度上禁止法院就当事人没有提出的诉讼标的和诉讼请求作出突袭判决。若法院超出或者替换当事人提出的诉讼标的和诉讼请求作出判决的，则侵犯了当事人的处分权，对此，当事人可以提起上诉或者申请再审。

2. 权利自认

辩论主义诉讼程序中，认诺、自认和权利自认均属当事人的处分行为。大陆法系民事诉讼中，"权利自认"（Rechtsgestadnis）主要是指当事人一方承认作为诉讼标的前提之权利或者法律关系。比如，原告基于所有权提出的损害赔偿之诉（诉讼标的是侵权损害赔偿法律关系或者原告拥有的请求被告承担损害赔偿责任的请求权），被告对原告的所有权予以承认；原告以被告的建筑物倒塌而致其受害为由，请求被告赔偿损害，诉讼中被告承认自己对该建筑物拥有所有权，即为"权利自认"。关于权利自认，大致有肯定说和否定说。

肯定权利自认有个问题，即作出权利自认的当事人对于其自认的内容是否能够充分地理解。如果自认人对此没有充分地理解，认可此时的权利自认则对自认人有些残酷。有鉴于此，权利自认的成立还必须限于是"日常使用的并达到普通人能够理解其内容的程度"的法律概念，因此在肯定说下，应当承认自认人可以撤回权利自认。

否定说认为一旦存在权利自认，那么对方当事人当然无须对此进行证明。不过由于对权利或者法律关系的认定属于法适用范畴，是法官的专属领地，因而即使当事人无须举证，法官也可基于其他事实对该自认不予认可。

有学者将两说争论的焦点总结为："在'纠纷解决基盘中，可以在何种程度上认可当事人在法律层面上的决定机能'之判断、'在纠正当事人错误之法的判断方面，应当在何种程度上认可负有法适用职能之法院的介入'之考量以及'保护自认当事人与保护对方当事人之信赖利益'之衡量这三者关系之间寻求协调的作业"①。

通常，权利自认能够产生诉讼法上的效果。被告一旦作出权利自认，原告基本上无须对自己的权利主张说明理由，但是，权利自认并不具有排斥法院判断的效力，只要作为权利主张基础的事实在辩论中出现或者由当事人提出，法院就可根据该事实，作出与权利自认不同的或者相反的判断。②

有人认为，权利自认在性质上与认诺相同，均属法律上陈述中的观念表示，所以准用认诺的规定；也有人认为，采行辩论主义和处分主义的诉讼中，权利自认与事实自认本质上相同，均系当事人处分行为，所以准用事实自认的规定，权利自认人可以参照事实自认的规定撤回或者撤销权利自认。③

（二）职权干预主义

民事公益案件中，当事人的处分权受到限制，采行（法院）职权干预主义，即为维护公益，法院能够超出或者替换当事人确定的诉讼标的和诉讼请求作出判决。上诉审中，对于民事公益案件则排除当事人处分主义和禁止不利益变更原则的适用。再审中，对于民事公益案件则排除当事人处分主义的适用，而采用职权干预主义。

比如，原告提起离婚之诉（属形成之诉），其诉讼标的是原告主张的婚

---

① ［日］高桥宏志：《民事诉讼法》，林剑锋译，413页，北京，法律出版社，2003。
② 参见［日］新堂幸司：《新民事诉讼法》，林剑锋译，383页，北京，法律出版社，2008。
③ 参见吕太郎：《民事诉讼之基本理论》，241～268页，北京，中国政法大学出版社，2003；［日］高桥宏志：《民事诉讼法》，林剑锋译，408～418页，北京，法律出版社，2003。

姻解除权，诉讼请求是与被告离婚，原告希望获得离婚的形成判决。经审理，法院认为当事人之间的婚姻关系违反《婚姻法》有关婚姻合法要件，则不受本诉诉讼标的和诉讼请求的约束，判决婚姻无效（属确认判决）。

再如，原告提起违约之诉，诉讼标的是请求权，具体诉讼请求是请求被告承担违约责任，此诉属于给付之诉。被告承担违约责任的前提是合同有效。通过审理，本案审判法官发现存在《合同法》第52条规定的有损公益的合同无效事由（主要是合同内容违法），那么（1）驳回原告诉讼请求，理由是合同无效；（2）根据《合同法》第58条和第59条，作出具体判决。①

民事公益案件中，采行职权干预主义旨在维护公益。法院作为国家机关是由全体纳税人支撑的，维护公益是其职责。民事公益诉讼中，若允许当事人随意处分实体权益，则可能损害公共利益，故法院依职权干预而不受当事人意志的约束。

为了维护公益，公益诉讼原告不受制于受害者私人的诉讼请求而可以提出与其不同的诉讼请求。同时，若受害者放弃其诉讼请求或者与被告和解而害及公益的，则公益诉讼原告有权请求法院予以否定，换言之，原告不得放弃或者处分含有公益的诉讼请求（比如生态修复费用等），对含有公益的诉讼请求原告放弃或者处分对法院没有约束力。笔者认为若原告遗漏含有公益的诉讼请求则法院应当依职权补充。

在许多国家和地区，对于民事公益案件，为了维护公益，检察机关等不受制于受害者私人的诉讼请求而可以提出与其不同的诉讼请求。同时，若受害者私人放弃其诉讼请求或者与被告和解而害及公益的，则检察机关

---

① 应当注意，本案审判法官根据我国《合同法》第52条，认定本案合同无效后，还得按照《合同法》第58条作出判决。第58条规定："合同无效或者被撤销后，因该合同取得的财产，应当予以返还；不能返还或者没有必要返还的，应当折价补偿。有过错的一方应当赔偿对方因此所受到的损失，双方都有过错的，应当各自承担相应的责任。"第59条规定："当事人恶意串通，损害国家、集体或者第三人利益的，因此取得的财产收归国家所有或者返还集体、第三人。"

事实上，《合同法》第52条加上第58条和第59条规定才构成一个完整的法律规范，具备第52条规定合同无效的要件（原因），则产生第58条和第59条规定的法律效果。因此，法官在依据第52条认定合同无效之后，应当依职权适用第58条和第59条。若法官在依据第52条认定合同无效之后，还要求当事人根据第58条和第59条另行起诉，或者要求当事人进行诉的变更（即将确认合同无效之诉变更为给付之诉），则徒增讼累并违背法理。

有权请求法院予以否定。

对于具有公益因素的案件和事项，如果法院没有依职权进行合理干预，如何处理呢？笔者认为，检察机关通过行使检察权来维护公共利益是其职责，所以对于法院没有依职权维护公益，检察机关应当提起抗诉按照再审程序予以纠正。

三、辩论主义与职权探知主义

"判决资料"（即作为判决基础的资料）主要包括"诉讼资料"（从当事人法庭辩论中所获得的直接事实）和"证据资料"（经法庭证据调查程序所获得的证据资料）。① 判决资料是由法院收集提供还是由当事人主张提供？对此，有两种做法：（当事人）辩论主义（适用于私益案件）和（法院）职权探知主义（适用于公益案件或者包含公益的事项）。②

（一）辩论主义

1. 辩论主义的内涵

《民事诉讼法》第 12 条规定："人民法院审理民事案件时，当事人有权进行辩论。"我国现行辩论原则的主要内容是：在所有的争讼程序中，从起诉答辩至法庭辩论终结，当事人双方均可就案件的实体和程序问题以言词或者书面方式进行辩论，法院在诉讼过程中应当保障当事人充分行使辩论权，并承担维持辩论秩序的职责。由上可见，我国现行辩论原则没有包含如下内容：当事人对案件事实证据的处分以及该处分对法院判决的约束力。

在大陆法系、英美法系国家和地区的民事诉讼中，"辩论主义"（Verhandlungsmaxime）又称"当事人提出主义"，不同于我国法律中的辩论

---

① 辩论主义诉讼中，严格区分诉讼资料与证据资料，不能通过证据资料来补充诉讼资料，如证人无意中提供"债务人已经偿还债务"的证言，只要当事人没有主张已经偿还债务的事实，法院就不能采用。参见［日］新堂幸司：《新民事诉讼法》，林剑锋译，308～309 页，北京，法律出版社，2008。

② 有关法律规范的适用，对证据的评价（证据能力之有无和证明力之大小等）、对事实的评价（真实与否及是否符合实体规范构成要件等）、包括对当事人陈述的法律评价，属于法院应有职责或者说属于法院审判权范围，不是辩论主义和职权探知主义所要涉及的问题。参见［德］罗森贝克等：《德国民事诉讼法》，李大雪译，527 页，北京，中国法制出版社，2007；［日］新堂幸司：《新民事诉讼法》，林剑锋译，307 页，北京，法律出版社，2008。

原则或者辩论权主义（属于程序参与原则或者对审原则的内容），是指当事人对作为判决资料的处分，即主张事实和提供证据是当事人的权能或者责任，当事人无争议的实体要件事实应为判决的根据。

传统或者古典的"辩论主义"的基本内涵有三：（1）当事人没有主张的决定实体法律效果的案件事实等，不得作为法院判决的依据，即当事人负有"主张责任"。（2）原则上，法院只能对当事人提出来的证据进行审查判定，即由当事人负"证明责任"。（3）当事人之间无争议的实体事实（比如当事人诉讼上自认的事实属于免证事实），法院应将其作为判决的根据。

当事人辩论主义既约束当事人又制约法院，据此辩论主义可分为本来性辩论主义（从主张事实和提供证据是当事人的权能或者责任的角度来把握辩论主义）和机能性辩论主义（从法院不能采用当事人未主张的事实和未提供的证据的角度来把握辩论主义）。

从权利或者权能的角度来说，"辩论主义"体现了当事人对作为判决基础的诉讼资料和证据资料的处分，法院只能根据当事人主张的事实和提供的证据作出判决；同时，根据"权责一致性原理"，法律又将主张事实和提供证据作为责任赋予当事人，即与当事人"主张权"和"证明权"相一致，当事人分别负担"主张责任"和"证明责任"。

辩论主义基本内涵之一是当事人对利己实体要件事实或者直接事实享有主张权或者承担"主张责任"。当事人没有主张或者已经撤回的实体要件事实或者直接事实，法院不得作为判决的根据，即法院只能对当事人主张的实体要件事实予以认定和采信。

所谓"主张责任"（Behauptungslast）又称"陈述责任"（Darlegungslast），是指当事人负责主张"利己要件事实或者直接事实"，否则承担不利的后果（比如败诉）。主张责任包括如下三方面的具体内涵：

（1）主张责任包括行为主张责任（属于法律规范中行为模式）和结果主张责任（属于法律规范中法律后果）。行为主张责任即当事人负责主张利己要件事实或者直接事实，解决双方当事人之间如何主张要件事实或者直接事实。结果主张责任即当事人未主张或者未充分主张时承担不利后果（比如法院判决其败诉）。

（2）当事人主张责任的分配。通常情况下，原告的"主张责任"是提出或者主张"权利产生事实"，若没有提出或者主张此类事实，则其诉讼请求不被法院承认。权利产生直接事实是原告用来直接支持其诉讼标的和诉讼请求的事实（"诉的原因事实"），包括产生民事实质权的法律事实、产生民事救济权的纠纷事实。原告履行主张责任之后，被告才应当履行提出或者主张"抗辩事实"的责任，被告的抗辩直接事实包括权利消灭直接事实、权利阻却直接事实和权利妨碍直接事实，是被告用来直接推翻诉讼标的和诉讼请求的事实；若被告未主张或者未充分主张的，则可能败诉（除非原告放弃诉讼请求、没有履行主张责任或者证明责任）。对于被告的抗辩，原告也可再抗辩，如此往复下去。

（3）主张的共通性。主张责任（和证明责任）虽然由因某项法律事实的法律效果发生而受益的当事人承担，但是，不论是负主张责任的当事人主张利己事实，还是对方当事人提出该事实，都符合主张责任的要求，法院可以将该事实作为判决的根据，此为"主张的共通性"。

辩论主义基本内涵之二是当事人负担"证明责任"（禁止法院职权探知）。[①] 根据"证据裁判原则"，当事人之间有争议的实体事实（"证明对象"），必须采用证据来证明和认定。[②] 但是，在辩论主义诉讼中，当事人没有提供或者自愿撤回的证据，法院不得将其作为认定事实的根据，即法院只能对当事人提供的证据予以判断和采用。当然，不论何方当事人提供的证据，既可证明利己事实又可证明利于对方的事实，并均可作为法院认定事实的根据，即"证据共通性"。比如，被告提供"收据"来证明已经偿还借款的事实（属于权利消灭直接事实），同时该"收据"也能证明借

[①] 在辩论主义诉讼中，当事人对利己事实提供证据进行证明，从责任的角度来说，是当事人负担的"证明责任"；从权利的角度来说，是当事人享有的"证明权"（包括举证权、质证权等）。与证明责任不同，证明权不涉及证明不能的后果问题，而是关于当事人对案件事实证明行为的自由支配问题，无论法律上是否预设当事人承担"证明责任"，原告和被告都享有"证明权"。

[②] 现代民事诉讼遵行证据裁判原则，即当事人和法院应当运用经过证据调查后具有证据能力的证据来证明和认定案件事实。在证据裁判原则下，争讼案件的实体事实应当采用"严格证明"，而非讼案件的实体事实和程序事实采用"自由证明"即可。不过，真实性已经得到确定或者不存在合理争议的事实、经验法则、交易习惯等，通常不适用证据裁判原则。法院违背证据裁判原则的，构成上诉或者再审的理由。参见邵明：《论民事诉讼证据裁判原则》，载《清华法学》，2009（1）。

款的事实（属于权利产生直接事实）。

在辩论主义诉讼中，证明责任分配的一般规则是"谁主张谁证明"。"谁主张"是指提出或者主张利己事实。依据"法律规范（构成）要件分类说"，原告对其主张的权利产生事实承担证明责任，被告对其主张的权利消灭事实、权利阻却事实或者权利妨碍事实承担证明责任。在辩论主义诉讼中，原告提出诉讼请求，并应负担主张责任，随之负担证明责任。原告履行主张责任之后，被告则有主张抗辩事实的责任，随之负担证明责任。因此，当事人的主张责任和证明责任均为辩论主义的内涵；并且，证明责任分配规范通常也是主张责任分配规范，换言之，证明责任与主张责任通常归属于同一当事人，由此有人称"主张责任是证明责任通过辩论主义这个滤器投射于主张的责任"。因此，根据证据裁判原则和法律规范构成要件原理，主张责任与证明责任的分配规范是一致的，两者通常的关系是谁主张谁证明。主张责任与证明责任相辅相成，共同构成要件事实理论的基本内容。

但是，主张责任和证明责任也存在一些不同之处。两者的具体内涵不同，并且两者的具体根据也不同，主张责任是"诉的有理性"，而证明责任更多来自"法官不得拒绝判决"的宪法原理①；由此，两者的适用条件还不同，特别是结果主张责任和结果证明责任，证明责任所要解决的是法官在审理终结时、法律所许可的证明手段已经穷尽、要件事实真伪不明之时如何判决的问题。

少数情形中，主张责任和证明责任的分配是不一致的。比如，在证明责任倒置的情形中，虽然原告主张权利产生的要件事实，但是法律将部分要件事实倒置给被告来证伪，即由被告对"部分要件事实不存在"承担证明责任；虽然众所周知的事实、公证的事实、预决的事实、推定的事实和诉讼上自认的事实等相对免证事实不作证明责任的适用对象，但是当事人应当负担主张此类事实的责任②；在追究无权代理人责任的诉讼中，原告

---

①　参见［日］中野贞一郎：《要件事实的主张责任与证明责任》，载《法学教室》，2004（3）。

②　参见［德］汉斯·普维庭：《现代证明责任问题》，吴越译，67～73页，北京，法律出版社，2000。

216/现代民事之诉与争讼程序法理——"诉·审·判"关系原理

除了应当主张被告作为他人的代理人和自己订立契约之外,尚需主张被告没有代理权,但是仍应由被告就有无代理权的事实承担证明责任。①

在大陆法系民事诉讼中,有关攻击防御期限包括主张事实期限和提出证据期限(举证期限)。② 当事人履行主张责任包含攻击防御期限和主张具体化两个问题,在起诉和审理阶段对当事人主张的具体化程度有不同的要求。原告起诉时主张具体化程度只需达到较低的识别标准以配合一事不再理原则的适用,在审理阶段原告支持其胜诉的权利产生事实和被告推翻诉讼请求的抗辩事实应当满足"事实主张充分性"的要求(属于诉的实体要件)。

辩论主义(主张责任和证明责任)适用于"要件事实"或者"直接事实""主要事实"。但是,对于间接事实即使当事人没有主张,法院也可以根据举证过程中呈现出来的情况进行审理和作出判断,这样可能对当事人造成突然袭击,从而背离了当事人程序保障原理,因此,在坚持辩论主义的同时,学术和立法上对辩论主义的适用范围作出了相应的修正,即无论是主要事实还是间接事实,只要足以影响诉讼的胜负结果或者可能被作为判决基础的事实,都要求当事人主张。③ 笔者认为,辩论主义(主张责任和证明责任)仍应适用于"要件事实或者直接事实";至于间接事实,因其主要作用在于证明直接事实,作为证据对待,适用举证时限规则。

辩论主义基本内涵之三是当事人无争议的直接事实应被作为判决的根据。当事人无争议的直接事实包括双方当事人都无争议的事实和一方当事人诉讼上自认的事实(属于"免证事实"),法院应将其作为判决的根据,并且不得作出与该事实不一致的判断。

当事人自认事实是指当事人对不利己实体事实的承认(比如原告自认

---

① 参见〔日〕中野贞一郎:《要件事实的主张责任与证明责任》,载《法学教室》,2004(3)。

② 我国现行法中仅规定举证期限而忽略了主张事实期限,以至于在何阶段当事人履行主张责任的问题没有得到解决,其缘由是没有明确认识到主张责任的独立价值及其与证明责任之间的合理关系。

③ 参见〔日〕高桥宏志:《民事诉讼法》,林剑锋译,340~357页,北京,法律出版社,2003;王亚新:《对抗与判定》,2版,109~111页,北京,清华大学出版社,2010;张卫平:《诉讼构架与程式》,178~181页,北京,清华大学出版社,2000。

被告抗辩事实、被告自认权利产生事实），包括当事人"诉讼上自认"（此类自认的事实作为免证事实）和"诉讼外自认"（作为证据）。《解释》（第92条）仅允许明示自认，即"一方当事人在法庭审理中，或者在起诉状、答辩状、代理词等书面材料中，对于己不利的事实明确表示承认的，另一方当事人无需举证证明"。为维护公益，对于涉及公益的事实，由法官以公益维护者身份依职权收集并查明其真相，拒绝当事人的自认，旨在防止当事人作出虚假或者错误的自认而害及公共利益。

辩论主义诉讼中，诉讼上自认具备生效要件的，产生如下法律效果：（1）基于诚实信用原则，自认人须受自认的拘束，不得随意撤销自认，并且在本案中也不得主张与自认不一致的事实。（2）免除了对方当事人对自认事实的证明责任。依法撤回自认的，不能免除对方当事人的证明责任。（3）法院须受自认的拘束，直接将自认的事实作为判决的根据，并不得作出与自认不一致的事实认定。与对主要事实自认有所不同的是，对间接事实的自认，并不妨碍法官依据自由心证从其他间接事实出发来认定主要事实是否真实。不过，诉讼上自认并不必然导致自认人败诉，因为自认可能是部分自认，也可能是对间接事实的自认，并且即便被告全部自认了原告主张的事实，法院为履行其固有的职责，仍需对"自认的事实是否足以支持诉讼请求的成立"这个法律适用问题作出判断。

民事诉讼中，法院司法认知的事实、推定的事实、已决的事实和当事人诉讼上自认的事实均为免证事实（证据裁判原则的例外），为什么仅当事人诉讼上自认的事实构成辩论主义的基本内涵？法院司法认知的事实、推定的事实和已决的事实在辩论主义诉讼和职权探知主义诉讼中有着相同的效力，唯有当事人诉讼上自认的事实在辩论主义诉讼（民事私益诉讼案件）中才能作为判决的根据，而在职权探知主义诉讼（民事公益诉讼案件）中通常被排除适用，所以当事人诉讼上自认的事实不包括法院职权探知的事实。

诉讼上自认是自认人对不利己事实的承认，所以实际上属于当事人事实主张的范畴。在诉讼中，对不利己事实，自认人自认的则意味着双方当事人对此事实不存在争议，也就无须此事实主张者举证，所以诉讼上自认属于当事人对事实的处分行为而不属于证据的范畴。诉讼上自认的制度环境是辩论主义,当事人负责主张实体事实,法院不依职权收集实体事实而仅依当事人主张的实体事实作出判决。诉讼上自认的观念环境是私权纠纷的解决应当尊重当事人的意思,对于实体事实的主张或者自认也应尊重当事人的意思。①

2. 辩论主义的根据

按照处分主义,当事人在诉讼中可以处分其实体权益,在此延长线上,辩论主义体现了当事人对判决基础的事实和证据的处分,意味着从程序方面尊重当事人"间接处分"自己实体权益的自由。② 解决私权纠纷的民事诉讼,理应以较能尊重当事人意志的判决内容为宜。为此,应当在主张事实和提供证据的程序阶段将此种任务交由当事人负责完成。此种主张被称为解释辩论主义根据的本质说。

一般说来,当事人比较了解案件事实,让其提供或者主张事实并非强人所难,况且原告既然提出有利于己方的诉讼请求,就有责任主张权利产生事实来支持自己的诉讼请求,否则法院驳回其所提之诉,这就是原告所承担的主张责任。

采行辩论主义并非放弃真实的追求,事实上辩论主义也是发现真实的手段之一。在民事争讼程序中,在实体权益或者责任方面存在着相互对立的双方当事人,最能体会利害关系者莫如当事人本人,为维护自己的实体权益,他们通常会积极主张利己事实和提供利己证据并进行相互对抗,从而在法官面前能够比较全面地展示案情,使法官兼听则明。事实上,许多证据制度或者诉讼制度,包括对辩论主义作出的补充性规定,也在于实现真实。

就诉讼上自认来说,也未放弃真实。首先,法官职权探知的事实、司法认知的事实、客观上不可能或者已被证明为真实的事实不得作为自认的对象。其次,从经验法则的角度来说,自认人对不利己事实的承认,往往具有真实性,所以自认的对象须是对自认人不利的事实。再次,自认虽不

---

① 参见张卫平:《诉讼构架与程式》,435~438页,北京,清华大学出版社,2000。
② 参见[日]谷口安平:《程序的正义与诉讼》,增补本,王亚新、刘荣军译,141页,北京,中国政法大学出版社,2002。

以自认人的真实意思为生效要件，但是自认人证明其自认系出于受诈欺、受胁迫或者意思表示错误的，可以向法院请求撤销该自认。

　　从正当程序或者程序保障的角度来看，只有在当事人之间经过了充分的攻击防御的事实证据，才能作为法院判决的基础和根据，从而能够减免法院的突袭判决。即使当事人因收集证据不足而遭到败诉，也只是自负其责从而显示公平。

　　3. 辩论主义的补充

　　现代辩论主义在保留传统辩论主义基本内涵的基础上，为弥补当事人能力不足和实现诉讼公正，对传统辩论主义作出补充规定，比如法官阐明、当事人申请法院收集证据、询问当事人、当事人真实义务等，从而构成了内容较为完整的现代辩论主义。这些补充规定在于保障当事人更好地履行主张责任和证明责任，并未改变辩论主义的本质和基本内涵。

　　（1）规定法官"阐明制度"。当事人在事实主张和证据提供等方面出现不明了、不完足或者前后矛盾等情况时，法官通过发问、告知、说明等方式，促使当事人补正，以弥补当事人在主张事实和提供证据的能力方面的不足，以实现真实和诉讼公正。法官阐明是法官的职权行为，既是权力（阐明权）又是职责（阐明义务）。法官阐明应当基于公正或者中立的立场并遵行对审原则；在辩论主义程序中，应由当事人决定是否补正不完善的诉讼行为，法官不得通过阐明为当事人导入新事实和新证据，否则将构成上诉理由。

　　（2）赋予当事人基于正当理由向法院申请收集证据的权利。民事私益案件的当事人及其诉讼代理人对于因客观原因不能自行收集的证据，可以在举证期限届满前书面申请法院调查收集（《民事诉讼法》第 64 条第 2 款、《解释》第 94 和 95 条），即当事人及其诉讼代理人享有调查证据申请权。《民事诉讼法》第 200 条第 5 项规定：对审理案件需要的主要证据，当事人因客观原因不能自行收集，书面申请法院调查收集，法院未调查收集的，为再审理由。

　　（3）法官询问当事人。法官以询问当事人的方式使当事人就案件事实作出陈述，这种陈述被作为证据。《解释》第 110 条规定："人民法院认为有必要的，可以要求当事人本人到庭，就案件有关事实接受询问。在询问当事人之前，可以要求其签署保证书。保证书应当载明据实陈述、如有虚假陈述愿意接受处罚等内容。当事人应当在保证书上签名或者捺印。负有举证证明责任的当事人拒绝到庭、拒绝接受询问或者拒绝签署保证书，待证事实又欠缺其他证据证明的，人民法院对其主张的事实不予认定。"依据《解释》第 397 条，再审中，"人民法院根据审查案件的需要决定是否询问当事人。新的证据可能推翻原判决、裁定的，人民法院应当询问当事人"。

在大陆法系，与其他证据方法不同，"询问当事人"具有补充性或者从属性，即没有其他证据或者其他证据不足以证明待证事实，或者言词辩论的结果或者已经进行的证据调查的结果还不能使法官形成确信的心证，则根据当事人一方申请或者法院依职权询问当事人。[1] 询问当事人后，对方当事人仍然可以收集其他证据，尤其是为了反驳当事人的陈述。[2]

询问当事人之所以具有补充性，是因为当事人与案件有着法律利害关系，难保其是否真实陈述事实（所以其证明力一般是较低的）；并且通过询问使当事人陈述对己不利的事实难免强人所难、不近人情。辩论主义诉讼程序中，在最后言词辩论终结时，若现有证据不足以证明待证事实而使法官不能形成确信的心证，法官也不得依职权收集其他证据，只得以询问当事人的方式了解事实真相。[3]

法院询问当事人及其法定代理人，不得强制其陈述。为实现真实，许多国家还确立了当事人真实义务。当事人无正当理由不出庭或者拒绝宣誓或者陈述的，《日本民事诉讼法》第 208 条规定，法院可以认定对方当事人所主张的有关询问事项为真实。

在大陆法系，询问当事人的补充性不适用于职权探知主义诉讼程序。为查明有关公益的案件事实，法院可以随时询问当事人，询问当事人被作为第一层次的证据方法，并且对于经通知而无正当理由不出庭接受法官询问的当事人，法院可以拘传到庭，且可处以罚款。

---

① 比如，《德国民事诉讼法》第 445、448 条，《日本民事诉讼法》（1890 年）第 336 条等。在法国，为了补充书证的不足，法律设计了当事人询问制度。

② 参见 [德] 罗森贝克等：《德国民事诉讼法》，李大雪译，929 页，北京，中国法制出版社，2007。

③ 参见邵明：《我国民事诉讼当事人陈述制度之"治"》，载《中外法学》，2009（2）。

（4）当事人的"真实义务"和"禁反言义务"，均为"诚实信用原则"的内容，旨在防止当事人操纵事实真相，实现事实真实。

真实义务主要是指当事人及其法定代理人不得故意或者重大过失地作出不真实陈述，也不得故意或者重大过失地就真实事实或者他方当事人的真实陈述进行争执。若将完整义务理解为，当事人须将所知事实全部提出，则与辩论主义相抵触。因为辩论主义将是否主张某一事实的决定权委诸当事人。因此，完整义务并非要求当事人作出完全的陈述，应被理解为"只有在当事人基于隐瞒事实而作出的不完全的陈述从整体上看违反其主观真实时，才禁止其进行这种陈述"[①]。如法谚所云"隐瞒真相就是虚伪陈述"，由此可将完整义务作为真实义务的一个方面来把握。真实义务并不要求当事人主动陈述自己掌握的所有真实事实，主要是消极地禁止当事人陈述其明知是虚假的事实。[②]

要求当事人对不利己的事实作出完全的真实陈述，乃是强人所难、不近人情。当事人的真实义务并非以当事人陈述真实的积极义务为其内容，而是要求当事人不得故意违背自己对事实的主观认识而作出陈述，即当事人的真实义务中的"真实"指的是当事人主观认为的真实，并不要求是客观真实。[③]为追究当事人违背真实义务的行为，需要对当事人所作出的事实陈述是否背离其对该事实的主观性真实认识进行证明。事实上进行这种证明不如直接证明案件事实是否真实。因此，当事人的真实义务是一种比较薄弱的义务。[④]

基于这种立场，对于当事人违背真实义务的行为，许多国家的法律没有给予现实的制裁，即便施予制裁也有所限制，比如若当事人在宣誓或者具结后仍然作出虚假陈述，则应承担罚款等法律责任。当事人违背真实义务所作出的事实陈述，纵然没有获得罚款等制裁，但是，其不真实的陈述

---

① ［日］高桥宏志：《民事诉讼法》，379～380 页，北京，法律出版社，2003。

② 参见黄国昌：《民事诉讼理论之新开展》，34 页，台北，元照出版有限公司，2005。这与康德所言有异曲同工之妙，即"一个人所说的必须真实，但没有义务把所有的真实都说出来"。

③ 参见［德］汉斯·约阿希姆·穆泽拉克：《德国民事诉讼法基础教程》，周翠译，241 页，北京，中国政法大学出版社，2005。

④ 参见［日］高桥宏志：《民事诉讼法》，380～382 页，北京，法律出版社，2003。

让人产生了对其不信任的心理倾向，这种倾向往往会影响法官形成对该当事人不利的心证。同时，因当事人违背真实义务所产生的诉讼费用，理当由其负担。

在民事诉讼领域，禁反言主要是指同一当事人对同一案件事实的陈述应当前后一致，禁止前后矛盾，包括直接禁反言和间接禁反言。直接禁反言是指在同一案件的诉讼程序中，禁止同一当事人对同一案件事实作出前后矛盾的陈述；不过，当事人可以受诈欺、胁迫或者意思表示错误等正当理由，撤销前面陈述。[1] 间接禁反言则要求在前后不同案件中，提出同一案件事实的同一人应当作出一致的主张或者陈述。间接禁反言与已决效力（争点效力）没有本质区别，可从诚信原则中排除。在英美法系诉讼法领域，"禁反言"（Estoppel）是指"禁止一个人否认其先前做过的真实陈述或者已经引起他人相信的事实存在的一项证据规则（不是'诉因'规则）"[2]。

从比较法的角度来看，即使在解决私权纠纷的民事诉讼中，为查明案件真相或者为获得确信的心证，或者为阐明或者确定诉讼关系，在运用上述"补充规定"也不能获得真相或者确信心证时，适用辩论主义的"例外规定"，法院可以主动依职权调查证据（当事人也有权申请法院调查证据）。[3] 比如，《中华民国民事诉讼法》（中华民国1935年7月1日施行）第288条规定："法院不能依当事人声明之证据而得心证或者因其他情形认为必要时，得依职权调查证据。"我国台湾地区"民事诉讼法"第288条规定："法院不能依当事人声明之证据而得心证，为发现真实认为必要时，得依职权调查证据。依前项规定为调查时，应令当事人有陈述意见之机会。"根据《日本民事诉讼法》第151条的规定，法院为了明了诉讼关系，可以使当事人提出其所持有的诉讼文书或者在诉讼中所引用过的文书

---

[1] 《解释》第342条规定："当事人在第一审程序中实施的诉讼行为，在第二审程序中对该当事人仍具有拘束力。当事人推翻其在第一审程序中实施的诉讼行为时，人民法院应当责令其说明理由。理由不成立的，不予支持。"

[2] L. B. Curzon, *Dictionary of Law*, sixth edition, Pearson Education Limited, 2002, p. 159.

[3] 参见熊跃敏：《法官职权调查证据的比较研究》，载《比较法研究》，2006（6）。

及其他物件，也可以命令进行勘验或者鉴定。

（二）职权探知主义

1. 职权探知主义的内涵

所谓职权探知主义又称职权调查主义，是指法院不限于当事人主张的事实和提供的证据的范围，依职权主动收集事实和调取证据。而辩论主义，系指主张事实和提供证据是当事人的权能或者责任，法院不得作出异于当事人诉讼上自认的判断。

与辩论主义相对应，职权探知主义的基本内涵也有三：（1）对于当事人没有主张或者已经撤回的决定实体法律效果的事实，法院应依职权收集并作为判决的依据，而当事人不负担"行为主张责任"。（2）法院除对当事人提出的证据进行判断和采用外，还应依职权收集和采用当事人没有提出的证据，而当事人不负担"行为证明责任"。（3）对于当事人之间没有争议的事实，法院得调查其真伪以决定是否采用，即使当事人在诉讼中对案件事实所作出的自认，也不构成"诉讼上自认"，而对法院没有约束力。

必须明确的是，职权探知主义并不与正当程序或者程序公正相对立，并非取消程序参与原则或者限制当事人的质证权和辩论权。根据"正当程序保障原理"和"程序参与原则"，即便是法院依职权收集的证据和探知的事实，法院在将其作为裁判根据之前，均应经双方当事人质证辩论或者发表意见，法院不得将当事人未发表过意见或者未进行过质证辩论的事实证据作为裁判根据。换言之，为禁止法院突袭裁判，法官必须对作为裁判根据的事实证据都进行"听审"。对于法院违背程序参与原则作出的裁判，若是争讼裁判，则当事人可以通过上诉或者再审予以撤销或者变更；若是非讼裁判，则当事人可以申请法院直接予以撤销。

尚需说明的是，对于涉及公益的案件和事项，法院没有依职权主动收集证据事实而作出错误判决的，应当作为上诉或者再审（包括检察院抗诉）的法定理由。为发现真实和维护公益，许多国家和地区法律规定，检察机关等在民事公益诉讼中应当主动收集事实和提供证据，不受制于受害者私人提供的事实证据和诉讼上的自认。

2. 职权探知主义的适用范围

职权探知主义适用于民事公益案件（包括争讼案件、非讼案件和执行

案件)及包含公益的其他事项。在民事诉讼领域,包含公共利益的民事案件或者其他事项,主要有:

(1)包含公共利益的民事争讼案件,大致包括传统民事公益案件和现代民事公益案件。"传统民事公益案件"主要是有损公益的合同无效案件和人事诉讼案件。对于损害公益的合同无效的事由,适用职权探知主义和职权干预主义。比如,《日本人事诉讼程序法》中规定,辩论主义不适用于婚姻案件(第10条);在婚姻案件(特别是为了维护婚姻关系)、亲权案件中,法院依职权调查证据,并对当事人未提出的事实加以考虑(第14、31条)。我国《婚姻法》和《收养法》规定的婚姻和收养的成立要件和无效事由,多有维护公共利益的考虑。

(2)包含公共利益的民事非讼案件。在大陆法系许多国家和地区,法院处理民事非讼案件,采行职权探知主义和职权干预主义。比如,《日本非讼案件程序法》第11条规定:"法院以职权探知事实,并认为必要时调查证据。"我国台湾地区"非讼事件法"(2005年修正)第32条规定:"法院应依职权调查事实及必要之证据。法院为调查事实,得命关系人或者法定代理人本人到场。"但是,我国大陆民事诉讼法并无如此规定。笔者认为,对于涉及公益的民(商)事非讼案件(比如宣告死亡、认定公民无民事行为能力等),应当采取职权探知主义,但也不排除必要时要求或者鼓励申请人收集证据和提供事实。有关私益的非讼案件(督促案件、公示催告案件等),申请人应当主张事实和提供证据。

(3)包含公共利益的其他事项。比如,一些涉及公益的绝对诉讼要件,应由法院职权探知事实真相。再如,在德国,法院依职权调查经验法则、地方习惯、行业习惯和外国法等;我国台湾地区"民事诉讼法"第283条规定:"习惯、地方制定之法规及外国法为法院所不知者,当事人有举证之责任。但法院得依职权调查之。"

依据《解释》第96条,《民事诉讼法》第64条第2款规定的"人民法院认为审理案件需要的证据"包括:(1)涉及可能损害国家利益、社会公共利益的;(2)涉及身份关系的;(3)涉及《民事诉讼法》第55条规定之诉讼的;(4)当事人有恶意串通、损害他人合法权益可能的;(5)涉及依职权追加当事人、中止诉讼、终结诉讼、回避等程序性事项的。除前述规定外，法院调查收集证据，应当依照当事人的申请进行。

上述第（1）～（3）项规定的是公益案件（"涉及身份关系的"案件实际上相当于大陆法系的"人事诉讼案件"）。至于第（4）项情形，涉及他人合法权益的事实不必然涉及公益，若有侵权或者违约，则应由当事人寻求救济并负证明责任；实务中，当事人若不寻求救济，基于维护公正，则法院应当依职权调查相关证据。至于第（5）项情形，有关上述程序事项，法院依法按职权调查，宜纳入法院职权进行主义的范畴。

笔者认为，传统民事公益案件和现代民事公益案件证明责任和职权探知（职权调查事实）应有所不同。传统民事公益案件中，通常是由自然人个人作为原告，故应适用职权探知（但是鼓励原告积极提供证据）。现代民事公益案件中，消费者保护组织、环境保护组织、检察机关等依法作为原告，其收集证据能力不弱于甚或强于法院，故应由其承担证明责任（与刑事公诉中检察机关承担证明责任有相通之处），法院职权探知主要起补充性作用，即没有其他证据或者其他证据不足以证明案件事实真相的，则法院依职权探知（这种补充性与"询问当事人"的补充性有相通之处）。

3. 职权探知主义的根据

首先，对于民事公益案件或者涉及公益的民事案件事实，采取法院职权探知主义①，符合现代法治的原则。法院是由国家财政或者全体纳税人支持的，其性质是"国家"的司法机关，其职责是通过诉讼维护合法私权和公共利益。从现代法治的角度来说，通常不将"维护公益"作为积极的法律义务付诸公民个人，但是"维护公益"是国家机关存在的根据，是其天然的或者宪法上的职责。

法律仅要求公民个人处理自己私事时，不得侵害公共利益和他人合法权益（所谓"利己不损人"）。法谚云："没有义务去做不可能的事"（Impossibilum nulla obligation est）；"即使是善良的事项，但如果不可能，法律也不强求"（Bona sed impossibilia non cogit lex）。若法律积极要求公民个人维护公益，实际上是要求个人去做其没有能力做的事，从而不当增加

———————————

① 为避免先入为主所产生的偏见，收集事实证据的人员不应是本案的审判法官，而应是法院的其他公务人员。笔者认为，我国法院可以专设调查官，其具体职责包括负责收集事实、提供证据、执行调查等需要法院依职权调查的事项。

公民的法律负担（但不妨碍将"维护公益"作为道德层面的要求）。

在民事侵权领域，私人请求权以损害个体的权利为基础，但是在许多场合，例如空气、水污染，受害的是大众，对此，过分的做法是让个人去调查是谁超过了法定的排放标准导致了损害，并且由于私人无法承担大量的成本而不得不放弃其请求权，所以此类损害案件应被纳入公益诉讼的范畴，采行职权探知主义。[①]

其次，采取法院职权探知主义，旨在维护公益。民事公益案件适用"实体真实主义"，对于案件事实和证据既不能任由当事人处分，又不能任由当事人虚假提出或者虚假自认，也不能任由当事人提供虚假证据来"证明"，因为根据虚假的事实、自认和证据所作出的判决通常不能保护公益，而法院以公益维护者身份依职权探知事实，较能发现真实和维护公益[②]，所以"职权探知主义"又称"实体真实原则"[③]。

采取法院职权探知主义还能够产生这样的效果：实现现代民事诉讼的目的。现代民事诉讼除了保护私权和解决私权纠纷之外，早已将保护公共利益作为其重要的目的。比如，民事诉讼通过正当程序解决公益性纠纷或者群体性纠纷，能够确定公共政策、分配社会资源和推动社会改革。[④] 现代诉讼政策非常青睐法院判决的政策形成功能，即法院判决可以成为同类事件的裁判先例，从而为人们提供行为规则，并且判决的内容往往被当作已经获得公认的特定价值，从而对社会政治状况造成一定的压力，促使立法机关、行政机关制定或者调整相应的公共政策。

再次，从比较法的角度来看，即使在解决私权纠纷的民事诉讼中，为

---

① 参见［德］曼弗雷德·沃尔夫：《物权法》，吴越、李大雪译，189页，北京，法律出版社，2002。

② 有学者虽未从维护公益的立场，但运用实证分析法，就南方R县（1999年到2004年）案件档案抽样出的45起离婚案例，探讨了当事人举证制度取代以前的法院取证制度后，导致对离婚诉讼和婚姻法运作的影响这一问题，比如有不合理的官僚主义化的只重程序不顾实质后果而对弱者保护不够，也有合理的符合新社会经济现实的书面取证。参见黄宗智、巫若枝：《取证程序的改革：离婚法的合理与不合理实践》，载《政法论坛》，2008（1）。

③ 虽然辩论主义适用于民事私益案件，被称为"形式真实原则"，但是辩论主义并不放弃追求事实真实。所谓实体真实与形式真实，实际上只是真实的程度有所区别。

④ 通过群体诉讼的形式，在正当程序中，通过法院与公众之间和当事人双方之间的对话，使公共政策的改变或者公益的实现获得正当性。参见［日］谷口安平：《程序的正义与诉讼》，增补本，王亚新、刘荣军译，254～256页，北京，中国政法大学出版社，2002。

查明案件真相或者为获得确信的心证，或者为阐明或者确定诉讼关系，法院可以主动依职权调查证据（法院也可应当事人的申请采取调查措施）。①比如，根据《日本民事诉讼法》第151条的规定，法院为了明了诉讼关系，可以使当事人提出其所持有的诉讼文书或者在诉讼中所引用过的文书及其他物件，也可以命令进行勘验或者鉴定。我国台湾地区"民事诉讼法"第288条规定："法院不能依当事人声明之证据而得心证，为发现真实认为必要时，得依职权调查证据。依前项规定为调查时，应令当事人有陈述意见之机会。"

在大陆法系一些国家和地区，法官通过"询问当事人"的方式使当事人就案件事实作出陈述，这种陈述被作为证据看待。在辩论主义诉讼程序中，询问当事人具有"补充性"，即在最后法庭言词辩论终结时，现有证据不足以证明待证事实而使法官不能形成确信的心证，法官也不得依职权收集其他证据，但是可以根据当事人一方申请或者主动依职权询问当事人，以形成心证。但是，在职权探知主义诉讼程序中，为查明涉及公益的案件事实，询问当事人不具有补充性且被作为第一层次的证据，法院可以随时询问当事人。②

4. 职权调查事项

在我国，对于职权探知主义的适用事项与"（法院）职权调查事项"（Von Amts wegen）存在着较大的误解。就共同点来说，两者均无须当事人提出异议或者申请，法院就得主动依职权进行调查并作出处理。但是，在大陆法系民事诉讼领域，职权探知主义的适用事项与职权调查事项是不同层面的两个问题。法院"职权调查事项"对应于当事人"抗辩事项"。所谓抗辩事项，须待当事人提出异议或者抗辩后，法院才予调查。抗辩事项主要有：程序抗辩事项和实体抗辩事实等。

在民事诉讼中，"任意规范"所规定的程序事项许多属于当事人抗辩事项。对于法院或者一方当事人违背程序抗辩事项规范所实施的诉讼行为，当事人或者对方当事人有权主张无效或者要求重做。但是，对于职权

---

① 参见熊跃敏：《法官职权调查证据的比较研究》，载《比较法研究》，2006（6）。

② 参见邵明：《我国民事诉讼当事人陈述制度之"治"》，载《中外法学》，2009（2）。

调查事项，无须当事人提出异议或者抗辩，法院就得主动依职权调查并作出处理，并且当事人不得合意或者以放弃抗辩权等方法阻止法院调查，而且当事人对职权调查事项的陈述不受提出时机的限制。在我国，当事人提供证据得遵行举证期限，当事人无正当理由超过举证期限所提供的证据则不被采纳（即该"证据失效"），法院若采用失效证据作出判决的，则构成上诉的理由。但是，证明职权探知主义的适用事项和职权调查事项的证据，通常不适用举证期限或者证据失效制度。

职权调查事项通常仅需自由证明。相对于严格证明，自由证明无须运用法定的证据种类或者无须遵循如严格证明那样的程序。自由证明时，证据是否在法庭上出示，出示以后用什么方式调查，由法院自由裁量。自由证明虽无须运用法定的证据种类，但也不排斥运用法定的证据种类。自由证明无须遵循如严格证明那样的程序，是指自由证明不必遵循证据交换规则、双方当事人质证和辩论程序、直接言词原则等。自由证明有其独特的证明方式，比如，宣告公民死亡案件中，就以公告方式确定公民是否死亡的事实；督促程序中，法院依据债权人提供的事实证据进行书面审理，并以支付令异议方式进一步确定债权债务关系是否明确、合法；公示催告程序中，法院依据申请人提供的事实证据进行书面审理，并以公告和申报权利方式确定申请人对票据是否拥有权利。

职权探知主义的适用事项中，民事争讼案件实体事实则应采用严格证明。严格证明是指应当利用法定的证据种类并且应当遵循法定的正式的证明程序所进行的证明。严格证明是"以慎重的程序来确认案件事实的真实性"。所谓"法定的证据种类"，即《民事诉讼法》第 63 条规定的当事人的陈述、书证、物证、视听资料、电子数据、证人证言、鉴定意见和勘验笔录。严格证明程序大致包括证据提供与交换、当事人质证与辩论、法官判断证据与认定事实，是"争讼程序"的基本组成部分，应当遵行双方审理原则、公开审判原则、直接言词审判原则，否则将构成上诉和再审的理由。

职权调查事项包括经验法则、地方习惯、交易习惯、行业惯例、国际惯例等，通常不构成证明对象，法院直接予以采用。不过，对某个经验法则、地方习惯或者行业惯例等，本案法官不了解或者当事人有争议的，则需进行调查。调查方式通常采用自由证明，调查方法包括民意测验、查阅资料、咨询专家等。

起诉要件、诉讼要件、反诉要件、上诉要件、诉的合并和变更要件、公示催告申请要件、强制执行申请要件等，也属于职权调查事项。因为上述事项或者是诉讼程序的启动要件，或者是诉讼程序的续行要件，若不具备则诉讼程序没有必要启动或者续行，法院应当直接驳回诉讼，可以避免无益的诉讼，节约司法资源，所以上述事项具有一定的公益性。

公益性或者强行性的程度在上述各职权调查事项间有所不同。就诉讼要件而言，绝对诉讼要件的公益性或者强行性较强，而相对诉讼要件的公益性或者强行性较弱；即使是绝对诉讼要件，各自的公益性或者强行性也有强弱差异，比如专属管辖的公益性或者强行性要强于协议管辖的公益性或者强行性。相对诉讼要件因其公益性或者强行性较弱，而被纳入当事人抗辩事项；绝对诉讼要件因具有较强的公益性或者强行性，而被纳入职权调查事项。

职权调查事项仅仅指明法院是调查主体，并不涉及作为法院裁判的基础资料（事实和证据）由谁来承担收集提供的责任。有关职权调查事项存否或者真伪的事实和证据，并非都得适用职权探知主义，须视具体事项或者具体情形（所含公益私益、实体程序因素的强弱等）来决定。简言之，职权调查事项并非必然适用职权探知主义。

例如，管辖权问题属于职权调查事项，无须待当事人提出抗辩（如管辖权异议），法院就应依职权加以调查，但是关于判断管辖权合法与否所依据的事实和证据，就专属管辖和级别管辖应采职权探知主义，就其他管辖应采辩论主义。再如，兼具程序内容和实体内容的诉讼要件（如当事人适格、诉的利益等），虽然属于职权调查事项，但是在民事私益案件中，确定其存否的事实和证据，通常采辩论主义，即由当事人负责主张和提供。

四、当事人进行主义与职权进行主义

诉讼程序的启动、续行和终结，若完全由当事人来决定则为纯粹的当事人进行主义，若完全由法院来决定则为纯粹的职权进行主义。事实上，各国民事诉讼法均采折中主义，即将程序事项的处分权或者决定权分配给当事人和法院。

当事人进行主义表现为当事人行使权利的诉讼行为（比如起诉）、履

行义务的诉讼行为（比如债务人申报财产）；当事人诉讼行为既有单方行为（比如原告申请撤诉、诉讼上自认）又有双方行为（比如合意达成管辖协议、合意适用简易程序等），既有取效性的又有与效性的。①

当事人依据任意规范而作出选择行为或者处分行为均属于当事人进行主义的范畴。具体来说，（1）双方当事人合意行使选择权，主要是达成诉讼契约，比如合意达成管辖协议、撤诉契约、诉讼和解协议、不上诉契约、执行和解协议等；（2）当事人单方行使选择权，比如是否起诉和撤回起诉、是否上诉和撤回上诉、是否申请和撤回申请等。

职权进行主义主要表现为法院对程序事项的裁判权和执行权等，比如法院审查后认为起诉不具备法定要件的，则裁定驳回起诉，裁定是否或者如何采取执行措施等。其中，法院负责主持或者维持诉讼程序合法有序及时进行的行为，被称为"诉讼指挥行为"，例如，法院主持证据交换；维护法庭辩论的顺序，决定是否分别辩论、合并辩论、限制辩论、再开言词辩论；裁定中止诉讼和恢复程序；裁定终结执行；指定期间；采取执行措

① 根据诉讼行为合法要件或者效果要件，可将当事人诉讼行为分为取效（性）诉讼行为、与效（性）诉讼行为。

取效诉讼行为主要是当事人请求法院为特定审判执行和为形成裁判基础提供资料，比如当事人向法院提出的实体请求（如原告诉讼请求）和程序请求（如申请回避、请求证据保全等）、主张事实和提供证据等。同时，当事人涉及公益的诉讼行为原则上应当被纳入取效性诉讼行为的范畴，须经法院裁判或者同意，才能产生行为人预期的法律效果。

取效诉讼行为必须借助法院相应的行为，才能产生行为人预期的法律效果。比如，当事人申请回避，法院决定同意的，才能产生当事人预期效果。当事人取效诉讼行为必须向本案法官实施并由其裁判是否同意，法官裁判作出前，当事人可以撤回取效诉讼行为。

与效诉讼行为只要符合法定要件或者法律规定，无须法院同意，就可直接发生行为人预期的法律效果，法院的裁判实际上只是对其效果的确认，比如双方当事人达成管辖协议等。

对于原告变更或者增加诉讼请求、原告放弃诉讼请求（舍弃）、被告承认诉讼请求（认诺）、双方当事人的诉讼和解与执行和解等直接处分实体权益或者直接承担实体义务的诉讼行为，有些学者主张，为尊重行为人的私法自治或者意思自由，应当作为与效诉讼行为对待。

笔者以前也持这种主张，现在却认为将其纳入取效诉讼行为范畴更为合理。因为这类行为是在民事诉讼中实施的，必须经过法院作出相应的裁判，才能产生相应的实体法效果和程序法效果。比如，被告认诺原告诉讼请求的，法院据此作出认诺判决（原告胜诉、被告败诉的判决），即以判决来确定被告对原告所负担的实体义务或者民事责任，从而能够产生终结诉讼程序、既判力、执行力等法律效力。

根据民事诉讼安定性原理，当事人诉讼行为以取效性为常态。当事人取效诉讼行为以外的诉讼行为，多是与效诉讼行为。

施等。法院行使诉讼程序指挥权的方式主要是裁定，有时是决定、命令或者通知。

按照诉讼安定原则，法官和当事人应当按照法定程序实施诉讼行为，均负有促进诉讼的义务。诉讼程序须待当事人起诉、上诉、申请始得开始；法院接受起诉、上诉、申请，才能使诉讼程序继续进行，并且法院行使诉讼指挥权以推动诉讼程序合法有序及时进行，对此当事人往往没有选择权和决定权；当事人可以撤诉、诉讼和解、舍弃或者认诺诉讼请求等方式，法院可以判决或者裁定等方式，终结诉讼程序。诚实信用原则还要求法官和当事人、当事人相互之间加强诉讼合作，以加快诉讼进程。法院与当事人共同选择或者决定程序事项在民事诉讼中也是常见，比如普通共同诉讼的适用（《民事诉讼法》第52条）；法院根据案件具体情况并征得当事人同意，可以将法庭调查和法庭辩论合并进行（《解释》第230条）。

与民事私益案件相比，民事公益案件中职权进行主义的因素更多些。比如，在解决合同无效纠纷、婚姻无效纠纷等公益案件中，当事人不得以和解、撤诉等方式终结诉讼程序，法院为维护公益也不同意撤诉；人事诉讼案件因涉及公益而不适用协议管辖。[1]

第二节　公开审判主义·双方审理主义·当事人平等主义

一、公开审判主义

（一）公开审判主义的内涵和根据

公开审判属于"司法公开"或者"程序公开"的范畴，是指法院应当依法公开审理和公开宣判民事案件。公开审判既要求形式上的公开，即公开案情、审判人员、审理过程和判决结果，又要求实质上的公开，即在判决中公开法官作出判决的思维过程和论证根据（附判决理由义务）。

根据我国《宪法》《人民法院组织法》的相关规定，《民事诉讼法》第

---

[1]　参见姜世明：《民事程序法之发展与宪法原则》，2版，392页，台北，元照出版有限公司，2009。

10 条规定:"人民法院审理民事案件,依照法律规定实行合议、回避、公开审判和两审终审制度。"据此,我国现行法将公开审判作为民事审判基本制度,应当将其规定为民事诉讼基本原则。民事审判基本制度虽是从法院审判的角度规定法院审判民事案件所应当遵行的基本制度,但与维护当事人司法救济权和诉讼权利密不可分。

公开审判是相对于秘密审判而言的,是诉讼制度文明和进步的标志。封建专制社会的司法,审判多在秘密状态下进行。秘密审判在资产阶级革命时期被视为维护专制统治的工具和措施,受到进步思想家的猛烈抨击。资产阶级革命胜利后,公开审判作为一项司法原则,取代了秘密审判,成为诉讼制度中的一项重要原则。

法谚云:"正义不仅应当得到实现,而且应以人们看得见的方式实现。"在当今国际社会,获得基于公开的口头辩论的判决为当事人获得正当审判权的主要内容。正当程序既是一种公开的程序,又是一种能够保守国家秘密、当事人隐私和商业秘密的程序。

双方当事人在法庭上面对面的对席言词辩论是民事争讼程序的主要内容。"对席言词辩论"因其使用言词形式,使其在公开场合进行就有了客观可能。① 可见,公开审判与对审、言词审理之间有着内在的关联性(书面审理则无须公开审理)。同时,与分割审理比较而言,在法庭上公开集中审理的场合,旁听者常常更能直观地了解案情全貌及审判的全过程,大众媒体更能对审判过程作全幕报道,在无碍于审判独立的范围内,可推进公开审判主义的运用而便于国民监督审判。

将审判置于公众的监督之下,增强审判的透明度,有助于实现司法公正,提升司法公信力。公开审判对当事人及其他诉讼参与人具有约束作用,能够促使当事人据实陈述案情和证人如实提供证言。公开审判的过程就是通过具体案例对公众进行法制宣传教育的过程。

(二)我国公开审判主义的主要内容

公开的主体范围主要是:(1)向社会公开,即允许公民旁听、允许新

---

① 参见王亚新:《论民事、经济审判方式的改革》,载《中国社会科学》,2000(2)。

闻报道①、在互联网公布裁判文书。②（2）向当事人公开，即保障当事人的程序参与权，其基本内涵是法庭应当给予诉讼当事人各方充分的机会来陈述本方的理由，严格适用缺席审判。不过，笔者认为，对当事人程序公开的规范内容，以纳入程序参与原则或者对审原则为宜。

公开的客体范围主要是③：（1）审判庭组成人员和书记员公开；（2）案情公开；（3）立案公开；（4）庭审公开；（5）宣判公开；（6）裁判文书公开，包括在互联网公布裁判文书，公众可以查阅发生法律效力的判决书和裁定书（《民事诉讼法》第156条)④；（7）查阅和复制庭审笔录等诉讼材料。⑤

《决定》明确提出"构建开放、动态、透明、便民的阳光司法机制"。开放，即所有司法中依法应当公开的信息都应当公开。动态，即当事人可以通过网上办公平台与法院进行必要的互动交流。透明，即所有可以公开的裁判结果和执行信息都应当上网公开。便民，即普通民众参与、旁听案件审理，获取法院的公共信息将更加方便、快捷。

各级法院应当依托信息技术，构建开放、动态、透明、便民的阳光司法机制，建立健全审判流程公开、裁判文书公开和执行信息公开三大平台。

为了维护更大权益或者基于审理事项特殊性的考虑，我国现行法律和

---

①　参见《人民法院法庭规则》（法释〔2016〕7号）（第9、11条）和《最高人民法院关于人民法院接受新闻媒体舆论监督的若干规定》（2009年）。

②　参见《最高人民法院关于人民法院在互联网公布裁判文书的规定》（法释〔2016〕19号）。

③　《最高人民法院关于司法公开的六项规定》（法发〔2009〕58号）从立案公开、庭审公开、执行公开、听证公开、文书公开和审务公开这六个方面对各个程序阶段的审判公开问题作了进一步的规定。

④　但涉及国家秘密、商业秘密和个人隐私的内容除外。《解释》第220条规定：《民事诉讼法》第68、134、156条规定的商业秘密，是指生产工艺、配方、贸易联系、购销渠道等当事人不愿公开的技术秘密、商业情报及信息。公民、法人或者其他组织应当以书面形式，向作出该生效裁判的法院提出申请，并提供具体的案号或者当事人姓名、名称（《解释》第254条）。

⑤　依据《庭审录音录像规定》，法院可以播放依法公开审理案件的庭审录音录像（第12条）；法院应当通过审判流程信息公开平台、诉讼服务平台以及其他便民服务平台，为当事人、辩护律师、诉讼代理人等依法查阅庭审录音录像提供便利（第10条）。

司法解释明文规定了不公开审理的案件和情形（法院应当当庭宣布不公开审理的理由）①，主要有：

（1）不公开审理的案件。主要有两类（《民事诉讼法》第134条）：绝对不公开审理的案件（涉及国家秘密、个人隐私案件）和相对不公开审理的案件（当事人可以申请不公开审理的离婚案件和涉及商业秘密的案件、法院调解案件②、非讼案件等）。不公开审理的案件，其判决应当公开宣告，宣判时应当注意保护有关国家秘密、个人隐私、商业秘密。

（2）不开庭审理的情形。争讼案件以开庭审理为原则，其例外情形主要有：简易程序和小额诉讼程序中，可以采用视听传输技术等方式开庭（《解释》第259条）；上诉案件不需要开庭审理的，可以不开庭审理（《民事诉讼法》第169条）；再审案件不需要开庭审理且当事人书面同意的，不开庭审理（《解释》第403条）。

（3）民事争讼程序中，不公开情形还有：法庭审理终结后，合议庭秘密评议案件；裁定处理程序事项；简易案件判决书只需记载判决主文而无须详细载明判决理由（《解释》第270、282条）等。

《人民法院工作人员处分条例》（法发〔2009〕61号）第42条规定："故意泄露合议庭、审判委员会评议、讨论案件的具体情况或者其他审判执行工作秘密的，给予记过或者记大过处分；情节较重的，给予降级或者撤职处分；情节严重的，给予开除处分。"

《刑法》第308条之一："司法工作人员、辩护人、诉讼代理人或者其他诉讼参与人，泄露依法不公开审理的案件中不应当公开的信息，造

---

① 有学者认为，根据程序选择权法理，在不害于公益的范围内，应容许当事人合意选择不公开审理，同时基于事件类型审理必要论及程序法理交错适用肯定论的法理，为满足一定事件类型的特性需求（如简易案件），可以适当限制或者缓和公开审判原则的适用。参见邱联恭：《程序制度机能论》，244页，台北，三民书局，1996。

② 《解释》第146条规定："人民法院审理民事案件，调解过程不公开，但当事人同意公开的除外。调解协议内容不公开，但为保护国家利益、社会公共利益、他人合法权益，人民法院认为确有必要公开的除外。主持调解以及参与调解的人员，对调解过程以及调解过程中获悉的国家秘密、商业秘密、个人隐私和其他不宜公开的信息，应当保守秘密，但为保护国家利益、社会公共利益、他人合法权益的除外。"

成信息公开传播或者其他严重后果的，处三年以下有期徒刑、拘役或者管制，并处或者单处罚金。有前款行为，泄露国家秘密的，依照本法第三百九十八条的规定定罪处罚。公开披露、报道第一款规定的案件信息，情节严重的，依照第一款的规定处罚。单位犯前款罪的，对单位判处罚金，并对其直接负责的主管人员和其他直接责任人员，依照第一款的规定处罚。"

二、双方审理主义

双方审理主义是程序参与原则或者程序参与权在争讼程序中的具体化。原告与被告之间的平等对抗构成民事争讼程序的核心。民事"争讼性"或者"对审性"在制度上体现为"双方审理主义"（"双方审理原则""对审原则""对审主义"）。在法国，双方审理主义被作为民事争讼程序的一项"自然原则"，是民事争讼程序首要的正当性原理。

（一）程序参与原则

程序参与原则又称当事人的参与性，是程序公正的核心内涵或者基本内容，或者说是程序公正的最低限度的标准或者要求。程序参与原则普遍适用于民事争讼（审判）程序、民事非讼（审判）程序和民事执行程序及裁定程序，但其适用情形和具体要求各有不同。[1]

西方流行的自然正义的第二个原则是"当事人程序参与"[2]，英美法中称之为"获得听审机会原则"（opportunity to be heard）[3]，即"任何一方的诉词都要被听取"（audi alteram partem）。其主要内容是："必须给予诉讼当事人各方充分的机会来陈述本方的理由。这意味着必须将诉讼程序告知他们，并及时通知其任何可能受到的指控，以使当事人能够准备答

---

[1]　参见邵明：《现代民事诉讼程序参与原则》，载《法学家》，2009（3）。

[2]　人们通常将"法官中立"作为自然正义的第一个原则，将"当事人程序参与"作为自然正义的第二个原则，在英美法中它被称为"获得听审机会原则"。See *Black's Law Dictionary*, tenth edition, Thomson Reuters, 2014, p. 1267.

[3]　"The opportunity to be heard is a fundamental requirement of procedural due process. It ordinarily includes the right to receive fair notice of the hearing, to secure the assistance of counsel, and to cross—examine adverse witnesses." *Black's Law Dictionary*, tenth edition, Thomson Reuters, 2014, p. 1267.

辩。此外，还应允许当事人以适当的方式将答辩提交给法官。"①

民事诉讼程序参与原则既是民事诉讼的基本原则，又是其基本属性和基本原理（诉讼参与性或者司法参与性），也是当事人程序基本权（诉讼参与权）。当事人程序基本权属于古典的程序基本权，被称为"诉讼程序的大宪章"，大体上包括诉讼知情权和诉讼听审权。

所谓"诉讼知情权"，又称"获得程序通知权""程序通知权"，属于公民"知情权"（the right to know）的范畴，是指当事人（及相关第三人）有权充分及时地知悉与己相关诉讼的进行情况。其主要内容是：诉讼当事人及相关第三人有权充分及时了解与己相关的诉讼程序的进行情况；法院必须平等、及时地告知受到诉讼结果影响的当事人及相关第三人，使其能够充分及时地了解诉讼程序的进行情况，以便其能够充分及时地参加诉讼，行使诉讼听审权或者适时适式作出诉讼行为。

"法院告知"包括：（1）"事前告知"，即法院在作出裁判前所为的告知，如送达开庭通知、告知诉讼权利义务等；（2）"事后告知"，即法院在作出裁判后告知裁判的内容；（3）"救济告知"，即法院应当在裁判中载明救济途径（如复议或者异议、上诉等）。保障诉讼知情权的制度主要有通知、送达和公告制度。

所谓"诉讼听审权"，又称"听审请求权"，是指当事人（及相关第三人）在诉讼过程中对程序事项和实体事项获得听审或者表达意见的权利。其主要内容是：在诉讼过程中，受到诉讼结果影响的当事人（及相关第三人）有权提出程序请求（包括程序异议）、主张事实和提供证据，即便是法院依职权收集的事实和证据，（对方）当事人（及相关第三人）均有权通过质证充分表达意见。

诉讼听审权主要包括程序请求权（包括程序异议权、程序复议权）②、

① ［英］彼得•斯坦、约翰•香德：《西方社会的法律价值》，王献平译，112～113 页，北京，中国法制出版社，2004。

② 有关民事诉讼法中的程序异议制度，参见张卫平：《论民事诉讼法中的异议制度》，载《清华法学》，2007（1）。

事实主张权、事实证明权（包括举证权、证据保全申请权、质证权、辩论权①）、"面对面的权利"②、获得审级救济权③、法庭笔录阅读权和补正权④、本案诉讼资料（包括法律文书）查阅权和复制权（《民事诉讼法》第49条）等。

在程序方面，与诉权不同，诉讼听审权是当事人等在诉讼过程中享有的对程序事项和实体事项的获得听审或者表达意见的权利，而诉权则是当事人所享有的请求开始诉讼程序（争讼程序）的权利（其行使方式是起诉，诉权在民事诉讼法中即起诉权）。实质当事人行使诉讼听审权的方式主要有二：（1）自己亲自行使及代理人代为行使；（2）依法授权相关主体行使（比如在群体纠纷中，授权或者推选群体成员为代表人参加诉讼）。

至于当事人及相关第三人"使用母语进行诉讼的权利"，则是与诉讼听审权密切相关的基本权。⑤ 至于"获得律师帮助权""获得诉讼费用援助权"等，则属于帮助当事人行使诉权、诉讼听审权的权利，也应属于当事人的宪法基本权的范畴。

当事人及相关第三人程序参与属于程序公正和正当程序的范畴，属于"程序基本权"的范畴。国际社会普遍认为，为使法院裁判具有正当性，必须对诉讼当事人等作出有效的程序告知。诉讼听审原则或者诉讼听审权集中体现在《世界人权宣言》第10条、《公民权利和政治权利国际公约》

---

① 笔者认为，如果我国民事诉讼法确立了程序参与原则，那么我国现行辩论原则（主要内容是保护双方当事人的辩论权）可被程序参与原则或者对审原则吸收。同时，我国就可以确立外国法的辩论主义。

② 当事人有权在审判中对证人和鉴定人进行"面对面"的质询。在美国，当事人有权于审判中在场目视证人（事实证人和专家证人），也有权使证人目视自己。这种权利，被称为"面对面的权利"（right of seeing the witness face to face），属于宪法所保障的基本人权，其目的在于维护诉讼程序的公正及发现真实。See *Black's Law Dictionary*, tenth edition, Confrontation Clause. Thomson Reuters, 2014.

③ 即当事人有权提起上诉，以启动上诉审程序获得救济。

④ 法庭笔录之所以能够作为判断法院是否依照法定程序审判的主要证据，其根据或者缘由之一正是"当事人有权阅读和补正法庭笔录"（《民事诉讼法》第147条）。

⑤ 《民事诉讼法》第11条规定："各民族公民都有用本民族语言、文字进行民事诉讼的权利。在少数民族聚居或者多民族共同居住的地区，人民法院应当用当地民族通用的语言、文字进行审理和发布法律文书；人民法院应当对不通晓当地民族通用的语言、文字的诉讼参与人提供翻译。"因此，"人民法院依照民事诉讼法第十一条第三款规定提供当地民族通用语言、文字翻译的，不收取费用"（《诉讼费用交纳办法》第12条第2款）。

第 14 条第 1 款、《欧洲人权公约》第 6 条第 1 款、《非洲人权公约》第 7 条第 1 款等之中。

在国际民事诉讼领域，诸多国际条约和国内法将剥夺或者限制当事人诉讼知情权和诉讼听审权作为拒绝承认外国判决的法定理由。比如，《海牙民商事案件外国判决的承认和执行公约》（1971 年）第 5 条规定：对在未予任何一方当事人充分机会陈述其意见的情况下作出的判决，可以拒绝承认或者执行。第 6 条规定：缺席判决只有起诉通知书已依照请求国的法律送达缺席方，使该方有足够时间提出辩护时，才能被承认应宣布为有执行力的。

德国、西班牙、瑞士和美国等国主张，程序参与权是一项宪法上的权利。比如，《德国联邦宪法》第 103 条第 1 款规定："每个人都可以要求在法庭上进行法定听审。"德国联邦宪法法院判例以当事人享有诉讼听审权为依据，确定受诉法院应当承担通知义务，受诉法院应当将诉讼系属事实通知本案当事人。

西班牙从当事人享有接受法院有效保护的权利中引申出了程序参与权，其宪法法院根据诉讼防御原则推定当事人享有接受程序通知的权利。瑞士则从其《宪法》第 24 条第 1 款（法律面前一律平等）中引申出当事人双方的听审权。

在美国，诉讼听审权则来自宪法的正当程序条款。美国联邦最高法院认为，应将缺少程序通知和剥夺诉讼听审权作为侵害当事人接受正当程序审判权的情形。[1]

（二）双方审理主义的内涵

民事争讼程序中，诉讼参与性或者程序参与原则体现为对审性或者对

---

[1] "The conduct of legal proceedings according to established rules and principles for the protection and enforcement of private rights, including notice and the rights to a fair hearing before a tribunal with the power to decide the case. An elementary and fundamental requirement of due process in any proceeding which is to be accorded finality is notice reasonably calculated, under all the circumstances, to apprise interested parties of the pendency of the action and afford them an opportunity to present their objections… The notice must be of such nature as reasonably to convey the required information." *Black's Law Dictionary*, tenth edition, Thomson Reuters, 2014, p. 610.

审原则，是民事争讼程序首要的正当性原理，缺席审判是其法定例外。民事争讼程序解决的是民事争讼案件，其实体争议性（民事争讼性）在制度上体现为对审原则，即保障双方当事人的程序参与权。

双方审理主义是指保障双方当事人的程序参与权。双方审理主义是从对审性或者争讼性的角度来赋予和保障双方当事人的程序参与权。从职责的角度来说，对审主义要求法院保障双方当事人的程序参与权。事实上，对审主义还能防止法官偏听偏信，使其兼听则明。在民事争讼程序中，法院应当遵行双方审理主义，若违背则构成上诉或者再审的理由。

双方审理主义要求保障双方当事人获得程序通知权和诉讼听审权。在诉讼程序及证明程序方面，根据双方审理主义，双方当事人享有平等的程序请求权、事实主张权、证明权、辩论权等，其中特别保障双方当事人之间的平等对抗，并强调遵循直接言词审理原则和公开审判原则等。

对审原则保障双方当事人共同参加诉讼，就本案诉讼标的和诉讼请求、实体事实和证据充分表达意见，在此基础上法院作出判决。对于民事争讼案件的实体事实，应当采用严格证明程序，注重保障原告与被告之间的平等对抗，强调遵循直接言词、公开审判等原则。严格证明与争讼程序原理或者正当程序保障是一致的。

《民事诉讼法》第 12 条规定："人民法院审理民事案件时，当事人有权进行辩论。"辩论原则（辩论权主义）适用于争讼程序，即从起诉、答辩至法庭言词辩论终结，当事人双方均可就实体事实以言词或者书面方式进行辩论，法院应当保障当事人充分行使辩论权。笔者认为，我国现行辩论原则宜被纳入程序参与原则或者对审原则。

虽然简易程序是通过限制甚至取消当事人的一部分诉讼权利来获得或者突出"效率"的，但是应当重视程序自身所应具有的最低限度公正性的保障，即简易程序应当符合最低限度的程序公正要求，必须平等保障双方当事人的辩论权等程序参与权。比如，《民事诉讼法》第 159 条规定："基层人民法院和它派出的法庭审理简单的民事案件，可以用简便方式传唤当事人和证人、送达诉讼文书、审理案件，但应当保障当事人陈述意见的权利。"

对于特定情形，比如发生法定当事人变更的（如诉讼中发生债的移转、当事人死亡或者消灭等需要变更当事人);一方当事人丧失诉讼行为能力,需要确定法定代理人的;一方当事人因不可抗拒的事由,不能参加诉讼的等等,应当裁定中止诉讼,旨在给予诉讼承继人或者法定代理人参加诉讼的准备时间,切实保障对审主义。

对审原则既保障在法庭中双方当事人的程序参与权,又保障在法庭外双方当事人的程序参与权。比如,在法庭外进行证据保全或者现场勘验时,法院应当通知双方当事人到场;当事人无正当理由不到场的,证据保全或者现场勘验照常进行。

法院违反对审原则,如对双方当事人没有合法送达、剥夺或者限制当事人质证权和辩论权的,属于严重程序违法,作为上诉理由和再审理由。国际和区际司法协助中,"败诉当事人未经合法传唤而缺席判决的",是拒绝承认其他国家或者地区法院判决的重要理由。

(三)双方审理主义的适用例外

民事争讼程序中,采行对审原则,但是为及时维护对方当事人权益,避免诉讼拖延,一方当事人无正当理由不出庭的,诉讼照常进行。作为对审主义的法定例外,缺席审判的适用要件必须严格。

在我国,缺席审判,大体上是指在一方当事人无正当理由不出庭参加诉讼或者未经法庭许可中途退庭的,法院照常审理并作出判决。《民事诉讼法》第143条规定:"原告经传票传唤,无正当理由拒不到庭的,或者未经法庭许可中途退庭的,可以按撤诉处理;被告反诉的,可以缺席判决。"第144条规定:"被告经传票传唤,无正当理由拒不到庭的,或者未经法庭许可中途退庭的,可以缺席判决。"第145条规定:"宣判前,原告申请撤诉的,是否准许,由人民法院裁定。人民法院裁定不准许撤诉的,原告经传票传唤,无正当理由拒不到庭的,可以缺席判决。"

根据《民事诉讼法》(第143~145条)和《解释》(第234、235、241条),适用缺席审判应当符合以下要件:

(1)缺席审理前,应当传票传唤双方当事人(保障双方当事人的诉讼知情权),否则,违反程序参与原则或者对审原则,因此作出的判决属于重大违法判决。

(2)一方当事人无正当理由。一方当事人既包括当事人本人又包括其诉讼代理人，既包括被告又包括原告（原告放弃诉讼请求或者按撤诉处理的除外）。若有正当理由不出庭的（又不适用拘传的），则应当裁定延期审理或者中止诉讼。

（3）不出庭。即"缺席"，亦即不参加法庭审理。有些国家和地区法律规定，"缺席"包含不答辩和不到庭，当事人在法庭上不为辩论的，则被视同不出庭。

缺席审判的，法院应当注重平等保护双方当事人的合法权益，应当根据出庭当事人提供的诉讼资料、缺席当事人提供的诉讼资料和法院依职权探知的事实证据，进行审理并作出判决。缺席审理后所作出的判决，称为缺席判决，与对席判决具有相同的法律效力。

欠缺传唤或者传唤有瑕疵、当事人有正当理由不得出庭等，若法院缺席审理的，缺席的当事人有权提出异议，请求延期审理或者中止诉讼，并可主动参加法庭审理；若法院作出缺席判决的，缺席的当事人有权提起上诉或者申请再审。

（四）法院违反双方审理主义的程序后果和处理程序

法院违背双方审理主义主要体现在非法限制或者剥夺当事人及相关第三人的"诉讼知情权"和"诉讼听审权"，两者所引发的程序后果和救济程序有所不同。

如上所述，法院应当按照法定程序和法定期限并应当采用法定方式，就诉讼情况向本案当事人及相关第三人发出通知、作出送达或者发布公告；否则，为非法或者有瑕疵的通知、送达或者公告，通常不能产生相应的或者预期的法律效果（即无效通知、无效送达或者无效公告）。对此，本案当事人及相关第三人有权要求法院重新通知、送达或者公告，法院也应主动补正。"送达回证"是证明法院是否完成送达行为或者送达行为是否合法的重要证据。

在民事争讼程序中，为保障双方当事人的程序参与权，在缺席审判的情形中，一方面保障缺席方的上诉权，另一方面《民事诉讼法》第200条将"未经传票传唤，缺席判决的"作为再审的理由。在国际或者区际民事司法协助领域，普遍的做法是，将"败诉当事人未经合法有效传唤而缺席判决的"作为拒绝承认或者执行其他国家或者地区法院裁判的一个重要理由。

法院非法限制或者剥夺"诉讼听审权"属于严重违法行为，所作出的裁判为"突袭裁判"。《民事诉讼法》第200条将法院严重违反诉讼听审权的情形作为再审的理由。比如，原判决、裁定认定事实的主要证据未经质证的；无诉讼行为能力人未经法定代理人代为诉讼或者应当参加诉讼的当事人，因不能归责于本人或者其诉讼代理人的事由，未参加诉讼的；违反法律规定，剥夺当事人辩论权利的。①

审理笔录被作为法院是否依照法定程序审判的主要证据，因此在上诉审或者再审中，审理笔录是证明初审或者原审法院是否非法限制或者剥夺诉讼听审权的主要证据，理当由初审或者原审法院负责提供。

三、当事人平等主义

(一) 当事人平等主义的内涵

关于民事诉讼当事人平等主义（"当事人平等原则"），《民事诉讼法》第8条规定："民事诉讼当事人有平等的诉讼权利。人民法院审理民事案件，应当保障和便利当事人行使诉讼权利，对当事人在适用法律上一律平等。"根据《民事诉讼法》第5条，当事人是外国人、无国籍人、外国企业和组织的，适用同等原则和对等原则。

民事诉讼当事人平等主义主要是指所有当事人均具有平等的诉讼地位。民事争讼程序中，所有的当事人，不管其国籍、社会身份和政治地位如何，不管其为原告或者被告，也不管其是否为共同诉讼人，均具有平等的诉讼地位。具体表现为：（1）享有平等的诉讼权利；（2）承担平等的诉讼义务；（3）当事人相同的诉讼行为，应当适用相同的诉讼法规范，并产生相同的诉讼法效果；（4）平等维护所有当事人的实体利益和程序利益。

民事诉讼当事人享有平等的诉讼权利，是指：（1）享有相同的诉讼权利，比如申请回避权、主张权、举证权、质证权、辩论权、达成诉讼契约

---

① 相关第三人不是本诉当事人，所以无资格对本诉判决提起上诉或者申请再审。对于法院侵害第三人诉讼听审权的，法国和比利时等国民事诉讼法明文规定第三人可以通过"第三者异议"的方式申请撤销裁判，使该裁判对第三者失去效力。这项规定，可资我国借鉴。

的权利、执行异议权、使用母语进行诉讼的权利、委托诉讼代理人的权利；（2）享有与具体诉讼地位相应的诉讼权利，比如原告起诉权、被告反诉权、原告撤诉申请权、原告放弃或者变更诉讼请求的权利、被告推翻诉讼请求的权利、败诉方上诉权、债权人执行申请权、债务人执行豁免权等。

民事诉讼当事人承担平等的诉讼义务，是指当事人应当平等遵行诚实信用原则，比如不得滥用司法救济权和诉讼权利、不得妨害诉讼、不得以不正当手段形成利己的诉讼状态、促进诉讼、禁反言、真实陈述事实和自觉履行法院合法裁判等。在争讼程序中，原告和被告承担平等的诉讼义务。在执行程序中，债务人比债权人承担更多的程序义务（如真实适时申报财产义务）。当事人不履行诉讼义务，将产生不利的程序后果（如诉讼行为无效、承担诉讼费用等），或者被施以妨害民事诉讼的强制措施等。

对于当事人相同的诉讼行为，应当适用相同的诉讼法规范，并产生相同的诉讼法效果。比如，原告和被告均无正当理由逾期举证的，则应适用相同的举证时限规范，并产生相同的效果（"证据失效"）；原告和被告均无正当理由逾期上诉的，则均失去上诉权（属"失权"），即产生上诉无效的法律后果，法院裁定驳回上诉。

当事人双方平等原则不仅强调当事人的实体利益应当得到平等的诉讼保护，而且强调平等维护当事人之间的程序利益，不能厚原告而薄被告。当事人程序利益既包括如审级利益等程序利益，又包括节约当事人的诉讼成本。民事诉讼法应当重视平等维护双方当事人的程序利益。比如，原告申请撤诉的，若被告已经提出答辩状或者参加言词辩论的，诸多国家和地区将征得"被告同意"作为法院同意撤诉的要件，这是尊重被告已经付出的诉讼成本和对诉讼结果的期待利益。《解释》第238条第2款规定："法庭辩论终结后原告申请撤诉，被告不同意的，人民法院可以不予准许。"

（二）当事人平等主义的根据

法谚云："正义的根本要素是平等"（Prima pars aequitatis aequalitas），"法律对所有人都用一个声音说话"（Lex uno ore omnes alloquitur）。司法判决的正当性资源之一是让当事人在平等的环境中进行诉讼。当事人诉讼地位平等,不仅是"公平审判"的先决条件,而且是"衡量一种程序是否公正的基本标准"。

平等原则,从权利的角度说即平等权。"人皆平等"的自然正义和"法律面前人人平等"的宪法原则,在民事诉讼中体现为当事人平等原则。这也是民事诉讼法"宪法化"的具体体现。同时,当事人平等原则是正当程序的应有内涵和必然要求。"平等创造了司法和构成了司法。"① 民事争讼程序中,"平等"使当事人双方能够平等地主张事实、提供证据、质证、辩论,从而实现程序正义和实体真实。

民事争讼程序遵循"武器平等原则",即原告和被告拥有平等的攻击方法或者手段和防御方法或者手段。民事争讼程序中,当事人是以自己的名义请求法院行使审判权来解决民事纠纷或者保护民事权益的人及其相对方。原告被喻为"攻击方",其主张利己的事实(权利产生事实)和提出利己的证据(包括证明权利产生事实的本证、证伪被告抗辩事实的反证)被称为"攻击方法或者手段"。被告被喻为"防御方",其主张利己的抗辩事实(包括权利妨碍事实、权利阻却事实、权利消灭事实)和提出利己的证据(包括证明其抗辩事实的本证、证伪权利产生事实的反证)被称为"防御方法或者手段"。

在英美法系国家,人们把民事诉讼比作"民事战争"(civil war),当事人一方拿着"剑和盾",另一方也握着"剑和盾",基于"平等武装"理念,原告和被告以平等或者对等的诉讼权利武装自己,在一个平等的环境中赢得诉讼,才是公正的。

纵然现代社会没有"天赋"的权利使弱者得到优先考虑,但是基于实质正义的要求,在制度上和实务中给予弱者充分的帮助和支持,比如法律援助和司法救助,以保障他们能够顺畅地进行诉讼和保护权益。

法官应以中立裁判者的身份,平等保护所有当事人合法、正当的程序利益和实体利益。不过,使当事人处于平等地位还不够,因为同样恶劣地对待当事人显然不是给他们以尊严和正义,所以应当明确当事人具有平等的人格尊严。

---

① [法]皮埃尔·勒鲁:《论平等》,王允道译,21页,北京,商务印书馆,1994。

（三）当事人平等主义的适用范围

民事争讼程序的核心是平等保障双方当事人的程序请求权、事实主张权、事实证明权、辩论权等诉讼权利。换言之，在民事争讼程序中，特别保障双方当事人之间的平等对抗，即对诉讼请求、事实证据和程序事项，双方当事人充分表达意见或者平等进行争论，并强调遵循直接言词审理原则和公开审判原则等。

民事非讼程序中，不存在对立的双方当事人或者不存在明确的双方当事人对立状态，所以双方当事人平等原则的适用性受到限制。比如，在督促程序中，从督促程序开始到法院作出支付令之前的阶段，债务人并不参加审理，不可能也无须法庭辩论，法院仅以债权人一方提出的事实证据为根据决定是否发出支付令，所以双方当事人平等原则无适用的可能性和必要性。为平等保护债权人与债务人的合法权利，法律允许债务人提出支付令异议，以排除支付令的效力。若债务人在法定期间内提出合法支付令异议，则意味着债权人与债务人就其间的债权债务存在争议，应当裁定终结督促程序，支付令自行失效，转入诉讼程序，但申请支付令的一方当事人不同意提起诉讼的除外（《民事诉讼法》第217条）。

民事执行程序中，在执行权利人与义务人之间采行不平等主义。强制执行是执行法院在执行名义的前提下从事实上实现权利人的债权，强制执行的基点是实现权利人的债权，自不宜使义务人与权利人处于平等程序地位。在执行程序中，对权利人与义务人享有的程序权利和承担的程序义务作出了差别规定，比如许多国家规定，义务人负担向执行法院真实申报其财产的义务。[①] 同时，在执行权利人之间不适用平等执行原则（平等清偿主义）而采行优先执行原则（优先清偿主义），即除享有抵押权、质权等法定优先权外，根据合法申请执行或者法院受理申请的时间先后，申请在先的权利人优先受偿。

---

① 《民事诉讼法》第241条规定："被执行人未按执行通知履行法律文书确定的义务，应当报告当前以及收到执行通知之日前一年的财产情况。被执行人拒绝报告或者虚假报告的，人民法院可以根据情节轻重对被执行人或者其法定代理人、有关单位的主要负责人或者直接责任人员予以罚款、拘留。"

246/现代民事之诉与争讼程序法理——"诉·审·判"关系原理

第三节　集中审理主义·直接言词主义·自由心证主义

一、集中审理主义

(一) 集中审理主义的内涵

民事诉讼审理方式大致包括并行审理和集中审理。所谓"并行审理"("分割审理"),是指法官在一段时期内并行审理数个不同案件。比如,今天审理甲案件,明天审理乙案件,后天审理丙案件,未审结的案件需择日继续审理。采用并行审理主义,一个案件往往断断续续地审理,需要多次开庭,前后开庭往往间隔数日或者数周甚至数月。

所谓"集中审理"("持续审理"),是指法官集中或者持续审理一个案件,待该案审结再审判其他案件,即"各个击破"。根据集中审理主义,若某个案件需要多次开庭,则应连续而不间断地审理。集中审理主义强调审理一个案件应当尽可能减少开庭次数,以一次开庭即告审结案件为理想。

英美法系受其陪审制的影响而采用集中审理方式。在英美法系,由于采取陪审团制,由 12 名陪审员来认定事实,所以在正式法庭审理时,召集全体陪审团成员到庭,很费周折和时间。对此,在正式法庭审理前,需要做充足的准备,包括通过举证时限或者证据失效制度促使当事人充分提供证据并交换证据,整理案件的争点。[①] 经过充足的审前准备,进入正式

---

① 在美国,证据交换或者证据开示制度使"竞技型对抗制"转向"公平型对抗制"("信息对称的对抗制")。在当事人能力存在现实差异时,"竞技型对抗制"极易导致诉讼的实质性不公平。"公平型对抗制"导入当事人作为公民在诉讼中的社会义务因素,这是一种在诉讼过程中对话、沟通、诚信、合作的义务;同时,"公平型对抗制"也导入法官的诉讼指挥权、和解促进权的因素。这两种因素的导入,在很大程度上缓解了"竞技型对抗制"下极易产生的程序正义与实体正义的冲突,使对抗制渐趋整体正义(追求对立价值取向冲突最小化、整合效益最大化的正义状态),使对抗制从不对称状态步入信息对称状态。

证据开示制度倡导当事人之间的合作,而对抗制的本质在于通过当事人之间的抗争来展示案件的是非曲直,所以证据开示制度与对抗制是一种悖论关系。为破解这种悖论关系,美国以完善证据开示制度为中心的具体举措集中于两条路径:(1) 设置自动或者强制证据开示(disclosure) 程序;(2) 重新分配诉讼主体的职责,比如增加法官在审前程序中的管理职能,即增加法官的诉讼指挥权。参见韩波:《民事证据开示制度研究》,87~88 页,北京,中国人民大学出版社,2005。

法庭审理阶段，法庭审理持续进行到作出判决时止。若未做充足的审前准备，则可能导致在法庭审理中不断主张事实或者提出证据，以至于正式法庭审理不得不被中断而需多次开庭，因此需要不断召集全体陪审团成员到庭。[①]

大陆法系采取集中审理主义，多是在诉讼制度变革中，权衡并行审理与集中审理的利弊所作出的理性选择。我国《民事诉讼法》实际上采用的是并行审理主义，不过，随着诉讼体制改革的深入，实务中已经采用集中审理方式。

采取并行审理方式，由于多次改期审理，往往重复进行而造成程序浪费，加之同一案件的审理期日间隔过长，数个案件又在同一段时期内并行审理，往往导致法官对数个案件记忆错乱或者模糊不清，法官只得依赖书面材料作出判决，致使对审、直接言词审判和公开审判等原则被架空。采行集中审理主义能够回避并行审理方式的弊端，既能够贯彻争讼程序其他基本原则，又能够保障实体真实和节省诉讼成本。

（二）集中审理主义的适用

践行集中审理主义的一个重要前提是，在正式法庭审理之前，需要做比较充足的准备。这种准备是必要的，因为在法庭审理中若多次主张事实或者提出证据，则可能导致多次休庭，从而阻碍连续而不间断的审理。做好准备工作，有助于减少开庭次数而迅速审结案件，不至于后面的案件需要等待很长的时间才能获得审理。

审前准备工作集中在审前准备程序中进行。审前准备程序中，当事人双方在主张时限内主张事实、在举证时限内提供证据，在此基础上交换证据并明确案件争点。在以后的法庭审理中，所需辩论和审理的只是当事人双方有争议的证据、事实和诉讼请求等事项，而当事人双方无争议的事项在辩论主义程序中则无须辩论和审理。

在大陆法系民事诉讼中，集中审理主义在上诉审程序中体现为上诉理由强制提出制度。其主要内容是，上诉人须于上诉书中充分载明上诉理由；对于上诉人遗漏的上诉理由，法院应当责令上诉人限期补充，若上诉

---

① 参见［日］中村英郎：《民事诉讼理论的法系考察》，15 页，东京，成文堂，1986。

人无正当理由没有补充或者逾期补充的，则此上诉理由不得再提出，法院也不予采纳。

民事争讼程序中，虽以集中审理为原则，但在特殊情形中也无适用的必要。比如，出现中止诉讼情形，只得待中止诉讼的原因消除后才能恢复诉讼，那么在中止诉讼期间，法官可以审判其他案件。

（三）集中审理主义与诉讼程序结构

集中审理主义的建立、审前准备程序的塑造、证据适时提出主义的确立必然引起诉讼程序结构的系统调整。在构建和完善"金字塔式"的诉讼程序方面，第一审程序处理案件的事实问题和法律问题，第二审程序处理案件的法律问题和事实问题，第三审程序主要是法律审。换言之，"事实审"主要在初审进行，而上诉审主要是"法律审"，所以第二审应当采用严格的"续审制"。

在英美法系，第一审法院称为"审理法院"（trial court），是对案件应从事实和法律两个方面进行审理并作出判决。对上诉的限制，英美法系要比大陆法系严格得多，并且上诉审法院一般不进行事实审，主要是法律审，所以第二审程序与第三审程序的区别没有大陆法系那样明显。个中缘由是采用陪审团制。由于遴选和召集陪审员很费周折，所以审前需做充足准备，采取集中审理主义。其结果是，第一审中基本上将案件事实问题审理完结。

在事实认定方面，陪审员以其"普通人的情理"来判断普通人理解的事实问题有其合理之处，从而符合正当性要求，所以法官并不轻易否定陪审团对事实的认定。若第二审程序审理事实的话，则需重新遴选和召集陪审员，因此带来的诉讼成本也将无法承受。

虽然英美法系今天没有多少民事案件适用陪审团制，但是历史所形成的传统和制度仍然存在着生命力。大陆法系历史上不存在英美法系式陪审团制，证据的调查和事实的认定属于法官的责任，而职业法官也会发生事实认定方面的错误，加之无须考虑陪审团制所带来的成本，所以第二审程序虽是法律审但不完全拒绝事实审，即采取续审制。

初审法院作为"审理法院"，其主要职责在于对案件事实和证据进行调查，并根据法律对诉讼标的和诉讼请求作出判决。在采行集中审理原则和证据适时提出主义的制度框架内，第二审采取续审制，第三审则采取事后审制，其重点在于审查第一审或者第二审判决的合法性问题，尤其是违宪问题。①

二、直接言词主义

(一) 直接言词主义的内涵

现代民事诉讼原则上要求采行直接言词审判。直接言词（审判）主义包括"直接（审判）主义"和"言词（审理）主义"，两者关系密切，均以发现真实和提高效率为主要追求。

直接主义是指审判同一案件，判决法官必须亲自参加法庭审理，即强调审理法官与判决法官的一体化。与直接审判相对的是"间接审判"，是指审判同一案件时，审理法官与判决法官存在着分立，即判决法官根据其他法官审理的结果作出判决。

言词主义要求当事人、证人等在法庭上须用言词（口头）形式质证和辩论。该原则是公开审判主义、双方审理主义和直接主义等实施的必要条件。与言词审理相对的是"书面审理"，是指根据书面的诉讼资料来认定事实和作出裁判。

诉讼或者司法是一种察言观色和亲历性的法律活动。我国古代"五声听狱讼"，就反映了司法的亲历性。研究表明，人与人之间的沟通有50%以上是靠肢体语言来完成的。② 在法官、双方当事人和证人"面对面"（face to face）的活动中，当事人和证人的肢体语言（如陈述事实时所体现出的坐姿、语调、眼神、情绪等）均能够传达出语言文字所无法传递的案情信息（即"言外之意""无言之知"③），从而影响到法官的"心证"。这是采行直接言词主义和强调司法亲历性的经验上和心理学上的根据。

---

① 正是因为审理法律问题，所以无论是在欧陆还是在英美，上诉审是由至少三位以上的法官进行集体审理，美国的联邦法院甚至会全员审理。

② 参见［美］盖瑞·史宾塞：《最佳辩护》，魏丰等译，36～41页，北京，世界知识出版社，2003。

③ 这体现了波普尔所言的"无意识的知识"，波兰尼所言的"不可言传的知识"。See Michael Polany, *Personal Knowledge*, Chicago, The University of Chicago Press, 1958, pp. 62-64.

　　直接言词主义要求法官亲自聆听当事人言词辩论和证人言词作证，这样法官可以直接观察当事人和证人的肢体语言，直接察看证据实际状况，易于准确掌握案件事实。因此，直接言词主义被作为自由心证主义的支柱之一。同时，言词方式具有传达简捷的优点，法官、当事人和证人直接见面，有助于法官和当事人及时发现争议和尽快解决问题，从而推动诉讼迅速进行。因此，采行直接言词主义有助于及时发现真实，满足民事诉讼的价值要求。

　　总之，直接言词主义体现了诉讼或者司法的一个特性：诉讼过程与诉讼结果的一体性，即判决是听审过程中主客观因素累积的结果。① 该特性与发现案件真实、提高诉讼效率存在内在联系。因此，在现代法治社会，直接言词主义与公开审判主义、双方审理主义或者程序参与原则等一并作为诉讼或者司法的基本原则，并被视为使诉讼制度或者司法制度贴近国民的必要手段。

　　我国《民事诉讼法》没有明确规定直接言词原则，实际上是遵循此项原则。比如，根据《民事诉讼法》第 138、139、141 条等规定，当事人口头陈述；证人口头作证；当事人可以发问证人、鉴定人、勘验人；当事人口头发言、答辩。再如，《最高人民法院关于人民法院合议庭工作的若干规定》（法释〔2002〕25 号）②、《最高人民法院关于进一步加强合议庭职责的若干规定》（法释〔2010〕1 号）③、《最高人民法院关于完善人民法院

---

　　① 参见贺卫方：《中国司法管理制度的两个问题》，载《中国社会科学》，1997（6）。

　　② 其第 3 条规定："合议庭组成人员确定后，除因回避或者其他特殊情况，不能继续参加案件审理的之外，不得在案件审理过程中更换。更换合议庭成员，应当报请院长或者庭长决定。合议庭成员的更换情况应当及时通知诉讼当事人。"

　　第 4 条规定："合议庭的审判活动由审判长主持，全体成员平等参与案件的审理、评议、裁判，共同对案件认定事实和适用法律负责。"第 15 条第 2 款："对制作的裁判文书，合议庭成员应当共同审核，确认无误后签名。"

　　③ 其第 5 条规定："开庭审理时，合议庭全体成员应当共同参加，不得缺席、中途退庭或者从事与该庭审无关的活动。合议庭成员未参加庭审、中途退庭或者从事与该庭审无关的活动，当事人提出异议的，应当纠正。合议庭仍不纠正的，当事人可以要求休庭，并将有关情况记入庭审笔录。"第 6 条规定："合议庭全体成员均应当参加案件评议。评议案件时，合议庭成员应当针对案件的证据采信、事实认定、法律适用、裁判结果以及诉讼程序等问题充分发表意见。必要时，合议庭成员还可提交书面评议意见。"

司法责任制的若干意见》(法发〔2015〕13 号)①、《人民法院落实〈保护司法人员依法履行法定职责规定〉的实施办法》（法发〔2017〕4 号)②等，对直接主义作出了具体规定。

民事争讼程序中，直接言词审判主义属于强行规范。当事人的诉讼行为须符合法定的方式，才能产生合法的法律效果。比如，根据言词审理主义，法庭辩论中当事人只能以言词方式进行辩论，不然则法院应当责令当事人以言词方式重做。法院限制或者剥夺当事人言词辩论的，根据《民事诉讼法》第 200 条，作为再审的理由。

（二）直接言词主义的例外

民事争讼程序中，直接言词主义有合理的适用例外或者不适用直接言词主义的情形，主要有：

（1）根据直接言词主义，审判过程中本案法官有变更的，诉讼程序则须从头进行。但是，这样做有违诉讼经济。因此，许多国家和地区民事诉讼法规定，当事人应当在新法官面前陈述以前言词辩论的结果，诉讼程序不必从头进行。

（2）言词主义适用于开庭审理阶段，而诉讼程序的启动（如起诉、上诉、申请再审等，通常要求采取书面形式）、审前准备程序通常不以言词主义为原则，诉讼程序终结阶段采用书面形式（如判决书、裁定书等）。此外，在辩论主义程序中，原告作出舍弃表示，被告作出认诺表示的，此后的程序无须言词审理。

（3）根据言词主义，证人应当出庭口头作证，但有正当理由无法出庭的，法院可以允许其提交书面证言或者通过双向视听传输等技术手段作

---

①　其中规定："独任法官审理案件形成的裁判文书，由独任法官直接签署。合议庭审理案件形成的裁判文书，由承办法官、合议庭其他成员、审判长依次签署；审判长作为承办法官的，由审判长最后签署。审判组织的法官依次签署完毕后，裁判文书即可印发。除审判委员会讨论决定的案件以外，院长、副院长、庭长对其未直接参加审理案件的裁判文书不再进行审核签发。"

②　其第 3 条规定："法官依法履行法定职责受法律保护，有权就参与审理案件的证据采信、事实认定、法律适用、裁判结果、诉讼程序等问题独立发表意见。除参加专业法官会议外，法官有权拒绝就尚未进入诉讼程序的案件或者本人未参与审理的案件发表意见。"

证。① 至于鉴定人，根据《民事诉讼法》第 78 条的规定，当事人对鉴定意见有异议或者法院认为鉴定人有必要出庭的，鉴定人应当出庭作证；经人民法院通知，鉴定人拒不出庭作证的，鉴定意见不得作为认定事实的根据（并且当事人可以要求返还鉴定费用）。

（4）裁定处理的程序事项，通常采取自由证明，无须法庭言词辩论，依书面审理即可，无适用言词主义的必要。当然，裁定程序虽不以言词审理为原则，但并不排斥适用言词审理方式。

有学者认为，有关直接言词原则的立法论和解释论，应当留意此原则如何与其他程序法原理取得平衡。例如，为保障当事人程序参与权和程序选择权，赋予当事人优先或者平衡追求程序利益的机会，应容许在一定限度内（如在当事人双方合意时）缓和或者放弃适用直接言词原则。②

三、自由心证主义

就诉讼证明方法而言，曾有过两次重大的进化：第一次是以"神判"为主的证明方法进化为以"人证"为主的证明方法；第二次是以"人证"为主的证明方法进化为以"物证"和"人证"为主的证明方法。与之相应，在人类早期的历史发展阶段，较为普遍地存在过"形式证据主义"和"形式证据制度"，其后普遍采用"实质证据主义"和"实质证据制度"。

实质证据主义中，有关法官心证的形成存在两种原则：一种是"法定证据主义"，另一种是"自由心证主义"，两者均遵行"证据裁判主义"。"法定证据主义"包含许多形式化或者等级化的证据规则和证明规则而不具有合理性，"自由心证主义"直接否定"法定证据原则"而自近代以来被普遍采用。

（一）自由心证主义的内涵

《民事诉讼法》第 64 条第 3 款规定："人民法院应当按照法定程序，

---

① 《民事诉讼法》第 73 条规定："经人民法院通知，证人应当出庭作证。有下列情形之一的，经人民法院许可，可以通过书面证言、视听传输技术或者视听资料等方式作证：（一）因健康原因不能出庭的；（二）因路途遥远，交通不便不能出庭的；（三）因自然灾害等不可抗力不能出庭的；（四）其他有正当理由不能出庭的。"
② 参见邱联恭：《程序制度机能论》，239 页，台北，三民书局，1996。

全面地、客观地审查核实证据。"《解释》第 105 条规定："人民法院应当按照法定程序，全面、客观地审核证据，依照法律规定，运用逻辑推理和日常生活经验法则，对证据有无证明力和证明力大小进行判断，并公开判断的理由和结果。"

本案审判法官判断证据，是指本案审判法官审查和确认证据资格的有无和证明力的大小。法官根据调查全案证据的结果，确认案件事实是否真实。自由心证原则要求法官作出合理的心证。直接言词原则被喻为自由心证原则的一个"支柱"。根据诉讼过程与诉讼结果的一体性原理，直接言词原则要求法官亲自聆听当事人言词辩论和证人言词作证，在此过程中对案件事实形成心证并作出判决。

自由心证主义（自由心证原则）属于公法上的强行规范，不许法官和当事人合意变更或者排除适用。其主要内涵是：法律不预先设定机械的规则来指示或者约束法官，而是由法官针对具体案情根据经验法则、逻辑规则和自己的理性、良知，独立自由地判断证据并据此认定事实。

在自由心证原则下，法官自由裁量的是证据能力和证明力，还是仅限于证明力？在英美法系，事实裁判者心证的"自由"主要是就证明力而言的。在大陆法系，法官自由裁量的内容包括证据能力和证明力。

英美法系通过证据规则对证据能力加以规定以指导或者约束陪审员，所以英美法系证据制度重在证据能力的规定，而对证据的证明力却较少限制。因此，事实裁判者心证的"自由"主要是就证明力而言的。英美法系的这一做法沿用至今。① 不过，英美法系国家一直致力于通过修改传统的证据规则来适应现代科技和社会生活的发展，其重要表现就在于有关证据能力的证据规则的适用例外愈来愈多②，所以有关证据能力的判断也愈来愈多地被纳入法官心证"自由"的范围。

在自由心证原则下，大陆法系的法官自由裁量的内容包括证据能力和证明力。在大陆法系，认定案件事实是作为法律专家的法官的职责，没有

<hr>

① 尽管英美法并没把自由心证作为一项实定法上的原则，但是事实上英美法系诉讼中对于证据和事实的评价判断也是"自由"的。

② See Mueller and Kirkpatrick：*Evidence under the Rules*，Little，Brown and Company，1993，pp. 712 - 727；John Peysner：Hearsay is dead! Love live hearsay! *The International Journal of Evidence and Proof*，Volume2，Number4，Blackstone Press Ltd. ，1998.

必要如英美法系为适应陪审员制度而制定大量的有关证据能力的规则,并且大陆法系很强调法官自由判断证据的证明力以发现案件真实①,所以法官心证的"自由"是就证据能力和证明力的判断而言的。

为保障法官独立判断证据和真实认定事实,我国可以借鉴英美法系证据制度,遵行证据裁判原则,通过证据规则严格规定证据能力以指导和约束法官,并可排除外部对审判法官的非法干预,那么法官"自由"心证主要是对证明力的判断。

自由心证原则要求:(1)对于证据的证明力,由法官根据经验法则、逻辑规则和理性、良知作出自由判断;由此(2)法官内心对案件事实的真实性形成"确信",亦即法官对案件事实真实性的心证程度达到完全证明标准。《解释》直接使用"确信",其第 108 条第 1 款规定:"对负有举证证明责任的当事人提供的证据,人民法院经审查并结合相关事实,确信待证事实的存在具有高度可能性的,应当认定该事实存在。"第 109 条规定:"当事人对欺诈、胁迫、恶意串通事实的证明,以及对口头遗嘱或者赠与事实的证明,人民法院确信该待证事实存在的可能性能够排除合理怀疑的,应当认定该事实存在。"

自由心证原则要求法官内心对于案件事实的真实性形成"确信",即法官心证程度应当达到"证明标准"。基于同样的证据,对同一事实,可能有的法官形成确信,而其他法官没有达到确信。因此,当"确信"这种观念被作为"法官获得确信、事实获得证明"之际的"证明度"(在此暂且称为"证明点")标准予以使用时,自始是以如下这一点为前提的:证明点因认定事实法官的不同而各异。② 尽管如此,合议制审判中,对于案件事实,只要合议庭法官过半数达到确信即可。

证据的证明力不能以机械的规则来确定,因为证明力的大小取决于证据与案件事实之间的关联性的强弱、真实性的高低、违法性之大小,而具体证据的关联性、真实性和合法性须在具体案件中进行具体考察和认定。

自由心证主义下,法律不预先设定机械的规则来规定各种和各个证据

---

① 参见毕玉谦:《民事证据法及其程序功能》,380 页,北京,法律出版社,1997。

② 参见〔日〕新堂幸司:《新民事诉讼法》,林剑锋译,371~372 页,北京,法律出版社,2008。

的证明力，具体证据的证明价值或者证明力由法官根据具体案件依据经验法则和逻辑规则进行自由判断。不过，法律也可以根据经验法则、逻辑规则对某些证据的证明力作出合理规定，比如原始证据的证明力一般大于派生证据、公文书的证明力一般大于私文书。①

促成"法官心证形成的资料或者原因"既包括"调查证据的结果"，又包括"辩论的全意旨或者全旨趣"。所谓"调查证据的结果"，大体是指通过合法证据调查程序所获得的本案所有证据资料。法官根据"证据和事实共通性原理"，运用调查证据的结果来认定事实。所谓辩论的全意旨，大体上是指在法庭辩论过程中出现的、除了证据资料之外的其他全部资料，比如当事人违背真实义务的陈述、当事人和证人肢体语言所透视出的信息等［参见第五章第三节二（一）］。

"证据"在作为法官心证形成的资料（即法官心证形成的"原因"）时，被称为"证据原因"，即通过合法证据调查程序所获得的本案所有"证据资料"。现代诉讼中，由于采行"证据裁判原则"，所以证据在确认案件事实和形成法官心证方面具有不可替代的作用。刑事诉讼中，应当更加强调证明的慎重和证明过程的透明度，必须明确强调以"证据调查的全部结果"为法官心证形成的原因和有罪判决的基础，而不能单纯或者过分强调以法庭辩论的全部意旨为法官心证形成的原因和有罪判决的基础。

（二）法官自由心证的保障和制约

诉讼中，法官判断证据和认定事实虽然属于主观认识活动，自由心证虽然属于法官自由裁量的范畴，但是自由心证主义并非容许法官恣意判断，而是要求法官作出合理的心证。为此，法律一方面保障法官心证形成的自由，另一方面制约法官恣意判断，从而在制度上对法官自由心证的形成设置了充足的保障措施和合理的制约措施。②

---

① 比如，《最高人民法院关于行政诉讼证据若干问题的规定》第63条的规定。
② 以下论述主要参考了王亚新：《社会变革中的民事诉讼》，318～344页，北京，中国法制出版社，2001；［日］田口守一：《刑事诉讼法》，刘迪等译，225～226页，北京，法律出版社，2000。
有学者认为，法官自由心证须合乎以下三个条件才是合法的：（1）为裁判基础的证据应经当事人质证或者辩论；（2）事实的判断应依逻辑方法为之；（3）法院判决应载明其所以然的理由。参见曾世雄：《损害赔偿法原理》，287～288页，北京，中国政法大学出版社，2001。

1. 法官心证形成前的保障和制约措施，主要有：（1）司法独立，禁止外部的非法干预，确保法官能够自由地形成心证；（2）法官资格限制，保障法官能够以其职业素质、理性良知及其所熟知的经验法则、逻辑法则等形成合理心证。

2. 法官心证形成过程中的保障和制约措施，主要有：（1）回避制度保障法官具有理性判断能力而能够作出理性和中立的判断；（2）审判公开以约束法官随意形成心证而能够作出合理的判断；（3）程序参与原则要求法院不得将双方当事人未发表过意见或者未进行过辩论的事实证据作为裁判的基础和内容；（4）证据裁判原则要求法官认定事实必须依据具有证据能力的证据而能够间接保证法官形成合理的心证；（5）对重大案件的判断采用复数主体制度（即合议制）以保证判断的合理性①；（6）直接言词原则要求法官的心证在法庭审理或者直接审理的基础上产生以保障法官心证形成的原因或者基础的真切性；（7）法官判断证据和认定事实时应当遵循证据规则、逻辑规则和经验法则②；（8）证明标准要求法官内心对于案件事实真实性的认知应当达到确信程度；（9）诚实信用原则既要求当事人和证人负担真实义务，又要求法官本着诚实信用形成心证。

3. 法官心证形成后的保障和制约措施，主要有：（1）判决理由制度要求法官心证形成的过程和原因或者基础应记明于判决书之中。根据法治国家原理，法院应当承担附裁判理由的义务。这也是审判公开的实质内容，能够在一定程度上起到禁止法官突袭判决和枉法裁判。（2）事后审查制度，主要是将下列情形作为上诉理由或者再审理由：判决未附理由的、判决理由相互矛盾的、误认事实的、判决理由与判决内容不一致的；违背

---

① 主张非专职人员加入判断主体的陪审制和参审制，也有保障合理判断的意图。

② 至于经验法则与自由心证原则之间的关系，有人认为，经验法则具有法规范性，是自由心证主义的外在限制，然而多数观点是，自由心证原则要求法官依据经验法则来认定，经验法则为法官自由心证的内在限制。法官违背经验法则，违背的是何种法律义务？对此，主要有两种看法：（1）顾虑义务违反说主张，法官为裁判时有探求真实的义务，所以法官有义务顾虑到各种经验法则的存在及其正当适用。此说认为，经验法则是自由心证的外在限制，违背此限制即是违背自由心证主义。（2）尽责审理义务违反说认为，法官应当充分评价考量诉讼资料，若法官在评价证据和认定事实时，没有充分利用经验法，则属未尽责评价考量，亦为违反自由心证原则的规定。此说认为，经验法则是自由心证的内在限制。

经验法则、逻辑法则的；背离审判公开、回避、证据裁判、直接言词和诚实信用等诉讼原则制度。从判决理由的明示和上诉审理中产生出来的指导性判决，同时法律学者们基于体系性的理论思维对这些判决理由及判决本身的批评和研究，使得类似案件处理的结果积累起来而逐渐类型化并形成司法的惯行或者传统。这种既随诉讼实践中面临的新情况不断发展变化，又保持一定的稳定性、连续性的司法惯行或者传统，使事后制约法官心证获得了一般意义。

第六章　民事判决

第一节　民事判决的概念和正当性原理

一、民事判决的概念

(一) 民事判决的内涵

比较法中，"判决"主要适用于争讼案件和争讼程序，所以"争讼程序"又称"判决程序"，而非讼案件和非讼程序则以"裁定"为之，所以"非讼程序"属于"裁定程序"，裁定还用来处理程序事项和及时救济事项。在我国，民事判决既适用于争讼案件和争讼程序（争讼判决），又适用于非讼案件和非讼程序（非讼判决）。裁定主要用来处理程序事项和及时救济事项。

"民事判决"是法院对"民事之诉"的回答（即诉审判）。争讼案件中，直接事实应当适用严格证明和完全证明。除法律有特别规定外，"判决"应当经过双方当事人法庭言词辩论、说明理由、依照法定格式制成判决书并以正本送达当事人。

"裁定"是法院对"诉"的附随事项或者有必要迅速处理的事项所作出的裁判。"裁定"不以实体上的争点为裁定对象，裁定程序不以双方当事人言词辩论程序为必要，裁定处理的事项采用自由证明和释明，除驳回起诉、上诉、申请或者就有争执的申请所为的裁定应附理由外，无须遵循一定的程序，故称为"意定程序之裁判"，而判决被称为"法定程序之裁判"。比较而言，判决程序偏向于"慎重"，而裁定程序侧重于"快捷"。

民事（争讼）判决是法院按照民事诉讼程序对民事纠纷事后性解决所作出的终局判定，旨在明确特定当事人之间的民事权益、义务、责任的具体内容或者最终归属。具体解析如下：

1. 民事判决是法院按照争讼审判程序作出的。

2. 民事判决解决的事项应当具有可诉性，即特定主体之间关于具体的民事权益、义务、责任的纠纷。

3. 民事判决是对可诉性纠纷的事后性解决，即民事纠纷发生后应当经过起诉，法院才能以判决解决。

4. 民事判决是法院适用实体法规范解决实体纠纷，旨在明确特定当事人之间的民事权益、义务、责任的具体内容或者最终归属。如法谚云："判决是法律的阐明"（Judicium est quasi juris dictum）。

5. 民事判决是终局判定。审级程序结束后，法院对民事案件作出终局判决。未确定的终局判决只能以上诉来撤销或者变更；确定的终局判决只能以再审或者异议之诉来撤销或者变更。任何其他国家机关、社会团体和公民个人均无权通过其他程序撤销或者变更法院判决（司法最终解决原则）。

争讼程序是对立的当事人参与的程序，法官应当以实体法规范为大前提，以证据认定的直接事实为小前提，作出结论即判决。此为判决三段论，是现代诉讼的基本构成。法院判决应当具有合理性，其中以法律的适用理由说明（体现判决实体内容的可预测性）最为重要。

判决应当具有合理性，其中以法的适用理由说明，即判决内容的可预测性（亦即形式的合理性）最为重要。争讼程序是由对立的当事人参与的程序，法官必须以法典化的实体法为大前提，依据证据为客观认定的事实为小前提，作出结论即判决，此谓判决之法的三段论，这是现代诉讼之构成，必须确保判决的可预测性为最重要所在。

（二）民事判决的分类

讨论民事判决分类的意义主要在于明确各类判决的合法要件、主要内容和法律效力（参见下文）。

1. 判决：终局判决和中间判决（分类标准是是否结束审级程序）

终局判决是指终结审级程序的争讼判决，终局判决一作出即意味着相应的审级程序结束。① 由于我国实行两审终审制，所以我国终局判决包括第一审终局判决和第二审终局判决②，而在实行三审制的国家和地区，终局判决还包括第三审终局判决。"终局判决"首先必须具备判决的成立要件与生效要件，待其确定之时才产生既判力。

我国民事争讼判决均为终局判决，没有中间判决制度（笔者不主张我国引进此项制度）。中间判决是指在诉讼进行中，就某个实体上或者程序上的争议所作出的判决。中间判决是就终局判决的前提问题作出处理，不以终结诉讼为目的，即不能终结审级程序而是为终局判决做准备。

外国民事诉讼中，中间判决的事项主要有：（1）独立的攻击或者防御方法。原告或者被告因攻击或者防御所主张的事项，无须其他事项补充，就能独立产生某种法律效果，有关这类事项的主张即为独立的攻击或者防御方法。比如，在请求债务履行之诉中，被告主张已经清偿了债务，又主张原告的债权已达消灭时效，这两个防御方法就是相互独立的。（2）对程序问题发生的争议。比如，当事人对诉讼要件是否存在的争执，若法院认为具备的则作出中间判决（有的国家采用裁定）。再如，对可否进行当事人变更、诉的变更或者合并的争议，可作出中间判决（有的国家采用裁定）。（3）对诉讼请求的原因（如不法行为、不履行债务等）和数额发生的争议。法院认为原因正当（即请求有理由）的则作出中间判决，若认为原因不正当则无须审理数额问题；即使原因正当，法院认为在数量上没有发生损失的，则作出不予赔偿的判决。

诉讼中，中间判决事项只有达到可裁判的程度而终局判决又未作出时，才可作出中间判决。如果根据诉讼进程可以作出终局判决或者已经作出终局判决，终局判决对中间判决事项作出判断，就无须作出中间判决。

---

① 在我国，与"终局判决"不同，"终审判决"大体是指按照终审程序或者由终审法院作出的判决，如按照第二审程序或者由第二审法院、最高人民法院作出的判决。终审判决一经宣告，就具有既判力。

② 我国2012年在《民事诉讼法》第162条中规定，对小额案件（即标的额为各省、自治区、直辖市上年度就业人员年平均工资30%以下的简单民事案件），实行一审终审。

中间判决虽然不具有既判力、形成力和执行力，但是，该审级的终局判决应当以中间判决为前提，不得与其相矛盾。当事人对中间判决不得上诉，但在对终局判决上诉时，可同时对中间判决声明不服。中间判决对上诉审法院无拘束力。若上诉审法院仅撤销终局判决而发回重审的，中间判决仍然有效而对原审法院有拘束力。

2. 终局判决：本案判决和诉讼判决（分类标准是判决的处理事项）

大陆法系民事诉讼中，"本案判决"是对案件的诉讼标的和诉讼请求是否具有实体事实根据和实体法律根据所作出的终局判定。我国争讼判决均为本案判决，没有诉讼判决。

德国和日本等国，对于不具备诉讼要件所作出的判决，称为"诉讼判决"（我国使用的是裁定）。诉讼判决具有停止审理或者终结诉讼的效力，所以诉讼判决是终局判决。

3. 本案判决：给付判决、形成判决与确认判决（分类标准是判决的性质或者内容）

给付判决是命令被告向原告履行一定给付义务（给付财产或者给付行为）的判决，包括现在给付判决和将来给付判决。

形成判决是对已成立或者既存的民事法律关系作出变动的判决，包括具有广泛效力的形成判决和没有广泛效力的形成判决。

确认判决是确认某项民事实体法律关系或者民事权益及特定民事法律事实是否存在或者合法有效的判决，包括积极确认判决和消极确认判决。

4. 本案判决：确定判决与未确定判决（分类标准是判决是否确定）

未确定判决是可以通过上诉予以变更或者撤销的判决，一对外宣告就有羁束力。

确定判决不得以上诉予以变更或者撤销。判决一旦确定就发生既判力、形成力、确认力和执行力。

国际社会也表述为"判决不能再作为普通程序的上诉标的"。确定判决是国际上通行的概念，而我国实务中称为"生效判决"，比如《海牙民商事案件外国判决的承认和执行公约》（1971年）第4条将"判决在请求国不能再作为普通程序的上诉标的"作为对另一个缔约国判决承认和执行的条件之一。

我国用"生效判决"来指称"确定判决"是不合理的。因为任何本案判决一经宣告,就产生"羁束力",就是生效判决,所以生效判决包括未确定判决和确定判决。

5. 本案判决:对席判决和缺席判决(分类标准是双方当事人是否都出庭参加审理)

对席判决是双方当事人都出庭参加审理所作出的判决,符合对审原则的要求。

缺席判决是指一方当事人出庭参加审理所作出的判决。根据对审原则,缺席判决的作出应当严格遵守缺席审判的适用要件。

6. 本案判决:全部判决和部分判决(分类标准是是否对全部诉讼请求作出判决)

全部判决是法院对本案全部诉讼请求作出判决。部分判决(一部判决)是对可分的部分诉讼请求先行作出判决。① 是否作出部分判决由法院裁量。

全部判决和部分判决都是终局判决。与全部判决不同的是,部分判决就其作出判决的诉讼请求的审级程序终结,没有作出判决的部分诉讼请求的审级程序继续存在直至作出判决。对部分判决可独立上诉。

二、民事判决正当性原理

(一)民事判决的正当性

民事诉讼以"作出判决"为逻辑趋向或者主要追求,所以以民事诉讼结果的正当性在很大程度上表现为民事判决的正当性。民事判决的正当性是指民事判决具有能够被当事人以及社会上一般人承认、接受和信任的性质或者属性。② 正当判决是任何忠实于法治原则的司法制度的必然追求。那

---

① 《民事诉讼法》第 153 条规定:"人民法院审理案件,其中一部分事实已经清楚,可以就该部分先行判决。"据此,法院审理案件,其中一部分事实已经清楚,可以就该部分相应的诉讼请求先行判决。

② 参见王亚新:《民事诉讼与发现真实》,载《清华法律评论》,第 1 辑,北京,清华大学出版社,1998。

么如何实现民事判决的正当性呢？或者说通过怎样的民事判决正当化的过程来实现民事判决的正当性呢？

抽象地说，判决正当性的来源或者根据主要在于判决具有说服力，而判决的说服力在于诉讼过程和判决结果具有合法性和合理性，或者说在于判决的作出过程和判决的内容能够充分体现诉讼的价值和实现诉讼的目的。虽然不同国家或者民族的思维方式和兴趣喜好在很大程度上决定着判决正当性的来源或者根据，但是在民事诉讼制度国际化的进程中，国际社会就民事诉讼的正当性或者民事判决的正当性及其来源或者根据形成了越来越多的共识。①

判决是当事人与法院共同作用的结果。诉讼程序的本质特点是"过程性和交涉性"②。这一交涉的过程，就是当事人之间、当事人与法官之间相互对话和说服的过程。③ 这一过程应当遵行如下正当程序的原则或者原理：法官处于消极中立地位，平等地对待和尊重当事人；从实质上保障当事人参与该程序以影响裁判形成的程序基本权，即应保障当事人能够有适时适式提出事实证据、陈述意见和进行辩论的机会，在未被赋予此机会的情况下所作成的判决可被依法撤销。在充分程序保障前提下，当事人因为自己的原因或者行为，没有说服法官而导致败诉或者其他不利的后果，理所当然地由自己承担（即程序保障下的自我责任）。

就判决结果而言，判决的事实方面根据应当是值得当事人信赖的案件事实和证据；在实行处分原则的诉讼中，判决的客观范围必须限定在当事人诉讼请求范围之内；判决的法律根据必须是宪法、诉讼法和实体法，在法治社会中"依法裁判"中的"法"应当是符合社会正义的善法或者良法。

---

① 这类共识表现在制度方面，比如国际社会就诉讼中共同遵守的基本原则和程序基本权与国际民事诉讼程序事项，形成了一些国际条约（如《世界人权宣言》第 8 条和第 10 条；《公民权利和政治权利国际公约》第 14 条；《欧洲人权公约》第 6 条等）；同时，在社会历史文化、经济政治制度相同或者相似的国家和地区（如拉美地区和欧盟等），正积极探索统一民事诉讼法典的制定问题。

② 季卫东：《法律程序的意义》，载《中国社会科学》，1993（1）。

③ 参见张卫平：《我国民事诉讼辩论原则重述》，载《法学研究》，1996（6）。

合法和正当的判决是任何忠实于法治原则的司法制度的必要组成部分。判决的合法性要求判决必须遵行宪法、诉讼法和实体法的精神原则和制度规范。判决的合法性是判决的正当性的不可或缺的重要根据和来源。判决必须以正义或者公正作为根本原理，要求提供慎重的程序保障。

（二）包含性判决的正当性原理

世界范围内的判决基本模式可划分为"包含性"模式和"讨论性"模式①，大体上分别对应于"规范出发型"诉讼和"事实出发型"诉讼。这两种判决模式和诉讼模型决定着各自判决正当性的来源或者根据。

在成文法主义下，历史性地形成了"规范出发型"诉讼，即从实体法规范出发，以三段论来构造民事诉讼。"判决的包含性模式"主要是三段论式的，即"根据大前提（法律规范）和小前提（符合法律规范构成要件的直接事实），推导出结论（具体判决）"；亦即法官通过将"本案的直接事实"与"实体法律规范构成要件"相比较，认为前者符合后者的，则通过判决将该实体法律规范所规定的实体效果赋予该案当事人。"规范出发型"诉讼和"包含性"模式中，以法官"依法审判"为原则，属于"法律适用型"诉讼，虽然判决是由法官作出的，但是判决的内容是实体法律规范已经规定的内容而并非自己的个人偏见。

在包含性模式中，判决正当性原理体现了在具备相应法律规则的条件下寻求判决正当性的一般情况。事实上，实体法规范作为判决正当性的来源或者根据是有限的。不仅如此，判决在事实上还具有不确定性的一面。实体法规范也有是恶法的时候，即有违背社会普遍遵行的公平正义或者违背社会发展历史趋势的时候。以这样的实体法规范作为判决正当性的来源或者根据，就失去了积极意义。同时，成文法具有天然的或者固有的局限性，即不周延性或者滞后性，由此导致司法审判中对于某些案件缺乏可予适用的实体法规范，而法院承担着"不得非法拒绝审判"的职责，于是人们创造性地运用诸多法解释学的方法予以弥补。就此看来，将成文法规范

---

① 与之密切相关，有学者将判决的证明模式区分为三种：简单归摄模式、复杂归摄模式和对话选择性模式，前两种相当于包含性模式，后一种相当于讨论性模式。参见张志铭：《法律解释学》，130 页，北京，中国人民大学出版社，2015。

作为判决正当性的来源或者根据是有局限的。

美国法官和学者波斯纳的研究成果使人相信判决具有不确定性。波斯纳主要探讨了审判中所运用的"规则、逻辑和经验科学"之外的几种实践理性方法，比如权威、类比推理、无言之知等。[①] 就"权威"来说，人们承认作为审判者的法院和法官是有权威的。当事人将纠纷交由法院和法官来审判，是由于当事人已经预先承认了法院和法官具有对案件作出判决的权威。就"无言之知"而言，"无言之知"是不能完全用言语表达的、但又可以决定什么是恰当的那种感觉，事实上这种无言之知也是影响或者决定如何判决的因素（参见上文"直接言词主义"）。

波斯纳的上述研究成果说明：仅以三段论逻辑原理和作为大前提的实体法律为判决的正当性提供来源或者根据，是有局限的。审判活动是在遵行程序规则和实体规范下的人的活动，其间必然含有人的感性的内容，或者说人的感性必然会在一定程度上影响到审理过程和判决结果，从而使判决具有某些不确定性。于是，接受和适用"包含性"判决模式和"规范出发型"诉讼的人们，开始探寻不确定性的判决被人们认同、信任、接受和支持的根据，即为判决的正当性寻求其他的来源或者根据。

（三）讨论性判决的正当性原理

在判例法主义下，其判决模式和诉讼模型与"规范出发型"诉讼和"包含性"模式有所不同，是以事实为思考出发点的诉讼思维模式，即"事实出发型"诉讼。具体说，首先是从纠纷事实或者案件事实中发现"法"，然后将"法"适用于当下审理的案件，或者是从众多以往判例（先例）中，寻找出与当下审理案件的事实相同或者类似的先例，将先例中存在的法律规范适用于当下审理的案件。

"事实出发型"诉讼为英美法系民事诉讼的基本构造。在这种诉讼构造中，逐渐形成了"陪审团制"和"对抗制"，法官相当于一个公断人，

---

① 参见［美］理查德·A. 波斯纳：《法理学问题》，苏力译，90～156页，北京，中国政法大学出版社，2002。

由双方当事人及其律师主张事实、提供证据和进行辩论。① 在双方当事人及其律师的互动、讨论的基础上，法官作出判决。这种判决模式被称为"讨论性"模式。"法律讨论理论"构筑了不同于"包含性"模式中法官的思维方式，而"程序正义理论"为"讨论性"模式下判决正当性提供了新的理论根据。

虽然说正当程序不能够完全达到"只要经过了该程序，所有结果都是正当的"这样的效果，但是在产生实体公正或者判决公正的概率上，正当程序毕竟高于非正当程序，因为在正当程序中，当事人能够平等和充分地陈述诉讼请求、主张事实、提供证据和进行辩论，从而能够最大限度地再现案件真实。根据"诉讼过程和诉讼结果一体性原理"，判决是诉讼过程

---

① 陪审团（Jury）制是英美法系民事诉讼中"脊梁"式的制度，造就了英美法系民事诉讼的基本构造和基本制度。择其要者说明如下：（1）当事人主义和对抗制（adversary system）。非法律专家的陪审员很容易受到法官言行的影响，若法官在诉讼中积极行为则无法期待陪审团作出公正的判断，于是逐渐形成如下诉讼习惯：把诉讼主导权赋予当事人，法官采取在其背后控制的消极态度。询问证人采取交叉询问制也是出于这个原因。

对抗制的典型模式是，当事人承担提供证据、主张事实和进行辩论的责任。诉讼中，法官相当于公断人，力图确保律师遵守程序规则，并倾听双方当事人陈述，基于当事人提供的证据、主张的事实作出裁断。

（2）集中审理。召集全体陪审团成员到庭很费周折和时间，所以应当通过做好审前准备工作（交换证据和整理争点），来减少择日开庭次数和缩短开庭审理时间，久习成惯而采行集中审理。

（3）证据规则。作为事实判断者的陪审员系非法律专业人士，为避免其错误认定事实或者感情用事，通过关于可采性的证据规则指导和约束其认定事实，由此英美法系证据规则主要是关于证据可采性的规则。同时，在当事人主义和对抗制中，有必要限制当事人和律师的任意证明行为，所以其证据规则较为复杂。

在大陆法系，由于采取参审制，职业法官和陪审员一道认定事实，所以没有必要制定如英美法指导和约束陪审员式的证据制度。同时，为使法官能够自由判断证据的证明力以发现实体真实，大陆法系证据法对法官调查、判断证据在法律形式上作出较少限制。

（4）上诉限制和上诉审性质。就上诉方面的限制英美法系比大陆法系要多，英美法系上诉审主要是法律审，第二审程序与第三审程序的区别没有大陆法系那样明显。其缘由是采用陪审团制和集中审理主义致使第一审基本将案件事实、证据审理完毕。

陪审员"运用普通人的情理来判断普通人理解的事实问题"有其合理之处，符合正当性要求，所以法官并不轻易否定陪审团对事实的认定。若第二审程序审理事实，则须重新遴选和召集陪审员，由此带来的诉讼成本也将无法承受。

在大陆法系，调查证据和认定事实并非完全属于陪审员的权限而主要是职业法官的权限，法官也会错误认定事实，加之无须考虑陪审团制所带来的成本，所以第二审程序虽是法律审但不完全拒绝事实审，即采取续审制。

中主客观因素累积的结果。因此，不可否认，遵行正当程序进行诉讼能够为判决正当性提供来源和根据。

在包含性模式中，判决的正当性体现为符合实体法，所以非法律因素在审判过程中的作用受到排斥，否则不足以证明判决来自法律。事实上，任何审判都离不开非法律因素的作用，从而包含性模式的正当性理论与审判实践发生了矛盾，这种矛盾在包含性模式中无法得到解决。在讨论性模式中，判决的形成过程就是当事人之间运用事实证据进行相互说服的过程，在此基础上法官适用法律作出判决，经过这样的过程所形成的判决，既可以从正当程序处又可以从非法律因素处获得正当性的来源和根据。

当今各国的民事诉讼或者判决模式既非单纯的包含性模式又非单纯的讨论性模式，而是根据本国的国情，整合包含性模式与讨论性模式中合理的程序因素或者程序规则，形成本国的诉讼构造和诉讼制度。比如，在"规范出发型"诉讼和包含性判决模式中，法院判决除了从三段论逻辑原理和实体法律规范处寻找正当性的来源或者根据，还从判决形成的程序过程寻找正当性的来源或者根据，即在当事人获得充分的正当程序保障的基础上法院作出判决。采取包含性判决模式的国家和地区，因吸收"讨论"或者"说服"的程序内容而使其诉讼模型或者判决模式具有讨论性因素。

事实上，采取包含性判决模式的国家地区和采取讨论性判决模式的国家地区都很重视从法官职业资格制度和司法独立原则等方面，为其判决正当性寻求来源或者根据。有理由认为，作为职业法律专家的法官比普通人能够更好地表达法律的要求和正义的诉求。"唯法律是从"是司法的本质，以法官的职业化和身份上的平等性等为基础所确立的司法独立原则，旨在通过禁止外部的非法干预以保证法官按照法律进行审判，以实现司法公正。如下文所述，在自由心证原则中，法官职业资格制度和司法独立原则在法官心证形成前能够起到制约法官作出恣意判断和保障法官形成合理心证的功效。

第二节　民事判决的要件和效力

一、民事判决的合法要件

民事判决的合法性，主要涉及判决是否成立和是否有效的问题。法院民事判决应当具备成立要件和生效要件；否则，法院判决不成立（"非判决"）或者为无效（"无效判决"）。[①]

（一）判决的成立要件

不具备成立要件的"判决"，则为"非判决"。"非判决"根本不能产生判决的效力，包括不能终结审级程序。当事人可以申请且法院应当重新作出判决并须合法宣告和送达。判决的成立要件如下：

1. 判决应当由法定的法院和法官作出。此项要件与"诉""诉权"的本质（即请求国家法院给予诉讼救济）和有关法院的诉讼要件相一致，并且根据"法定法官原则"[②]，判决应由根据宪法或者基本法律而预先设立的法院和任命的法官作出，若由警察、检察官等非法官作出的则不是判决，同时根据直接言词原则，判决原则上应由本案审理法官作出。

2. 判决书是法官表达审判过程和内容的正式形式，须制作判决原本，且须合法宣告和送达。判决书使当事人能准确知悉法官审判的内容和过

---

① 根据诉讼安定性原理，民事诉讼行为通常无须区分成立要件和生效要件，但是，如民事判决这类的行为，分别设置成立要件和生效要件，作区别对待。参见邵明：《论现代民事诉讼安定性原理》，载《中国人民大学学报》，2011（3）。

② "法定法官原则"的主要内容有：（1）法院和法官必须根据宪法和基本法律预先设置。同时，职业法官的职位和权利也必须是法定的，职业法官必须是经过法定的选举或者任命等程序而产生的。（2）对具体个案进行审判的法官应根据关于法院组织、诉讼程序之法律规定及法官事务分配等一般规范而产生。换言之，在构成法律要件的事实具体化之前，必先为了处理多数案件，而在法律上预先对审判法官作出一般性的、永久性的规定。参见姜世明：《民事程序法之发展与宪法原则》，2版，12~13页，台北，元照出版有限公司，2009。

法定法官原则源自司法职能的不偏不倚的要求和信念，其宗旨在于法官必须由法律根据合理标准预先设立而非临时挑选，以避免法官在个案中受到不适当的操纵与干预。在现代法治社会，法院是国家根据宪法或者基本法律的规定而设立的，并且应当受到整个社会的认同或者许可，这就是"法院"存在的合法性和正当性，那种随意、秘密设立的"法院或者法庭"均是非法的和非理的。

程，为当事人提起上诉提供了资料，也为上诉法院提供了审查下级法院审判的资料，并且使社会能通过判决书了解法官如何认定事实、适用法律，同时通过判决书还能够形成法的体系。[1]

判决的成立要件是判决得以成立在形式上和程序上的要求。判决的成立与否属于事实判断问题，其成立规则属于事实构成规则，这一事实构成规则所需要判断和解决的问题是某一判决是否已经真实存在。

（二）判决的效力要件

效力要件不备的，本就不该作出判决。无效判决是严重的判决瑕疵，自始不产生判决的效力（既判力、执行力、形成力、确认力和参加效力等），但是能够终结审级程序。民事判决即便在程序上成立，形式上是判决，但是如果不具备以下效力要件，通常是无效的：

1. 本案判决须是在当事人起诉或者上诉后并且未撤回起诉或者未撤回上诉的情况下作出的。法院在当事人未起诉或未上诉的情况下或者在合法撤回起诉或撤回上诉后，作出的无效判决又被称为"诉外判决"。这从另一方面体现了"不告不理原则"。

2. 本案判决须是在具备诉讼要件的前提下作出的。在不具备绝对诉讼要件的情况下，法院作出的本案判决是违法判决，通常按无效判决处理。不过，法院将当事人误为有诉讼行为能力或者在无合法诉讼代理权、违法管辖或者无管辖权等情况下所作出的判决，一般不作为无效判决，但可以通过上诉或者再审予以矫正。相对诉讼要件属于当事人抗辩事项或者责问事项，当事人没有提出异议（抗辩或者责问）的，视为法院合法审判；若当事人提出合法异议，法院不顾该异议而作出的判决，应当作为无效判决处理。

3. 判决具有判决事项。即本案判决须是对案件实体问题（诉讼标的和诉讼请求）作出的判断。民事判决是法院按照民事诉讼程序对民事纠纷事后性解决所作出的终局判定，旨在适用实体法规范明确特定当事人之间的民事权益、义务、责任的具体内容或者最终归属。

与判决的成立要件相比，判决的生效要件主要是判决得以生效在实质

---

[1]　参见王亚新：《对抗与判定》，2 版，213～214 页，北京，清华大学出版社，2010。

内容或者实体内容（"判决事项"）上的要求。判决生效与否属于价值判断问题，生效要件所需要判断和解决的问题是法院所作出的判决能否获得法律所认可的相应效力。

无效判决虽然不必经过撤销程序，但是由于其仍然具有判决的形式而可能滋生争议（如执行时可能发生争执），所以基于法律明确性的考虑，可以通过上诉或者再审、第三人提起异议之诉等法定程序予以撤销。

二、民事判决和判决书的内容

根据判决的成立要件和效力要件，并且与诉的构成要素、起诉状的主要内容相对应，本案判决的基本内容应当包括：当事人及诉讼代理人、案件事实、判决理由和判决结果等。本案判决的基本内容应当能够清晰地表明既判力的效力范围。

从严格意义上说，判决与判决书是不同的诉讼概念，两者既有联系也有区别。判决是法院的职权行为，判决书是记载判决内容的书面形式。判决和判决书所包含的最低限度的内容或者要素，应当是让受过法律训练但不熟悉案情的人，能够无须借助判决书以外的材料而评估判决在法律上的正确性。[①]

对于判决书应该记载的事项，外国民事诉讼法普遍作了列举式规定，但是对于判决书应该记载的事项，各国民事诉讼法的规定并不完全相同。

《德国民事诉讼法》第313条规定，判决书应记载：（1）当事人，其法定代理人与诉讼代理人；（2）法院，参与裁判的法官的姓名；（3）言词辩论终结的日期；（4）判决主文；（5）事实；（6）裁判理由。事实项下，应特别表明提出的申请，并简略地叙明提出的请求以及所用攻击防御方法的主要内容。裁判理由项下，应简略地、扼要地记载从事实和法律两方面作出裁判所依据的论据。

《日本民事诉讼法》第253条规定，判决书应当记载以下事项：（1）主文；（2）事实；（3）理由；（4）口头辩论的终结之日；（5）当事人及法定代理人；（6）法院。在事实的记载中，应当明确请求，并且指出表

---

① 参见张志铭：《法律解释学》，130页，北京，中国人民大学出版社，2015。

示主文为正当所必要的主张。

《民事诉讼法》第 152 条规定，判决书应当写明判决结果和作出该判决的理由，其内容包括：（1）案由、诉讼请求、争议的事实和理由；（2）判决认定的事实和理由、适用的法律和理由；（3）判决结果和诉讼费用的负担；（4）上诉期间和上诉的法院。判决书由审判人员、书记员署名，加盖法院印章。

当事人之间发生争议的案件事实，即当事人之间对是否存在实体法律规范构成要件事实、是否违背实体法律规范或者合同条款等发生争议的事实，包括原告在诉状或者诉讼上主张的事实，即支持诉讼请求的案件事实；被告在答辩状中或者诉讼上反驳原告的事实主张或者诉讼请求而提出的案件事实。所谓理由，主要是指支持原告、被告所主张的事实的根据，包括证据以及有关证据和证明的法律规定（如证据规则、证明责任、司法认知等法律规定）。

判决认定的事实、理由，即经过法庭辩论和法院审查所确认的事实、理由，这是法院作出判决的事实理由根据。适用的法律依据，包括法院判决所依据的实体法规范和诉讼法规范等。在实体法规范出现漏洞的情况下，法院也不得拒绝审判，必须依照法治、宪法和法律的原则精神及普遍的社会正义精神，作出判决。所谓"判决理由"，主要包括得出判决结论的事实上和法律上的依据，即根据法庭认定的案件事实及法律规范为什么得出这样的判决结论，其论证模式通常是三段论式的。① 在判决中，法院应当根据法律逻辑原理及生活逻辑原理就判决结果作出充分论证，即法院必须明晰阐释根据认定的案件事实和相应的实体规范为什么得出这样的判决结果。通常的论证模式是三段论式的，即根据大前提（实体规范）和小前提（符合实体规范构成要件的直接事实），推导出结论（判决主文）。

---

① 有学者认为，判决理由主要包括法官对案件法律问题的论证。参见苏力：《判决书的背后》，载《法学研究》，2001（3）。笔者认为，在陪审团认定事实的诉讼制度中，这一认识有一定的道理，但是对于大陆法系由法官认定事实和适用法律的诉讼制度中，这一认识很难令人信服。不管怎样，判决必须以实体事实为根据，并且该事实必须符合所适用的实体法规范的构成要件，同时判决理由的拘束力强调确定判决中对案件事实的判断具有约束后诉法院和当事人的效力，这些均说明了判决理由主要是指判决结论的事实上和法律上的依据。

根据法治国家原理,法院担负附裁判理由的义务。对此,有些国家(如意大利等)在宪法中作出了规定。许多国家民事诉讼法规定:判决未附理由或者理由相矛盾的,构成上诉的理由。① 有些国家按其司法习惯要求判决附理由,比如加拿大、美国等。在现代法治社会,充分的判决理由是判决具有正当性和说服力的不可或缺的根据,是制约法官独断专行的重要方式,也体现了实质上的公开审判,所以逻辑清晰又有说服力的判决是任何忠于法治原则的司法制度的必要组成部分。

判决结果即"判决主文",是法院根据法律规范和直接事实,对诉讼标的和诉讼请求是否合法或者有无根据作出的终局判定。② 判决结果是审判法官一致或者大多数的处理意见。我国、法国等的判决书不记载少数意见。③ 英美法系多数国家、大陆法系一些国家(比如乌拉圭等)的判决书可同时展示不同意见。

《繁简分流》规定,应当根据法院审级、案件类型、庭审情况等对裁判文书的体例结构及说理进行繁简分流。

最高人民法院 2016 年颁行的《人民法院民事裁判文书制作规范》和《民事诉讼文书样式》体现了"以审判为中心",突出了不同审级特点:明确第一审判决书应当把重点放在认定案件事实和确定法律适用上,第二审判决书应当把重点放在解决事实争议和法律争议的说理上,再审判决书应当把重点放在依法纠错、维护司法裁判权威上。

加强对复杂、疑难、新型、典型、有争议、有示范价值等案件的说理。说理应当紧扣案件事实和法律争议,对证据采信理由、案件事实认定理由以及解释法律根据和案件事实具有法律上逻辑关系的理由等予以充分论述。

对于适用简易程序和小额诉讼程序的案件,可以适用要素式、令状式

---

① 比如《日本民事诉讼法》第 312 条、《德国民事诉讼法》第 551 条。

② 在直观上,判决主文是对"诉讼请求"的判断;实质上,判决主文是指判决中对"诉讼标的"之判断部分。参见第一章第二节三(三)。

③ 一般说来,判决不记载法官个人意见或者不同意见(包括与多数意见相同而理由不同的意见),目的在于使法官不必担心而能够独立、充分、真实地表达自己的意见,有助于作出公正的判决。

和表格式的简单裁判文书样式，简化说理，主要记载当事人的基本信息、诉讼请求和判决主文等内容。当庭即时履行的民事案件，经征得各方当事人同意，可以在法庭笔录中记录相关情况后不再出具裁判文书。

案件当庭宣判的，除当事人当庭要求邮寄发送裁判文书外，法院应当告知当事人或者诉讼代理人领取裁判文书的时间和地点以及逾期不领取的法律后果。上述情况，应当记入笔录（《解释》第253条）。判决书应当公开，公众有权查阅。

××××人民法院
民事判决书
（××××）……民初……号

原告：×××，男/女，××××年××月××日出生，×族，……（工作单位和职务或者职业），住……。

法定代理人/指定代理人：×××，……。

委托诉讼代理人：×××，……。

被告：×××，住所地……。

法定代表人/主要负责人：×××，……。

委托诉讼代理人：×××，……。

第三人：×××，……。

法定代理人/指定代理人/法定代表人/主要负责人：×××，……。

委托诉讼代理人：×××，……。

（以上写明当事人和其他诉讼参加人的姓名或者名称等基本信息）

原告×××与被告×××、第三人×××……（写明案由）一案，本院于××××年××月××日立案后，依法适用普通程序，公开/因涉及……（写明不公开开庭的理由）不公开开庭进行了审理。原告×××、被告×××、第三人×××（写明当事人和其他诉讼参加人的诉讼地位和姓名或者名称）到庭参加诉讼。本案现已审理终结。

×××向本院提出诉讼请求：1.……；2.……（明确原告的诉讼

请求)。事实和理由：……（概述原告主张的事实和理由）。

×××辩称，……（概述被告答辩意见）。

×××诉/述称，……（概述第三人陈述意见）。

当事人围绕诉讼请求依法提交了证据，本院组织当事人进行了证据交换和质证。对当事人无异议的证据，本院予以确认并在卷佐证。对有争议的证据和事实，本院认定如下：1.……；2.……（写明法院是否采信证据，事实认定的意见和理由）。

本院认为，……（写明争议焦点，根据认定的事实和相关法律，对当事人的诉讼请求作出分析评判，说明理由）。

综上所述，……（对当事人的诉讼请求是否支持进行总结评述）。依照《中华人民共和国……法》第×条、……（写明法律文件名称及其条款项序号）规定，判决如下：

一、……；

二、……。

（以上分项写明判决结果）

如果未按本判决指定的期间履行给付金钱义务，应当依照《中华人民共和国民事诉讼法》第二百五十三条规定，加倍支付迟延履行期间的债务利息（没有给付金钱义务的，不写）。

案件受理费……元，由……负担（写明当事人姓名或者名称、负担金额）。

如不服本判决，可以在判决书送达之日起十五日内，向本院递交上诉状，并按照对方当事人或者代表人的人数提出副本，上诉于××××人民法院。

审判长×××审判员×××

审判员×××

××××年××月××日

（院印）

本件与原本核对无异

书记员×××

【说明】

一、依据

本样式根据《中华人民共和国民事诉讼法》第一百五十二条等制定，供人民法院适用第一审普通程序开庭审理民事案件终结后，根据已经查明的事实、证据和有关的法律规定，对案件的实体问题作出判决用。除有特别规定外，其他民事判决书可以参照本判决书样式和说明制作。

二、标题

标题由法院名称、文书名称、案号组成。

依照《中华人民共和国民事诉讼法》第一百五十三条规定就一部分事实先行判决的，第二份民事判决书开始可在案号后缀"之一""之二"……，以示区别。

三、首部

首部依次写明诉讼参加人基本情况、案件由来和审理经过。

（一）诉讼参加人基本情况

1. 诉讼参加人包括当事人、诉讼代理人。全部诉讼参加人均分行写明。

2. 当事人诉讼地位写明"原告""被告"。反诉的写明"原告（反诉被告）""被告（反诉原告）"。有独立请求权第三人或者无独立请求权第三人，均写明"第三人"。

当事人是自然人的，写明姓名、性别、出生年月日、民族、工作单位和职务或者职业、住所。外国人写明国籍，无国籍人写明"无国籍"；港澳台地区的居民分别写明"香港特别行政区居民""澳门特别行政区居民""台湾地区居民"。

共同诉讼代表人参加诉讼的，按照当事人是自然人的基本信息内容写明。

当事人是法人或者其他组织的，写明名称、住所。另起一行写明法定代表人或者主要负责人及其姓名、职务。

当事人是无民事行为能力人或者限制民事行为能力人的,写明法定代理人或者指定代理人及其姓名、住所,并在姓名后括注与当事人的关系。

当事人及其法定代理人有委托诉讼代理人的,写明委托诉讼代理人的诉讼地位、姓名。委托诉讼代理人是当事人近亲属的,近亲属姓名后括注其与当事人的关系,写明住所;委托诉讼代理人是当事人本单位工作人员的,写明姓名、性别及其工作人员身份;委托诉讼代理人是律师的,写明姓名、律师事务所的名称及律师执业身份;委托诉讼代理人是基层法律服务工作者的,写明姓名、法律服务所名称及基层法律服务工作者执业身份;委托诉讼代理人是当事人所在社区、单位以及有关社会团体推荐的公民的,写明姓名、性别、住所及推荐的社区、单位或有关社会团体名称。

委托诉讼代理人排列顺序,近亲属或者本单位工作人员在前,律师、法律工作者、被推荐公民在后。

委托诉讼代理人为当事人共同委托的,可以合并写明。

(二) 案件由来和审理经过

案件由来和审理经过,依次写明当事人诉讼地位和姓名或者名称、案由、立案日期、适用普通程序、开庭日期、开庭方式、到庭参加诉讼人员、未到庭或者中途退庭诉讼参加人、审理终结。

不公开审理的,写明不公开审理的理由,例:"因涉及国家秘密"或者"因涉及个人隐私"或者"因涉及商业秘密,×××申请"或者"因涉及离婚,×××申请"。

当事人及其诉讼代理人均到庭的,可以合并写明。例:"原告×××及其委托诉讼代理人×××、被告×××、第三人×××到庭参加诉讼。"

诉讼参加人均到庭参加诉讼的,可以合并写明,例:"本案当事人和委托诉讼代理人均到庭参加诉讼。"

当事人经合法传唤未到庭参加诉讼的,写明:"×××经传票传唤无正当理由拒不到庭参加诉讼。"或者"×××经公告送达开庭传票，未到庭参加诉讼。"

当事人未经法庭许可中途退庭的，写明："×××未经法庭许可中途退庭。"

诉讼过程中，如果存在指定管辖、移送管辖、程序转化、审判人员变更、中止诉讼等情形，应当同时写明。

四、事实

事实部分主要包括：原告起诉的诉讼请求、事实和理由，被告答辩的事实和理由，人民法院认定的证据和事实。

（一）当事人诉辩意见

诉辩意见包括原告诉称、被告辩称，有第三人的，还包括第三人诉（述）称。

1. 原告诉称包括原告诉讼请求、事实和理由

先写诉讼请求，后写事实和理由。诉讼请求两项以上的，用阿拉伯数字加点号分项写明。

诉讼过程中增加、变更、放弃诉讼请求的，应当连续写明。增加诉讼请求的，写明："诉讼过程中，×××增加诉讼请求：……。"变更诉讼请求的，写明："诉讼过程中，×××变更……诉讼请求为：……。"放弃诉讼请求的，写明："诉讼过程中，×××放弃……的诉讼请求。"

2. 被告辩称包括对诉讼请求的意见、事实和理由

被告承认原告主张的全部事实的，写明："×××承认×××主张的事实。"被告承认原告主张的部分事实的，先写明："×××承认×××主张的……事实。"后写明有争议的事实。

被告承认全部诉讼请求的，写明："×××承认×××的全部诉讼请求。"被告承认部分诉讼请求的，写明被告承认原告的部分诉讼请求的具体内容。

被告提出反诉的，写明："×××向本院提出反诉请求：1……；2……。"后接反诉的事实和理由。再另段写明："×××对×××的反

诉辩称，……。"

被告未作答辩的，写明："×××未作答辩。"

3. 第三人诉（述）称包括第三人主张、事实和理由

有独立请求权的第三人，写明："×××向本院提出诉讼请求：……。"后接第三人请求的事实和理由。再另段写明原告、被告对第三人的诉讼请求的答辩意见："×××对×××的诉讼请求辩称，……。"

无独立请求权第三人，写明："×××述称，……。"第三人未作陈述的，写明："×××未作陈述。"

原告、被告或者第三人有多名，且意见一致的，可以合并写明；意见不同的，应当分别写明。

（二）证据和事实认定

对当事人提交的证据和人民法院调查收集的证据数量较多的，原则上不一一列举，可以附证据目录清单。

对当事人没有争议的证据，写明："对当事人无异议的证据，本院予以确认并在卷佐证。"

对有争议的证据，应当写明争议证据的名称及法院对争议证据的认定意见和理由；对争议的事实，应当写明事实认定意见和理由。

争议的事实较多的，可以对争议事实分别认定；针对同一事实有较多争议证据的，可以对争议的证据分别认定。

对争议的证据和事实，可以一并叙明；也可以先单独对争议证据进行认定后，另段概括写明认定的案件基本事实，即"根据当事人陈述和经审查确认的证据，本院认定事实如下：……。"

对于人民法院调取的证据、鉴定意见，经庭审质证后，按照是否有争议分别写明。

召开庭前会议或者在庭审时归纳争议焦点的，应当写明争议焦点。争议焦点的摆放位置，可以根据争议的内容处理。争议焦点中有证据和事实内容的，可以在当事人诉辩意见之后写明。争议焦点主要是法律适用问题的，可以在本院认为部分，先写明争议焦点，再进行说理。

五、理由

理由应当围绕当事人的诉讼请求，根据认定的事实和相关法律，逐一评判并说明理由。

理由部分，有争议焦点的，先列争议焦点，再分别分析认定，后综合分析认定。

没有列争议焦点的，直接写明裁判理由。

被告承认原告全部诉讼请求，且不违反法律规定的，只写明："被告承认原告的诉讼请求，不违反法律规定。"

就一部分事实先行判决的，写明："本院对已经清楚的部分事实，先行判决。"

经审判委员会讨论决定的，在法律依据引用前写明："经本院审判委员会讨论决定，……。"

六、裁判依据

在说理之后，作出判决前，应当援引法律依据。

分项说理后，可以另起一段，综述对当事人诉讼请求是否支持的总结评价，后接法律依据，直接引出判决主文。说理部分已经完成，无需再对诉讼请求进行总结评价的，直接另段援引法律依据，写明判决主文。

援引法律依据，应当依照《最高人民法院关于裁判文书引用法律、法规等规范性法律文件的规定》处理。

法律文件引用顺序，先基本法律，后其他法律；先法律，后行政法规和司法解释；先实体法，后程序法。实体法的司法解释可以放在被解释的实体法之后。

七、判决主文

判决主文两项以上的，各项前依次使用汉字数字分段写明。

单项判决主文和末项判决主文句末用句号，其余判决主文句末用分号。如果一项判决主文句中有分号或者句号的，各项判决主文后均用句号。

判决主文中可以用括注，对判项予以说明。括注应当紧跟被注释的判决主文。例：（已给付……元，尚需给付……元）；（已给付……元，应返还……元）；（已履行）；（按双方订立的《××借款合同》约定的标准执行）；（内容须事先经本院审查）；（清单详见附件）等等。

判决主文中当事人姓名或者名称应当用全称，不得用简称。

金额，用阿拉伯数字。金额前不加"人民币"；人民币以外的其他种类货币的，金额前加货币种类。有两种以上货币的，金额前要加货币种类。

八、尾部

尾部包括迟延履行责任告知、诉讼费用负担、上诉权利告知。

1. 迟延履行责任告知

判决主文包括给付金钱义务的，在判决主文后另起一段写明："如果未按本判决指定的期间履行给付金钱义务，应当依照《中华人民共和国民事诉讼法》第二百五十三条规定，加倍支付迟延履行期间的债务利息。"

2. 诉讼费用负担根据《诉讼费用交纳办法》决定

案件受理费，写明："案件受理费……元"。

减免费用的，写明："减交……元"或者"免予收取"。

单方负担案件受理费的，写明："由×××负担"。

分别负担案件受理费的，写明："由×××负担……元，×××负担……元。"

3. 告知当事人上诉权利

当事人上诉期为十五日。在中华人民共和国领域内没有住所的当事人上诉期为三十日。同一案件既有当事人的上诉期为十五日又有当事人的上诉期为三十日的，写明："×××可以在判决书送达之日起十五日内，×××可以在判决书送达之日起三十日内，……。"

九、落款

落款包括合议庭署名、日期、书记员署名、院印。

合议庭的审判长，不论审判职务，均署名为"审判长"；合议庭成员有审判员的，署名为"审判员"；有助理审判员的，署名为"代理审判员"；有陪审员的，署名为"人民陪审员"。书记员，署名为"书记员"。

合议庭按照审判长、审判员、代理审判员、人民陪审员的顺序分行署名。

落款日期为作出判决的日期，即判决书的签发日期。当庭宣判的，应当写宣判的日期。

两名以上书记员的，分行署名。

落款应当在同一页上，不得分页。落款所在页无其他正文内容的，应当调整行距，不写"本页无正文"。

院印加盖在审判人员和日期上，要求骑年盖月、朱在墨上。

加盖"本件与原本核对无异"印戳。

十、附录

确有必要的，可以另页附录。

三、民事判决的效力

民事判决具有羁束力、确定力、（给付判决）执行力、（形成判决）形成力、（确认判决）确认力、已决效力（争点效力）、反射效力、参加效力、构成要件事实效力[①]等。

（一）羁束力与确定力

1. 羁束力

判决羁束力是判决宣告后，法院原则上不得任意撤销或者变更该判决。这种羁束力对作出判决法院的自我约束力，称为"自缚力"。判决是法院运用审判权的判断，一旦对外宣告，就不得任意撤销或者变更之。作为判决首先产生的效力，羁束力的意义就在于维持判决的稳定性、权威性和安定性。

与羁束力和确定力密切关联的问题是，我国将"确定判决"称为"生

---

① 构成要件事实效力，是指在一定情形中，以确定判决的存在事实为实体法律构成要件事实，此种以确定判决为实体法律构成要件事实而发生实体法及其他法律上一定法律效果的效力，理论上称为构成要件事实的效力。比如，确定判决有使中断的消灭时效重新起算的效力；确定判决能使保证人向主债务人请求除去其保证责任的效力等。

效判决"是不合理的。因为任何本案判决一旦宣告,首先具有的即羁束力,也就是生效判决,生效判决包括未确定判决和确定判决,而确定判决当然是生效判决,并且是不得上诉的判决。

在诉讼公正的前提下低成本地维护判决的正确性和妥当性,将"判决变更"作为羁束力的法定例外,以缓和可能过于形式化的羁束力。比如,根据《日本民事诉讼法》第356条,法院发现判决违反法律的,可以在宣告判决后1周内变更判决,但是判决已确定或者对案件有必要重新辩论的不在此限(参见下文"判决变更")。

对于判决的羁束力,我国民事诉讼法没有作出规定,这是立法上的漏洞。依据《解释》第242条的规定,第二审中,原审法院可以将原判决有错误的意见报送第二审法院,由第二审法院按照第二审程序审理;没上诉的,按照审判监督程序处理。

2. 确定力

判决确定力包括形式确定力和实质确定力。"形式确定力"("外部确定力""判决的不可撤销性")是判决对当事人的效力,即当事人不得以上诉方法请求撤销或者变更判决。形式确定力发生之时,即"判决确定"之时。通常情况下,判决一确定(即具有形式确定力),就产生既判力、形成力、执行力或者确认力等。

"实质确定力"("内部确定力""既判力")是指"确定判决"对"诉讼标的"之判断,对法院和当事人等所产生的约束力。其约束力主要体现在以下两个方面:

(1)既判力的消极效果或者消极作用是"禁止反覆"。其内涵是当事人等对既判的案件或者纠纷不得再为争执。其在制度上体现为禁止当事人重复起诉("一事不二讼");若当事人重复起诉("一事二讼"),则法院"一事不再理"。

(2)既判力的积极效果或者积极作用是"禁止矛盾"。其内涵是法院在处理后诉时,应受前诉确定判决的拘束;其在制度上体现为法院应以前诉确定判决对前诉诉讼标的之判断为基础来处理后诉,若后诉判决与前诉正确的确定判决相矛盾的,则为再审理由(我国民事诉讼法未将其作为再审的理由)。

（二）执行力·形成力·确认力

1. 给付判决的执行力

只有给付判决才有执行力。给付判决的执行力是指给付判决所具有的利用国家强制执行权实现其内容的法律效力。

执行力的存续时间为执行力产生时至其消失时。判决一确定通常就发生执行力，不过将来给付判决的执行力发生在判决确定之后，附条件或者附期限的执行依据须待条件成就或者期限届至才产生执行力。① 在我国，执行力消失的主要情形有申请执行期限届满、执行完毕或者执行终结等。

执行力的主观范围主要是判决所载的债权人和债务人，判决执行力与既判力的主观范围是一致的。但是，有执行力却无既判力的公证债权文书等，其执行力的主观范围与既判力的主观范围没有关系；被执行人不能清偿债务但对第三人享有到期债权的，法院根据申请执行人或者被执行人申请，将该第三人追加为被执行人。

执行力的客观范围主要是判决所确认的执行债权和被执行人所应履行的债务及其客体（这些客体即"执行标的"）。执行力一般只及于本案当事人的财产和行为，但是被执行人不能清偿债务但对第三人享有到期债权的，法院根据申请执行人或者被执行人申请，强制执行该第三人的财产。

日本学理上提出了"广义的执行力"概念，把实现判决内容状态的效果称为"广义的执行力"，如此不仅给付判决而且确认判决和形成判决都有执行力。"广义的执行力"易使判决的执行力与其他效力相混同，所以宜将执行力理解为给付判决所特有的效力。

2. 形成判决的形成力

形成判决具有形成力，即对已成立或者既存的民事法律关系产生变动的效力。非讼案件的判决通常无既判力，但有形成力。

无广泛效力的形成判决，其形成力在判决确定时溯及形成权人意思通

---

① 大陆法系民事诉讼中，假执行裁判（假执行宣告）是在本案终局判决确定之前赋予其与确定判决同等执行力的裁判。判决确定后才产生执行力，但是绝对坚持这一原则性要求，可能产生如下弊端：胜诉人的权利可能因为败诉人为了拖延执行提起上诉而得不到及时实现；败诉人也可能在判决确定前将其财产处分而阻碍胜诉人权利的实现；由于其他原因造成败诉人财产恶化等。因此，在判决确定前，作为例外，根据胜诉人的申请或者法院依职权决定执行未确定的本案判决。败诉人可以通过提供担保来免于假执行，也可以对假执行宣告提出异议。法院实施假执行，不影响对未确定的本案判决的上诉。

知到相对人时。根据《合同法》第 96 条第 1 款,相对人对解除的效力有异议的,解除权人可以提起诉讼或者申请仲裁来确认解除合同的效力,若法院或者仲裁机构认为解除的意思表示有效,则合同解除的效力于解除的意思表示通知到相对人时产生,并非自判决或者裁决确定时始产生。

有广泛效力(对世效力)的形成判决,无须强制执行就自动产生法律关系变动的效果,其形成力于判决确定时发生,其效力可能溯及既往,例如婚姻无效、收养关系无效等判决其效力溯及行为发生之时;也可能向将来发生,比如解除婚姻关系的判决等。具有对世效力的形成判决和确认判决是就其实体形成力和实体确认力而言的。

3. 确认判决的确认力

确认判决具有确认力,即确认原告主张的民事法律关系或者民事权益是否存在或者是否合法有效的法律效力。可见,确认力不同于既判力。长期以来有个错误认识,即确认判决的确认力被既判力包含而无须独立化。

确认判决的确认力,在判决确定时,通常溯及民事法律关系或者民事权益存在或者成立之时,比如根据我国《合同法》第 56 条的规定,无效的合同自始没有法律约束力。[①]

在定义上,婚姻关系无效之诉、收养关系无效之诉、确认股东大会决议无效之诉等不是形成之诉而是确认之诉,不过这些诉与形成之诉确有相同之处,即这些诉的确认判决也具有对世效力。

(三)已决效力·反射效力·参加效力

1. 已决效力(争点效力)

依据《解释》第 93 条的规定,"已为人民法院发生法律效力的裁判所确认的事实"属于"已决事实"("预决事实"),当事人无须举证证明。其中的"裁判",主要是指法院判决。法院裁定所确认的事实通常不应有预决效力[②],法院调解书中的事实也没有预决效力。

---

① 合同部分无效,不影响其他部分效力的,其他部分仍然有效。合同无效的,不影响合同中独立存在的有关解决争议方法的条款的效力。

② 主要理由是,法院裁定所处理的程序事项和临时性救济事项(如财产保全、行为保全等)多具有紧迫性,通常采用快捷的自由证明和释明,裁定的效力通常仅存在于本案的诉讼程序中,并且处理临时性救济事项的裁定还具有临时性和附属性,即本案终局判决可以变更或者撤销此类裁定。

　　已决事实在后案中能够产生如下"已决（效）力"或者"预决（效）力"：（1）对已决事实，主张者虽应主张但无须举证，并且无正当理由不得提出与其相矛盾的事实主张；（2）对已决事实，对方当事人没有反证或者反证失败的，法官应当采用，并且不得作出与其相矛盾的判断。

　　已决事实具有已决效力是因为：（1）已决事实在前案中已获严格证明，其真实性已为法院判决或者仲裁裁决所确认；（2）已决事实在前案中经当事人主张和证明，在后案中，该当事人应禁反言（属于诚实信用原则的范畴），即无正当理由不得提出与其相矛盾的事实主张；（3）根据"判决统一性原理"，对同一事实真实性的认定，不同判决应当是一致的。

　　与已决效力相通的是大陆法系的"争点效（力）"和英美法系的"争点排除效力"（issue preclusion）。争点效力或者争点排除效力大体是指法院确定的终局判决对案件事实的判断具有约束后案法院和当事人的效力，即后案法院应当采用已决事实或者不得作出与已决事实相矛盾的事实认定；后案当事人无正当理由不得提出与前诉或者前案判决确认的事实相矛盾的事实主张。争点效力或者争点排除效力对当事人的约束力属于"间接禁反言"（collateral estoppel）的范畴，即强调在前后不同的案件中，对于同一案件事实，同一个人应当作出一致的主张。美国法院判例承认争点排除效力的目的还在于，通过对判决理由中的事实判断赋予拘束力，来实现一次性解决纠纷的理想。①

　　确定判决和确定裁决均有已决力和既判力，两者的时间范围是一致

---

　　① 广义的"争点"，包括当事人双方有争议的诉讼请求、案件事实、证据和程序事项等。狭义的"争点"（issue），即通常所谓的争点，与"争点效力"相一致，仅指当事人双方有争议的实体事实。英美法系的"争点事实"（facts in issue）或者"结局事实"（ultimate facts）相当于大陆法系的"要件事实"或者"直接事实"，通常包括："诉因"的构成事实（相当于权利产生要件事实）和"抗辩"的构成事实（相当于被告抗辩要件事实）。

　　在英美法中，issue preclusion，又称 collateral estoppel，collateral issue，estoppel by judgment，estoppel by record 等。See *Black's Law Dictionary*，Tenth Edition，Thomson Reuters，2014，p. 318.

　　日本学者新堂幸司受德国法学家 Zeuner 既判力扩张的理论与英美法 Collateral Estoppel 法理的启示，同时兼收了本国学者兼子一教授提出的诉讼参加效力扩张的观点，提出了"争点效"理论。参见［日］新堂幸司：《新民事诉讼法》，林剑锋译，493～495 页，北京，法律出版社，2008。

的,却是两种不同的效力:(1)在客观范围或者客观对象上,已决力的客观对象是实体事实,既判力的客观范围是诉讼标的或者仲裁标的;(2)已决事实在后案中可以再行提供采信却无须证明,既判力禁止就既判案件再行起诉和再行审判。

已决事实的生效要件主要有:(1)已决事实构成后案实体事实的一部或者全部。(2)前案判决或者裁决须是"确定的"或者"生效的",并且没有被依法撤销或者变更。(3)前案中对已决事实或者争点事实,作出了严格证明。(4)后案当事人是前案当事人或者其诉讼承继人等①,或者与前案及其当事人存在"法律上的利益关系"。

法院依职权主动适用或者依当事人申请采用已决事实②,均应遵行如下程序规则:(1)法院在采用已决事实之前,应当根据已决事实的生效要件作出审查。(2)法院在采用已决事实之前,应当保障后案当事人对已决事实发表意见的机会,特别是保障不利方当事人的反证权。③ 此外,法院在考虑到包括收集证据在内的所有情况以后,认为适用已决事实将会对后案当事人造成显著不公的,则不应适用(但对此应作出充分说理)。

2. 反射效力(波及效力)

反射效力是指确定判决对本案以外的第三人的实体权益义务所产生的影响。反射效力及于本案判决主文和判决理由,不直接决定第三人的实体权益义务,但对与本案当事人存在一定实体关系的第三人或者从诉讼参加人才有意义,并需由后诉当事人(前诉的第三人或者从诉讼参加人)主张法院才予援用。例如,债权人与债务人之间的诉讼,债务人胜诉判决(如债务不存在)确定后,若债权人对债务人的保证人起诉请求履行保证债务时,保证人可基于保证债务的从属性,引用该胜诉判决,请求法院驳

---

① 此项要件在于禁止向未以当事人身份参加前诉或者前案审理的人主张争点效或者已决力。理由是一个人没有机会参与前诉或者前案审理,让此人遵守前诉或者前案裁判是不公平的,实际上也是维护正当程序审判权或者程序参与权。

② 当事人请求法院采用已决事实的,应当向法院提交判决或者裁决。

③ 后案当事人可以作出如下反证:不具备已决事实生效要件(如在前案审理中剥夺或者限制当事人的质证权、辩论权等);能够证明前案裁判的作出存在欺诈或者串通;提出了前案中因正当理由没有提出的新证据;辩论主义程序中法官将当事人未提出的事实或者证据作为裁判的基础等。

回债权人的请求。这种前诉判决效力反射到后诉而影响后诉当事人胜败的作用，即判决的反射效力。

以上内容实际上属于判决的反射效力说的主要内容。在日本，反射效力说为主流，但是还存在既判力扩张说、否定反射效力说和无区别必要说等。然而，在德国，反射效力说和既判力对第三人效力说则将通说地位让与既判力扩张说。既判力扩张说认为，第三人与诉讼当事人之间在实体法上既然有依存关系，应类推适用既判力基准时以后当事人的承继人继受的规定，将既判力扩张及于第三人，无须判决的反射效力来说明。

事实上，反射效力与既判力存在以下主要区别：（1）既判力系诉讼法上的效力，仅能在诉讼法上为抗辩，但是反射效力不仅能在诉讼法上为抗辩，而且能在实体法上为实体抗辩，从而能够产生实体法效果。（2）既判力属职权调查事项，而反射效力则须由当事人主张援用。（3）在第三人参加诉讼中，既判力及于独立参加诉讼人而不能及于从参加诉讼人，反射效力却仅及于从参加诉讼人。（4）给付判决的既判力伴有执行力，而反射效力不伴有执行力。（5）既判力及于判决主文，而反射效力及于判决主文和判决理由的判断。

3. 参加效力

在大陆法系民事诉讼中，参加效力是指被辅助的当事人败诉的，从诉讼参加人与其辅助的当事人彼此不得主张如果更充分地进行诉讼，就不会产生如此不当的判决。例如，债权人请求担保人履行担保债务的诉讼中，债务人作为担保人的辅助参加人参加诉讼，主张主债务已经消灭，但是法院判决债权人胜诉；其后，担保人请求债务人偿还保证债务时，只要债务人在前诉中充分实施了诉讼行为，就不能以前诉判决不当为由主张主债务不存在，不偿还其对担保人的保证债务。[①]

辅助参加人（从诉讼参加人）及其辅助的当事人共同进行诉讼而被辅助的当事人败诉时，只由被辅助的当事人承担诉讼进行责任而辅助参加人

---

① 参见［日］中村英郎：《新民事诉讼法讲义》，陈刚等译，97～98 页，北京，法律出版社，2001。

若无其事，则是不公平的。① 于是，德国和日本等大陆法系国家民事诉讼法典中规定，在被辅助的当事人败诉时，判决在辅助参加人与被辅助的当事人之间有必要产生一种拘束效力，即参加效力，是指他们彼此不得主张如果更充分地进行诉讼，就不会产生不当判决。参加效力旨在辅助参加人与被辅助的当事人之间公平分担诉讼进行责任。

外国有学者将"参加效力"视为判决既判力的扩张，即既判力的主观范围扩及从参加人。但是，立法上、实务上和理论上多主张，参加效力不同于既判力。具体来说：

（1）既判力的发生，不分诉讼的胜败情形均发生，其目的之一在于避免前后判决的矛盾。但是参加效力仅在被辅助的当事人败诉的情形才发生，其主要目的是在被辅助的当事人败诉时，在被辅助的当事人与辅助参加人之间分担诉讼进行责任，所以参加效力仅发生于被辅助的当事人与辅助参加人之间。

---

① 原则上，从诉讼参加人能够实施被其辅助的当事人获得胜诉所需要的一切必要的诉讼行为，比如提出攻击防御方法、提出异议、提起上诉、提起再审及其他一切诉讼行为，并且产生与辅助当事人所为一样的效力。只要从诉讼参加人出庭辩论，即使辅助当事人缺席也不受不利益的后果。

但是，由于从诉讼参加人在诉讼中处于辅助当事人的地位，所以其所能为的诉讼行为须以本诉系属为前提，且仅限于能促使本诉进展的行为，主要有：（1）从诉讼参加人不得处分或者实施属于当事人处分权范围内的事项。比如，放弃、变更或者承认诉讼请求；与对方当事人达成和解；对本诉被告提起反诉；申请撤回本诉；行使当事人私法上的撤销权、解除权、抵销权等。（2）从诉讼参加人的行为不得与其所辅助当事人的陈述或者行为相抵触。例如，从诉讼参加人不得提供当事人所抛弃的证据；不得撤回当事人提起的上诉等，从诉讼参加人的行为在相抵触的范围内失效。（3）从诉讼参加人必须遵从其参加之时的诉讼进程或者状态。比如，参加之际诉讼若属于第三审则从诉讼参加人不得陈述事实或者提出证据；对于当事人已经延误期限的攻击防御方法，从诉讼参加人不得提出；参加之时已经发生应诉管辖的，则从诉讼参加人不能提出管辖违法的抗辩等。

从诉讼参加人遵从上述受限范围而实施必要的诉讼行为，则他人之间的诉讼判决对其产生"参加效力"。但是，出现以下情况，从诉讼参加人则不受"参加效力"约束：（1）从诉讼参加人不能实施诉讼行为或者其诉讼行为不产生效力的，比如从诉讼参加人在第三审时才参加的，由于不得主张事实和提出证据，所以不受判决事实认定的约束；（2）从诉讼参加人与其辅助当事人的诉讼行为相互抵触而不产生效力的；（3）辅助当事人妨碍从诉讼参加人实施诉讼行为的，比如辅助当事人撤回从诉讼参加人提起的上诉、对从诉讼参加人争议的事实辅助当事人承认等；（4）辅助当事人因故意或者过失而造成对自己及从诉讼参加人不利的，例如辅助当事人因怠慢未能提出从诉讼参加人所不知的事实证据。

（2）既判力的有无是法院依职权调查的事项。由于参加效力强调被辅助的当事人与从诉讼参加人之间诉讼进行责任的分担，故其不属法院职权调查的事项，仅于当事人主张参加效力时，法院才进行调查。

（3）既判力的客观范围原则上包括判决主文，而参加效力的范围包括判决主文和判决理由，这是因为辅助参加人在诉讼中实施了必要的诉讼行为，在其范围内就应受判决理由的约束，否则对于诉讼进行责任的公平分担毫无意义。

第三节　民事判决的纠正程序

立法上对错误或者违法的民事判决，设置了相应的纠正程序或者救济途径，主要有两类：（1）慎重的纠正程序，主要有上诉、再审、异议之诉等，适用于民事判决存在重大或者显著程序违法或者实体错误的情形。（2）简便的纠正程序，主要有判决更正、事实更正、判决变更和判决补充等。对此我国现行法没有作出具体合理规定。

一、慎重的纠正程序

（一）上诉程序

上诉是当事人对于未确定且对己不利益的法院裁判，请求上级法院通过审理而予以变更或者撤销。上诉的理由是裁判错误认定事实或者违法适用法律。

从比较法上来看，通常是裁判比较显著违反诉讼法的，才构成上诉理由，比如裁判违背公开审判、程序参与、直接言词等原则，违背司法认知、推定、阐明等程序规则，审判组织不合法，违背回避规定，违反专属管辖，未经合法送达而缺席审判，当事人未经合法代理，判决不备理由，判决理由相矛盾，判决理由与判决主文不一致等。

当事人只能对不利益的法院裁判提起上诉。这种"不利益"是指判决主文方面（即法院对诉讼标的和诉讼请求的判断）的不利益，上诉人有通过上诉除去此种不利益的必要，即上诉人有"上诉利益"，通常第一审（全部或者部分）败诉的当事人对第一审判决有上诉利益。由于第二审采取续审制，所以原告为了扩张诉讼请求而提起上诉的，不被准许。

（二）再审程序

再审程序适用于法院确定判决已解决的案件。再审是对既判案件的再次审判（即再审案件是原诉），即当事人对已经确定的判决以重大程序违法和重大实体错误为由，请求法院按照再审程序予以撤销或者变更。

只有按照正当程序作出的确定判决，其既判力才应获得尊重。对于严重背离正当程序所作出的确定判决，应当按照再审程序予以撤销或者变更。作为维护确定判决既判力原则的法定例外，再审理由应是严格的并应由法律作出明确规定，才能据此对判决进行再审，所以再审理由应当限于严重程序违法和严重实体错误，并应具体化为可操作性的具体理由。

（三）异议之诉

作为对错误或者违法民事判决的慎重纠正程序，第三人在本诉判决确定后可以提起异议之诉（狭义第三人异议之诉）；在强制执行中提起执行异议之诉（第三人执行异议之诉）（参见第八章第二节）。

第三人提起异议之诉的实体理由是导致原确定判决对第三人在实体权益方面显著不公，然而第三人无法通过上诉程序和再审程序获得救济，所以另设异议之诉使第三人能够请求变更或者撤销原确定判决以维护其实体权益。

二、简便的纠正程序

不论民事判决存在何种错误或者违法，也不论其错误或者违法程度如何，通过上诉、再审或者异议之诉等程序来纠正，可能造成浪费而得不偿失，所以有必要设置判决更正、事实更正、判决变更和判决补充等简便的纠正程序。

（一）判决更正

对于判决（书）中存在的误写、误算及其他类似显然的技术上或者形式上的错误，许多国家和地区以判决更正的方式予以纠正。① 比如，我国

---

① 法院的调解书、支付令中及判决中有关诉讼费用部分，若存在漏写、误写、误算或者类似显然的技术上的错误，也可裁定更正。

台湾地区"民事诉讼法"第 232 条规定:"判决如有误写、误算或者其他类似之显然错误者,法院得随时或者依声请以裁定更定之;其正本与原本不符者亦同。"《德国民事诉讼法》第 319 条、《日本民事诉讼法》第 257 条对判决的更正均作了规定。

根据《民事诉讼法》第 154 条的规定,对于判决书中的笔误可以裁定补正,但是我国民事诉讼法对于判决更正的具体要件、程序和法律效果未作规定。《最高人民法院法官行为规范》(法发〔2010〕54 号)第 54 条规定,裁判文书宣告或者送达后发现文字差错,(1)对一般文字差错或者病句,应当及时向当事人说明情况并收回裁判文书,以校对章补正或者重新制作裁判文书;(2)对重要文字差错或者病句,能立即收回的,当场及时收回并重新制作;无法立即收回的,应当制作裁定予以补正。

在许多国家和地区,以判决更正的方式纠正判决(书)中存在的误写、误算及其他类似显然的技术上或者形式上的错误。改变判决的实质内容(比如改变法院对诉讼标的之判断),通常途径是上诉或者再审。一般说来,能够运用判决更正的事项,就不能用上诉或者再审来纠正;法律规定用上诉或者再审来纠正的事项,就不能采用判决更正方式。

采用判决更正的要件有:(1)判决书中存在误写、误算及其他类似技术上或者形式上的错误,即判决正本所书写的文字或者数字等与判决原本所要表述的意思或者审判法院的真正意思不一致,这种错误已是客观化了的事实[1];(2)这种错误是显然的,即从判决本身,明显地看出(一见即明)的错误。

判决主文与判决理由中金额不符的,也可能显然是误写或者误算的。判决理由中所表示的意思,判决主文中缺漏未表示的(比如法院对返还 100 万元借款和支付 3 万元利息均进行了审理并认为有理由而记载于判决理由之中,但是在主文中仅列出借款 100 万元而未列出利息 3 万元),属于判决有显然的错误,为判决更正的原因。

---

[1]　从比较法的角度来看,判决确定后发生客观变化致使判决的内容与客观情况不符,如判决确定后诉讼标的物发生位移,执行标的物确已变质、损坏或者灭失等,并非判决本身的错误,基于顺利执行的考虑,法院裁定变更执行标的。

具备判决更正要件的，当事人可以随时申请或者法院依职权随时裁定更正①，而不受判决是否提起上诉或者是否确定的限制。若法院以不具备判决更正要件为由，裁定驳回当事人更正申请的，则当事人有权提起上诉。②

更正的法院多为错误判决的制作法院。由于从判决本身或者诉讼资料就能够识别或者判断出判决是否存在显然的错误，并且这样的错误即便是局外人也能够认识到，所以德国、日本和我国台湾地区等允许未参与审判的法官也可以更正（属于直接审理原则的例外）。如果案件被合法提起上诉，其他有关该案的判决及诉讼资料在上诉审中，那么上诉审法院就可以对其下级法院的判决进行更正。③

由于更正判决（书）中存在误写、误算或者类似显然的技术上或者形式上的错误，所以原则上无须言词辩论就可作出更正裁定。裁定作出前，应当给予双方当事人听审的机会，可以接受当事人等提供的有关资料和听取有关陈述。更正判决的裁定与原判决为一体，应附记于判决原本及正本上，如正本已经送达而不能附记的，应制作该裁定正本并予以送达。

当事人对于法院更正判决的裁定，如有不服可提起上诉。德国、日本民事诉讼法和我国台湾地区"民事诉讼法"规定，当事人可依抗告程序提出即时抗告。但是，如果对判决提起了上诉，由于更正判决的裁定将与判决同时接受上诉审，所以对该裁定就不能单独提起上诉。

判决的上诉期间不受判决更正影响。上诉期间届满后，当事人因更正而认为有上诉必要的（如将误写的1万元更正为10万元，此时被告不服而认为有必要上诉），自判决更正之日起上诉期间重新起算。若判决原本正确而正本误缮，则照原本重新缮印正本，上诉期间应另行计算。

（二）事实更正

根据《德国民事诉讼法》第320条的规定，如果判决的事实部分有不

---

① 有的国家，比如德国规定，只得由法院依职权随时更正，而没有规定当事人可申请更正。

② 法院认为当事人更正申请无理由而驳回的，则法院认为判决没有错误，所以一些国家和地区不允许当事人提起上诉。

③ 对于第三审法院能不能更正第二审判决，有不同看法。请参见范光群：《判决之更正》，载民事诉讼法研究基金会编：《民事诉讼法之研讨（一）》，台北，三民书局，1987。

属于第 319 条规定的错误、遗漏或者矛盾之处时，当事人可以申请更正。第 319 条中规定，判决中如有误写、误算或者类似显然错误，法院得依职权随时更正之。在德国人看来，"事实更正"具有显著意义，因为在控诉审（第二审）中限制新事实的提出，在上告审（第三审）中排除新事实的提出，所以当事人要求法院补正遗漏的事实就具有重要意义。①

在德国，当事人可以在 2 周内提出书状申请更正，此期间从送达完全形式的判决时起算。当事人也可以在期间开始前提出申请。判决宣告后已满 3 个月的，当事人不得再申请更正事实。当事人提出申请后，法院应及时指定言词辩论期日，并将申请书送达对方当事人。只有原审判法官才能参与事实更正。法院对事实更正的裁定无须调查证据。法院更正事实的裁定，不能使判决的其他部分发生变动，并应附记于判决原本及其正本。对此裁定，当事人不得声明不服。

根据《法国民事诉讼法》第 462 条的规定，如果判决在具体表述事实方面有错误或者遗漏时，即使该判决已经产生既判力，仍可由作出判决的法院进行补正，或者依据案卷所表明的问题，或者依据道理，由已接受案卷的法院补正。判决的更正，既可由当事人提出申请，也可由法院依职权进行，法官在听取各方当事人的意见后或者在传唤各方当事人之后作出决定。法院作出更正判决中具体事实的决定，应当在判决的原本上记明，并且在判决的副本上载述。对于法官作出的更正判决的决定，其送达方式与判决相同。如果经更正的判决已经产生既判力，对更正性决定不服，只能通过向最高法院提出上诉的途径予以补救。

与根据德国和法国有关事实更正的规定不同，若事实错误仅仅表现为技术上或者形式上的错误，在日本和我国台湾地区则被纳入判决更正的范畴。我国民事诉讼法并未就判决中事实的更正作出明文规定。如果判决的事实部分出现错误、遗漏或者矛盾的，如何处理？是否通过上诉？但是，上诉主要针对的是判决理由不备、判决理由与判决主文矛盾等构成违法判决的情形。如果事实错误仅仅表现为技术上或者形式上的错误，则可参考

---

① 参见［德］奥特马·尧厄尼希：《民事诉讼法》，周翠译，307 页，北京，法律出版社，2003。

以上国家和地区的做法，建立事实更正制度。

(三) 判决变更

根据《日本民事诉讼法》第 356 条的规定，法院发现判决违反法律的，可以在宣告判决后 1 周内变更判决，但是判决已确定或者对案件有必要重新辩论的则不在此限。

第二次世界大战后，日本受美国法的影响，引进了判决变更制度，作为判决羁束力的法定例外，从而日本法院判决的羁束力因判决可以变更而得以缓和。①

判决变更的要件有：(1) 判决具有违反法律的内容；(2) 宣告判决后 1 周内；(3) 判决尚未确定 (包括当事人协议不上诉而使判决确定的)；(4) 无言词辩论的必要。

判决变更由法院依职权进行，当事人无权请求变更判决。变更的判决应与被变更的判决构成一个整体，上诉审若要废弃则应一并废弃。

变更判决也应当宣告。但是，在很多情况下，由于受到宣布判决之后 1 周内这一期间的限制，以普通的方法传唤当事人会使当事人赶不上期日，所以对送达采用发信主义的简便方法而不采取通常的受信主义 (到达主义)。

在我国，判决违反法律的，可以通过上诉或者再审予以纠正。若我国将来禁止法院并严格限制检察院提起再审，当事人也未提起上诉或者再审，又未建立第三审 (法律审)，那么日本的上述做法对我国如何纠正未确定的违法判决具有一定的启发价值。

(四) 判决补充

法院判决遗漏了应予判决的诉讼标的或者诉讼请求，为判决脱漏 (我国实务中称为"漏判")。判决的补充所要处理的问题是，对漏判的诉讼标的或者诉讼请求补充判决。② 这种判决被称为补充判决、追加判决或者未

---

① 参见 [日] 三月章：《日本民事诉讼法》，汪一凡译，347 页，台北，五南图书出版公司，1997.

② 根据《法国民事诉讼法》第 464 条的规定，如果法官对当事人未请求的事由已为裁判宣告，或者如果法官超出当事人请求而作出裁判，适用第 463 条关于"判决补充"的规定。但是，笔者认为，法官对当事人未提出的诉讼请求或者超出当事人的诉讼请求而作出的判决，违反了处分原则和司法消极原则，是违法判决，应当通过上诉或者再审予以纠正。

尾判决。比如，原告请求赔偿 5 万元，而法院根据案件事实和证据并依据实体法规范，判决被告赔偿 3 万元，而且在判决理由部分论说了为什么只判 3 万元，法院对于其余的 2 万元没有认可的，不属于判决脱漏。

但是，判决中遗漏了诉讼费用的负担，应以裁定更正①，并非判决的补充。判决中遗漏了理由或者对攻击防御方法未审酌判断的，构成违法判决，为上诉或者再审的理由，不得为补充或者追加判决。

漏判的诉讼标的或者诉讼请求应当与已判的诉讼标的或者诉讼请求是可以分割且可以特定的。比如，在侵权损害赔偿诉讼中，原告请求赔偿医疗费 5 万元、误工损失费 2 万元和精神损害费 3 万元，法院就前两个作出判决，而遗漏了最后一个，对于精神损害费则需补充判决，此例中三种赔偿费之间是可分割的且可特定的。当然，如果原告仅明示提出前两个请求，对精神损害费法院没有判决的，则并非判决脱漏而是对原告处分权的尊重。

如果漏判的部分与已判的部分为一体而不可分割，应当作出合一判决，否则是违法判决，应以上诉或者再审来纠正，而不得作出补充判决。事实上，合并判决的必要性愈高，允许补充判决的可能性就愈低。比如，对于必要的共同诉讼，由于诉讼标的是共同而不可分割的，所以就应当作出合一或者全部判决，而不得就诉讼标的针对必要共同诉讼人的一人或者数人作出部分判决。

当事人可以申请或者法院依职权追加判决。当事人申请追加判决的，应在一定期间提出。对此期间，我国民事诉讼法没有规定，而德国、法国等国民事诉讼法和我国台湾地区"民事诉讼法"均作了明确规定，比如在德国，当事人应在原判决送达后 2 周内提出书面申请。法院负有不得非法拒绝审判的职责，所以脱漏的事项仍系属于法院，法院仍须审判。因此，法院发现其判决出现脱漏的，应当依职权主动追加判决。笔者认为，法院追加判决应有期限的限制②，旨在使判决尽快得以补充，使诉讼程序尽快

① 日本等国的民事诉讼法中规定，对此裁定不服的，当事人可以即时抗告。
② 日本民事诉讼法和我国台湾地区"民事诉讼法"中对此没有作出期限上的限制。对此，日本和我国台湾地区学者存在疑问。

得以安定或者终结，及时保护权益和解决纠纷。

若当事人超出法定期限没有申请补充判决，并且法院亦未在法定期限内依职权补充判决，对脱漏的事项如何处理呢？笔者认为，若第一审判决脱漏的，脱漏的诉讼标的或者诉讼请求并未经法院判决，该脱漏事项的诉讼系属因第一审判决的作出而归于消灭，所以当事人就脱漏的事项可以再起诉；若第二审判决脱漏的，脱漏的事项未经上诉审，其上诉期间因第二审判决脱漏而得以顺延。

当事人提出申请追加判决的，法院认为判决并无脱漏的，则裁定驳回申请，当事人对此裁定不服可提起上诉。法院同意或者决定追加判决的，脱漏的部分已经辩论终结的，应立即作出补充判决；未经辩论或者辩论未终结的，法院应及时指定言词辩论期日，就脱漏的诉讼标的或者诉讼请求和相关的事实证据进行辩论。一般说来，补充判决与原判决相对独立，上诉期应当分别计算。

在我国，对于第一审（未确定的）判决漏判的，《解释》第 326 条规定："对当事人在第一审程序中已经提出的诉讼请求，原审人民法院未作审理、判决的，第二审人民法院可以根据当事人自愿的原则进行调解；调解不成的，发回重审。"根据《民事诉讼法》第 200 条的规定，对确定判决脱漏的补救途径是再审。

上述补救途径不符合程序比例原则，不当增加补救成本，且有背离法院不得非法拒绝审判之虞，所以，笔者主张，我国对终局判决漏判的补正途径，可以借鉴德国、法国等国民事诉讼法和我国台湾地区"民事诉讼法"规定的补充判决方式。

第七章　审级程序

第一节　两审终审制

一、审级制度

两审终审制是一种审级制度。所谓"审级制度"，是指法律规定的审判机关在组织体系上的层级划分以及诉讼案件须经几级法院审判才告终结的制度。

我国民事诉讼实行两审终审制，即一个民事案件经过两级法院审判就告终结。由于我国人民法院共分四级，故我国民事案件的审级制度也可以称为四级两审制。许多国家和地区采取"三级三审制"，"审"与"级"之间存在着对应关系，比如起诉于第一级的地方法院，适用第一审程序；对第一审裁判上诉于第二级的高等法院，适用第二审程序；对第二审裁判上诉于第三级的最高法院，适用第三审程序。

法院上下级关系具有非行政性，虽然上级法院有权依据法定程序改变下级法院的判决，但是这只能理解为分工上的一种差异。设置不同审级的法院是为当事人提供再次诉讼救济的机会和为解决纠纷提供一个纠误渠道，使法院判决更加审慎，并且通过上诉审程序来力求司法标准的统一性和对司法进行政策导向上的调整。

二、我国两审终审制

根据两审终审制，一件民事案件经过第一审人民法院审判后，当事人如果不服第一审人民法院判决的，有权依法向上一级人民法院提起上诉进行第二审，第二审法院作出的裁判是终审裁判，对此当事人不得再行上诉。因此，我国审级程序包括第一审程序（初审程序）和第二审程序（上诉审程序）。至于再审程序，则属于审级程序之外的程序。

根据《民事诉讼法》的相关规定，对有些案件不允许上诉，实行的是一审终审，主要有：（1）最高人民法院审判的第一审民事案件；（2）小额诉讼案件（《民事诉讼法》第162条）；（3）依照《民事诉讼法》第十五章规定的适用特别程序审理的案件；（4）适用督促程序审理的案件；（5）适用公示催告程序审理的案件。此外，（当事人无正当理由）超过上诉期的地方各级人民法院第一审判决，为确定判决，对此当事人也不得提起上诉。

我国实行两审终审制的理由主要是：我国地域辽阔，不少地方交通又不方便，如果实行三审终审，当事人和证人等势必要为诉讼长途往返，造成人力、财力上的浪费。而且，当事人的权利义务长期处于不稳定状态，不利于民事流转和社会安定。因此，实行两审终审制基本上符合我国的实际情况。

三、建立三审制的根据

上诉审程序的目的融合着私益和公益的内容。从维护私益方面来说，上诉审程序保护当事人合法私权和妥当解决民事纠纷。从维护公益方面来说，上诉审程序纠正错误或者违法的裁判，从而具有维护裁判的正确性和合法性以确保公众对司法裁判的信心、维护法制或者适用法律的统一、阐明并发展法律、形成政策等功能。

我国目前实行两审终审制，第二审程序担负着实现上诉审程序的私益目的和公益目的。在我国，很多情况下，第二审法院是中级法院，以至于第二审法院级别较低，难以维护法律适用统一。从这个意义上说，设立第三审还是具有重大意义的。[1]

笔者认为，为维护当事人上诉权或者审级利益，最高人民法院不应审判第一审案件（这也是诸多国家和地区最高法院不审判第一审案件的主要原因）。最高人民法院和高级法院主要审判上诉案件，发挥其统一法律适用和形成政策等功能。由于我国幅员辽阔，各地的发展水平参差不齐，而一省范围内在风土人情、发展水平等方面具有一定的均质性，所以应当加强高级人民法院在其本辖区内统一法律适用的责任。最高人民法院巡回法庭在其巡回区内担负统一法律适用的责任[2]，最高人民法院则应承担维护全国统一法律适用的职责。

由于实行集中审理，第一审基本将案件事实和证据问题审理完结，所以第二审应当采用续审制并主要是法律审，若有第三审则应采事后审制和法律审，从而形成"金字塔式"的诉讼程序构造，即第一审程序处理案件的事实问题和法律问题，第二审处理案件的法律问题和事实问题[3]，第三审主要是法律审。为实现现代法治，我国应当加强法律审，以统一法治。

第二节　审级程序一：初审程序

一、初审程序总论

初审程序是每个民事争讼案件必经的第一审程序。在我国，初审程序通常包括初审普通程序和初审简易程序。初审普通程序（或称"普通程序"）是基础性程序，民事诉讼法系统规定其具体程序内容。民事诉讼法

---

① 有关我国审级制度或者第三审的建构问题，可以参见陈桂明：《诉讼公正与程序保障》，123～127页，北京，中国法制出版社，1996；傅郁林：《民事司法制度的功能与结构》，北京，北京大学出版社，2006；齐树洁：《民事上诉制度研究》，北京，法律出版社，2006。

② 《最高人民法院关于巡回法庭审理案件若干问题的规定》（法释〔2016〕30号）第8条规定："最高人民法院认为巡回法庭受理的案件对统一法律适用有重大指导意义的，可以决定由本部审理。巡回法庭对于已经受理的案件，认为对统一法律适用有重大指导意义的，可以报请最高人民法院本部审理。"

③ 由于我国传统文化和当代民众非常注重事实的真实性，所以第二审不能仅仅处理法律问题，还应当追求事实真实。

对初审简易程序、上诉审程序和再审程序,仅规定各自特殊之处,没有规定的程序事项则适用普通程序部分的相应规定。

民事争讼(审判)程序基本阶段有三,大体上可以表述为"诉·审·判",分别对应于争讼程序的"开始·续行·终结"。对此,图示如下:

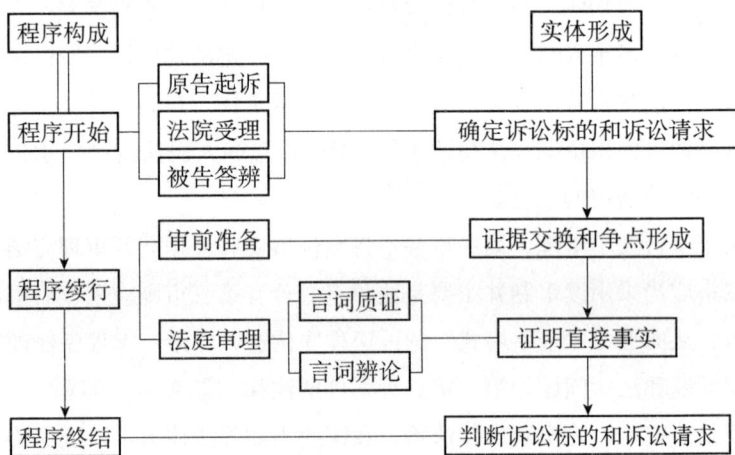

民事初审程序基本构成:诉·审·判

在程序构成方面,普通程序大体上可分为以下阶段:程序开始阶段[包括起诉、受理和答辩,相当于美国民事诉讼中的"诉答"(Pleading)]→程序续行阶段[包括审前准备和法庭审理(质证和辩论)]→程序终结[包括判决终结和非判决终结(裁定撤诉、裁定诉讼终结、法院调解成功等)]。

在实体形成方面,普通程序大体上可分为以下阶段:提出或者确定诉讼标的和诉讼请求→形成或者整理争点→证明直接事实→法院判断诉讼标的和诉讼请求(有无事实根据和法律根据)。

根据"先程序后实体原则"和"正当程序保障原理",起诉要件、诉讼要件和实体要件的审理裁判顺序通常是:(1)起诉要件是争讼程序的启动要件,所以法院首先调查起诉要件是否具备,若起诉要件具备则受理起诉。此后,(2)法院调查诉讼要件是否具备,诉讼要件是争讼程序的续行要件,若诉讼要件具备则诉讼程序继续进行直至作出本案判决。其后或者同时,(3)实体要件则须在法庭上按照言词方式进行审理,然后作出本案判决。

起诉要件的审理和裁定通常在法院受理阶段完成。不过,受理后,发现原告所提之诉不具起诉要件的,也得裁定驳回起诉。至于判断诉讼要件是否具备的时间,原则上至(初审、上诉审、再审)言词辩论终结之时。由于诉讼要件中有兼具程序内容和实体内容的,所以须在程序启动以后的审理程序进行审理,特别是实质当事人适格、诉的利益等更具实体内容,往往需到言词辩论终结时才能判断其是否具备。

起诉要件和诉讼要件是否具备决定争讼程序是否启动和续行。若原告所提之诉不具备起诉要件或者诉讼要件,则争讼程序没有必要启动或者续行,法院应当直接驳回诉讼,避免无益的诉讼,以节约司法资源,专力解决需要诉讼救济的案件。正因为如此,在诸多国家和地区,起诉要件和诉讼要件(相对诉讼要件除外)被作为包含公益内容的事项而作为强行规范,纳入法院"职权调查事项"。对于职权调查事项,法院得主动依职权调查并作出处理,通常仅需"自由证明"而适用"裁定程序"。对于法院以裁定或者决定处理的事项等,法院可以自由裁量是否实施"任意的口头辩论",在性质上任意的口头辩论具有补充"书面审理"的意义。相比于实体要件,起诉要件和诉讼要件由于其程序性而较能及时查明,并且为避免诉讼迟延,审理起诉要件和诉讼要件应当适用自由证明程序或者裁定程序。

至于"实体要件"的审理,必须在开庭审理阶段完成,在审理程序上必须遵行对审、公开、直接言词等原则,在言词辩论终结时法院按照处分原则或者职权干预主义作出判决。民事争讼案件的实体直接事实应当采用"严格证明"并遵循"对审原则",即保障双方当事人平等的质证权和辩论权是严格证明程序或者民事争讼程序的必要阶段和内容。对当事人的"诉"(包括当事人起诉、上诉、提起再审之诉和异议之诉等),法院应当通过"终局判决"作出应答,并且旨在作出终局判决的审理原则上须经"必要的口头辩论"[①](即只有经过双方当事人言词辩论后法院才能作出判决)。

"诉不合法"和"诉无理由"有着比较明确的区分。"诉不合法"是指诉不合程序性要件(主要是起诉要件,其次是诉讼要件),法院用"裁定"

---

① 法律也会规定一些例外情况,如原告没有履行主张责任、原告舍弃诉讼请求、被告认诺诉讼请求、缺席审判、上诉审法院以裁定处理上诉等。

驳回诉讼。不过,考虑到"诉讼要件"兼具程序内容和实体内容,德国和日本等对不具备"诉讼要件"的则采用"诉讼判决"驳回诉讼。"诉无理由"是指诉不合实体要件,即没有实体根据(实体事实根据和实体规范根据),法院作出原告败诉的"本案判决"。

二、初审普通程序

(一) 初审普通程序的开始阶段:起诉·受理·答辩

笔者认为,初审普通程序的开始阶段包括"原告起诉""法院立案和受理""被告答辩"(在美国通常称为"诉答"阶段),从而在初审普通程序的开始阶段就表示民事争讼程序的对审性或者双方当事人之间的对抗性。

为保护诉权,做到"有案必立、有诉必理",《民事诉讼法》(第 123 条)、《决定》《最高人民法院关于贯彻落实党的十八届四中全会决定进一步深化司法体制和社会体制改革的实施方案》(2015 年)、《解释》《最高人民法院关于人民法院推行立案登记制改革的意见》(法发〔2015〕6 号)、《登记立案》等作出了相应规定。

1. 原告起诉

根据"不告不理原则"和民事诉权性质,应当由当事人提起诉讼来启动争讼程序。提起诉讼,即"诉"之提起,简称起诉,是指自然人、法人和其他组织依法以自己的名义向法院提出实体请求,请求法院予以审判的诉讼行为。

起诉的一般场合是原告不在其他诉讼程序中而单独提起诉讼的情形,相应的,发生"诉讼系属"的情形通常限于"起诉"①。起诉的特殊场合

---

① "诉讼系属"(Rechtshängigkeit)即因"诉"的提起,在特定的当事人之间,就起诉的实体法律关系,受法院审判的状态。发生诉讼系属的,限于当事人依起诉(包括反诉等)请求审判的实体权利义务关系,至于作为攻击防御方法而被主张或者抗辩的权利义务关系并不发生诉讼系属。

通常,原告提起诉讼之时,即诉讼系属发生之时,由此而在法院、原告与被告之间形成诉讼法律关系。诉讼系属的状态持续到该诉的判决确定为止或者因诉讼和解或者撤回诉讼等而终结诉讼时为止。

我国台湾地区"民事诉讼法"第 419 条规定,当事人两造于期日到场而调解不成立者,法院得依一造当事人之声请,按该事件应适用之诉讼程序,命即为诉讼之辩论。前项情形,视为调解之声请人自声请时已经起诉。

是指在诉讼程序中提起民事诉讼的情形。比如，在民事争讼程序或者诉讼系属中，提起反诉、参加之诉，进行诉的变更；我国支付令的申请视为起诉的，则于申请时发生诉讼系属[①]；在民事执行过程中，提起执行异议之诉；在刑事诉讼中，提起民事诉讼；在行政诉讼中，提起民事诉讼等。

原告起诉应当具备通常的法定起诉条件（《民事诉讼法》第 119 条）；我国现行公益诉讼、第三人撤销之诉、再审之诉等除须具备通常起诉要件外，还应具备其他条件；同时，原告还得提交合法起诉状（《民事诉讼法》第 121 条）（书写起诉状确有困难或者是简单案件的，原告可以口头起诉）。

民事起诉状应当记明以下事项：（1）原告的姓名、性别、年龄、民族、职业、工作单位、住所、联系方式，法人或者其他组织的名称、住所和法定代表人或者主要负责人的姓名、职务、联系方式；（2）被告的姓名、性别、工作单位、住所等信息，法人或者其他组织的名称、住所等信息；（3）诉讼请求和所根据的事实与理由；（4）证据和证据来源；（5）有证人的，载明证人的姓名和住所。[②]

为保护当事人诉权，应当给予当事人补正起诉要件的机会。[③] 对于起诉要件存有欠缺或者起诉行为存有瑕疵的，原告可以主动补正，被告也可要求原告补正，法院也应阐明并要求原告限期补正。补正后的起诉状必须送达被告。原告无正当理由超过补正期限没有补正或者补正后仍有欠缺的，法院应当裁定不予受理或者驳回起诉。

[①] 《民事诉讼法》第 217 条规定："人民法院收到债务人提出的书面异议后，经审查，异议成立的，应当裁定终结督促程序，支付令自行失效。支付令失效的，转入诉讼程序，但申请支付令的一方当事人不同意提起诉讼的除外。"

根据《日本民事诉讼法》和我国台湾地区"民事诉讼法"有关督促程序的规定，债务人在法定期间对支付令提出异议的，以债权人支付令的声请视为起诉，直接转为通常诉讼程序。

[②] 原告在起诉状中直接写第三人的，视为其申请法院追加该第三人参加诉讼；是否通知第三人参加诉讼，由法院审查决定（《解释》第 222 条）。

有关当事人和法院所用的民事诉讼文书样式，最高人民法院专门颁行了《人民法院民事裁判文书制作规范》《民事诉讼文书样式》（法〔2016〕221 号）。

[③] 对于当事人起诉材料、手续不全的，法院应当尽量一次性全面告知当事人应当提交的材料和手续，有条件的法院应当采用书面形式告知。能够当场补齐的，法院立案工作人员应当指导当事人当场补齐。参见《最高人民法院关于加强人民法院审判公开工作的若干意见》（法发〔2007〕20 号）第 7 条。

原告合法起诉，能够产生如下诉讼法和实体法两方面的效力：（1）启动诉讼程序或者发生诉讼系属。起诉是诉权的行使方式，只要原告起诉，诉讼程序就启动或者诉讼系属就发生，法院就得审查起诉是否合法并应裁定是否立案、受理。（2）产生"一事不二讼"或者"一事不再理"的效力。对于已经起诉的案件，当事人不得再行起诉，否则法院裁定不予受理或者驳回起诉；属于共同管辖的，则移送最先立案的法院。（3）产生不可撤销的效力。对于原告起诉所启动的诉讼程序，除法律规定的情形（如法院裁定驳回起诉、当事人撤诉、法院作出判决等）外，任何人不得撤销。（4）消灭时效中断。原告起诉，即原告通过民事诉讼来主张其实体权益，产生消灭时效中断的效力。①

2. 法院立案和受理

（1）登记·立案·受理

法院的立案机构或者立案庭接受原告书面起诉或者口头起诉的②，首先应当予以登记，即"立案登记"。符合起诉条件的，应当在 7 日内立案③，并通知当事人；不符合起诉条件的，则应在 7 日内作出裁定不予受理。对此，现行法律和司法解释的具体规定如下：

1）对起诉，法院应当一律接收起诉状，出具书面凭证并注明收到日期。

2）对符合起诉条件（符合《民事诉讼法》第 119 条且不属于第 124 条规定的情形）的，法院应当当场予以登记立案。

3）法院对当场不能判定是否符合起诉条件的，应当作出以下处理

---

① 参见《民法总则》第 195 条和《最高人民法院关于审理民事案件适用诉讼时效制度若干问题的规定》（法释〔2008〕11 号）。笔者认为，原告撤诉、法院不予受理或者驳回起诉的，消灭时效并不中断；自法院同意撤诉、不予受理或者驳回起诉的裁定生效时，消灭时效"继续"计算；不过，自原告起诉至前述裁定生效时的时间，应从消灭时效期间中扣除。诉经撤回则视同未起诉，时效亦应视为不中断。

② 为方便当事人行使诉权，法院提供网上立案、预约立案、巡回立案等诉讼服务（《登记立案》第 14 条）。比如，北京市高级人民法院颁行了《北京法院网上直接立案工作办法（试行）》《网上直接立案操作流程》《北京法院网上预约立案实用手册》《北京法院邮寄立案处理办法（试行）》等。

③ 按照现行司法解释，法定立案期限 7 日是从法院接受原告起诉之次日起算；法院限令原告补正起诉状的，从补正后交法院之次日起算；上级法院转移下级法院审理的案件，从该下级法院收到起诉状之次日起算。

(《登记立案》第 8 条）：对民事、行政起诉，应在收到起诉状或者补正起诉材料之日起 7 日内决定是否立案；对第三人撤销之诉，应在收到起诉状或者补正起诉材料之日起 30 日内决定是否立案；对执行异议之诉，应在收到起诉状或者补正起诉材料之日起 15 日内决定是否立案；法院在法定期间内不能判定起诉是否符合法律规定条件的，应当先行立案。法院对起诉不予受理或者不予立案的，应当出具书面裁定或者决定，并载明理由。

4）需要补充必要相关材料的（当事人提交的诉状和材料不符合要求的），法院应当一次性书面告知在指定期限内补正。在补齐相关材料后，应当在 7 日内决定是否立案。

5）对不符合法律规定的起诉，法院应当予以释明（应当是"阐明"——笔者注）。

对于（不限于）下列特殊情形，符合起诉条件且不属于《民事诉讼法》第 124 条规定情形的，法院应予受理：

1）裁定不予受理或者驳回起诉的案件，原告再次起诉的（《解释》第 212 条）；

2）法院裁定撤诉的案件，原当事人再次起诉的（《解释》第 214 条第 1 款）；

3）夫妻一方下落不明，另一方不申请宣告其失踪或者死亡，而起诉请求离婚的（对下落不明人公告送达诉讼文书）（《解释》第 217 条）；

4）判决不准离婚、调解和好的离婚案件，判决、调解维持收养关系的案件，被告在 6 个月内起诉的，或者原告在 6 个月后又起诉的；

5）当事人就后发性请求另行起诉的；

6）原告超过诉讼时效期间起诉的[①]；

7）仲裁协议无效[②]，仲裁裁决或者仲裁调解书被法院判决撤销或者

---

① 《解释》第 219 条规定：原告超过诉讼时效期间起诉的，法院应予受理，受理后被告提出诉讼时效抗辩，法院经审理认为抗辩事由成立的，判决驳回原告的诉讼请求。

② 符合下列情形之一的，仲裁协议无效：（1）约定的仲裁事项超出法律规定的仲裁范围的；（2）无民事行为能力人或者限制民事行为能力人订立的仲裁协议；（3）一方采取胁迫手段，迫使对方订立仲裁协议的；（4）仲裁协议对仲裁事项或者仲裁委员会没有约定或者约定不明确的，达不成补充协议。法院受理原告起诉之后，若当事人对仲裁协议效力有异议的，可以请求法院作出裁定。此际，法院应当裁定中止诉讼。若法院裁定仲裁协议无效的，则继续诉讼；若法院裁定仲裁协议有效的，则裁定驳回起诉，告知当事人申请仲裁。

裁定不予执行，原当事人就原纠纷起诉的；

8）当事人根据《劳动法》和《劳动争议调解仲裁法》的规定，就劳动争议起诉的；

9）公证事项的当事人、利害关系人对公证书的内容有争议而起诉的（《公证法》第40条）。

登记立案后，当事人未在法定期限内交纳诉讼费的，按撤诉处理（符合法律规定的缓、减、免交诉讼费条件的除外）。

登记立案后，法院立案庭应当及时将案件移送审判庭审理。

登记立案后、法庭辩论结束前，可以进行诉的合并、诉的变更。

（2）繁简分流

依据《最高人民法院关于进一步推进案件繁简分流优化司法资源配置的若干意见》《最高人民法院关于民商事案件繁简分流和调解速裁操作规程（试行）》（法发〔2017〕14号），程序分流员①负责案件程序分流，一般应当在登记立案当日完成，最长不超过3日。

法院登记立案后，程序分流员认为适宜调解的，在征求当事人意见后，转入调解程序；认为应当适用简易程序、速裁的，转入相应程序，进行快速审理；认为应当适用特别程序、普通程序的，根据业务分工确定承办部门。

登记立案前，需要制作诉前保全裁定书、司法确认裁定书、和解备案的，由程序分流员记录后转办。

程序分流后，尚未进入调解或审理程序时，承办部门和法官认为程序分流不当的，应当及时提出，不得自行将案件退回或移送。程序分流员认为异议成立的，可以将案件收回并重新分配。

在调解或审理中，由于出现或发现新情况，承办部门和法官决定转换程序的，向程序分流员备案。已经转换过一次程序的案件，原则上不得再次转换。

---

① 依据上述规程第2条的规定，法院应当指派专职或兼职程序分流员，负责以下工作：（1）根据案件事实、法律适用、社会影响等因素，确定案件应当适用的程序；（2）对系列性、群体性或者关联性案件等进行集中分流；（3）对委托调解的案件进行跟踪、提示、指导、督促；（4）做好不同案件程序之间转换衔接工作；（5）其他与案件分流、程序转换相关的工作。

（3）法院不予登记立案·不予受理·驳回起诉

有下列情形之一的，不予登记立案（《登记立案》第 10 条）：

1）违法起诉或者不符合法定起诉条件的；

2）涉及危害国家主权和领土完整、危害国家安全、破坏国家统一和民族团结、破坏国家宗教政策的；

3）所诉事项不属于法院主管的。

根据《民事诉讼法》第 124 条，法院对下列起诉，分别情形，予以处理：

1）依照行政诉讼法的规定，属于行政诉讼受案范围的，告知原告提起行政诉讼；

2）依照法律规定，双方当事人达成书面仲裁协议申请仲裁、不得向法院起诉的，告知原告向仲裁机构申请仲裁①；

3）依照法律规定，应当由其他机关处理的争议，告知原告向有关机关申请解决；

4）对不属于本院管辖的案件，告知原告向有管辖权的法院起诉②；

5）对判决、裁定、调解书已经发生法律效力的案件，当事人又起诉的，告知原告申请再审，但人民法院准许撤诉的裁定除外；

6）依照法律规定，在一定期限内不得起诉的案件，在不得起诉的期限内起诉的，不予受理；

7）判决不准离婚和调解和好的离婚案件，判决、调解维持收养关系的案件，没有新情况、新理由，原告在 6 个月内又起诉的，不予受理。③

此外，原告以《公司法》第 22 条第 2 款、第 75 条第 2 款规定事由，

---

① 仲裁条款或者仲裁协议不成立、无效、失效或者内容不明确无法执行的除外（《解释》第 215、216 条）。

② 《解释》第 211 条规定：对本院没有管辖权的案件，告知原告向有管辖权的法院起诉；原告坚持起诉的，裁定不予受理；立案后发现本院没有管辖权的，应当将案件移送有管辖权的法院。

③ 《解释》第 214 条第 2 款规定：原告撤诉或者按撤诉处理的离婚案件，没有新情况、新理由，6 个月内又起诉的，不予受理。

向法院提起诉讼时,超过《公司法》规定期限的,法院不予受理。①

立案或者受理后,法院发现不符合起诉要件或者属于《民事诉讼法》第 124 条规定情形的,裁定驳回起诉。

当事人在指定期限内没有补正的,退回起诉状并记录在册;坚持起诉的,裁定不予受理或者决定不予立案。经补正仍不符合要求的,裁定不予受理或者决定不予立案。

法院对起诉不予受理或者不予立案的,应当出具书面裁定或者决定并载明理由。不予受理或者驳回起诉的裁定有错误的,当事人有权提起上诉(《民事诉讼法》第 123、154 条),而且可以通过再审程序予以纠正(《解释》第 381、414 条)。

《登记立案》第 13 条规定:对立案工作中存在的不接收诉状、接收诉状后不出具书面凭证,不一次性告知当事人补正诉状内容,以及有案不立、拖延立案、干扰立案、既不立案又不作出裁定或者决定等违法违纪情形,当事人可以向受诉法院或者上级法院投诉。法院应当在受理投诉之日起 15 日内,查明事实,并将情况反馈当事人。发现违法违纪行为的,依法依纪追究相关人员责任;构成犯罪的,依法追究刑事责任。

3. 被告答辩

(1) 被告答辩的内容

《民事诉讼法》第 125 条第 1 款规定:法院应当在立案之日起 5 日内将起诉状副本发送被告,被告应当在收到之日起 15 日内提出答辩状;法院应当在收到答辩状之日起 5 日内将答辩状副本发送原告。②

对原告起诉,被告应诉的,即可从如下方面答辩或者提起反诉:对原告的诉讼请求,被告可以否认(也可承认)、抗辩或者提起反诉;对权利产生事实,被告可以否认(也可承认)、提出反证;对于证明权利产生事实的证据,被告可以否认(也可承认)、反驳(属于质证的范畴);对于是否具备起诉要件,被告可以提出异议(否认、反驳),也可以承认(法律

---

① 参见《最高人民法院关于适用〈中华人民共和国公司法〉若干问题的规定(一)》(法释〔2006〕3 号)第 3 条。

② 被告在我国领域内没有住所的,答辩期是 30 日。被告申请延期的,是否准许,由人民法院决定。

不允许承认的除外，如违反专属管辖的则不许被告承认其合法）。

《解释》第 223 条规定：当事人在提交答辩状期间提出管辖异议，又针对起诉状的内容进行答辩的，法院应当依照《民事诉讼法》第 127 条第 1 款，对管辖异议进行审查。当事人未提出管辖异议，就案件实体内容进行答辩、陈述或者反诉的，可以认定为《民事诉讼法》第 127 条第 2 款规定的应诉答辩。

被告因正当理由未在法定期间提出答辩状的，应当顺延答辩期限。原告享有修改或者补正起诉状的权利，被告也有权修改或者补正答辩状。[①] 为防止被告先行虚假答辩，然后在庭审中更改答辩状，以对原告造成突然袭击，法院应当在应诉通知书中告知被告必须承担禁反言和真实陈述的义务。

（2）被告不答辩

《民事诉讼法》第 125 条第 2 款规定："被告不提出答辩状的，不影响人民法院审理。"据此，即使被告不提出答辩状，法院也应当遵行法定程序，依据已查清的案件事实，作出判决。如此规定，旨在防止被告以不提出答辩状的方式，阻碍诉讼正常进行。

被告不按期答辩，既造成原告与被告之间信息不对称，又难以在审前准备阶段明确争点。为此，大陆法系许多国家和地区要求原告和被告在适当的期限内提出攻击或者防御方法，《民事诉讼法》第 65 条和《解释》等确立的举证期限（证据失效）和证据交换制度，均可以对"被告不提出答辩"构成一定的制约。

（二）初审普通程序的续行阶段：审前准备·开庭审理·合议庭评议

1. 审前准备

（1）我国现行审前准备程序

我国现行审前准备程序的主要内容是（《民事诉讼法》第 125～133 条）：

1）送达起诉状副本、提出答辩状和送达答辩状副本。[②]

---

① 我国民事诉讼法没有作出如此规定，至少违背了平等原则。《美国联邦民事诉讼规则》（2017 年）规则 15（a）规定，原告和被告均可修改诉辩状，并规定被告可以在答辩状送达原告后 20 日内修改答辩状。

② 笔者将此项内容放在"普通程序开始"部分阐释，旨在突出民事争讼程序的对审性或者双方当事人之间的对抗性。

2）法院在受理案件通知书和应诉通知书中向当事人告知有关的诉讼权利、义务（或者口头告知）。

3）对当事人管辖权异议的处理。

4）在合议庭组成人员确定后3日内告知当事人。

5）审判人员应当认真审核诉讼材料并调查、收集必要的证据。

6）法院应当通知必要共同诉讼人参加诉讼（即追加共同诉讼人）。

7）决定所适用的程序（当事人没有争议，符合督促程序规定条件的，可以转入督促程序；开庭前可以调解的，采取调解方式及时解决纠纷；根据案件情况，确定适用简易程序或者普通程序）。①

8）法院可以在答辩期届满后，通过组织证据交换、召集庭前会议等方式，做好审理前的准备（《解释》第224条）。

根据案件具体情况，"庭前会议"可以包括下列内容（《解释》第225条）：

1）明确原告的诉讼请求和被告的答辩意见。

2）审查处理当事人增加、变更诉讼请求的申请和提出的反诉，以及第三人提出的与本案有关的诉讼请求。

3）根据当事人的申请决定调查、收集证据，委托鉴定，要求当事人提供证据，进行勘验，进行证据保全。

4）组织交换证据。

5）归纳争议焦点（即"整理争点"或者"明确争点"）。

6）进行调解。

依据《繁简分流》，应当发挥庭前会议功能。法官或者法官助理主持召开庭前会议，解决核对当事人身份、组织交换证据目录、启动非法证据排除等相关程序性事项。对于适宜调解的案件，积极通过庭前会议促成当事人和解或者达成调解协议。对于庭前会议已确认的无争议事实和证据，在庭审中作出说明后，可以简化庭审举证和质证；对于有争议的事实和证

---

① 有关简易程序和小额诉讼程序、上诉审程序的审前准备程序，参见本书相应部分。

《民事诉讼法》第122条规定：当事人起诉到法院的民事纠纷，适宜调解的，先行调解，但当事人拒绝调解的除外。前述规定和做法在实务中称为"诉前调解"，笔者认为应当称为"审前调解"。

据，征求当事人意见后归纳争议焦点。

审前准备的过程和结果应当记入笔录，由双方当事人及其代理人和准备法官签名或者盖章，为法院审理笔录的一部分。

（2）审前准备程序的功能定位和价值取向

建构合理的民事诉讼制度和运行机制，必须在制度层面合理界定审前准备程序与开庭审理程序的中心内容，以及两者之间的衔接程序。[1]

开庭审理程序的中心内容是审理本案证据和实体事实（质证和辩论）。审前准备程序的作用或者目的首先在于为顺利进行庭审或者集中审理，做比较充分的准备，使在有限的开庭时间内能够充分审理争点并及时结案。因此，审前准备程序所要处理的中心问题是通过证据交换或者庭前会议整理争点。[2]

事实上，审前准备程序在"准备"的同时，还能促成当事人达成和解协议或者调解协议，或者促成原告放弃诉讼请求、被告承认诉讼请求，从而使审前准备程序成为"无须审判而结束案件的途径"[3]。

审前准备程序的构造原理不同于庭审程序，对公开性、直接性和言词性等要求弱于庭审程序，不具备作出判决的正当程序基础，所以在审前准备程序不得对纠纷强制性解决（如作出判决），但是不妨碍当事人合意解决纠纷。

从正当（争讼）程序保障原理的角度来说，审前准备程序并不能取代庭审程序。换个角度来说，若审前准备程序取代庭审程序而成为诉讼程序的中心，则实际上取消审前准备程序而只有庭审程序，并回到并行审理主义。

审前准备程序应当能够维护诉讼公正。审前准备程序中，以程序规范和强制措施保证双方当事人之间能够充分地交换证据、知悉对方掌握的证据事实、确定案件争点，从而在一定程度上能够避免诉讼上的突然袭击，

---

[1]　参见王亚新：《民事诉讼准备程序研究》，载《中外法学》，2000（2）。

[2]　参见吴泽勇：《民事诉讼审前准备程序的正当化》，载《法学》，2005（1）。

[3]　有学者在肯定审前准备程序的"准备"功能定位的同时，主张我国民事诉讼程序结构应当改变绝对的庭审中心主义，而将法院实体审判权前移至审前程序，彰显审前程序所具有的化解纠纷和分流讼源的功能。为此，我国应当构建自足性的审前程序。参见汤维建：《论构建我国民事诉讼中的自足性审前程序》，载《政法论坛》，2004（4）。

实现诉讼公正。

审前准备程序应当能够促进诉讼效率。经过审前准备程序，确定了争点，开庭审理阶段针对争点展开，而无须审理无争议的诉讼请求和事实证据，有利于法庭集中审理、减免重复开庭、推进诉讼进程和节约诉讼成本。

(3) 审前准备程序的主要内容：提供证据·交换证据·整理争点

法庭审理中，主要是对"争点"进行辩论和审理。辩论主义诉讼中，对双方当事人没有争议的事实，法官应予直接采用。从"准备"的角度来说，提供证据、交换证据和整理争点为审前准备程序的主要内容。审前准备的过程和结果应当记入笔录，由双方当事人及其代理人和法官签名或者盖章，为法院审理笔录的一部。

关于提供证据，在辩论主义诉讼程序中，当事人负责收集和提出证据，并应表明应证的事实；确因正当理由不能自行收集的证据，当事人可以申请法院收集该证据。涉及公共利益的案件事实，采职权探知主义，法院依职权收集证据。

《民事诉讼法》第 65 条规定："当事人对自己提出的主张应当及时提供证据。人民法院根据当事人的主张和案件审理情况，确定当事人应当提供的证据及其期限。当事人在该期限内提供证据确有困难的，可以向人民法院申请延长期限，人民法院根据当事人的申请适当延长。当事人逾期提供证据的，人民法院应当责令其说明理由；拒不说明理由或者理由不成立的，人民法院根据不同情形可以不予采纳该证据，或者采纳该证据但予以训诫、罚款。"

"举证期限"要求当事人在一定期限内向法院提供证据。当事人无正当理由超过举证期限所提供的证据，法院不予采纳，该证据失效，即当事人丧失提出该证据的权利（属于失权）。① 笔者认为，法院若以这种失效证据为根据作出判决，则为上诉的理由。合理的举证期限促使当事人尽快举证，但不会不当限制当事人举证。举证期限制度或者证据失效制度是证据适时提出主义的主要内容，是实现集中审理的制度保障。

---

① 笔者认为，为维护公益，证明职权探知主义的适用事项和职权调查事项的证据，通常不适用"举证期限"或者"证据失效制度"。

法院应当在送达案件受理通知书和应诉通知书的同时向当事人送达举证通知书。举证通知书应当载明证明责任的分配原则与要求、可以向法院申请调查取证的情形、法院根据案件情况指定的举证期限以及逾期提供证据的法律后果等。

举证期限的确定方式有二：1）由当事人协商一致，并经法院认可。2）由法院指定。法院确定举证期限，第一审普通程序案件不得少于 15 日①；当事人提供新的证据的，第二审案件不得少于 10 日（适用简易程序和小额诉讼程序的举证期限另有规定）。

当事人申请延长举证期限的，应当在举证期限届满前向法院提出书面申请。申请理由成立的，法院适当延长举证期限，并通知其他当事人，延长的举证期限适用于其他当事人。根据《民事诉讼法》第 65 条，《解释》第 101、102 条等规定，举证期限或者证据失效存在一些合理的例外情形。②

《民事诉讼法》只规定了"举证"时限（第 65 条），没有规定"主张"时限。在辩论主义中，当事人的主张责任与举证责任是一脉相承，所以大陆法系国家和地区是就"主张事实和提供证据"一并设置时限，即"攻击防御时限"，并且不能将攻击防御时限仅限于审前准备阶段。比如，《德国民事诉讼法》第 282 条第 1 款规定：当事人各方都应该在言词辩论中，按照诉讼的程度和程序上的要求，在为进行诉讼所必要的与适当的时候，提出攻击和防御方法，特别是各种主张、否认、异议、抗辩、证据方法和证据抗辩。第 296 条之一规定：在作为判决基础的言词辩论终结后，再不能

---

①　在适用第一审普通程序审理民事案件时，法院指定当事人提供证据证明其主张的基础事实的期限不得少于 15 日。

②　（1）当事人因客观原因逾期提供证据，或者对方当事人对逾期提供证据未提出异议的，视为未逾期。当事人逾期提供证据的，法院应当责令其说明理由，必要时可以要求其提供相应的证据。

（2）当事人因故意或者重大过失逾期提供的证据，法院不予采纳，但是，该证据与案件基本事实有关的，法院应当采纳，并依照《民事诉讼法》第 65、115 条第 1 款予以训诫、罚款。当事人非因故意或者重大过失逾期提供的证据，法院应当采纳，并对当事人予以训诫。

当事人一方要求另一方赔偿因逾期提供证据致使其增加的交通、住宿、就餐、误工、证人出庭作证等必要费用的，法院可予支持。

（3）当事人向法院申请再审时提交的新证据，即有新的证据，足以推翻原判决、裁定的，作为再审理由。

提出攻击和防御方法。

再如,《日本民事诉讼法》第 156 条规定:攻击和防御方法应当按照诉讼进行状况的适当时期提出。第 157 条第 1 款规定:对于当事人因故意或者重大过失而提出的延误时机的攻击或者防御方法,法院认为其目的是延迟诉讼的,根据申请或者依职权,可以裁定驳回。我国台湾地区"民事诉讼法"第 82 条规定:"当事人不于适当时期提出攻击或者防御方法,或者迟误期日或者期间,或者因其他应归责于己之事由而致诉讼延滞者,虽该当事人胜诉,其因延滞而生之费用,法院得命其负担全部或者一部。"

争讼程序中,双方当事人有义务交换各自所掌握的证据,此为交换证据(证据交换);经过交换证据,整理争点(归纳争议焦点),以明确争点。①

证据交换通常适用于事实复杂、证据较多的案件。证据交换可由当事人申请开始,法院也有权决定进行。交换证据通常是在答辩期届满后、开庭审理前进行。交换证据的具体时间可由当事人协商一致并经法院认可,也可由法院指定。当事人申请延期举证经法院准许的,证据交换时间相应顺延。

原则上,双方当事人应当将本案证据资料进行交换。但是,包含国家秘密、个人隐私和商业秘密等内容的证据,虽应提交法院,但可以不交换;若是本案主要或者唯一证据而应当交换的,则应让对方当事人承担保密义务。②

---

① 广义的争点,包括当事人双方有争议的诉讼请求、案件事实、证据和程序事项(诉讼程序上的争点,仅以法律允许当事人处分的程序事项为争点)等。通常情况下,与"争点效力"和"争点事实"相一致,"争点"(issue)是指当事人双方有争议的要件事实或者直接事实。

② "律师工作成果"可分为两类:(1)"信息性"的工作成果,比如律师会见证人,记录其陈述所形成的书面材料,这类成果通常可以申请免于开示,为相对豁免,属于普通工作成果;(2)"意见性"的工作成果,比如律师对案件及先例进行法理分析所形成的书面材料,这类成果具有主观创造性,一律免于开示。

至于律师工作成果是否豁免的问题,美国的做法值得我国参考。在美国法中,"律师工作成果豁免"(Work Product Immunity)源自联邦最高法院 1947 年之 Hickman v. Taylor 案,其后《联邦民事诉讼规则》规则 26(b)(3)作出了明确规定,其大体内容是:律师为了进行诉讼而准备的一些诉讼资料和专家咨询意见等免于开示或者交换,比如律师作出的记录、备忘、法理分析,制定的辩论方法、策略等。

参见〔美〕斯蒂文·N. 苏本等:《民事诉讼法》,傅郁林等译,296~304 页,北京,中国政法大学出版社,2004;〔美〕史蒂文·苏本、玛格丽特·伍:《美国民事诉讼的真谛》,蔡彦敏、徐卉译,139~140 页,北京,法律出版社,2002。

在法院主持下，通常采用庭前会议的方式，组织各方当事人相互交换证据。证据交换以"当面交换"为原则。因为当面交换证据，才能真正实现证据交换的功能（了解证据、整理争点）。至于因当事人、证人在外地等原因而不能当面交换证据的，只得书面交换证据。对于书证交换，外地当事人可以采取邮寄的方式进行，但对于实物证据、需要与原件核对的证据、不能复制的证据等证据的交换，则要求双方当事人到庭交换。

通过证据交换，确定双方当事人争议的主要问题（即"争点"）。法院对当事人无争议的事实和证据应当记录在卷并经当事人及其代理人签字或者盖章（在庭审中无须审理而可以直接采用），对有争议的证据则按照待证事实分类记录在卷并记载争议的理由。

在提供、交换证据的过程中，当事人有权对其所提供与交换的证据予以修改。特别是在当事人变更诉讼请求或者被告答辩后，应当允许当事人提供修改后的证据，并及时交换。

（4）法官诉讼指挥

在证据提供和证据交换中，法官应根据证据规则，围绕当事人讼争的焦点或者案件的争点，中立地引导当事人在合理期限内充分举证。在交换证据过程中，法官应当告知当事人证据交换的规则。法官应当维护证据提供与交换有序迅速地进行，比如依法及时确定举证期限，裁定证据交换的期限和次数，裁定证据保全等。但是，准备法官不进行实体审理，对当事人之间的争点和证据等没有否决的权利。

同时，法官还应依法及时制止或者纠正违背证据提供与交换规则的行为，比如依法及时制止或者纠正违背举证期限和实施妨害证明的行为等。其中，证据交换使当事人或者案外人的合法权益受到侵害或者影响的，该当事人或者案外人应当有权请求法院发布保护令。这方面可以借鉴美国的相关做法。

《美国联邦民事诉讼规则》（2017年）规则26（c）规定：证据发现请求方的请求使当事人或者案外人感到烦恼、困窘、压抑或者承担不必要负担或花费的，该当事人或者案外人可以向法院请求签发"保护令"（Protective Orders）。

"保护令"可以包括以下一项或者多项保护措施：1）禁止证据开示

(disclosure) 或者证据发现 (discovery); 2) 确定时间和地点或者费用分配来开示证据或者发现证据; 3) 采取证据发现请求方所选方式以外的证据发现方式; 4) 禁止调查特定事项，或者限制对特定事项的证据开示或者证据发现的范围; 5) 法院指定进行证据发现的人员; 6) 请求笔录证言只能根据法院的命令被封存和被开启; 7) 请求商业秘密或者其他保密性的调查信息、开发信息或者商业信息不被披露，或者只能以特定方式被披露; 8) 请求数个当事人同时提交被封存的文件或者信息，并按照法院的指令解封。

2. 开庭审理

(1) 开庭审理的内涵

民事争讼程序中，原告运用证据证明权利产生直接事实，运用真实的权利产生直接事实支持诉讼标的和诉讼请求; 被告运用证据证明抗辩直接事实，运用真实的抗辩直接事实推翻诉讼标的和诉讼请求。根据程序参与原则或者双方审理主义，对法院判决资料（事实和证据），双方当事人有权充分表达自己的意见。

所谓开庭审理，大体是指在法院的主持下，在双方当事人及证人等诉讼参与人共同参加下，依照法定程序，在法庭上，对民事案件进行实体审理，在此基础上作出本案判决。

从内容上看，"开庭审理或者法庭审理"应当围绕当事人争议的事实和证据等焦点问题进行（《解释》第 228 条）[①]，具体包括：1) 对证据资格之有无、证明力之大小、证据是否充分，当事人进行质证，法官作出判断; 2) 对案件事实是否真实，当事人运用证据作出证明和辩论，法官作出认定。

从外观上看，"开庭审理"应该满足以下主要条件：1) 开庭前依照法定程序进行了诉讼送达和审判公告; 2) 本案审判法官在法庭上主持审理; 3) 双方当事人、证人等诉讼参与人共同出庭，参加审理; 4) 在法庭上依

---

① 依据《解释》第 229 条，当事人在庭审中对于其在审理前的准备阶段认可的事实和证据提出不同意见的，法院应当责令其说明理由。必要时，可以责令其提供相应证据。法院应当结合当事人的诉讼能力、证据和案件的具体情况进行审查。理由成立的，可以列入争议焦点进行审理。

照法定程序进行双方审理、公开审理、集中审理和直接言词审理；5）书记员按照法定要求制作庭审笔录。

（2）开庭准备和审理开始

法院审理民事案件，根据需要进行巡回审理，就地办案（《民事诉讼法》第135条）。

开庭准备为开庭审理的预备阶段，即在正式开庭审理之前，法院应当完成程序方面的准备工作（《民事诉讼法》第136、137条），主要有：

1）适用普通程序审理案件，应当在开庭3日前，传唤或者通知当事人等诉讼参与人开庭日期。①

2）决定是否公开审理。公开审理的，应在开庭3日前公告当事人姓名、案由和开庭的时间、地点。

3）开庭审理前，书记员应当查明当事人和其他诉讼参与人是否到庭，宣布法庭纪律。

4）有法定情形的，应当及时决定延期开庭审理（《民事诉讼法》第146条）。②

5）开庭审理时，由审判长核对当事人，宣布案由，宣布审判人员、书记员名单，告知当事人有关的诉讼权利、义务，询问当事人是否提出回避申请。

（3）法庭调查和法庭辩论

我国现行民事诉讼法采行"质证与辩论分离式"，即法庭调查和法庭辩论是法庭审理中先后两个阶段。《民事诉讼法》第138条规定了"法庭调查程序"，第141条规定了"法庭辩论程序"。"法庭调查"阶段完成后，

---

① 用传票传唤当事人；对诉讼代理人、证人、鉴定人、勘验人、翻译人员应当用通知书通知其到庭；当事人或者其他诉讼参与人在外地的，应当留有必要的在途时间（《解释》第227条）。

② 延期开庭（审理）是在已经确定的开庭审理期日，因法定情形无法正常开庭，只得推延审理的期日的情况。法院决定延期审理的，若能当即确定以后审理日期的则当庭通知，不能当即确定的则可在确定后另行通知和公告。与延期审理不同，休庭是指诉讼程序暂时停止，属于正常现象，并非推迟审理的期日。比如，在当天不能审结案件的，则宣布休庭，决定在某天继续审理；庭审中，出现问题的，法官宣布休庭，退庭研究如何解决；法庭辩论终结后，法官宣布休庭，合议庭进行评议。

进入"法庭辩论"阶段。"法庭调查"的主要内容是"调查证据",实际上是"进行质证"和"整理争点"。"法庭辩论"的主要内容是双方当事人及其诉讼代理人之间针对本案争点事实进行阐释、展开辩驳。①

事实上,质证与辩论是无法分开的,因为对证据的调查必须结合案件事实来进行,比如证据是否具有关联性则必须根据案件事实进行调查和作出判断,并且当审前准备程序具有"整理争点"的内容或者功能以后,开庭审理中应当采行"质证与辩论结合式",或者说将我国现行民事诉讼法规定的"法庭调查"与"法庭辩论"合而为一为法庭辩论阶段。《解释》第 230 条则规定,法官根据案件具体情况并征得当事人同意,可以将法庭调查和法庭辩论合并进行。

民事争讼程序中,"法庭口头辩论具有一体性",即使某个案件的口头辩论分成若干或者多个期日来进行,在观念上也要将其视为一体进行,这些阶段性辩论所获得的判决资料(事实和证据)具有同样的效果。② 法院审理实行"整体审理原则",即从审前准备程序开始提供或者交换的材料和证据,即便在法庭审理中没有提及,仍然可以作为法官最后判决的依据。法庭会综合所有的情况进行法律层面的衡量,最后形成判决。

在当事人质证和辩论的同时,法官判断证据、形成心证并认定事实。法庭辩论终结后、判决前能够调解的,还可以调解。

(4)中止诉讼

中止诉讼(诉讼中止)是指在诉讼过程中,由于出现了法律规定的情形或者事由,使本案诉讼程序不能或者难以继续进行,需要暂时停止诉讼程序,待该情形或者事由消失后,诉讼程序继续进行。

争讼程序过程中,遇有下列情形之一,法院裁定中止诉讼(《民事诉讼法》第 150 条):1)一方当事人死亡,需要等待继承人表明是否参加诉讼的;2)一方当事人丧失诉讼行为能力,尚未确定法定代理人的;3)作为一方当事人的法人或者其他组织终止,尚未确定权利、义务承受人的;4)一

---

① 参见邵明:《正当程序中的实现真实》,408~416 页,北京,法律出版社,2009。
② 参见 [日] 新堂幸司:《新民事诉讼法》,林剑锋译,322~323 页,北京,法律出版社,2008。

方当事人因不可抗拒的事由，不能参加诉讼的；5）本案必须以另一案的审理结果为依据，而另一案尚未审结的；6）其他应当中止诉讼的情形。①

中止诉讼的原因消除后，恢复诉讼程序，但不必撤销原裁定。从法院通知或者准许当事人双方继续进行诉讼时起，中止诉讼的裁定即失去效力（《解释》第 246 条）。

3. 合议庭评议

法庭辩论终结后，当事人不愿调解或者调解不成的，合议庭进行评议。合议庭根据法庭调查和法庭辩论的结果，根据相应的实体法规范，对诉讼标的和诉讼请求作出肯定或者否定的终局判决。

《民事诉讼法》在第三章中就合议制和合议庭作出了专门规定。《最高人民法院关于人民法院合议庭工作的若干规定》（法释〔2002〕25 号）和《最高人民法院关于进一步加强合议庭职责的若干规定》（法释〔2010〕1 号）就合议制和合议庭还作出了专门解释。

合议庭评议案件应当在庭审结束后 5 个工作日内进行。合议庭成员进行评议的时候，应当充分陈述意见，独立行使表决权，不得拒绝陈述意见或者仅作同意与否的简单表态。合议庭全体成员均应当参加案件评议。合议庭成员评议时发表意见不受追究。合议庭评议案件时，先由承办法官对认定案件事实、证据是否确实、充分以及适用法律等发表意见，审判长最后发表意见。审判长应当根据评议情况总结合议庭评议的结论性意见。

合议庭评议应当秘密进行，实行少数服从多数的原则。但是，少数人的意见应当写入笔录。评议应当制作笔录，由书记员制作，由合议庭的组成人员签名。合议庭一般应当在作出评议结论或者审判委员会作出决定后的 5 个工作日内制作出裁判文书。对制作的裁判文书，合议庭成员应当共同审核，确认无误后签名。

4. 审理期限和审理笔录

（1）审理期限

第一审普通程序的审理期限（"审限"）通常是立案次日起 6 个月。有

---

①　比如，《企业破产法》第 20、134 条。《突发事件应对法》（2007 年）第 13 条规定："因采取突发事件应对措施，诉讼、行政复议、仲裁活动不能正常进行的，适用有关时效中止和程序中止的规定，但法律另有规定的除外。"

特殊情况需要延长的,应在审理期限届满 10 日前向本院院长申请,由本院院长批准,可以延长 6 个月;还需延长的,在审理期限届满 10 日前向上一级法院申请,由上一级法院批准,可再延长 3 个月。审理涉外、涉港澳台民事案件,不受上述案件审理期限的限制。

上述审限是指从立案之日起至裁判宣告、调解书送达之日止的期间①,但公告期间、鉴定期间、双方当事人和解期间、审理当事人提出的管辖异议以及处理法院之间的管辖争议期间不应计算在内(《解释》第 243 条)。

审理期限的规定对于提高诉讼效率确有积极意义。不过,如此规定意味着要求法官对诉讼程序及时结束负有责任,而与当事人主义诉讼原理存在一些冲突。因为根据当事人主义,当事人提出诉讼请求和主张事实、提供证据,诉讼过程主要根据原告与被告双方的攻击、防御而展开,在正当程序保障下诉讼结果由当事人自我负责,所以有关审理期限等提高诉讼效率的强制性规定既有激怒当事人的可能,又会增加实体上出错的概率,同时还可能不当增加法官的负担。这也是发达国家民事诉讼法没有规定审理期限的主要原因。②

(2) 审理笔录和庭审音像资料

书记员应当将法庭审理的全部活动记入审理笔录或者法庭笔录。《人民法院法庭规则》第 10 条和《庭审录音录像规定》第 1 条规定:人民法院开庭审判案件,应当对庭审活动进行全程录音录像。庭审录音录像应当自宣布开庭时开始,至闭庭时结束。除下列情形外,庭审录音录像不得人为中断:1) 休庭;2) 公开庭审中的不公开举证、质证活动;3) 不宜录制的调解活动。③

---

① 法院判决书宣判、裁定书宣告或者调解书送达有下列情形之一的,结案时间遵守以下规定:留置送达的,以上述文书留在受送达人的住所日为结案时间;公告送达的,以公告刊登之日为结案时间;邮寄送达的,以交邮日期为结案时间;通过有关单位转交送达的,以送达回证上当事人签收的日期为结案时间〔《最高人民法院关于严格执行案件审理期限制度的若干规定》(法释〔2000〕29 号)第 10 条〕。

② 参见王亚新:《我国民事诉讼法上的审限问题及修改之必要》,载《人民司法》,2005 (1)。

③ 未经法院许可,任何人不得对庭审活动进行录音录像,不得对庭审录音录像进行拍录、复制、删除和迁移;否则,依照规定追究其相应责任。

涉及国家秘密、商业秘密、个人隐私等庭审活动的录制,以及对庭审录音录像的存储、查阅、复制、誊录等,应当符合保密管理等相关规定。

《庭审录音录像规定》第 6 条规定，法院通过使用智能语音识别系统同步转换生成的庭审文字记录，经审判人员、书记员、诉讼参与人核对签字后，作为法庭笔录管理和使用。

审理笔录应由书记员当庭宣读，并应告知当事人等诉讼参与人当庭或者在 5 日内阅读。诉讼参与人对法庭笔录有异议并申请补正的，书记员可以播放庭审录音录像进行核对、补正；不予补正的，应当将申请记录在案。

当事人、诉讼代理人有权向法院请求誊写诉讼记录，请求交付诉讼记录的正本、副本或者抄本，请求交付有关诉讼事项的证明，请求复制诉讼记录中的录音带、录像带等（以上阅览、誊写、复制诉讼记录的请求对法院保存诉讼记录或者法院履行职务产生障碍的，则不予许可）。

审理笔录应由审判法官、书记员及当事人等诉讼参与人签名或者盖章，若拒绝签名或者盖章的则应记明情况并附卷。

审理笔录可以作为法院是否依照法定程序进行审理的证据。《庭审录音录像规定》第 14 条规定，检察院、诉讼参与人认为庭审活动不规范或者违反法律规定的，法院应当结合庭审录音录像进行调查核实。

依据《庭审录音录像规定》第 13 条，诉讼参与人、旁听人员违反法庭纪律或者有关法律规定，危害法庭安全、扰乱法庭秩序的，法院可以通过庭审录音录像进行调查核实，并将其作为追究法律责任的证据。

（三）初审普通程序的终结：作出判决和裁定终结等

我国现行普通程序的终结主要有判决终结和非判决终结两种情形。后者主要有：法院以起诉要件不备为由裁定不予受理或者驳回起诉、裁定撤诉、诉讼和解、法院调解和裁定诉讼终结等。

1. 本案判决

到"适合于裁判时"，法院作出本案判决。"适合于裁判时"是指审理到了可做本案判决的状态。当法院认为到达"适合于裁判时"，就可以宣告终结口头辩论。不过，在宣告口头辩论终结后，法院认为辩论或者证据调查不充分及存在其他必要的，只要还未宣告本案判决，就可以依职权命令再展开辩论。

关于"适合于裁判时"，至少可从两个方面来考察：（1）在审理结果方面，已经处于充分收集到终局判决所需信息的状态（信息量的问题）；（2）通过法院妥当阐明，使诉讼已经处于充分赋予当事人提出攻击防御机会的状态（程序保障的问题）。若同时满足这两方面的要求，则可以说已到"适合于裁判时"。对此，法院拥有自由判断权或者自由裁量权。

在有些场合，当事人虽然已被赋予充分提出攻击防御方法的机会，但是由于当事人无正当理由而不积极提出攻击防御方法，致使无法充分收集到终局判决所需的信息，法院也可基于资料的不充分（比如案件事实处于未被证明或者真伪不明的状态）来作出不利于一方当事人的判决。这种处理的正当性根据是"（当事人）自我负责原则"。具体而言，法院应当在综合考量当事人懈怠举证或者辩论的形态、可归责性程度、已经获得裁判信息的程度、将来可期待的信息及其成本等诸多因素的基础上，作出是否妥当的判断。

是否属于"适合于裁判时"，也是法院决定是否再展开辩论的判断基准。对此，借用日本的一个案例来阐释。

【**案例 7-1**】被告通过原告之妻（无权代理人）购买了一块土地，对此，原告（该土地的所有人）提起请求转移所有权登记及撤销设定抵押权登记的诉讼。在控诉审（第二审）口头辩论即将终结前，原告死亡，原告之妻（无权代理人）全括性地承继了原告的地位。但是，由于原告有诉讼代理人，所以诉讼在未发生中断的情况下辩论终结，后来被告知道原告死亡了，请求再开辩论，但法院并未再开辩论并判决被告败诉。

对此，日本最高裁判所的判决认为，被告请求再开辩论的理由［原告死亡，其妻（无权代理人）承继其地位，从而成为无权代理人本人所为的法律行为］属于影响判决结果的重要攻击防御方法，若未赋予被告提出机会就判决被告败诉，则违反了民事诉讼程序正义的要求。最高裁判所的这一判决既表明是否应当再开辩论属于法院职权判断的事项，又表明这种判断应当受到程序保障原理的制约。[1]

终结普通程序的判决包括本案判决、舍弃判决和认诺判决等。本案判

---

[1] 参见［日］新堂幸司：《新民事诉讼法》，林剑锋译，361页，北京，法律出版社，2008。

决是在法庭审理结束后，根据事实证据，适用实体规范，对诉讼标的和诉讼请求作出肯定或者否定的判决。法院受理案件后，原告自愿全部放弃诉讼请求，则作出舍弃判决；被告自愿全部承认诉讼请求，则作出认诺判决。

判决应当制作判决原本，并且应当一律公开宣告，而且应当在法定期间内送达当事人。当庭宣判的，应当在 10 日内送达判决书；定期宣判的，宣判后立即送达判决书。宣告判决时，法院必须告知当事人上诉权利、上诉期限和上诉法院。宣告离婚判决，还必须告知当事人在判决确定前不得另行结婚。

2. 申请撤诉和拟制撤诉

撤诉大体是指本案判决作出前，撤回已提起的诉讼，法院不再审判。撤诉包括：撤回起诉、撤回上诉、撤回再审（之诉）（我国称为撤回再审申请）。撤诉包括：（1）原告（参见下文）向法院申请撤诉（自动撤诉）；（2）因法定情形的出现，法院"按撤诉处理"，称为"拟制撤诉"又称"准撤诉""推定撤诉"。

当事人拥有是否行使诉权的自由，即使当事人已经行使诉权向法院提起诉讼，也有撤诉的自由，所以法律限制撤诉须有充足根据，即撤诉须符合法律规定的合理要件。当事人申请撤诉的合法要件有：

（1）通常应在本案判决作出前申请撤诉。第一审判决作出前，原告可以撤回起诉。上诉审判决作出前，上诉人可以撤回上诉。审查再审申请期间，再审申请人撤回再审申请的，是否准许，由法院裁定（《解释》第400条第1款）。

（2）申请撤诉主体适格，即撤诉权行使主体应当是原告（包括第一审原告、反诉原告、主诉讼参加人①、上诉人、再审原告②）及其法定代理人和经特别授权的委托代理人。

（3）申请人自愿和被告同意。撤诉是当事人的处分行为，须是其真实

---

① 第一审诉讼中，无独立请求权的第三人无权申请撤诉（《解释》第82条）。但是，被判决承担民事责任，提起上诉的，享有当事人的诉讼权利，有权申请撤诉。当然，也适用于按撤诉处理的情形。

② 《解释》第400条第2款规定："再审申请人经传票传唤，无正当理由拒不接受询问的，可以按撤回再审申请处理。"

意志。① 法庭辩论终结后原告申请撤诉，被告不同意的，法院可以不予准许（《解释》第 238 条第 2 款）。

（4）为保护公共利益或者他人合法权益②，或者当事人有违反法律的行为需要依法处理的③，不应准许撤诉。依据《防制虚假诉讼》，经查明属于虚假诉讼，原告申请撤诉的，不予准许，并应当根据《民事诉讼法》第 112 条，驳回其请求。

（5）当事人应当书面申请撤诉。简易程序中，可以口头申请撤诉。

符合以上要件的，法院裁定准予撤诉。法院准予撤诉的，除尚未向被告送达起诉状副本的可以不通知被告外，均应通知被告。

拟制撤诉的情形主要有：（1）原告及法定代理人，经传票传唤，无正当理由拒不到庭的，或者未经法庭许可中途退庭，法院裁定按撤诉处理。④ （2）原告应当预交而未预交案件受理费，法院应当通知其预交，通知后仍不预交或者申请减、缓、免未获法院批准而仍不预交的，裁定按撤诉处理（《解释》第 213 条）。⑤

---

① 笔者认为，撤诉作为诉讼行为原则上采表示主义，不以意思表示真实或者自愿为生效要件。若原告撤诉的意思表示存在瑕疵，在法院作出同意撤诉的裁定前，原告可以撤回撤诉的申请；在法院作出同意撤诉裁定后，原告可以通过再行起诉获得救济。

② 公益诉讼案件的原告在法庭辩论终结后申请撤诉的，法院不予准许（《解释》第 290 条）。

第二审中，当事人申请撤回上诉，法院经审查认为第一审判决确有错误，或者当事人之间恶意串通损害国家利益、社会公共利益、他人合法权益的，不应准许（《解释》第 337 条）。

第二审中，原审原告申请撤回起诉，经其他当事人同意，且不损害国家利益、社会公共利益、他人合法权益的，法院可以准许；准许撤诉的，应当一并裁定撤销第一审裁判，重复起诉的则法院不予受理（《解释》第 338 条）。

第一审原告在再审中申请撤回起诉，经其他当事人同意，且不损害国家利益、社会公共利益、他人合法权益的，法院可以准许；裁定准许撤诉的，应当一并撤销原判决；第一审原告在再审审理程序中撤回起诉后重复起诉的，法院不予受理（《解释》第 410 条）。

③ 当事人申请撤诉的案件，如果当事人有违反法律的行为需要依法处理的，法院可以不准许撤诉（《解释》第 238 条第 1 款）。法院受理申请宣告婚姻无效案件后，经审查确属无效婚姻的，应当依法作出宣告婚姻无效的判决；原告申请撤诉的，不予准许［《最高人民法院关于适用〈中华人民共和国婚姻法〉若干问题的解释（二）》（法释〔2003〕19 号）第 2 条］。

④ 若当事人有违反法律的行为需要依法处理的、按撤诉处理会损害公共利益或者他人合法权益的，法院不按撤诉处理，应当缺席审判。

⑤ 《解释》第 199 条："适用简易程序审理的案件转为普通程序的，原告自接到人民法院交纳诉讼费用通知之日起七日内补交案件受理费。原告无正当理由未按期足额补交的，按撤诉处理，已经收取的诉讼费用退还一半。"

法院准许撤诉的裁定一作出，就产生如下主要法律效果：

（1）终结本诉的诉讼程序，原告减半负担案件受理费。① 撤回起诉使本诉的第一审程序终结，撤回上诉使本诉的上诉审程序终结，撤回再审使本诉的再审程序终结。

（2）撤回起诉的，通常原告可以再行起诉。② 有下列情形之一的，法院裁定不予受理：

1）原告撤诉或者按撤诉处理的离婚案件，没有新情况、新理由，6个月内又起诉的。

2）原审原告在第二审中、第一审原告在再审程序中，撤回起诉后，重复起诉的（《解释》第 338 条第 2 款、第 410 条第 2 款）。

3）撤回上诉后（第一审判决因此得以确定），重复上诉的。

4）裁定撤回再审申请或者按撤回再审申请处理后，再审申请人再次申请再审的。③

（3）撤回起诉，诉讼时效自裁定生效时起重新计算。④ 至于实体法上的撤销、抵销等意思表示，不受撤诉影响。

3. 诉讼和解

民事诉讼中，双方当事人可以平等协商，重新确定其民事权益的享有或者民事责任的承担，以解决纠纷，终结诉讼程序。

在初审程序、上诉审程序和再审程序中，自程序开始后至判决作出前，双方当事人均可达成和解协议（也可达成执行和解协议）。诉讼和解协议达成后，可作如下处理：

（1）原告申请撤诉，法院裁定撤诉，产生撤诉的法律效果。若当事人不履行诉讼和解协议，对方当事人可以申请仲裁或者提起诉讼等。

（2）双方当事人请求法院根据和解协议制作调解书。法院经过审查，

---

① 对没有撤回的诉的诉讼程序没有影响。比如，原告撤回本诉，反诉仍应继续进行。

② 原告撤回起诉并未处分己方的实体权益，法院也未对该诉作出判决，所以该诉的诉权并未因此消耗而仍可再次行使。

③ 但有《民事诉讼法》第 200 条第 1 项、第 3 项、第 12 项、第 13 项规定的情形，自知道或者应当知道之日起 6 个月内提出的除外（《解释》第 401 条）。

④ 参见《最高人民法院关于审理民事案件适用诉讼时效制度若干问题的规定》（法释〔2008〕11 号）第 15 条。

认为和解遵循了合法原则和自愿原则，则根据和解协议制作调解书。

4. 法院调解

根据《民事诉讼法》（第9条和第八章）和《解释》等，法院调解应当遵行合法原则和自愿原则；调解协议应当建立在事实清楚和是非明确的基础上。

第一审、第二审和再审中，法院受理案件后，经审查，认为法律关系明确、事实清楚，在征得当事人双方同意后，可以径行调解。法院审理离婚案件，应当进行调解，但不应久调不决。适用特别程序、督促程序、公示催告程序的案件，婚姻等身份关系确认案件以及其他根据案件性质不能进行调解的案件，不得调解。

法院调解过程不公开，但当事人同意公开的除外。调解协议内容不公开，但为保护国家利益、社会公共利益、他人合法权益，法院认为确有必要公开的除外。

法院调解案件时，当事人不能出庭的，经其特别授权，可由其委托代理人参加调解，达成的调解协议，可由委托代理人签名。离婚案件当事人确因特殊情况无法出庭参加调解的，除本人不能表达意志的以外，应当出具书面意见。

法院进行调解，可以由审判员一人主持，也可以由合议庭主持，并尽可能就地进行。法院进行调解，可以用简便方式通知当事人、证人到庭。法院进行调解，可以邀请有关单位和个人协助；被邀请的单位和个人，应当协助法院进行调解。

调解达成协议，法院应当制作调解书。调解书应当写明诉讼请求、案件的事实和调解结果。调解书由审判人员、书记员署名，加盖法院印章，送达双方当事人。调解书需经当事人签收后发生法律效力的，以最后收到调解书的当事人签收的日期为调解书生效日期。

调解未达成协议或者调解书送达前一方反悔的，法院应及时判决。法院调解民事案件，无独立请求权第三人承担责任的，应经其同意；该第三人在调解书送达前反悔的，法院应及时裁判。开庭前从事调解的法官原则上不参与同一案件的开庭审理，当事人同意的除外。

当事人不履行调解书的，对方当事人可以申请强制执行。若调解书违反合法原则、自由原则，虽不得上诉但可以启动再审程序予以纠正，第三人可以提起撤销或者变更调解书之诉。

依据《最高人民法院关于人民法院进一步深化多元化纠纷解决机制改革的意见》（法发〔2016〕14 号），法院应当在登记立案前评估诉讼风险，告知并引导当事人选择适当的非诉讼方式解决纠纷。① 鼓励当事人先行协商和解。②

法院可以在诉讼服务中心等部门配备专职调解员。法官主持达成调解协议的，依法出具调解书；司法辅助人员主持达成调解协议的，应经法官审查后依法出具调解书。立案阶段调解法官原则上不参与同一案件的裁判。审理过程中，双方当事人可以请求裁判法官调解。

登记立案前，法院可以委派特邀调解组织、特邀调解员进行调解，当事人明确拒绝调解的则应依法登记立案。登记立案后或者审理过程中，法院认为适宜调解的，经当事人同意，可以委托给特邀调解组织、特邀调解员或者由法院专职调解员进行调解。③ 委派委托调解达成协议的，当事人申请司法确认的④，由调解组织所在地或者委派调解的基层法院管辖。

当事人未达成调解协议的，调解员在征得各方当事人同意后，可以书面记载调解中双方无争议事实，并由当事人签字确认；诉讼程序中，除了涉及公共利益或者他人合法权益以外，当事人无须证明前述无争议事实（此谓无争议事实记载机制）。

当事人未达成调解协议，但对争议事实没有重大分歧的，调解员在征

---

① 有条件的法院在医疗卫生、不动产、建筑工程、知识产权、环境保护等领域探索建立中立评估机制，聘请相关专业领域的专家担任中立评估员。对当事人提起的民商事纠纷，法院可以建议当事人选择中立评估员，协助出具评估报告，对判决结果进行预测，供当事人参考。

② 当事人自行和解而申请撤诉的，免交案件受理费。当事人接受法院委托调解的，法院可以适当减免诉讼费用。一方当事人无正当理由不参与调解或者不履行调解协议、故意拖延诉讼的，法院可以酌情增加其诉讼费用的负担部分。

③ 按照《最高人民法院关于人民法院特邀调解的规定》（法释〔2016〕14 号），特邀调解是法院吸纳符合条件的人民调解、行政调解、商事调解、行业调解等调解组织或者个人成为特邀调解组织或者特邀调解员，法院立案前委派其调解或者立案后委托其调解。

④ 以金钱或者有价证券给付为内容的和解协议、调解协议，债权人可以向法院申请支付令。

得各方当事人同意后，可以提出调解方案并书面送达双方当事人；当事人在 7 日内未提出书面异议的，调解方案即视为双方自愿达成的调解协议（此谓无异议调解方案认可机制）。

5. 诉讼终结

诉讼终结是指诉讼中，由于法定事由的出现，使诉讼继续进行已无必要或者不可能时，法院裁定结束诉讼程序。

诉讼中，有下列情形之一的，裁定终结诉讼（《民事诉讼法》第 151 条）：（1）原告死亡，没有继承人，或者继承人放弃诉讼权利的[①]；（2）被告死亡，没有遗产，也没有应当承担义务的人的[②]；（3）离婚案件一方当事人死亡的[③]；（4）追索赡养费、扶养费、抚育费以及解除收养关系案件的一方当事人死亡的[④]；（5）其他应当终结诉讼的情形。

诉讼终结的事由一发生，法院就应裁定终结诉讼，当事人也可申请法院裁定终结诉讼。法院终结诉讼须制作裁定书，其中应当写明终结诉讼的事由和法律依据，并应送达当事人及其诉讼代理人。

诉讼终结裁定的效力主要是，此类裁定一作出就生效，本案诉讼程序永远停止，法院对本案实体事项不再作出判决。

三、初审简易程序

按照程序比例原理，在维护诉讼公正的前提下，初审简易程序简便快

---

① 这些情形导致判决后无实体权益的继受人，只得裁定终结诉讼。诉讼中，原告死亡是发生法定当事人变更的事由，但是原告没有继承人，无法进行当事人变更，只得结束本案诉讼；虽有继承人且裁定变更原告但其放弃诉讼权利不愿参加诉讼的，裁定终结诉讼。笔者认为，此种情形，应当按撤诉处理。因为继承人仅仅放弃诉讼权利不愿参加诉讼，并未放弃实体权益，而裁定终结诉讼后不得就原诉再提起诉讼，不利于保护继承人的诉权和实体权益。

② 在财产案件中，被告死亡，应裁定变更被告，由应当承担义务的人作为被告继续诉讼，若其不愿参加诉讼则缺席审判。应当承担义务的人在其承担义务的范围内承担给付义务。继受人放弃继承权的则可直接以该遗产满足原告的诉讼请求。

③ 婚姻关系一方当事人死亡的，婚姻关系自然消亡，离婚诉讼继续进行已无意义，且浪费诉讼资源，所以应当裁定终结诉讼。至于子女抚养，由于一方当事人死亡，自然由对方当事人抚养。至于死者财产的处理，转化为遗产继承，若发生遗产继承纠纷则应另行起诉予以解决。

④ 这类案件具有人身性，与死者人身相关的赡养、扶养、抚育及收养法律关系或者权利、义务，随着一方当事人的死亡而消灭，纵然作出判决也无权利享有者或者义务继受人，所以应当裁定终结诉讼。

捷地解决简单案件、小额诉讼案件和适宜速裁的民商事案件，可以提高诉讼效率、方便当事人诉讼。初审简易程序虽然通过限制甚至取消当事人的部分诉讼权利来获得"效率"，但是，应当符合最低限度程序公正的要求，即平等保障双方当事人的辩论权等程序参与权。

（一）初审简易程序的概念和价值取向

1. 初审简易程序的概念

民事诉讼中，广义的简易程序包括争讼简易程序和非讼简易程序（非讼程序多为简易程序）。根据我国现行法律，我国争讼简易程序为初审程序，所以本书称之为"初审简易程序"。初审简易程序并非初审普通程序的附属程序，而是与初审普通程序并存，在诉讼程序体系中具有独立的地位。

《民事诉讼法》第十三章"简易程序"规定的是"初审简易程序"（第157～163条），其中第162条规定的是"小额诉讼程序"。《解释》将"初审简易程序"分别规定为"简易程序"（第十一章）和"简易程序中的小额诉讼"（第十二章）。据此，我国"初审简易程序"包括（狭义的）"简易程序"和（比之更简易的）"小额诉讼程序"。

诸多国家和地区采取"简易程序"和"小额诉讼程序"并列的立法体例，比如《日本民事诉讼法》第二编第七章是"关于简易法院诉讼程序的特则"，第六编是"关于小额诉讼的特则"。

与"简易程序"相比，"小额诉讼程序"是对更简单或者诉讼标的额更小的案件所适用的更简易的程序。比如，诸多国家和地区的小额诉讼程序广泛采用表格式的诉状和判决书；可在夜间或者星期日或者其他休息日开庭；相应省略调查证据程序①；适当限制诉的变更、合并或者提起反

---

① 比如，《日本民事诉讼法》第371条规定：调查证据，限于能及时调查的证据。其第372条规定：询问证人，对于证人及当事人本人的询问，以法官认为适当的顺序进行；法院认为适当时，根据最高法院规则，法院和当事人双方与证人通过声响的收发进行同时通话的方法，可以询问证人。我国台湾地区"民事诉讼法"第436条之14规定："有下列各款情形之一者，法院得不调查证据，而审酌一切情况，认定事实，为公平之裁判：一、经两造同意者。二、调查证据所需时间、费用与当事人之请求显不相当者。"第436条之29规定："小额程序之第二审判决，有下列情形之一者，得不经言词辩论为之：一、经两造同意者。二、依上诉意旨足认上诉为无理由者。"

诉,除非当事人合意继续适用小额诉讼程序并经法院认为适当者;判决书中仅记载判决结果,仅于例外必要时要求记载判决理由等。

世界范围内,"简易程序"和"小额诉讼程序"总体上呈现出如下趋势:(1)扩大其适用范围,例如以提高适用案件的诉讼标的额来扩大其适用范围。(2)提高其简易化程度,方便当事人诉讼,例如许多国家和地区在小额诉讼程序中广泛采用表格式的诉状和判决书、判决书中仅记载判决结果等。

依据《最高人民法院关于民商事案件繁简分流和调解速裁操作规程(试行)》(法发〔2017〕14号),"速裁程序"比"小额诉讼程序"还要简易。可见,我国现行"初审简易程序"包括"简易程序""小额诉讼程序""速裁程序"(下文按此阐释我国"初审简易程序")。不过,笔者认为,我国现行"小额诉讼程序"存在着缺陷(参见下文),"速裁程序"的称谓不合理(因为此种程序解决的还是争讼案件而属于判决程序),可以将现行"速裁程序"改造为真正意义上的小额诉讼程序。

2. 初审简易程序的价值取向

诉讼是通过程序实现正义的。现代诉讼机制是以公正程序保障为基础原理和基本出发点的。然而,无论审判多么完美地实现正义,如果付出的成本过于昂贵,人们往往只能放弃通过审判来实现正义的希望。面对现代社会中权利救济大众化要求的趋势,缺少成本意识的司法制度更容易产生功能不全的问题。① 简易程序的适用并非只是为了提高司法效率,它还有一个更为重要的目标,即实现司法的大众化,使当事人便于接近司法,获得简便快捷的司法救济。②

缺乏效率的民事诉讼程序是不合理的,各类案件和各种程序平均占用司法资源或者诉讼资源也是不合理的。一般说来,诉讼标的越大或者案件越复杂,当事人和国家就越愿付出更多的诉讼成本,旨在得到更加正确的

---

① 参见〔日〕棚濑孝雄:《纠纷的解决与审判制度》,王亚新译,266页,北京,中国政法大学出版社,2004。

② 简化的诉讼程序也可能引发滥讼。至今,对于方便诉讼与滥用诉讼这一对矛盾问题,尚无合理有效的解决办法。参见范愉:《小额诉讼程序研究》,载《中国社会科学》,2001(3)。

判决。根据案件的性质和繁简而设置相应的程序，这种做法已被各国民事诉讼立法普遍接受。

建构诉讼程序必须遵行程序保障原理和诉讼费用相当性原理。程序的多元化或者专门化是社会发展的逻辑结果和适当解决纠纷的内在需求。正当而合理的诉讼程序应当具有充足保护权益和为社会提供安全的品格。程序的繁复或者简易应与所需解决的纠纷和所要保护的权利的性质和意义相匹配。

简易程序的特征在于高度简化程序，使程序在灵活的同时出现了某种非确定性。[1] 简易程序追求的是不需要法律技巧的简便和效率[2]，或者说"追求达到迅速而经济的裁判之程序保障"（属于促进诉讼之程序保障），所以其程序构造是简易的，并包含更多的当事人合意或者自治的因素。

西方国家是在经过法治发达、诉讼程序高度合理化之后开始建构简易程序的，并认为案件质量永远是第一位的，以公正为核心才谈得上效率。[3] 简单案件仅需适用简易程序就可实现其实体公正。适用简易程序并非仓促、草率审判。简易程序的设计和适用不应以损害诉讼公正性为代价，而应当谋求诉讼公正与效率的一体实现。

简易程序通过限制甚至取消当事人的一部分诉讼权利来获得或者突出"效率"时，应当重视程序自身所应具有的最低限度公正性的保障，即简易程序应当符合最低限度的程序公正要求，必须平等保障双方当事人的辩论权等程序参与权。同时，通过维护当事人的上诉权，也可限制法官的恣意。

（二）简易程序

1. 简易程序的适用

（1）简易程序的适用案件

我国现行"简易程序"应当同时适用于：1）简单民事案件及当事人

---

[1] 参见范愉：《小额诉讼程序研究》，载《中国社会科学》，2001（3）。

[2] See Geoffrey C. Hazard, Michele Taroffo, *American Civil Procedur：An Introduction*，Yale University Press，1993，p. 167.

[3] 参见范愉：《小额诉讼程序研究》，载《中国社会科学》，2001（3）。

双方约定适用简易程序的普通民事案件；2）第一审程序；3）基层法院和其派出的法庭。

简易程序的适用范围应当明确规定，否则可能导致简易程序的过分扩大适用而侵害当事人获得普通程序公正审判的权利。当事人不得为适用简易程序而提出部分诉讼请求，但是已向法院陈明就其余诉讼请求不另起诉的除外。

"简单民事案件"是指事实清楚、权利义务关系明确、争议不大的案件。"事实清楚"是指当事人对争议的事实陈述基本一致，并能提供相应的证据，无须法院调查收集证据即可查明事实。"权利义务关系明确"是指能明确区分谁是责任的承担者、谁是权利的享有者。"争议不大"是指当事人对案件的是非、责任承担以及诉讼标的争执无原则分歧。

下列案件不适用简易程序（《解释》第257条）：1）起诉时被告下落不明的；2）发回重审的；3）当事人一方人数众多的；4）适用审判监督程序的；5）涉及国家利益、社会公共利益的；6）第三人起诉请求改变或者撤销生效判决、裁定、调解书的；7）其他不宜适用简易程序的案件。

（2）简易程序的适用方式

1）法院决定适用。基层法院及其派出法庭对于简单民事案件，按照法律规定和司法解释，决定适用简易程序审判。

2）当事人合意适用。对于基层法院及其派出法庭适用第一审普通程序审理的民事案件（《解释》第257条规定的案件除外），当事人双方可以约定适用简易程序。

当事人双方约定适用简易程序的，应当在开庭前提出。口头提出的，记入笔录，由双方当事人签名或者捺印确认。

（3）程序转化与适用异议

简易程序中，法院发现案情复杂而应适用普通程序的，应在审理期限届满前，裁定转为普通程序。已经适用普通程序的，开庭后不得转为简易程序。

当事人有权对案件适用简易程序提出异议，异议成立的则裁定转为普通程序，异议不成立的则口头告知当事人并记入笔录。

异议书（对适用小额诉讼程序提出异议用）

异议人（原告/被告/第三人）：×××，男/女，××××年××月××日出生，×族，……（写明工作单位和职务或者职业），住……。联系方式：……。

法定代理人/指定代理人：×××，……。

委托诉讼代理人：×××，……。

（以上写明异议人和其他诉讼参加人的姓名或者名称等基本信息）

请求事项：

依法对（××××）……号……（写明当事人和案由）一案适用简易程序审理。

事实和理由：

……（写明不适用小额诉讼程序审理的事实和理由）。

此致

××××人民法院

异议人（签名或者盖章）

××××年××月××日

转为普通程序的，法院应当将合议庭组成人员及相关事项书面通知双方当事人；审理期限自法院立案之日计算；转为普通程序前，双方当事人已确认的事实可以不再举证、质证。

2. 简易程序的具体规定

（1）起诉之简易。原告可以口头起诉。[①] 当事人双方也可以同时到基层法院或者其派出法庭，请求解决纠纷。

（2）减半交纳案件受理费（《诉讼费用交纳办法》第16条）。简易程

[①] 法院应当将当事人的姓名、性别、工作单位、住所、联系方式等基本信息，诉讼请求，事实及理由等准确记入笔录，由原告核对无误后签名或者捺印。就当事人提交的证据材料，应当出具收据。即使书面起诉，起诉状也得适当简化。比如，《日本民事诉讼法》第272条规定："提起诉讼以明确纠纷的要点代替请求的原因即可。"在有些国家和地区，起诉状和答辩状使用法院印制好的表格，原告和被告按此填写即可。

序转为普通程序的，原告自接到法院交纳诉讼费用通知之日起 7 日内补交案件受理费；原告无正当理由未按期足额补交的，按撤诉处理，已经收取的诉讼费用退还一半（《解释》第 199 条）。

（3）传唤、通知和送达之简易，即法院可以采取捎口信、电话、短信、传真、电子邮件等简便方式传唤双方当事人、通知证人和送达裁判文书以外的诉讼文书。适用简易程序的案件，不适用公告送达（《解释》第 140 条）。以简便方式送达的开庭通知，未经当事人确认或者没有其他证据证明当事人已经收到的，法院不得缺席判决。

（4）审前准备之简易。举证期限可由法院确定或者由当事人协商一致并经法院准许，但不得超过 15 日；被告要求书面答辩的，法院可征得其同意，合理确定答辩期间；双方当事人均表示不需要举证期限、答辩期间的，法院可以立即开庭审理或者确定开庭日期。① 双方当事人同时到庭并径行开庭审理的，可以当场口头委托诉讼代理人，由法院记入笔录。

（5）先行调解。《最高人民法院关于适用简易程序审理民事案件的若干规定》（法释〔2003〕15 号）第 14 条规定：下列民事案件，法院在开庭审理时应当先行调解：婚姻家庭纠纷和继承纠纷；劳务合同纠纷；交通事故和工伤事故引起的权利义务关系较为明确的损害赔偿纠纷；宅基地和相邻关系纠纷；合伙协议纠纷；诉讼标的额较小的纠纷。但是，根据案件的性质和当事人的实际情况不能调解或者显然没有调解必要的除外。

（6）开庭审理之简易。审判员独任审判，书记员担任记录。经当事人双方同意，法院可以采用视听传输技术等方式开庭。证人、鉴定人可以使用视听传输技术或者同步视频作证室等作证。法庭审理不必遵循普通程序顺序，但应保障当事人陈述意见的权利。对没有委托律师、基层法律服务工作者代理诉讼的当事人，法院在庭审过程中可以对回避、自认、证明责任等相关内容向其作必要的解释或者说明，并在庭审过程中适当提示当事人正确行使诉讼权利、履行诉讼义务。

---

① 诉答结束至开庭之间的期间（就审期间）比较短，常常诉答一结束就开始法庭言词辩论。我国台湾地区"民事诉讼法"第 429 条规定：就审期间，至少应有 5 日，但有急迫情形者则不在此限。

《庭审录音录像规定》第 8 条规定，适用简易程序审理民事案件的庭审录音录像，经当事人同意的，可以替代法庭笔录。法院应当将替代法庭笔录的庭审录音录像同步保存在服务器或者刻录成光盘，并由当事人和其他诉讼参与人对其完整性校验值签字或者采取其他方法进行确认。

（7）审限比较短。应当在立案之日起 3 个月内审结。审理期限到期后，双方当事人同意继续适用简易程序的，由本院院长批准，可以延长审理期限，但是延长后的审理期限累计不得超过 6 个月（《解释》第 258 条第 1 款）。

《繁简分流》推行集中时间审理案件的做法。对于适用简易程序审理的民事案件，实行集中立案、移送、排期、开庭、宣判，由同一审判组织在同一时段内对多个案件连续审理。一般应当当庭宣判。

（8）判决书、裁定书、调解书之简易。有下列情形之一的，法院对认定事实或者裁判理由部分可以适当简化：当事人达成调解协议并需要制作民事调解书的；一方当事人明确表示承认对方全部或者部分诉讼请求的；涉及商业秘密、个人隐私的案件，当事人一方要求简化裁判文书中的相关内容，法院认为理由正当的；当事人双方同意简化的。①

（9）简易案件卷宗必备材料，包括：起诉状或者口头起诉笔录；答辩状或者口头答辩笔录；当事人身份证明材料；授权委托书或者口头委托笔录；证据；询问当事人笔录；审理（包括调解）笔录；判决书、裁定书、调解书或者调解协议；送达和宣判笔录；执行情况；诉讼费收据；适用《民事诉讼法》第 162 条审理的，有关程序适用的书面告知。

（三）小额诉讼程序

法院审理小额诉讼案件，《民事诉讼法》和《解释》没有规定的，适用简易程序的其他规定。因此，下文阐释的是小额诉讼程序的特别规定。

1. 小额诉讼程序的适用范围

我国现行小额诉讼程序应当同时适用于：（1）小额诉讼案件和法律及

① 关于判决书的简化，《日本民事诉讼法》第 280 条规定："在判决书上记载的事实和理由，只要表明请求的目的及原因的要点、有无该原因及驳回请求的抗辩理由的要点即可。"有的国家采用表格化判决书的形式，有的允许法官签名于诉状中以代判决书的制作。

司法解释明文规定的其他民事案件；（2）第一审程序，且实行一审终审；（3）基层法院和其派出的法庭，以及海事法院和其派出法庭。

小额诉讼案件是标的额为各省、自治区、直辖市上年度就业人员年平均工资①30%以下的简单民事案件。

下列金钱给付的案件，适用小额诉讼程序：买卖合同、借款合同、租赁合同纠纷；身份关系清楚，仅在给付的数额、时间、方式上存在争议的赡养费、抚育费、扶养费纠纷；责任明确，仅在给付的数额、时间、方式上存在争议的交通事故损害赔偿和其他人身损害赔偿纠纷；供用水、电、气、热力合同纠纷；银行卡纠纷；劳动关系清楚，仅在劳动报酬、工伤医疗费、经济补偿金或者赔偿金给付数额、时间、方式上存在争议的劳动合同纠纷；劳务关系清楚，仅在劳务报酬给付数额、时间、方式上存在争议的劳务合同纠纷；物业、电信等服务合同纠纷；其他金钱给付纠纷（《解释》第274条）。

下列案件，不适用小额诉讼程序：人身关系、财产确权纠纷；涉外民事纠纷；知识产权纠纷；需要评估、鉴定或者对诉前评估、鉴定结果有异议的纠纷；其他不宜适用一审终审的纠纷（《解释》第275条）。

2. 小额诉讼程序的具体规定

（1）有关法院告知义务和适用异议。法院受理小额诉讼案件，应当向当事人告知该类案件的审判组织、一审终审、审理期限、诉讼费用交纳标准等相关事项。

当事人对于按照小额诉讼案件审理有异议的，应当在开庭前提出。法院经审查，异议成立的，适用简易程序的其他规定审理；异议不成立的，告知当事人，并记入笔录。

（2）有关管辖异议和驳回起诉。当事人对小额诉讼案件提出管辖异议的，法院应当作出裁定；裁定一经作出即生效。

法院受理小额诉讼案件后，发现起诉不符合起诉条件（《民事诉讼法》

① 是指已经公布的各省、自治区、直辖市上一年度就业人员年平均工资。海事法院或者其派出法庭审判小额诉讼案件的，其标的额须以其所在的省、自治区、直辖市上年度就业人员年平均工资30%为限（《解释》第273条）。在上一年度就业人员年平均工资公布前，以已经公布的最近年度就业人员年平均工资为准。

第 119 条）的，裁定驳回起诉；裁定一经作出就生效。

（3）有关举证期限和被告答辩。举证期限可由法院确定，也可由当事人协商一致并经法院准许，一般不超过 7 日。

被告要求书面答辩的，法院可征得其同意，合理确定答辩期间，最长不得超过 15 日。当事人到庭后表示不需要举证期限和答辩期间的，法院可立即开庭。

（4）有关增加或者变更诉讼请求、提出反诉、追加当事人。当事人可以申请增加或者变更诉讼请求、提出反诉、追加当事人等，导致案件不符合小额诉讼案件条件的则应适用简易程序，若应适用普通程序则裁定转为普通程序。

（5）有关庭审和宣判。依据《繁简分流》，可以直接围绕诉讼请求进行庭审，不受法庭调查、法庭辩论等庭审程序限制，原则上应当当庭宣判。

（6）有关裁判文书、上诉和再审。裁判文书可以简化，主要记载当事人的基本信息、诉讼请求、裁判主文等内容。[1] 小额诉讼案件实行一审终审。[2]

对小额诉讼案件的判决、裁定，当事人有权以《民事诉讼法》第 200 条规定的事由向原审法院申请再审，当事人对再审判决、裁定不得上诉；当事人有权以不应适用小额诉讼程序为由向原审法院申请再审，当事人对再审判决、裁定可以上诉（《解释》第 426 条）。

（四）速裁程序

依据《最高人民法院关于民商事案件繁简分流和调解速裁操作规程（试行）》（法发〔2017〕14 号），我国现行速裁程序比小额诉讼程序还要简易。

1. 速裁程序的适用范围

基层人民法院可以设立专门速裁组织，对适宜速裁的民商事案件进行裁判。

基层人民法院对于离婚后财产纠纷、买卖合同纠纷、商品房预售合同

---

① 最高人民法院 2016 年颁行的《民事诉讼文书样式》中有：小额诉讼程序令状式判决用的民事判决书样式、被告对原告所主张的事实和诉讼请求无异议的小额诉讼程序表格式多民事判决书、简易程序和小额诉讼程序要素式判决用的民事判决书。

② 对于简易程序中的第一审判决，虽有些国家限制其上诉，但允许以严重的程序违法或者法律适用错误为由，提起上诉。比如，《德国民事诉讼法》第 511 条规定：上诉标的额超过 600 欧元的，可提起第二审；上诉标的额低于 600 欧元，但第一审判决在法律适用问题具有原则上的重要性，可提起第二审。

纠纷、金融借款合同纠纷、民间借贷纠纷、银行卡纠纷、租赁合同纠纷等事实清楚、权利义务关系明确、争议不大的金钱给付纠纷，可以采用速裁方式审理。

但是，下列情形不得采用速裁方式审理：新类型案件；重大疑难复杂案件；上级法院发回重审、指令立案受理、指定审理、指定管辖，或者其他法院移送管辖的案件；再审案件；其他不宜速裁的案件。

2. 速裁程序的特别规定

采用速裁方式审理民商事案件，一般只开庭一次，庭审直接围绕诉讼请求进行，不受法庭调查、法庭辩论等庭审程序限制，但应当告知当事人回避、上诉等基本诉讼权利，并听取当事人对案件事实的陈述意见。

采用速裁方式审理的民商事案件，可以使用令状式、要素式、表格式等简式裁判文书，应当当庭宣判并送达。当庭即时履行的，经征得各方当事人同意，可以在法庭笔录中记录后不再出具裁判文书。人民法院采用速裁方式审理民商事案件，一般应当在10日内审结，最长不超过15日。

采用速裁方式审理案件出现下列情形之一的，应当及时将案件转为普通程序：原告增加诉讼请求致案情复杂；被告提出反诉；被告提出管辖权异议；追加当事人；当事人申请鉴定、评估；需要公告送达。程序转换后，审限连续计算。

四、现代民事公益诉讼程序和人事争讼程序

民事公益纠纷大致包括传统民事公益纠纷和现代民事公益纠纷。传统民事公益纠纷主要有：损害公共利益的合同无效案件和人事诉讼案件。现代民事公益纠纷包括公害纠纷、消费权纠纷、社会福利纠纷、反垄断纠纷等现代型纠纷。民事诉讼中，处理民事私益纠纷应当适用处分主义和辩论主义，处理民事公益纠纷则应适用职权干预主义和职权探知主义。

(一) 现代民事公益诉讼

1. 现代民事公益诉讼原告采用法律明定原则

在现代法治社会，对于维护私益的"保护规范"的规定，普遍采取从宽的态度。但是，对于维护公益的"诉权规范"，即对于维护公益的形式诉讼当事人，则往往采用法律明定原则。对于含有私益和公益的民事案

件，一方面法律仍然维护私益主体或者实质当事人的诉权，另一方面法律明确赋予检察机关等（为形式当事人）以公益诉权。

在民事法领域，维护公益主体是多元的，不限于检察机关，还有其他国家机关和相关社会团体。比如，美国联邦贸易委员会可就违背反托拉斯法的竞争行为和侵害消费者利益的行为提起诉讼；德国对于公益的保护，一方面要求行政机关来承担，另一方面不像美国集团诉讼那样通过个人利益动机来实现公共目的，而是明文规定特定的社会团体（消费者保护组织、行业组织等）提起团体诉讼来维护公益。

《民事诉讼法》第 55 条第 1 款规定："对污染环境、侵害众多消费者合法权益等损害社会公共利益的行为，法律规定的机关和有关组织可以向人民法院提起诉讼。"[①] 2017 年增加第 2 款，规定："人民检察院在履行职责中发现破坏生态环境和资源保护、食品药品安全领域侵害众多消费者合法权益等损害社会公共利益的行为，在没有前款规定的机关和组织或者前款规定的机关和组织不提起诉讼的情况下，可以向人民法院提起诉讼。前款规定的机关或者组织提起诉讼的，人民检察院可以支持起诉。"[②]

[①]　作为民事诉讼法典，这样的规定是合理的，一方面遵循了有关形式诉讼当事人法律明定原则；另一方面符合公益纠纷和公益诉讼不断发展，无法对公益诉讼形式原告作出周延规定的情势。但是，将"国家利益"排除在外，存在问题，如国有资产的损害如何进行民事赔偿救济等问题仍然未能解决。有关立法机关工作人员解释说，此条中的"社会公共利益"包含"国家利益"。但是，在 2012 年修正的其他条文中，一并规定了"国家利益"和"社会公共利益"。第 208 条规定："最高人民检察院对各级人民法院已经发生法律效力的判决、裁定，上级人民检察院对下级人民法院已经发生法律效力的判决、裁定，发现有本法第二百条规定情形之一的，或者发现调解书损害国家利益、社会公共利益的，应当提出抗诉……"

[②]　2015 年 5 月 5 日，中央全面深化改革领导小组第十二次会议审议通过了《检察机关提起公益诉讼改革试点方案》（以下简称《方案》）。基于此《方案》，2015 年 7 月 1 日，十二届全国人大常委会第十五次会议作出《关于授权最高人民检察院在部分地区开展公益诉讼试点工作的决定》。最高人民法院颁行《人民法院审理人民检察院提起公益诉讼案件试点工作实施办法》（法发〔2016〕6 号）（以下简称《办法》）。

德国检察官原先可以"公益代表人"身份提起或者参与人事诉讼，但是从 1998 年 7 月 1 日起，检察官不再在民事诉讼中活动，尤其是不再在婚姻案件中活动，而是由作为"公利益代理人"的行政管理机关来替代之。考虑到我国检察机关在刑事法领域担负着较重职责及维护公益能力的有限性，笔者认为，在民事法领域，检察机关维护公益的案件应当是现代公益案件和维护未成年人合法民事权益案件。参见邵明：《我国检察机关在民事法领域的功能分析》，载《学习与实践》，2007（7）。

《消费者权益保护法》第 47 条规定："对侵害众多消费者合法权益的行为，中国消费者协会以及在省、自治区、直辖市设立的消费者协会，可以向人民法院提起诉讼。"《最高人民法院关于审理消费民事公益诉讼案件适用法律若干问题的解释》（法释〔2016〕10 号）（以下简称《消费公益诉讼解释》）第 1 条："中国消费者协会以及在省、自治区、直辖市设立的消费者协会，对经营者侵害众多不特定消费者合法权益或者具有危及消费者人身、财产安全危险等损害社会公共利益的行为提起消费民事公益诉讼的，适用本解释。法律规定或者全国人大及其常委会授权的机关和社会组织提起的消费民事公益诉讼，适用本解释。"

《环境保护法》第 58 条规定："对污染环境、破坏生态，损害社会公共利益的行为，符合下列条件的社会组织可以向人民法院提起诉讼：（一）依法在设区的市级以上人民政府民政部门登记；（二）专门从事环境保护公益活动连续五年以上且无违法记录。符合前款规定的社会组织向人民法院提起诉讼，人民法院应当依法受理。提起诉讼的社会组织不得通过诉讼牟取经济利益。"① 对于前述"社会组织"，《环境民事公益诉讼》（第 2～5 条）作出具体解释。

2. 现代民事公益诉讼程序

检察机关和社会组织依照法律规定提起公益诉讼则为诉讼程序构造中的原告，应当遵循诉讼程序构造原理和基本原则规则，比如争讼程序中应当遵循对审原则和平等原则。不过，为维护公益，检察机关等不受私益主体意志之限制来实施诉讼行为。②

民事公益案件适用职权主义。关于现代民事公益诉讼程序，《解释》

---

① 关于水污染损害赔偿诉讼，《水污染防治法》（2017 年修正）没有如《环境保护法》第 58 条规定提起公益诉讼的原告，其第 99 条规定："因水污染受到损害的当事人人数众多的，可以依法由当事人推选代表人进行共同诉讼。环境保护主管部门和有关社会团体可以依法支持因水污染受到损害的当事人向人民法院提起诉讼。国家鼓励法律服务机构和律师为水污染损害诉讼中的受害人提供法律援助。"

② 为了维护公益，公益诉讼原告：（1）有权提起诉讼、上诉或者再审，不受制于受害者与侵权者之间达成的不起诉、不上诉或者不申请再审等诉讼契约，不受受害者私人撤诉的约束而继续进行诉讼；（2）不受制于受害者私人的诉讼请求而可以提出与其不同的诉讼请求，不受制于受害者私人认诺、和解等行为；（3）应当主动收集事实和提供证据，不受制于受害者私人诉讼上的自认。

第 284～291 条作出了一般性规定；《环境民事公益诉讼》《最高人民法院关于审理环境侵权责任纠纷案件适用法律若干问题的解释》（法释〔2015〕12 号）（适用于环境私益和公益诉讼）、《消费公益诉讼解释》《方案》《办法》等有特殊规定的，则优先适用之。

（1）关于起诉和诉讼费用

提起公益诉讼的条件，主要有：1）有明确的被告；2）有具体的诉讼请求；3）有公共利益受到损害或者具有损害公共利益重大风险的初步证据（其证明标准宜为优势可能性或者优势盖然性）；4）属于法院受理民事诉讼的范围和受诉法院管辖的。

原告交纳诉讼费用确有困难，依法申请缓交的，法院应予准许；败诉或者部分败诉的原告申请减交或者免交诉讼费用的，法院应当依照《诉讼费用交纳办法》视原告的经济状况和案件的审理情况决定是否准许（《环境民事公益诉讼》第 33 条）。检察院提起的公益诉讼案件，免交《诉讼费用交纳办法》第 6 条规定的诉讼费用。

民事起诉状（适用于民事公益诉讼）

原告：×××，住所地……。

法定代表人/主要负责人：×××，……（写明职务），联系方式：……。

委托诉讼代理人：×××，……。

被告：×××，……。

…………

（以上写明当事人和其他诉讼参加人的姓名或者名称等基本信息）

诉讼请求：

…………

事实和理由：

……（写明原告具备提起公益诉讼主体资格以及其他事实和理由）。

证据和证据来源，证人姓名和住所：

…………

此致

××××人民法院

附：本起诉状副本×份

起诉人（公章和签名）

××××年××月××日

【说明】

1. 本样式根据《中华人民共和国民事诉讼法》第五十五条、第一百二十一条以及《最高人民法院关于适用〈中华人民共和国民事诉讼法〉的解释》第二百八十四条等制定，供法律规定的机关和有关组织，向人民法院提起公益诉讼用。

2. 提起环境民事公益诉讼应当提交下列材料：（一）符合民事诉讼法第一百二十一条规定的起诉状，并按照被告人数提出副本；（二）被告的行为已经损害社会公共利益或者具有损害社会公共利益重大风险的初步证明材料；（三）社会组织提起诉讼的，应当提交社会组织登记证书、章程、起诉前连续五年的年度工作报告书或者年检报告书，以及由其法定代表人或者主要负责人签字并加盖公章的无违法记录的声明。

3. 提起消费民事公益诉讼应当提交下列材料：（一）符合民事诉讼法第一百二十一条规定的起诉状，并按照被告人数提交副本；（二）被告的行为侵害众多不特定消费者合法权益或者具有危及消费者人身、财产安全危险等损害社会公共利益的初步证据；（三）消费者组织就涉诉事项已按照消费者权益保护法第三十七条第四项或者第五项的规定履行公益性职责的证明材料。

（2）关于公益诉讼当事人和诉讼请求

检察机关以公益诉讼人身份提起民事公益诉讼，其诉讼权利、义务参照民事诉讼法关于原告诉讼权利、义务的规定。民事公益诉讼的被告是实施损害社会公共利益行为的公民、法人或者其他组织。

法院受理公益诉讼案件后，依法可以提起诉讼的其他机关和有关组织，可以在第一审开庭前向法院申请参加诉讼；法院准许参加诉讼的则列为共同原告，逾期申请的则不予准许。公民、法人和其他组织以人身、财产受到损害为由申请参加诉讼的，告知其另行起诉（《环境民事公益诉讼》第10条）。

法院认为原告提出的诉讼请求不足以保护公共利益的，向其阐明变更或者增加停止侵害、恢复原状等诉讼请求。法院可以在判决被告修复生态环境的同时确定被告不履行修复义务时应承担的生态环境修复费用，也可以直接判决被告承担生态环境修复费用。

依据《消费公益诉讼解释》，原告为停止侵害、排除妨碍、消除危险采取合理预防、处置措施而发生的费用，请求被告承担的，法院可予支持（第16条）。原告及其诉讼代理人对侵权行为进行调查、取证的合理费用、鉴定费用、合理的律师代理费用，人民法院可根据实际情况予以相应支持（第17条）。

检察院提起民事公益诉讼的，可以提出要求被告停止侵害、排除妨碍、消除危险、恢复原状、赔偿损失、赔礼道歉等诉讼请求。

（3）关于管辖、送达、公告、告知和人民陪审制

公益诉讼案件由侵权行为地（侵害行为发生地和损害结果地）或者被告住所地中级法院管辖（但法律、司法解释另有规定的除外）。① 因污染海洋环境提起的公益诉讼，由污染发生地、损害结果地或者采取预防污染措施地海事法院管辖。对同一侵权行为分别向两个以上法院提起公益诉讼的，由最先立案的法院管辖，必要时由它们的共同上级法院指定管辖。

法院受理公益诉讼案件后，应当在立案之日起5日内将起诉状副本发送被告，并公告案件受理情况；应当在立案之日起10日内书面告知相关行政主管部门（比如对被告的行为负有环境保护监督管理职责的部门、与消费诉讼案件相关的主管部门）。

---

① 《消费公益诉讼解释》第3条第2款规定：经最高人民法院批准，高级人民法院可以根据本辖区实际情况，在辖区内确定部分中级人民法院受理第一审消费民事公益诉讼案件。

法院审理检察院提起的第一审民事公益诉讼案件，原则上适用人民陪审制。当事人申请不适用人民陪审制审理的，法院经审查可以决定不适用人民陪审制审理。

（4）关于和解、调解、反诉、撤诉和中止诉讼

对公益诉讼案件，当事人可以和解，法院可以调解。法院应当公告和解协议或者调解协议（公告期间不得少于 30 日）。公告期满后，法院经审查认为和解协议或者调解协议内容不损害公共利益的，应当出具调解书；认为违反公共利益的则不予出具调解书，继续对案件进行审理并依法作出裁判。

公益诉讼案件审理过程中，被告提出反诉的，法院不予受理。

公益诉讼案件的原告在法庭辩论终结后申请撤诉的，法院不予准许（《解释》第 290 条）。检察院在法庭辩论终结前申请撤诉，或者在法庭辩论终结后，检察院的诉讼请求全部实现，申请撤诉的，应予准许（《办法》第 9 条）。

消费民事公益诉讼案件受理后，因同一侵权行为受到损害的消费者请求对其根据《民事诉讼法》第 119 条规定提起的诉讼予以中止，法院可以准许。

（5）关于证明

对审理公益诉讼案件必要的证据，法院应当调查收集。有权提起民事公益诉讼的机关或者社会组织，可以根据《民事诉讼法》第 81 条申请保全证据。原告在诉讼过程中承认的对己方不利的事实和认可的证据，法院认为损害公共利益的，应当不予确认。

负有环境保护监督管理职责的部门或者其委托的机构出具的环境污染事件调查报告、检验报告、检测报告、评估报告或者监测数据等，经当事人质证，可以作为认定案件事实的根据。

（6）关于"一事不再理"或者公益诉讼判决的效力

公益诉讼案件的裁判发生法律效力后，其他依法具有原告资格的机关和有关组织就同一侵权行为另行提起公益诉讼的，法院裁定不予受理，但是法律、司法解释另有规定的除外。法院受理公益诉讼案件，不影响同一

侵权行为的受害人根据《民事诉讼法》第119条提起诉讼。①

环境民事公益诉讼案件的裁判生效后，有权提起诉讼的其他机关和社会组织就同一污染环境、破坏生态行为另行起诉，有下列情形之一，法院应予受理：1）前案原告的起诉被裁定驳回的；2）前案原告申请撤诉被裁定准许的（不过，负有环境保护监督管理职责的部门依法履行监管职责而使原告的诉讼请求全部实现，原告申请撤诉的，法院应予准许）。

消费民事公益诉讼案件裁判生效后，法院应当在10日内书面告知相关行政主管部门，并可发出司法建议。消费民事公益诉讼案件的裁判发生法律效力后，其他依法具有原告资格的机关或者社会组织就同一侵权行为另行提起消费民事公益诉讼的，法院不予受理。

环境民事公益诉讼案件的裁判生效后，有证据证明存在前案审理时未发现的损害，有权提起诉讼的机关和社会组织另行起诉的，法院应予受理。

被告因污染环境、破坏生态承担责任，其财产不足以履行全部义务的，应当先履行其他民事诉讼生效裁判所确定的义务，但法律另有规定的除外。

（二）人事争讼程序

人事诉讼案件是指关于自然人婚姻关系、亲权关系等基本法律身份关系的案件。由法院处理的人事诉讼案件，包括人事争讼案件和人事非讼案件。② 人事争讼案件属于民事争讼案件的范畴，不同于我国《人事争议处理规定》（国人部发〔2007〕109号）所指的人事争议。

人事争讼案件主要有：（1）婚姻纠纷案件，如婚姻无效之诉、撤销婚姻之诉、离婚之诉、夫妻同居之诉等；（2）亲权或者亲子纠纷案件，如收养无效之诉、终止收养关系之诉、否认子女之诉、撤销亲权之诉等。

---

① 《消费公益诉讼解释》第16条规定：已为消费民事公益诉讼生效裁判认定的事实，因同一侵权行为受到损害的消费者根据《民事诉讼法》第119条提起的诉讼，原告、被告均无须举证证明，但当事人对该事实有异议并有相反证据足以推翻的除外；消费民事公益诉讼生效裁判认定经营者存在不法行为，因同一侵权行为受到损害的消费者根据《民事诉讼法》第119条提起的诉讼，原告主张适用的，法院可予支持，但被告有相反证据足以推翻的除外。被告主张直接适用对其有利认定的，法院不予支持，被告仍应承担相应举证证明责任。

② 从比较法的角度来看，人事非讼案件主要有：宣告失踪案件、宣告死亡案件、认定公民为无民事行为能力案件、认定公民为限制民事行为能力案件、指定夫妻住所案件、申请认可收养子女案件等。

在法律性质上，许多国家和地区将人事纠纷作为含涉公共利益的纠纷，所以在法律上特设人事诉讼程序来处理。比如，《德国民事诉讼法》第六编为"家庭事件程序"，我国台湾地区"民事诉讼法"第九编为"人事诉讼程序"，日本还制定了《人事诉讼程序法》《家事审判法》。

在这些国家和地区，人事诉讼程序是一种强制采用的程序，即进行人事诉讼必须优先适用人事诉讼程序的特别规定。没有特别规定的，则适用通常争讼程序的相关规定。下文简要阐释人事争讼程序的原理和特别规定。

1. 适用职权探知主义和职权干预主义。人事纠纷由于包含公益内容，所以采取"实体真实主义"，即案件事实和证据不能任由当事人处分，法院应当依职权主动收集证据以探知案件事实真相。人事纠纷由于包含公益内容，所以采取"职权干预主义"，即对于人事纠纷案件，法院不受当事人处分权的制约，可以超出或者替换当事人的诉讼请求作出判决。

2. 检察机关参与。在许多国家和地区，为维护公益，检察机关代表国家依职权提起或者参与人事诉讼，不受实体主体意志的限制来实施诉讼行为。比如，《法国民法典》中规定，对尊卑血亲结婚等违反善良风俗或者违反刑事法律规定的婚姻，检察官可以向法院提起婚姻无效的诉讼；《日本人事诉讼程序法》规定，在婚姻案件、收养案件、亲子关系案件中，检察官即使不作当事人也可以提出事实和证据。

3. 判决效力的对世性。人事诉讼有形成之诉（如离婚之诉、解除收养之诉等）和确认之诉（如婚姻无效之诉、收养无效之诉等），这些诉的形成判决和确认判决具有对世效力。人事诉讼的判决效力采行"绝对效力原则"，即此类判决的既判力或者形成力具有"对世性"，不仅双方当事人而且不特定的第三人也受判决既判力和形成力的约束。①

---

① 由于人事诉讼的特殊性，一些大陆法国家和地区对人事诉讼判决的对世效力作出了特别规定。比如，《法国民法典》第 311 条第 9 项规定："亲子关系的判决得以对抗当事人以外的第三人。"《日本人事诉讼法》第 24 条规定，就婚姻无效或者撤销、离婚或者其撤销之诉作出的判决对第三人亦发生效力。《德国民事诉讼法》第 640 条之 8 就亲子事件判决的效力作出如下规定："判决在当事人生存时确定的，该判决为一切人并对一切人均生效力。但确认亲子关系存在的判决或者确认亲权存在的判决，对于主张自己有双亲关系或者有亲权的第三人，以已参加该诉者为限，发生效力。"我国台湾地区"民事诉讼法"第 582 条规定："就婚姻无效、撤销婚姻或者确认婚姻成立或者不成立之诉所为之判决，对于第三人亦有效力。"

4. 其他特有程序制度，比如，当事人应当亲自出庭。人事诉讼具有人身性，不具有可移转性，同时此类判决必须建立在实体真实和当事人意志真实的基础上，所以要求当事人亲自出庭表达意志。比如，《民事诉讼法》第62条规定，离婚案件有诉讼代理人的，本人除不能表达意志外，仍应出庭；确因特殊情况无法出庭的，必须向法院提交书面意见。

5. 采用强制调解。人事诉讼案件多涉及当事人之间及其亲属之间的家庭关系，为维护家庭关系的融洽和稳定，所以许多国家和地区规定，对于人事纠纷在法院判决前必须进行调解，调解不成的才进行审判。当然，调解须遵行自愿原则和合法原则。就合法原则来说，如婚姻无效、收养无效等违背法律强行规范的人事纠纷，不得进行调解。

第三节　审级程序二：上诉审程序

上诉审程序是对未确定裁判的审理程序，与初审程序一并构成审级程序。上诉审程序的目的直接决定其性质和程序构成。立法上，通常就上诉审程序的特殊问题作出规定，没有规定的则适用初审程序的相应规定。

一、上诉审程序总论

（一）上诉和上诉审程序的概念

上诉是当事人对于未确定或者未生效且对己不利益的法院裁判，请求上级法院通过审理而予以变更或者撤销。其具体内涵如下：

1. 上诉系由当事人提起的。上诉人是未确定裁判的当事人（包括原告和被告）。上诉审首先是给当事人再次提供权利救济机会的"权利保护型程序"，所以当事人有权选择是否提起。根据"不告不理原则"，法院不得依职权启动上诉程序。

2. 上诉审的对象是未确定且对己不利益的法院原审裁判。若法院裁判已经确定则不得提起上诉，应当通过再审程序或者异议之诉来纠正或者救济。在权利保护型上诉程序中，当事人对对己不利益的法院原审裁判提起上诉，请求上诉法院撤销或者变更"对己不利益"的原审裁判。

3. 上诉系请求上级法院通过审理来撤销或者变更其下级法院的裁判。

向本法院请求撤销或者变更原裁判（对裁定提出复议、提起撤销除权判决之诉、提起异议之诉、申请更正判决等），并非上诉。上级法院审判其下级法院裁判是审级制的当然内容。

上诉包括对判决的上诉和对裁定的上诉，包括第二审上诉和第三审上诉，在我国上诉仅指第二审上诉。审判当事人上诉请求的程序，即上诉审程序（上诉程序），包括对判决的上诉审程序和对裁定的上诉审程序。

在大陆法系，判决的首次上诉（第二审上诉）称为"控诉"，对判决的第二次上诉（第三审上诉）称为"上告"。第二审为法律审和事实审，即从法律和事实两方面审判"诉"及其第一审判决，所以称"控诉审"。第三审是法律审，仅从法律方面审判原审判决[1]，所以称"上告审"。对于第一审判决确认的事实，双方当事人没有争议或者双方当事人书面协商不提起控诉而直接提起上告的，称为"飞跃上告"。

在英美法系，第一审法院称为"审理法院"（trial court），是从事实和法律两个方面审判案件。对上诉的限制，英美法系要比大陆法系严格得多，并且上诉审法院一般不进行事实审，主要是法律审，所以第二审程序与第三审程序的区别没有大陆法系的那样明显。[2] 在美国联邦民事诉讼领域，当事人可以越过第二审，向联邦最高法院提起"直接上诉"（direct appeal）。

在一个案件的诉讼过程中，往往需要作出许多裁定，若均允许上诉则必然导致诉讼迟延，所以法律明文允许上诉的裁定多是涉及当事人重要权益或者严重违背正当程序的裁定。在我国，对裁定只可上诉一次，对裁定的上诉参照适用对判决的上诉的审理程序。对裁定的上诉审，采用的是裁定程序或者自由证明程序而无须遵循法庭言词辩论程序。

在大陆法系许多国家和地区，对裁定的简易上诉，根据审级不同，可分为抗告和再抗告。当事人对裁定不服的，向原裁定法院的上一级法院上诉的，为首次抗告，通常称"抗告"。当事人对抗告法院的裁定不服，向

---

[1] 虽然不能对原判决事实认定错误加以攻击并作为第三审的理由，但如果主张法院认定事实违背经验法则、逻辑法则的，可以提起第三审。

[2] 参见苏力：《上诉法院与级别管辖》，载《在人大法学院听讲座》，第1辑，北京，中国法制出版社，2007。

其上一级法院上诉的，为二次抗告，通常称"再抗告"。法律对再抗告往往有较严格的限制。[①]

有些国家和地区的法律规定，所有抗告均须在法定期间（如 10 日）内提起。另有些国家和地区将抗告分为：（1）通常抗告（普通抗告），即当事人对于驳回其有关诉讼程序申请的裁定或者决定，在撤销或者变更能带来实际利益的任何时间均可提起抗告；（2）即时抗告，即民事诉讼法明确规定对特定的裁定或者决定，只能在法定期间（如 1 周）内提起抗告。[②]

立法上，通常就上诉审程序的特殊问题予以规定，没有规定的则适用初审程序的相应规定。上诉审程序是对未确定裁判的审理程序，与初审程序一并构成一个案件的全部审级程序，即一个案件的审级程序包括初审程序和上诉审程序。

（二）上诉审程序的目的和性质

上诉审程序的性质主要有复审制、事后审制和续审制，主要取决于上诉审程序的目的。上诉审程序的目的和性质决定了上诉审程序的具体构造。

上诉审程序的目的融合了私益和公益的内容。从维护私益方面来说，利用上诉审程序变更或者撤销下级法院未确定的错误或者违法的裁判，以保护当事人合法私权和妥当解决民事纠纷。承载着这种目的之上诉审程序是为当事人再次提供权利救济机会的"权利保护型"上诉，所以当事人提起此种上诉不应受较多的限制。

从维护公益方面来说，上诉审程序通过纠正错误或者违法裁判，实现维护裁判合法性、统一法律适用（体现为统一裁判尺度和明确裁判规则等）、阐明并发展法律、形成公共政策等功能或者目的。担负着这种目的之上诉审程序是"公益维护型"上诉，所以当事人提起此种上诉应受到较多的限制。

---

① 比如《德国民事诉讼法》第568条规定：对于抗告法院的裁判，如果其中没有新的独立的抗告理由，不允许提起再抗告。《日本民事诉讼法》第330条规定：对抗告法院的裁定，只有以该裁定对宪法的解释有错误或者有其他违背宪法的内容或者使裁定受到影响的事项明显违背法令为理由的，才可以再抗告。

② 参见［日］新堂幸司：《新民事诉讼法》，林剑锋译，652～653页，北京，法律出版社，2008。

　　上诉审程序的私益目的和公益目的是相容的。为了实现上诉审程序的私益目的和公益目的,许多国家和地区相应地设置了第二审程序和第三审程序,第二审程序中私益目的较公益目的更为突出,而第三审程序更加强调公益目的。因此,许多国家和地区对当事人提起第三审规定了比提起第二审更加严格的要件。①

　　"复审制"(更新主义),即上诉法院全面审理初审中的事实和证据,并且当事人可以在上诉审中无限制地提出初审中没有提出的事实和证据。复审制不区分初审审判的程序和结果是否合法、正确,就案件全部事实和证据重新审理②,事实上取消了初审或者混同初审与上诉审,浪费了诉讼资源,所以现代诉讼中复审制已不复存在。

　　"事后审制"(限制主义),即上诉法院仅根据初审或者第二审中的事实和证据,审理初审或者第二审裁判的实体内容和程序事项有无违法之处;并且上诉审中对初审或者第二审中没有提出的事实和证据,既不允许当事人提出又不允许法院采用。事后审制虽避免了复审制的弊端,但走向了另一个极端,即有正当理由在初审或者第二审中无法提供的新证据和新事实,在上诉审中也不得提出和采用,有违诉讼公正,所以现代诉讼中事后审制仅适用于第三审。

　　"续审制"(续审主义),即上诉法院根据初审中的事实和证据审理初审裁判,但是,对初审中没有提出的事实和证据,若有正当理由则既允许当事人提出又允许法院采用。续审制是复审制和事后审制的折中,避免了两者的弊端,所以现代诉讼中多适用于第二审。我国上诉审采取续审制,因为《民事诉讼法》和《解释》确立了举证期限制度或者证据失效制度。

　　初审法院作为"审理法院",其主要职责在于对案件事实和证据进行调查,并根据法律对诉讼标的和诉讼请求作出判决。在采行集中审理原则和举证期限制度的民事诉讼中,初审是事实审和法律审,第二审采取续审制,第三审则采取事后审制(重点审查原审判决的合法性问题,尤其是违

----

　　① 比如,美国联邦最高法院对其第三审案件实行上诉许可制,即对于不具有维护法治统一或者违宪审查等公益目的之上诉案件,不予许可审判。

　　② 例如,续审制无须对初审所涉及的证人再行询问;复审制因案件审理重新开始,得重新调查证人证言,有违证人不得二次作证的原则。

宪问题）。①

上级法院有权改变下级法院的判决，使获得上诉法院审判成为当事人的一种权利。实现这种权利的重要前提之一便是上下级法院之间相互独立，否则，下级法院成为上级法院行政意义上的下属，必然导致审级程序的设置变得毫无意义。②

（三）禁止不利益变更原则

【案例 7 - 2】 王××的妻子患有重病，需要 20 万元的治疗费。但是，王××无钱支付昂贵的治疗费，于是向李××借款 15 万元。李××向王××提出，只要王××同意将自己的女儿嫁给李××的儿子，就借给王××15 万元。王××不得已，只好同意李××的条件，与李××签订了借款 15 万元的合同。双方约定：任何一方违约将支付违约金 1 万元。

后来，王××不愿将女儿嫁给李××的儿子，于是李××向法院提起诉讼，请求法院判决王××返还 15 万元的借款，并支付违约金 1 万元。初审法院经过审理，认为王××的还款期还未届满，于是判决驳回李××的诉讼请求。

李××向法院提起上诉。第二审法院经过审理，查明：该借款合同是在王××经济困难的情况下，以王××将其女儿嫁给李××的儿子为条件而签订的，于是根据《合同法》第 52 条的规定，认定该借款合同中此部分内容无效。

1. 禁止不利益变更原则的主要内涵

在大陆法系，"禁止不利益变更原则"作为民事上诉程序的基本原则，是指在一方当事人上诉的情况下，上诉法院不得作出比初审判决更不利于上诉人的判决。该原则在立法上表现为，上诉法院只能在当事人上诉请求范围内作出判决。

与"禁止不利益变更原则"相伴的是"禁止利益变更原则"，即根据"不告不理原则"，上诉判决不得超出上诉请求范围而增加上诉人的利益。

---

①　正因为审理法律问题，所以上诉审至少由 3 位以上法官集体审理，在有些国家甚至是全员审理。

②　参见贺卫方：《司法的理念与制度》，131～133 页，北京，中国政法大学出版社，1998。

禁止不利益变更原则和禁止利益变更原则从正反两方面限定上诉法院只能在当事人上诉请求范围内作出判决。

比如,《德国民事诉讼法》第536条规定:"对于第一审的判决,只能在申请变更的范围内变更之。"《日本民事诉讼法》第304条规定:"撤销或者变更第一审判决,只在声明不服的范围内可以进行。"

英美法系虽无禁止不利益变更原则之名,却有其实。英美法系奉行"没有申请就没有救济"的司法消极性原则,上诉法院只在当事人上诉请求或者对第一审判决不服的范围内进行审判。

《民事诉讼法》第168条规定:"第二审人民法院应当对上诉请求的有关事实和适用法律进行审查。"对此,《解释》第323条规定:"第二审人民法院应当围绕当事人的上诉请求进行审理。当事人没有提出请求的,不予审理,但第一审判决违反法律禁止性规定,或者损害国家利益、社会公共利益、他人合法权益的除外。"

2. 禁止不利益变更原则的根据

(1)是维护上诉制度和实现上诉目的之必然要求。若允许上诉法院超出上诉请求范围作出判决,则当事人可能获得比初审判决更为不利的上诉判决,有此顾忌则当事人不愿或者不敢提起上诉,上诉制度将徒为无用。

(2)是处分原则和不告不理原则之内在要求。解决私权纠纷诉讼中,当事人确定上诉请求是其行使实体处分权的行为,属于处分原则的内容。根据不告不理原则,上诉法院只能在上诉请求的范围内作出判决。

(3)是禁止突袭判决之客观要求。若上诉法院可以超出上诉请求范围作出判决,则意味着对于超出上诉请求范围的实体问题,上诉人和被上诉人可能无法及时充分地提出事实和证据,在上诉中也就不能进行充分的言词辩论,将严重背离正当程序保障原理或者禁止突袭判决的客观要求。

3. 禁止不利益变更原则的适用

禁止不利益变更原则适用于民事私益案件和事项。对于涉及公益的民事案件和程序事项(如诉讼要件等),则排除此原则的适用。① 即上诉案

---

① 比如,诉讼要件或者上诉要件不具备的,法院不受当事人上诉请求的约束,裁定驳回上诉。参见 [日] 花村治郎:《民事上诉制度の研究》,31~76页,东京,成文堂,1997。

件中若有违反法律强行规范或者侵害公共利益的事项，则不适用该原则。

禁止不利益变更原则适用于上诉请求或者上诉判决既判力的客观范围（不包括判决理由）。此项原则不适用于判决理由，在上诉请求的范围内变更判决理由的，通常不属于不利益变更。

不过，在被上诉人也提起上诉的情况下，此原则的适用受到一定限制。上诉法院对上诉人和被上诉人的上诉请求均须审判①，结果是上诉判决的主文范围往往大于上诉人上诉请求或者被上诉人上诉请求各自的范围。

4. "不利益"的判断

至于"不利益"的内容，多指实体法上的不利益，有时还包括程序法上的不利益，比如上诉审判将侵害当事人审级利益的，上诉法院应将案件发回初审法院重新审理。②

判断"不利益"的标准，通常是根据上诉判决的既判力客观范围（判决主文部分）与上诉请求范围进行比较，前者大于后者的则为"不利益"。

判决理由通常没有既判力，因而不产生"不利益"问题，但在既判力及于判决理由的例外情形（比如诉讼抵销成功）中，则须结合判决主文和判决理由对"不利益"作出判断。

二、上诉审程序的开始阶段

上诉审程序的开始阶段包括当事人上诉、法院受理与被上诉人答辩。

（一）上诉要件和上诉效力

当事人上诉，应当具备以下合法要件（此为强行规范）：

1. 合法的上诉范围。法律规定可以上诉的未确定判决和未生效裁定，主要有：地方各级法院未超出上诉期间的第一审判决（初审判决）；不予受理、驳回起诉、管辖异议和驳回破产申请等裁定。

对终审判决（地方法院第二审判决、最高人民法院第一审判决和第二

---

① 不过，对上诉人的上诉请求仍然要求适用此原则，对被上诉人的上诉请求亦如是。
② 参见陈计男：《不利益变更禁止之原则》，载民事诉讼法研究基金会编：《民事诉讼法之研究（七）》，台北，三民书局，1998。

354/现代民事之诉与争讼程序法理——"诉·审·判"关系原理

审判决)、最高人民法院和上诉法院的裁定等,不得提起上诉。对法院非讼裁判,也不得提起上诉。

2. 上诉人和被上诉人须适格。初审的原告和被告均可为上诉人,对方当事人则为被上诉人;原告和被告均提起上诉的,则互为上诉人和被上诉人。①

从诉讼参加人对令其承担民事责任的判决不服的,可以提起上诉。初审终结后,当事人的实体权利义务承继人,也可为上诉人和被上诉人。对裁定的上诉,其上诉人须为裁定约束的本案当事人。诉讼代理人应当合法代理当事人提起上诉。

3. 须有上诉理由。《民事诉讼法》第164条规定的上诉理由是"当事人不服地方人民法院第一审判决的"和"当事人不服地方人民法院第一审裁定的"。当事人"不服"地方法院第一审判决(初审判决)是指第一审判决存在实体错误或者程序违法,当事人不同意判决结果。当事人"不服"地方法院第一审裁定是指第一审裁定因程序违法而当事人不同意该裁定。

"实体错误"是指不具备本案判决实体要件(诉的实体要件),体现为初审判决认定实体事实错误或者适用实体法律错误。当事人(上诉人)认为初审判决因存在"实体错误"而对己方产生实体方面的"不利益",上诉人有通过上诉除去此种不利益的必要,即上诉人对上诉有利益。上诉人对判决提起上诉,须是该判决对上诉人不利(益)的。外国有关学说及判例均承认,上诉利益是上诉合法要件,若不具备上诉利益,法院则驳回上诉而不予作出本案判决。

"上诉利益"是指初审判决对上诉人"不利(益)",即初审判决上诉人"(全部或者部分)败诉"。这种"不利(益)"是指判决主文方面(即

---

① 依据《解释》第319条的规定,必要共同诉讼人的一人或者部分人提起上诉的,(1)上诉仅对与对方当事人之间权利义务分担有意见,不涉及其他共同诉讼人利益的,对方当事人为被上诉人,未上诉的同一方当事人依原审诉讼地位列明;(2)上诉仅对共同诉讼人之间权利义务分担有意见,不涉及对方当事人利益的,未上诉的同一方当事人为被上诉人,对方当事人依原审诉讼地位列明;(3)上诉对双方当事人之间以及共同诉讼人之间权利义务承担有意见的,未提起上诉的其他当事人均为被上诉人。

法院对诉讼标的和诉讼请求的判断）的不利益①，上诉人有通过上诉除去此种不利益的必要，即初审（全部或者部分）败诉的当事人对初审判决有上诉利益。

何谓败诉？上诉人是原告的，则指原告的诉讼请求未被第一审判决（全部或者部分）承认；上诉人是被告的，则指第一审法院判决被告承担实体责任。第一审中，原告获得全部胜诉的则无上诉利益，被告获得全部胜诉的也无上诉利益。由于第二审采取续审制，所以原告为了扩张诉讼请求而提起上诉的，不被准许。

【案例7-3】原告的诉讼请求包括赔偿医疗费、误工费和精神损害赔偿费，初审判决承认医疗费和误工费，那么原告对精神损害赔偿费有上诉利益，而被告对其承担的医疗费和误工费有上诉利益。再如，原告请求被告赔偿100万元，而初审判决同意赔偿80万元，那么原告对否定20万元的判决有上诉利益，被告对其赔偿80万元的判决有上诉利益。

在具体诉讼中，上诉人是否具有上诉利益，如何判断？其判断标准是什么？对此问题，学理上存在着争论，大体上有实质不服说、形式不服说和折中说。

实质不服说主张，上诉人在上诉审中有可能在实体法上获得较初审判决更有利的上诉判决，即有上诉利益，那么上诉人是否真正拥有上诉利益，须在第二审言词辩论终结时才能作出判断。根据此说，上诉人即使在初审程序中获得全部胜诉判决，为了追求较初审判决更为有利的判决，也可提起上诉。实质不服说建立在德国普通法时期两裁判不一致的上诉制度思想之上，认为第二审系复审，所以主张上诉利益之有无应依第二审言词辩论终结时的全部诉讼资料进行判断。但是，如今许多国家和地区的第二审弃复审而采续审，所以实质不服说失却了论理根据。

形式不服说主张，根据初审判决主文与上诉人初审诉讼请求，来判断上诉人有无上诉利益，具体说，初审判决主文在质或者量方面少于上诉人初审诉讼请求，或者说上诉人初审诉讼请求的全部或者一部未被初审判决

---

① 至于判决理由部分出现误写、误算等技术或者形式上的显然错误的，以裁定来"更正判决"。

承认,如【案例7-3】。形式不服说注重第二审的续审性质,主张上诉人在初审中获得全部胜诉,则无上诉利益,若是为了扩张诉讼请求而提起上诉则不被准许。

折中说介于前两说之间,原则上系采形式不服说,即对原告上诉利益的判断采取形式不服说,对被告则采取实质不服说。形式不服说根据初审判决主文与上诉人初审诉讼请求来判断上诉利益之有无,而被告在初审中并未提出诉讼请求,所以对于被告而言,形式不服说则存在着适用上不周延的弊端,若绝对采用此说则实际上剥夺了被告的上诉权。德国、日本等国家的判例实务中,大都在原则上采形式不服说,但例外情形采实质不服说为补充,并未一律采用形式不服说或者一律采用实质不服说。

《民事诉讼法》没有明确规定上诉理由中严重违反法定程序的具体情形。其第170条中规定"原判决遗漏当事人或者违法缺席判决等严重违反法定程序的,裁定撤销原判决,发回原审人民法院重审",据此可推导出《民事诉讼法》是将"严重违反法定程序"作为上诉理由的。

"程序违法"是指第一审判决遗漏当事人或者严重违反法定程序。"严重违反法定程序"主要是指初审程序严重违反民事诉讼程序安定性和强行规范的情形。民事诉讼"强行规范"规定的是民事诉讼程序制度基础或者当事人基本程序保障等问题,同时担负着维护诉讼程序安定性的职责,所以内含着公益因素。因此,对于民事诉讼"强行规范"和法定程序,不得随意或者合意变更或者排除适用,否则为重大的程序违法。

在比较法上,"严重违反法定程序"具体表现为:初审程序违反中立性(违背回避规定)、参与性(如未经合法送达而缺席审判或者没有给予当事人陈述或者答辩的机会)、对审、平等、公开审判、直接言词等民事诉讼程序基本属性或者基本原则;法院侵害当事人民事诉权;审判组织不合法(没有依法组成合议庭和独任庭);当事人未经合法代理或者诉讼代理人欠缺诉讼代理权;违反专属管辖;作为判决基础的言词辩论违反程序公开的规定;判决不备理由;判决理由相矛盾;判决理由与判决主文不一致等。

由于我国实行两审终审制,所以将"违反实体法律"和"违反法定程序"一并作为提起第二审程序的理由。事实上,在德国、日本和我国台湾地区等，适用第二审程序的理由基本上是"实体上的违法"，与此相应的概念和要件是"上诉利益"。至于"违反法定程序"，在国外多被作为适用第三审的法定理由。

集中审理主义也应体现于上诉程序，为此有些国家和地区采用"上诉理由强制提出制度"，即上诉人须于上诉书中载明上诉理由，不然法院则限期补充，逾期没有补充的，遗漏的上诉理由将不得提出，法院也不予采纳。

4. 上诉权未丧失。① 即当事人没有放弃上诉权，且在法定上诉期间内提起上诉。国内民事诉讼判决的上诉期间是 15 日，裁定的上诉期间是 10 日，若当事人无正当理由超出上诉期间则丧失上诉权。②

上诉期间从判决书、裁定书送达到当事人的次日起算，分别送达的则从送达到各当事人的次日分别起算，各当事人在各自的上诉期间内有权提起上诉。上诉期届满后，所有当事人均未上诉的，裁判才发生法律效力。③

5. 须递交合法上诉状。当事人上诉能够产生阻断效力和移审效力，为慎重起见，法律要求书面上诉，并应按被上诉人人数提交上诉状副本。

合法上诉状应当载明：当事人的基本情况（自然人的姓名、法人的名称及其法定代表人的姓名或者其他组织的名称及其主要负责人的姓名）；原审法院名称、案件的编号和案由；上诉的请求和理由（《民事诉讼法》第 165 条）。

为避免当事人利用上诉来恶意拖延诉讼，应当对上诉的形式作必要要求，比如上诉状应当具体写明上诉理由，禁止无理由提起上诉。有些国家法律规定：对于以拖延诉讼为目的滥用上诉权的，不仅以裁定驳回上诉，而且对上诉人处以罚款。④

---

① 有些国家和地区允许当事人双方达成不上诉的书面协议，如果此协议是合法有效的，则可阻止当事人上诉。

② 在我国领域内没有住所的当事人，对我国人民法院判决、裁定的上诉期是 30 日；不能在法定期间提起上诉，申请延期的，是否准许，由人民法院决定。

③ 许多国家和地区民事诉讼法规定：在判决宣告后、送达前上诉的，亦有效。

④ 比如，《法国民事诉讼法》第 559 条规定："在提出主上诉请求是为拖延诉讼或者滥诉的情况下，对上诉人得科处 100 法郎至 1 000 法郎的民事罚款，且不影响可能向其请求的损害赔偿……"

当事人提起上诉，除启动上诉审程序外，还产生阻断效力和移审效力。阻断效力是指当事人合法上诉能够阻断初审裁判的确定。此时，初审裁判不发生既判力、执行力、确认力、形成力、已决效力等。① 移审效力是指当事人合法上诉而使案件由初审系属于上诉审，由上诉审法院按照上诉程序审判。

大陆法系通说认为，根据"上诉不可分原则"，阻断判决确定的效力范围与移审的效力范围一致，均及于初审判决之全部，从而上诉人未上诉的部分因上诉而未确定（不过上诉人可就未上诉的胜诉部分申请假执行）；在诉的选择合并、预备合并中，通常是被合并的诉因为上诉而被全部移审于上诉审。

部分学者认为，通说主张上诉人未上诉部分因上诉而未确定的理由不充分，上诉仅对初审判决上诉部分有阻断效力，对未上诉部分无阻断效力。部分学者对通说提出了异议，主张仅就上诉部分发生移审效力。其主要根据是，第二审法院只能在当事人上诉请求范围内进行审判，对于未上诉部分无须发生移审效力。

笔者认为，在阻断效力和移审效力方面，应当遵循"上诉不可分原则"，否则同一个判决因为部分上诉而导致效力的不统一，也将导致适用上的困难。

（二）提交上诉状·提交答辩状·法院受理

原审当事人或其诉讼承继人应当通过原审法院提交上诉状，并按照对方当事人或者代表人的人数提交副本；直接向第二审法院上诉的，第二审法院应当在5日内将上诉状移交原审法院。

原审法院收到上诉状，应当在5日内将上诉状副本送达对方当事人，对方当事人在收到之日起15日内提交答辩状。法院应当在收到答辩状之日起5日内将副本送达上诉人。对方当事人不提出答辩状的，不影响法院审理。

原审法院收到上诉状、答辩状，应当在5日内连同全部案卷和证据，

---

① 在大陆法系，虽然上诉能够阻断初审判决发生既判力和执行力，但是法院合法宣告假执行的，可强制执行初审判决。

报送第二审法院。第二审法院应当在收到原审法院报送材料后5日内裁定是否审理。第二审法院审查上诉要件时，应当保障当事人发表意见的权利①，符合上诉要件的则裁定受理，欠缺的则裁定不予受理。②

上诉要件欠缺而依法能够补正的，法院应予阐明并限期上诉人补正。对于答辩状存有瑕疵的，也应给予当事人补正的机会。补正后的上诉状和答辩状应当送达对方当事人。上诉人逾期没有补正或者补正后仍有欠缺的，法院应当裁定不予受理或者驳回上诉。

《繁简分流》规定，应当完善第二审案件衔接机制。积极引导当事人、律师等提交电子诉讼材料，推进智慧法院建设和诉讼档案电子化，运用电子卷宗移送方式，加快案卷在上下级法院之间的移送。

（三）附带上诉

大陆法系民事诉讼中，附带上诉系指上诉人提起上诉后，在已经开始的上诉程序中或者上诉审的言词辩论终结前，被上诉人请求上诉审法院撤销或者变更对己不利的初审判决。

不仅在上诉期间，即使在被上诉人的上诉期间届满、舍弃上诉权或者撤回上诉后，被上诉人也可提起附带上诉。

上诉经上诉人撤回或者被法院驳回的，附带上诉则失去效力，但是附带上诉具备上诉要件的则视为独立上诉。

对于初审判决，双方当事人各有部分胜败的，均有独立的上诉权。一方当事人基于息事宁人或者其他考虑，舍弃上诉权或者撤回上诉，则无上诉机会。

此际，若对方当事人提起上诉，被上诉人只能防御而无法攻击，并且依禁止不利益变更原则，则上诉人显然处于更有利地位，而使上诉人与被上诉人之间关系出现失衡。

为平等保护双方当事人，立法者许可被上诉人提起附带上诉作为攻击

---

① 英国政府出版的关于《英国民事诉讼规则》的"白皮书"（White Book 52.3.32）中有一句可算是经典的话："这些规定的整体效果是要让每一个在第一审程序中感到失望的当事人至少在上诉审法院获得一次简易的听审，使其主要的抱怨能够通过口头的方式得到宣泄。"
② 不予受理或者驳回上诉的裁定为终审法院作出的终局性裁定，对此上诉人不得上诉。不过，笔者认为，可以申请再审请求撤销该裁定，若被撤销的则应按照上诉程序进行审判。

手段，旨在平等保护双方当事人，维护双方当事人之间的诉讼公平。

三、上诉审程序的续行阶段和终结

(一) 预交上诉费和撤诉

上诉人应在向法院提交上诉状时预交上诉费，原告、被告、第三人分别上诉的则按上诉请求分别预交。上诉人在上诉期内未预交的，法院应当通知其在 7 日内预交。上诉人无正当理由仍然逾期不交或者少交的，视为撤回上诉。

第二审法院裁判宣告前，上诉人申请撤回上诉的，第二审法院经审查认为第一审裁判确有错误，或者当事人之间恶意串通损害国家利益、社会公共利益、他人合法权益的，不应准许。

第二审程序中，原审原告申请撤回起诉，经其他当事人同意，且不损害国家利益、社会公共利益、他人合法权益的，法院可以准许；准许撤诉的，应当一并裁定撤销第一审裁判，重复起诉的，则法院不予受理（《解释》第 338 条）。

当事人在第二审程序中达成和解协议的，法院可以根据当事人的请求，对双方达成的和解协议进行审查并制作调解书送达当事人；因和解而申请撤诉，经审查符合撤诉条件的，法院应予准许（《解释》第 339 条）。

(二) 审理程序·审理地点·审前准备·审理方式·审理期限

关于审理程序，第二审法院审理上诉案件，除依照本章规定外，适用第一审普通程序（《民事诉讼法》第 174 条）。

关于审理地点，《民事诉讼法》第 169 条第 2 款规定，第二审法院审理上诉案件，可以在本院进行，也可以到案件发生地或者原审法院所在地进行；书面审理的，在本院进行。

关于审前准备，其主要内容有：（1）第二审合议庭由法官组成后，应当在 3 日内告知当事人；（2）合议庭审查案卷，了解上诉请求、答辩意见及其事实、证据；（3）开庭审理的，第二审法院可以通过当事人交换证据等方式，明确争点。

关于审理方式，第二审原则上应当组成合议庭，开庭审理。民事争讼程序中，开庭审理的核心内容是，采取直接言词审理方式，在法官主持下，双方当事人在法庭上展开言词辩论。初审当事人对初审判决的主文和根据或者对上诉请求及其事实根据等往往存有争议，根据正当程序基本原理，对有争议的实体问题应当开庭审理并遵行对审原则。民事争讼案件以开庭审理为原则，书面审理有其严格的适用范围。

因此，《民事诉讼法》第 169 条第 1 款规定：第二审法院对上诉案件，应当组成合议庭，开庭审理；经过阅卷、调查和询问当事人，对没有提出新的事实、证据或者理由，合议庭认为不需要开庭审理的，可以不开庭审理。

《解释》第 333 条规定了可以不开庭审理的具体情形：（1）不服不予受理、管辖权异议和驳回起诉裁定的；（2）当事人提出的上诉请求明显不能成立的；（3）原判决、裁定认定事实清楚，但适用法律错误的；（4）原判决严重违反法定程序，需要发回重审的。[①]

原则上，当事人在第一审程序中实施的诉讼行为，在第二审程序中对该当事人仍具有拘束力，当事人有正当理由的则可予以推翻（《解释》第342 条）。

第二审法院应当按照处分原则对上诉请求及其有关事实和适用法律进行审理，但是第一审判决违反法律禁止性规定或者损害国家利益、社会公共利益、他人合法权益的除外。避免第二审与第一审在庭审和裁判文书方面的不必要重复（参见《繁简分流》第 16 条）。

关于审理期限，对判决的上诉案件，应在第二审法院立案之日起 3 个月内审结；有特殊情况需要延长的，应在审理期限届满 10 日前向本院院长申请，由本院院长批准。对裁定的上诉案件，应在第二审法院立案之日起 30 日内作出终审裁定；有特殊情况需要延长审限的，由本院院长批准。涉外和涉港澳台民事案件的上诉审，不受前述审理期限的限制。

（三）法院调解

对判决的上诉案件，第二审法院可以进行调解。《最高人民法院关于民商事案件繁简分流和调解速裁操作规程（试行）》第 15 条规定：第二审人民法院在征得当事人同意后，可以在立案后移送审理前由专职调解员或

[①]　根据程序参与原则，以裁定处理的事项，不以开庭为要求，无须遵行言词质证程序和言词辩论程序。

者合议庭进行调解，法律规定不予调解的情形除外；二审审理前的调解应当在 10 日内完成。各方当事人同意的，可以适当延长，延长期限不超过 10 日。调解期间不计入审理期限。

法院调解达成协议的，应当制作调解书。调解书送达当事人后，初审判决即视为撤销，失去法律效力。但是，调解书上不能写"撤销原判"之类的话。从法律性质上说，法院调解书没有资格撤销判决。再者，调解书的内容是双方当事人对实体权利、义务或者责任平等协商、相互妥协的结果，调解协议的达成和调解书的作出并不表明初审判决就是错误或者违法的，而"撤销原判"须以初审判决错误或者违法为前提，所以调解书送达当事人后，初审判决被"视为"撤销。

（四）上诉审程序的终结

上诉审程序终结的方式有：（1）裁定，比如裁定不予受理、驳回上诉、撤诉、诉讼终结；裁定维持、撤销或者变更原裁定；裁定撤销原判决并发回原审法院重审等。（2）法院调解成功。（3）判决，比如判决维持原判决、变更原判决（改判）；对第二审中增加的诉讼请求提出的反诉作出判决。

第二审法院宣告判决可以自行宣判，也可委托原审法院或者当事人所在地法院代行宣判。《民事诉讼法》第 171 条规定："第二审人民法院对不服第一审人民法院裁定的上诉案件的处理，一律使用裁定。"

根据《民事诉讼法》第 170 条和司法解释的有关规定，对上诉案件经过审理，应分别情况，作出如下处理：

1. 第二审法院以判决、裁定方式驳回上诉，维持原判决、裁定。此项处理适用于"原判决、裁定认定事实清楚，适用法律正确的"情形。①

2. 第二审法院以判决、裁定方式依法改判、撤销或者变更原判决、裁定。此项处理适用于下列情形：（1）原判决、裁定认定事实错误或者适用法律错误的；（2）原判决认定基本事实②不清的，查清事实后改判；

---

① 原判决、裁定认定事实或者适用法律虽有瑕疵，但裁判结果正确的，第二审法院可以在判决、裁定中纠正瑕疵后，予以维持（《解释》第 334 条）。

② 基本事实是指用以确定当事人主体资格、案件性质、民事权利义务等对原判决、裁定的结果有实质性影响的事实（《解释》第 335 条）。笔者认为，基本事实宜理解为要件事实（主要事实、直接事实）。

（3）第二审中，发生法定当事人变更的，法院直接裁定变更，继续审理，不必发回重审。

3. 第二审法院裁定发回原审法院重审。此项处理适用于下列情形：（1）原判决认定基本事实不清的（应当裁定撤销原判决）；（2）原判决遗漏当事人或者违法缺席判决等严重违反法定程序的（应当裁定撤销原判决）；（3）对于当事人在第一审中已经提出的诉讼请求，原审法院未作审理、判决的，第二审法院调解不成的；（4）应当参加诉讼的当事人或者有独立请求权的第三人，在第一审程序中未参加诉讼的，第二审法院调解不成的；（5）第一审判决不准离婚的案件，第二审法院认为应当判决离婚的，可以与子女抚养、财产问题一并调解，调解不成的。

发回重审多取决于是否为事实审、有无必要维护当事人上诉权或者审级利益等。第二审法院裁定撤销原判决、发回重审的，裁定书应当载明理由。

发回重审的案件，原审法院应当按照初审程序另行组成合议庭。"重审"只是对上诉请求及其相关事实、证据进行审判，原审程序中当事人的认诺和自认依然有效（合法撤回的除外）。原审法院对发回重审案件所作的判决仍属第一审判决，当事人提起上诉的，第二审法院不得再次发回重审。

4. 第二审法院可以一并审判。此项处理适用于下列情形：（1）第一审判决不准离婚的案件，第二审法院认为应当判决离婚的，对子女抚养、财产问题，双方当事人同意由第二审法院一并审判的；（2）对原审原告增加的独立的诉讼请求或者原审被告提出的反诉，第二审法院调解不成的，告知当事人另行起诉；双方当事人也可以同意由第二审法院一并审判。

5. 对于第一审法院违反起诉规定的，第二审法院裁定撤销原裁判。此种处理适用于下列情形（《解释》第330～332条）：（1）案件依法不应由法院受理的，第二审法院可以直接裁定撤销原裁判，驳回起诉；（2）第一审法院违反专属管辖规定的，第二审法院应当裁定撤销原裁判，并移送有管辖权的法院；（3）不予受理裁定有错误的，第二审法院应当撤销原裁定，同时指令第一审法院立案受理；（4）第一审法院驳回起诉裁定有错误的，第二审法院应当撤销原裁定，同时指令第一审法院审理。

第八章　再审程序与异议之诉

现代法治原则将"维护确定判决既判力"与"民事再审和（某些）异议之诉"的关系界定为"原则与例外"的关系。当然有些异议之诉并非确定判决既判力的法定例外。

第一节　再审程序

再审程序适用于法院确定判决已解决的案件或者生效裁定已处理的事项。在维护确定判决既判力原则之下，再审程序对既判事项再次审判，既给当事人最后一次诉讼救济的机会，又能维护法院裁判的合法性和正确性。

一、再审程序的本质与目的

对于已经确定或者生效的错误或者违法的判决和裁定，诸多国家和地区均规定了最后的救济或者纠正的程序，不过具体程序存在一些不同之处。比如，美国规定了"重新审理程序"，即在第一审判决登记后 10 日内或者上诉判决作出后 14 日内，当事人可以向法院提起重新审理的申请。[①]

[①]　根据《美国判决重述》（第 2 版）第 26 条的规定，不具既判力的情形有：（1）如果当事人之间有协议，被告同意把请求分开起诉的，那么被分开的请求不受另一部分请求判决的既判力拘束；（2）前诉法院的判决中明确保留了原告可以再诉的，如由于公害等连续发生损害的诉讼，实体法规定允许对将来产生的损失可个别起诉的；（3）前诉判决明显与宪法或者制定法存在矛盾，并且前诉判决的结果是不公平的。

在大陆法系，对已经确定的判决或者生效的裁定，以重大程序违法和重大实体错误为由，法院按照再审程序予以撤销或者变更。

（一）再审程序的本质

再审的本质是对既判案件的再次审判，即再审案件是"原诉"。再审是一事不再理或者既判力的法定例外，即虽说是"一事"却"再理"。所谓"事"，即"诉"或者"案件"之义，所以"一事"是指再审的案件与原审或者既判的案件是"同一个诉"或者"同一个案件"。

因此，可以说当事人提起再审（之诉）是对"同一个诉"或者"同一个案件"的诉权的再次行使；从法院的角度来说，再审是对同一案件（既判案件）再次审判。具体说，再审当事人是确定判决既判力所约束的当事人及诉讼承继人（既判力主观范围）；再审诉讼标的是原审案件的诉讼标的（既判力客观范围）（参见下文）；再审直接事实是原审案件（作为本案判决的）直接事实。上述任一情形有实质变化，则不是原诉或者原案，而是另一诉或者另一案件（参见第二章第三节）。

就再审诉讼标的来说，再审程序包括撤销原案确定判决和审判本案诉讼，据此，大陆法系民事诉讼传统理论通说认为，再审之诉是诉讼（法）上的形成之诉，包含"二诉讼标的"，即（1）再审原告请求法院撤销原案确定判决是独立的诉讼标的（即程序形成权）；（2）再审原告请求法院将原案确定判决变更为利己判决的，其诉讼标的仍是原案的诉讼标的。

根据再审程序的目的，新近学说主张"一诉讼标的说"或者"本案诉讼说"，认为再审诉讼标的仅为原案的诉讼标的。此说为德国著名的Rosenberg—Schwab民事诉讼法教科书第10版（1969年）所采取之后，不断获得德国、日本、我国台湾地区等学者的有力支持。但是英美法系不存在如此学说转换。之所以存在这一不同，主要原因是大陆法系和英美法系的历史流传和法律思维之差异［参见第一章第二节三（一）］。

（二）再审程序的目的

将再审的本质确定为对既判案件的再次审判（即再审案件是"原诉"），从比较法角度来看，主要原因是再审程序的目的主要是为当事人提供最后的诉讼救济机会。因此，（1）再审程序由当事人启动，并且再审之诉的诉讼请求由当事人决定，法院须在此范围内再审。（2）在诉讼标的方面,大陆法系国家和地区采取"本案诉讼说",认为再审之诉的诉讼标的是原案的诉讼标的。(3)就再审案件处理方式来看,再审法院若认为原判决合法和正确,即使存在再审理由也会判决驳回再审原告的诉讼请求(维持原判),反之,则在再审诉讼请求范围内作出变更判决(民事私益案件中)。

以前人们比较关注民事诉讼解决纠纷和保护权益的直接功能,而如今,人们对高成本的诉讼寄予更高的期望和要求,更看重民事诉讼的"治理"功能。在现代社会,民事实体法领域越来越多地含涉公益,民事诉讼作为国家司法权的行使场域和国家法律的实现环节,其"现代治理"功能主要体现为形成公共政策、分配公共资源、维护或者再生产社会秩序和政治秩序的合法性或者正当性。

再审也有维护公益的目的。这主要体现在:(1)为维护公共利益,对于既判的公益案件,作为原审原告的检察院依法可以再审原告身份提起再审之诉,或者参加到他人启动的再审程序中。在我国,诸多有识之士建议,检察院为维护公共利益提起抗诉以启动再审。(2)维护法院裁判合法性的本身具有公益性,即再审通过纠正重大的程序违法和实体错误,维护"正当程序"和司法的正当性、权威性。

二、再审对象和再审理由

(一) 再审对象

按照我国现行法,再审对象有法院确定判决、生效裁定和法院调解书。

再审程序作为争讼程序,其主要适用对象是"法院确定判决"。但是,解除婚姻关系的确定判决和法院调解书(《民事诉讼法》第202条)、再审判决(《解释》第383条)等不属于再审对象。

所谓法院确定判决,是指:(1)法院判决。具有既判力的非司法文书,比如仲裁裁决,当事人可以请求法院撤销[参见第八章第二节一(三)]。(2)争讼判决。非讼裁判各有其纠正途径,但不以再审程序纠正。(3)终局判决。中间判决没有既判力,不以再审程序而以其他程序纠正[参见第六章第一节一(二)]。(4)确定的本案判决。本案判决是对案件的诉讼标的和诉讼请求是否具有实体事实和实体法律根据所作出的终局判定。确定判决不得以上诉予以变更或者撤销，判决一旦确定就发生既判力、形成力、确认力和执行力。

至于法院生效裁定，《解释》第 381 条规定："当事人认为发生法律效力的不予受理、驳回起诉的裁定错误的，可以申请再审。"但是，再审裁定（《解释》第 383 条）不属于再审对象。笔者建议，为充分保护当事人的诉权和上诉权，至少是不予受理或者驳回起诉、驳回上诉和其他终结诉讼的裁定，应当作为再审对象。比较法中和根据法理，对于法院裁定，虽准用关于判决的再审程序（对判决事项采用严格证明程序），但对裁定事项实际上适用自由证明程序，所以不称再审之诉而只称"申请再审"（"准再审"）。

至于法院生效调解书，除解除婚姻关系的法院调解书外（《民事诉讼法》第 202 条），我国民事诉讼法将其作为再审对象。其他国家一般不把法院调解书纳入再审范围。笔者建议，当事人可以法院调解违反合法原则或者自由原则为由，向法院提起撤销调解书之诉（参见下文）；检察机关有权以法院调解违反合法原则或者违反公益为由，向法院提起撤销调解书之诉。

能够通过本国民事再审程序解决的一般限于本国法院裁判（属于司法文书）。我国大陆或者内地人民法院承认的港澳台地区法院确定裁判，依照法院地法来适用再审程序或者其他程序。我国人民法院承认的外国法院确定裁判，依照法院地法来适用再审程序或者其他程序。

（二）再审理由

1. 我国现行再审理由

对于确定判决和生效裁定，《民事诉讼法》第 200 条、《解释》第 387～394 条规定了再审理由（具备其一的，法院应当再审）。

（1）有新的证据，足以推翻原判决、裁定的，即再审申请人提供的新的证据，能够证明原判决、裁定认定基本事实或者裁判结果错误。

对于"新的证据"，法院应当责令再审申请人说明其逾期提供该证据的理由；拒不说明理由或者理由不成立的，依照《民事诉讼法》第 65 条第 2 款和《解释》第 102 条处理。

申请人证明新证据符合下列情形之一的，可以认定逾期提供证据的理由成立：原审庭审结束前已经存在，因客观原因于庭审结束后才发现的；原审庭审结束前已经发现，但因客观原因无法取得或者在规定期限内不能提供的；原审庭审结束后形成，无法据此另行提起诉讼的。

再审申请人提交的证据在原审中已经提供，原审法院未组织质证且未作为裁判根据的，视为逾期提供证据的理由成立，但原审法院依照《民事诉讼法》第 65 条不予采纳的除外。

（2）原判决、裁定认定的基本事实缺乏证据证明的。"基本事实"是指用以确定当事人主体资格、案件性质、民事权利义务等对原判决、裁定的结果有实质性影响的事实。

（3）原判决、裁定认定事实的主要证据是伪造的。

（4）原判决、裁定认定事实的主要证据未经质证的。当事人对原判决、裁定认定事实的主要证据在原审中拒绝发表质证意见或者质证中未对证据发表质证意见的，不属于上述"未经质证"的情形。

（5）对审理案件需要的主要证据，当事人因客观原因不能自行收集，书面申请法院调查收集，法院未调查收集的。

（6）原判决、裁定适用法律确有错误的，即有下列情形之一：适用的法律与案件性质明显不符的；确定民事责任明显违背当事人有效约定或者法律规定的；适用已经失效或者尚未施行的法律的；违反法律溯及力规定的；违反法律适用规则的；明显违背立法原意的等。

（7）审判组织的组成不合法①或者依法应当回避的审判人员没有回避的。

---

① 按照《民事诉讼法》（第三章）、《最高人民法院关于人民法院合议庭工作的若干规定》（法释〔2002〕25 号）、《最高人民法院关于进一步加强合议庭职责的若干规定》（法释〔2010〕1 号）、《最高人民法院关于人民陪审员参加审判活动若干问题的规定》（法释〔2010〕2 号）等规定，以下情形是不合法的：人民陪审员独任审理的或者参与第二审案件审理的；应当组成合议庭审理的案件却独任审判的；合议庭成员曾参加同一案件第一审、第二审或者再审程序审理的或者再审、发回重审的案件没有另行组成合议庭的；参加开庭的审判组织成员与参加合议，在判决书、裁定书上署名的审判组织成员不一致的，但依法变更审判组织成员的除外；变更审判组织成员未依法告知当事人的；其他不合法情形（如审理案件的人员不具有审判资格等）。

（8）无诉讼行为能力人未经法定代理人代为诉讼，或者应当参加诉讼的当事人因不能归责于本人或其诉讼代理人的事由，未参加诉讼的。①

（9）违反法律规定，剥夺当事人辩论权利的，即有下列情形之一：不允许或者严重限制当事人发表辩论意见的；应当开庭审理而未开庭审理的；违反法律规定送达起诉状副本或者上诉状副本，致使当事人无法行使辩论权利的；其他违法剥夺的情形。

（10）未经传票传唤，缺席判决的。

（11）原判决、裁定遗漏或者超出诉讼请求的。② 包括第一审诉讼请求、第二审上诉请求，但当事人未对第一审判决、裁定遗漏或者超出诉讼请求提起上诉的除外。

（12）据以作出原判决、裁定的法律文书被撤销或者变更的。"法律文书"包括：发生法律效力的判决书、裁定书、调解书；发生法律效力的仲裁裁决书；具有强制执行效力的公证债权文书。

（13）审判人员审理该案件时有贪污受贿，徇私舞弊，枉法裁判行为的。须审判法官的有罪判决或者纪律处分决定生效后，才能以此为由提起再审。

至于法院裁定的再审理由，根据《民事诉讼法》第200条的规定，主要有：（1）有新的证据，足以推翻原裁定的；（2）原裁定认定的基本事实缺乏证据证明的；（3）原裁定认定事实的主要证据是伪造的；（4）原裁定认定事实的主要证据未经质证的；（5）原裁定适用法律确有错误的；（6）据以作出原裁定的法律文书被撤销或者变更的；等等。

至于法院调解书的再审理由，根据《民事诉讼法》的相关规定，主要有：（1）当事人申请再审的，应当提出证据证明调解违反自愿原则或者调

---

① 依据《解释》第422条，必须共同进行诉讼的当事人因不能归责于本人或者其诉讼代理人的事由未参加诉讼的，可以据此理由，自知道或者应当知道之日起6个月内申请再审，但符合《解释》第423条规定情形的除外（第1款）；法院裁定再审，若按第一审程序再审的则应追加其为当事人并作出新的判决、裁定，若按第二审程序再审经调解不能达成协议的则应撤销原判决、裁定，发回重审并应追加其为当事人（第2款）。

② 此项理由不合理和须完善之处有：（1）删去"裁定"。（2）原判决遗漏诉讼请求的，理当通过补充判决来纠正［参见第六章第三节二（四）］。（3）公益案件中，适用职权干预主义，法院为维护公益能够超出或者变更诉讼标的和诉讼请求而作出判决。

解协议的内容违反法律的（第 201 条）；（2）检察院发现调解书损害国家利益、社会公共利益的（第 208 条）；（3）法院发现调解书确有错误的（第 198 条）。

2. 再审理由的内在逻辑

只有按照正当程序作出的确定判决，其既判力才应获得尊重。对于严重背离正当程序所作出的确定判决，应当按照再审程序予以撤销或者变更。再审理由应由法律作出明确规定。作为维护确定判决既判力原则的法定例外，再审理由应是严格的并应由法律作出明确规定，才能据此对判决进行再审；否则，会轻易而频繁适用再审，以至于破坏既判力。

因此，再审理由应当限于严重程序违法和严重实体错误，并应具体化为可操作性的具体理由，且具有内在的逻辑。

在严重程序违法方面，首先，根据"法定法官原则"［参见第六章第二节一（一）］，确立"审判组织组成不合法或者没有依照法律规定组成作出判决的审判组织"和上述第（13）项的再审理由。设立此项理由，旨在维护"法定法官原则"。判决须由法定法官作出属于判决的成立要件，在世界司法领域被作为判决正当性或者合法性的必备要件。

根据"法定法官原则"和保护当事人民事诉权，"违反专属管辖"应当被纳入再审理由。根据"法定法官原则"，管辖具有确定性，是指法律应当明确规定管辖规则，禁止在案件发生时临时设置或者规定管辖法院，禁止法院随便移送有管辖权的案件。国际上通行的观念和做法是，专属管辖属于强行规范，且以法律明文规定为限，违反专属管辖的判决属于重大的程序违法。据此，笔者认为，"违反专属管辖"应当被纳入再审理由。

其次，根据"法官中立原则"，确立"依法应当回避的审判人员没有回避"的再审理由。在西方社会，"自然公平"的第一个原则是"法官中立"。法官中立是指法官与自己正在审判和执行的案件及其当事人等没有利害关系，其制度化为"回避"，旨在消除法官偏私对其审判和执行的影响，保证法官能够公平对待各方当事人。

再次，根据"程序参与原则"，确立第（8）（9）（10）项理由。在西方社会，"自然公平"的第二个原则是"程序参与"。程序参与的基本内容是："必须给予诉讼当事人各方充分的机会来陈述本方的理由。这意味着必须将

诉讼程序告知他们，并及时通知其任何可能受到的指控，以使当事人能够
准备答辩。此外，还应允许当事人以适当的方式将答辩提交给法官。"①

严重实体错误首先体现为，作为确定判决根据的实体事实是错误或者
虚假的；对此，根据"证据裁判原则"，《民事诉讼法》第 200 条确立第
(1) ～ (5) 项理由。② 其次体现为，确定判决适用实体法律错误；对此，
具体为第 (6)(12) 项理由。至于第 (11) 项理由，是违反处分原则的具
体情形（即原判决超出诉讼请求）。

第 (5) 项理由符合我国现阶段的国情，即当事人收集证据难。为实
现诉讼公正，当事人应当拥有针对法院的收集证据申请权，即"调查证据
申请权"。在解决公益纠纷或者采行职权探知主义的民事诉讼中，法院除
对当事人提出的证据进行判断和采用外，无须当事人申请，就应依职权主
动收集和采用当事人没有提出的必要证据。

关于如何判断"确定判决认定实体事实错误或者虚假"，通过"证据
裁判原则"将其具体化为"作为判决依据的主要事实缺乏证据证明的或者
主要证据未经质证的"，从而具有可操作性。对于《民事诉讼法》第 200
条所使用的"基本事实"词语，应当使用规范用语"主要事实"或者"直
接事实"。

许多国家法律规定，虽然具备再审理由，但是，在上诉中当事人已经
主张再审理由或者尽管知道再审理由却不主张的，则不得就该理由提起再
审。③ 在上诉审中对案件已经作出本案判决的，则不得对初审判决而只得
对上诉判决提起再审。

再审当事人不得根据同一再审理由，对同一确定判决再次提起再审之

---

① ［英］彼得·斯坦、约翰·香德：《西方社会的法律价值》，112～113 页，北京，中国
法制出版社，2004。

② 证据裁判原则要求当事人和法官必须运用物证、书证、证人证言和鉴定结论等证据
来证明或者认定案件事实。申言之，必须依据经过法定的证据调查程序后具有证据能力的证
据（即"出于审判庭"的证据）来证明或者认定案件事实。证据裁判原则的适用对象是"待
证事实"。真实性已经得到确定或者没有争议的争讼案件事实，如司法认知的事实、裁判已决
的事实、推定的事实、诉讼上自认的事实等，为相对免证事实，主张此类事实的当事人通常
无须运用证据来证明，法院直接采用为裁判的根据。但是，相对免证事实被反证推翻的，则
为待证事实。参见邵明：《论民事诉讼证据裁判原则》，载《清华法学》，2009 (1)。

③ 意图是，尽量使当事人运用上诉程序这种正常的途径，相应减少适用再审程序。

诉。由于再审案件的诉讼标的是原审案件的诉讼标的，所以当事人提出数个再审理由的，并不构成诉的客观合并；当事人变更再审理由的，也不构成诉的客观变更。

我国民事诉讼法应当明确规定由谁证明再审理由。根据维护判决既判力和再审公益目的，并且考虑到再审理由发生缘由，对再审理由真实性的证明，当以"实体真实主义"为要求，采取"职权探知主义"，特别是运用法院"审理笔录"（包括庭审录像资料）来证明审理程序是否违法，不能完全交由当事人负责，也不能任由当事人处分，但可以鼓励当事人提供相关证据。

三、再审程序阶段一：启动与审查阶段

我国现行再审程序的启动方式有四：法院提起再审、当事人申请再审、检察院抗诉和案外人申请再审。当事人申请再审实质上是提起再审之诉。法院提起再审和检察院抗诉属于审判监督的范畴。笔者认为，案外人申请再审不合法理。

（一）法院提起再审

根据《民事诉讼法》第198条，法院提起再审应当具备以下要件：法院已经发生法律效力的判决、裁定、调解书确有错误。其要件实际上有二：（1）再审对象合法，即法院已经发生法律效力的判决、裁定、调解书；（2）具备再审理由，即确有错误。

各级法院院长对本院判决、裁定、调解书，认为需要再审的，应当提交审判委员会讨论决定；最高人民法院对地方各级法院、上级法院对下级法院判决、裁定、调解书，有权提审或者指令下级法院再审。

（二）当事人申请再审与法院审查申请

1. 当事人申请再审的条件

（1）当事人适格，即再审原告须是原审适格当事人及其诉讼承继人（既判力主观范围）①；再审被告须是与再审原告相对立的原审当事人及其

---

① 《解释》第375条第2款规定："判决、调解书生效后，当事人将判决、调解书确认的债权转让，债权受让人对该判决、调解书不服申请再审的，人民法院不予受理。"笔者认为，这款规定不合理。

诉讼承继人。

(2) 再审对象合法，即法院已经发生法律效力的判决、裁定、调解书。"判决"是指确定判决。"裁定"是指不予受理、驳回起诉的裁定（《解释》第 381 条）。不属于再审对象的有：1) 解除婚姻关系的确定判决和法院调解书（《民事诉讼法》第 202 条）；2) 适用特别程序、督促程序、公示催告程序、破产程序等所作出的非讼裁判；3) 再审判决、裁定（《解释》第 383 条）。

(3) 符合法定期间，即《民事诉讼法》第 205 条规定，当事人应当在判决、裁定、调解书发生法律效力后 6 个月内提出申请；有《民事诉讼法》第 200 条第 (1)(3)(12)(13) 项规定情形的，自知道或者应当知道之日起 6 个月内提出申请。

(4) 提交再审申请书等材料，即除再审申请书等，还包括申请人身份证明、原审裁判书或者调解书、反映案件基本事实的主要证据等（《解释》第 377、378 条）。

具备再审理由和申请条件的，当事人可以向上一级法院申请再审；当事人一方人数众多（10 人以上）或者当事人双方为公民（自然人）的，也可以向原审法院申请再审；若分别向原审法院和上一级法院申请且不能协商一致的，则由原审法院受理（《民事诉讼法》第 199 条、《解释》第 379 条）。

2. 法院审查申请和裁定再审

法院应当自收到符合条件的再审申请书等材料之日起 5 日内向申请人发送受理通知书，并向被申请人及原审其他当事人发送应诉通知书、再审申请书副本等材料；被申请人应当自收到申请书副本之日起 15 日内提交书面意见（不提交的，不影响法院审查）；法院可以要求申请人和被申请人等补充有关材料，询问有关事项（《民事诉讼法》第 203 条、《解释》第 385 条）。

依据《解释》第 383 条，当事人申请再审，有下列情形之一，法院不予受理：(1) 再审申请被驳回后再次提出申请的；(2) 对再审判决、裁定提出申请的；(3) 在检察院对当事人的申请作出不予提出再审检察建议或者抗诉决定后又提出申请的。出现前述第 (1)(2) 项情形，法院应当告

374/现代民事之诉与争讼程序法理——"诉·审·判"关系原理

知当事人可以向检察院申请再审检察建议或者抗诉,但因检察院提出再审检察建议或者抗诉而再审作出的判决、裁定除外。

法院应当自收到再审申请书之日起3个月内审查再审事由(有特殊情况需要延长的,由本院院长批准)。再审事由成立且符合申请再审条件的,法院应当裁定再审,否则裁定驳回再审申请(《民事诉讼法》第204条、《解释》第395条)。① 法院根据审查案件的需要决定是否询问当事人,但是,新的证据可能推翻原判决、裁定的,法院应当询问当事人。

审查申请期间,被申请人及原审其他当事人依法提出再审申请的,法院应将其列为再审申请人,对其再审事由一并审查,审查期限重新计算。其中一方申请人主张的再审事由成立的,应当裁定再审。各方申请人主张的再审事由均不成立的,一并裁定驳回再审申请。

审查申请期间,申请人撤回再审申请的,由法院裁定。申请人经传票传唤,无正当理由拒不接受询问的,可以按撤回再审申请处理。法院裁定撤回再审申请后,申请人再次申请再审,不予受理;但是,有前述再审理由第(1)(3)(12)(13)项,自知道或者应当知道之日起6个月内提出的除外。

审查申请期间,有下列情形之一的,裁定终结审查(《解释》第402条):申请人死亡或者终止,无权利义务承继者或者权利义务承继者声明放弃再审申请的;负有给付义务的被申请人死亡或者终止,既无可供执行的财产又无应承担义务的人的;当事人达成和解协议且已履行完毕的(和解协议中声明不放弃申请再审权利的除外);他人未经授权以当事人名义申请再审的;原审或者上一级法院已经裁定再审的;有《解释》第383条第1款规定情形的。

当事人申请再审,不停止原判决、裁定和调解书的执行。法院裁定再审,需要中止执行的(追索赡养费、扶养费、抚育费、抚恤金、医疗费用、劳动报酬等案件可以不中止执行),应在再审裁定中写明中止执行;情况紧急的,可以将中止执行裁定口头通知执行法院,并在通知后10日内发出裁定书(《民事诉讼法》第206条、《解释》第396条)。

---

① 对法院驳回再审裁定不服的,比如在日本,当事人可以提起即时抗告。

（三）检察院抗诉与法院审查

1. 检察院抗诉

审判程序中，现行检察监督原则体现为以抗诉启动再审来监督审判。根据《民事诉讼法》第 208 条，检察院抗诉理由即《民事诉讼法》第 200 条规定的再审理由和法院调解书损害国家利益或者社会公共利益。[①]

检察院抗诉的条件有：（1）抗诉对象合法（即再审对象合法）。（2）最高人民检察院对各级法院已经发生法律效力的民事判决、裁定、调解书，上级检察院对下级法院已经发生法律效力的民事判决、裁定、调解书，向同级法院提起抗诉。[②]（3）应当制作抗诉书。

检察院在决定抗诉之日起 15 日内将抗诉书连同案件卷宗移送同级法院，并制作决定抗诉的通知书，发送当事人。

2. 当事人向检察院申请检察建议或者抗诉

根据《民事诉讼法》第 209 条，有下列情形之一，当事人可以向检察院申请检察建议或者抗诉：（1）法院驳回再审申请的；（2）法院逾期未对再审申请作出裁定的；（3）再审判决、裁定有明显错误的。

依据《人民检察院民事诉讼监督规则（试行）》（2013 年），检察院认为当事人的监督申请不符合抗诉条件的，应当作出不支持监督申请的决定，并在决定之日起 15 日内制作《不支持监督申请决定书》，发送当事人。下级检察院提请抗诉的案件，上级检察院可以委托提请抗诉的检察院将《不支持监督申请决定书》发送当事人。

3. 法院裁定再审

法院应当自收到抗诉书之日起 30 日内裁定再审。对于抗诉理由不成立或者不符合抗诉条件的，法院可以建议检察院补正或者撤回；不补正或者不撤回的，法院可以裁定不予受理（《解释》第 417 条）。

法院收到再审检察建议后，应当组成合议庭，在 3 个月内进行审查，发现原判决、裁定、调解书确有错误，需要再审的，依照《民事诉讼法》

[①]　各级检察院对审判监督程序以外的其他审判程序中审判人员的违法行为，有权向同级法院提出检察建议。

[②]　地方各级检察院对同级法院，可以提出检察建议，并报上级检察院备案；也可以提请上级检察院向同级法院提出抗诉。

第 198 条裁定再审,并通知当事人;经审查,决定不予再审的,应当书面回复检察院(《解释》第 419 条)。

法院审理因检察院抗诉或者检察建议而裁定再审的案件,不受此前已经作出的驳回当事人再审申请裁定的影响(《解释》第 420 条)。

(四)案外人申请再审与法院审查

根据《民事诉讼法》第 227 条和《解释》第 423 条,执行过程中,案外人对执行标的提出异议,法院裁定驳回,案外人对裁定不服,认为原判决、裁定、调解书内容错误损害其民事权益的,可以自裁定送达之日起 6 个月内,向作出原判决、裁定、调解书的法院申请再审。

法院裁定再审后,案外人属于必要共同诉讼当事人的,依照《解释》第 422 条第 2 款的规定处理。案外人不是必要共同诉讼当事人的,法院仅审理原判决、裁定、调解书对其民事权益造成损害的内容,再审请求成立的则撤销或者改变原判决、裁定、调解书。

笔者认为,我国现行上述规定有违民事诉讼法理和正当程序原理。再审案件是原诉,案外人不是原判决当事人或者原审言词辩论终结后的诉讼承继人,不能成为再审当事人。① 案外人或者第三人可以根据《民事诉讼法》第 56 条第 3 款提起异议之诉。

第三人异议之诉与再审之诉(原诉)是两个完全不同的诉:(1)诉的主体不同:第三人所提之诉的原告是第三人,而被告原则上应当是原诉的原告和被告。(2)诉讼标的不同:第三人所提之诉的诉讼标的是第三人所拥有的实体请求权、形成权或者支配权,并非原诉原告的实体请求权、形成权或者支配权。(3)诉的原因事实不同,即原诉判决直接影响或者侵害其合法权益,或者原诉判决将当事人的合法权益确定给原诉的原告或者被告。

案外人或者第三人没有参加到原诉审判中,无法行使程序参与权,让其承受原诉判决既判力的约束,严重违背正当程序原理。若允许案外人或

---

① 在其他国家立法和理论上,允许"在判决效力及于第三人之情形下,享有撤销判决之固有利益的第三人"成为适格的再审当事人。参见〔日〕新堂幸司:《新民事诉讼法》,林剑锋译,669~670 页,北京,法律出版社,2008。

者第三人提起再审之诉，实际上增加其获得诉讼救济的难度，因为再审要件比通常的起诉要件要严格得多。而若允许案外人或者第三人另行提起异议之诉或者撤销原判决之诉，则其还有权上诉和提起再审。

四、再审程序阶段二：实体审判阶段

（一）再审法院

根据《民事诉讼法》第204条第2款、第211条，《解释》第418条和《最高人民法院关于民事审判监督程序严格依法适用指令再审和发回重审若干问题的规定》（法释〔2015〕7号）（以下简称《指令发回重审》），因当事人申请裁定再审的案件，一般应由裁定再审的法院审理。

上级法院裁定指令再审的，应当在裁定书中阐明指令再审的具体理由。有下列情形之一的，最高人民法院、高级人民法院可以指令原审法院再审：

1. 根据《民事诉讼法》第200条第（4）（5）或者第（9）项裁定再审的；

2. 发生法律效力的判决、裁定、调解书是由第一审法院作出的；

3. 当事人一方人数众多或者当事人双方为公民（自然人）的；

4. 经审判委员会讨论决定的其他情形。

检察院提出抗诉的案件，由接受抗诉的法院审理，具有《民事诉讼法》第200条第（1）～（5）项规定情形之一，可以指令原审法院再审。

法院根据《民事诉讼法》第198条第2款裁定再审的，应当提审。虽然符合上述可以指令再审的情形，但是，有下列情形之一的，应当提审：

1. 原判决、裁定系经原审法院再审审理后作出的；

2. 原判决、裁定系经原审法院审判委员会讨论作出的；

3. 原审审判人员在审理该案件时有贪污受贿，徇私舞弊，枉法裁判行为的；

4. 原审法院对该案无再审管辖权的；

5. 需要统一法律适用或者裁量权行使标准的；

6. 其他不宜指令原审法院再审的情形。

（二）审理程序

1. 适用第一审程序或者第二审程序

原裁判是第一审的，则按照第一审程序审理，所作的判决或者裁定，

当事人可以上诉。

原裁判是第二审的或者上级法院按照审判监督程序提审的，则按照第二审程序审理，所作的判决或者裁定是发生法律效力的判决或者裁定。

再审案件的审理期限自法院决定再审的次日起计算，适用第一审普通程序或者第二审程序审理期限的规定。

2. 通知出庭和另行组成合议庭开庭审理

法院开庭审理抗诉案件，应当在开庭3日前通知检察院、当事人和其他诉讼参与人出庭。同级检察院或者提出抗诉的检察院应当派员出庭。

检察院因履行法律监督职责向当事人或者案外人调查核实的情况，应当向法庭提交并予以说明，由双方当事人进行质证（《解释》第421条）。检察人员发现庭审活动违法的，应当待休庭或者庭审结束之后，以人民检察院的名义提出检察建议（《人民检察院民事诉讼监督规则（试行）》第96条）。

法院审理再审案件，应当另行组成合议庭、开庭审理（但按照第二审程序审理，有特殊情况或者双方当事人已经通过其他方式充分表达意见，且书面同意不开庭审理的除外）。符合缺席判决条件的，可以缺席判决。

法院开庭审理再审案件，应当按照下列情形分别进行：（1）因当事人申请再审的，先由再审申请人陈述再审请求及理由，后由被申请人答辩、其他原审当事人发表意见；（2）因抗诉再审的，先由抗诉机关宣读抗诉书，再由申请抗诉的当事人陈述，后由被申请人答辩、其他原审当事人发表意见；（3）法院依职权再审，有申诉人的，先由申诉人陈述再审请求及理由，后由被申请人答辩、其他原审当事人发表意见；（4）法院依职权再审，没有申诉人的，先由原审原告或者原审上诉人陈述，后由原审其他当事人发表意见。

出现上述第（1）～（3）项情形的，法院应当要求当事人明确其再审请求。

3. 遵行处分原则和有关诉的规定

法院应当围绕再审请求进行审理和裁判；再审发回重审的，则应当围绕当事人原诉讼请求进行审理和裁判（属于处分原则的内容）。经再审，法院发现已经发生法律效力的判决、裁定损害国家利益、社会公共利益、他人合法权益的，应当一并审理。

对方当事人在再审庭审辩论终结前也提出再审请求的，应一并审理和裁判。当事人再审请求超出原审诉讼请求的，不予审理；构成另案诉讼的，应告知当事人可以提起新的诉讼。

发回重审的案件，当事人申请变更、增加诉讼请求或者提出反诉，符合下列情形之一，法院应当准许（《解释》第252条）：（1）原审未合法传唤缺席判决，影响当事人行使诉讼权利的；（2）追加新的诉讼当事人的；（3）诉讼标的物灭失或者发生变化致使原诉讼请求无法实现的；（4）当事人申请变更、增加的诉讼请求或者提出的反诉，无法通过另诉解决的。

当事人变更其在原审中的诉讼主张、质证及辩论意见的，应说明理由并提交相应的证据，理由不成立或者证据不充分的，法院不予支持（《指令发回重审》第8条）。

4. 撤诉和终结再审程序

第一审原告在再审审理程序中申请撤回起诉，经其他当事人同意，且不损害国家利益、社会公共利益、他人合法权益的，法院可以准许。裁定准许撤诉的，应当一并撤销原判决。第一审原告在再审审理程序中撤回起诉后重复起诉的，法院不予受理。

再审审理期间，有下列情形之一的，可以裁定终结再审程序：（1）再审申请人在再审期间撤回再审请求，法院准许的；（2）再审申请人经传票传唤，无正当理由拒不到庭的，或者未经法庭许可中途退庭，按撤回再审请求处理的；（3）检察院撤回抗诉的；（4）有《解释》第402条第1～4项规定情形的。

因检察院提出抗诉裁定再审的案件，申请抗诉的当事人有上述情形，且不损害国家利益、社会公共利益或者他人合法权益的，法院应当裁定终结再审程序。

再审程序终结后，法院裁定中止执行的原生效判决自动恢复执行。

（三）再审裁判

1. 裁定撤销原审判决，驳回起诉

按照第二审程序再审的，不符合《民事诉讼法》规定的起诉条件（第119条）或者符合不予受理情形（第124条）的，应当裁定撤销第一审、

第二审判决，驳回起诉（《解释》第408条）。

2. 维持原裁判

法院经再审审理认为，原判决、裁定认定事实清楚、适用法律正确的，应予维持；原判决、裁定认定事实、适用法律虽有瑕疵，但裁判结果正确的，应当在再审判决、裁定中纠正瑕疵后予以维持（《解释》第407条）。①

3. 撤销原裁判，作出新裁判

原裁判认定事实错误或者认定事实不清、裁判适用法律错误、新证据证明原裁判确有错误的，应予改判。② 对新裁判，再审法院可以自行宣判，也可以委托原审法院或者当事人所在地法院代行宣判。

4. 裁定撤销原裁判，发回重审

裁定撤销原裁判，发回重审（上级法院应当在裁定书中阐明发回重审的具体理由）的情形主要有（《指令发回重审》第4、5条）：

（1）法院按照第二审程序审理再审案件，发现原判决认定基本事实不清的，一般应当通过庭审认定事实后依法作出判决。但原审法院未对基本事实进行审理的，可以裁定撤销原判决，发回重审。原判决认定事实错误的，上级法院不得以基本事实不清为由裁定发回重审。

（2）法院按照第二审程序审理再审案件，发现第一审法院有下列严重违反法定程序情形之一的，可以依照《民事诉讼法》第170条第1款第4项，裁定撤销原判决，发回第一审法院重审：

1）原判决遗漏必须参加诉讼的当事人的；

2）无诉讼行为能力人未经法定代理人代为诉讼，或者应当参加诉讼的当事人因不能归责于本人或其诉讼代理人的事由，未参加诉讼的（《解释》第422条）；

---

① 即使存在再审理由，如果实体审理结果表明原审判决所依据的实体事实是真实的、法律适用是正确的，也应驳回当事人的再审诉讼请求（若原审程序违法，则应在再审裁判中予以说明和纠正）。

② 《解释》第411条规定：当事人提交新的证据致使再审改判，因再审申请人或者申请检察监督当事人的过错未能在原审程序中及时举证，被申请人等当事人请求补偿其增加的交通、住宿、就餐、误工等必要费用的，法院应予支持。

3）未经合法传唤缺席判决，或者违反法律规定剥夺当事人辩论权利的；

4）审判组织的组成不合法或者依法应当回避的审判人员没有回避的；

5）原判决、裁定遗漏诉讼请求的。

五、我国再审程序阶段的改造意见

笔者认为，再审程序包含开始、续行（过程）和终结三个阶段，均有各自的任务或者内容。

（一）再审程序的开始·

再审程序的开始阶段，在德国被称为"再审之诉合法性之审查"。就当事人提起再审而言，再审程序开始阶段的主要内容有：再审原告提起再审之诉、法院受理和再审被告答辩。

在此阶段，法院审查"起诉要件"是否合法，即是否提交合法的再审诉状等。为保护当事人的再审诉权，应当给予当事人补正诉状的机会。

对法院驳回再审或者准许再审的裁定，《民事诉讼法》没有规定当事人提出异议的权利（如复议权或者上诉权），而有些国家和地区，比如《日本民事诉讼法》第 347 条规定，当事人可以提起即时抗告。笔者认为，对法院驳回再审的裁定，为维护当事人的再审诉权，并与起诉权平等相待，应当规定当事人有权提起上诉。

再审案件的诉讼标的是原审案件的诉讼标的，再审理由并非诉讼标的，所以当事人提出数个再审理由的，并不构成诉的客观合并；当事人变更再审理由的，也不构成诉的客观变更。法院合法驳回再审之后，再审当事人及检察院不得根据同一再审理由，对同一确定判决再次提起再审。

当事人提起再审之诉，并不当然阻止原确定判决的执行力。但是，法院裁定再审的，应当裁定中止执行原判决，旨在防止继续执行违法或者错误的判决，给被执行人造成损害。若执行权利人提供充足担保的，可以继续执行。

（二）再审程序的续行

再审程序的进行阶段，在德国包括"再审之诉正当性之审查"和"本案重新审理"。笔者赞同德国的做法。

1. 法院依职权审查是否具备通常的诉讼要件和再审要件（包括再审理由）

这一阶段在德国被称为"再审之诉正当性之审查"。在此阶段，法院审查是否具备通常的诉讼要件和再审要件，旨在裁定是否再审或者继续进行实体审理。如果具备通常的诉讼要件和再审要件的，法院应当裁定继续进行实体审理，直至作出再审判决；不具备通常的诉讼要件和再审要件（包括再审理由）的，法院应当裁定驳回再审，终结再审程序。

在诉讼要件方面，再审在具备通常的诉讼要件的同时，还须具备一些特殊要件，即再审要件，主要有：

（1）再审对象合法（参见上文）。

（2）再审当事人适格。再审当事人是确定判决既判力所约束的当事人以及原审言词辩论终结后的诉讼承继人。再审原告还应具有再审利益（原审遭受全部或者部分败诉的人）。对于冒用姓名诉讼的确定判决，被冒用姓名人可以通过再审程序请求撤销该判决。

原诉是必要共同诉讼的，再审程序中也是必要共同诉讼。再审程序中，再审被告也可以基于再审理由提起反诉。在大陆法系国家，比如日本还允许再审被告提起附带再审，即再审被告以再审原告主张再审理由为契机，提出对确定判决作出利己变更的申请。[①] 原审的从诉讼参加人也可以参加诉讼。

若法律明文允许检察机关可以提起或者参与民事公益诉讼的，检察机关可以再审原告身份提起再审之诉，即使不是确定判决的原告及诉讼承继人也可以提起抗诉以启动再审。

（3）具备再审理由。即确定判决存在重大的程序违法或者实体错误。至于重大的实体错误或者实体违法，往往导致当事人一方败诉，即该方当事人具有再审之诉的利益。对于确定判决获得全部胜诉的当事人，不具有提起再审之诉的利益。有关再审之诉的利益，其情形和判断标准与上诉利益的基本相同。

（4）符合法定期间。启动再审的期间不能太短亦不能过长，否则不利

---

① 参见［日］新堂幸司：《新民事诉讼法》，林剑锋译，673 页，北京，法律出版社，2008。

于当事人寻求再审救济，也不利于诉讼和判决的安定。至于提起再审之诉的期间，可以采用《民事诉讼法》第205条的规定，不一定非得采取别的国家的规定①；同时，《民事诉讼法》对法院和检察院启动再审的期间应当作出规定，可以与当事人提起再审的期间相同。

（5）管辖合法。与《民事诉讼法》第199条的规定不同，诸多国家和地区法律规定，再审案件由原审法院专属管辖。从法理上说，再审是原诉的再次审判，理当由原审法院管辖。由原审法院管辖再审案件，实际上能够方便当事人诉讼和方便法院审判。若由上一级法院受理和审判，将会使大量再审案件涌向高级法院和最高法院。为消除当事人对原审法院的不信任感，原审法院作为再审法院时必须另行组成审判庭，或者上级法院指定与原审法院同级的其他法院审判。

对通常的诉讼要件和再审要件（包括再审理由），多数学者主张采取"自由证明"和"释明"。笔者认为，若法官可能裁定"驳回再审"的，则应采"严格证明"和"完全证明"，因为法院认为不具备诉讼要件或者再审要件则应裁定驳回再审之诉，所以如果采用不怎么慎重的自由证明和证明标准不怎么高的释明，就可能导致当事人不能获得再审程序救济。若法官准许"继续审理"的，基于诉讼快捷的考虑，只需自由证明和释明即可。

若当事人、抗诉人提出的再审理由，既包括程序违法的，又包括实体错误的，通常是先审查是否存在程序违法。当然，没有按此审查也不违法。

笔者认为，对法院驳回再审或者准许再审的裁定，当事人不服的，应当有权提起上诉。对法院驳回再审的裁定，当事人及检察院可以遵照再审要件，根据另外的再审理由，对同一确定判决再次提起再审。

2. 对本案进行实体审理（本案审判）

这一阶段在德国被称为"本案重新审理"。此阶段主要审理再审原告

---

① 德国、日本民事诉讼法规定，当事人应当在得知再审事由之日起1个月提起再审，但判决确定后经过5年的则不得提起再审之诉。其合理的例外，比如在日本，欠缺诉讼代理权、申请不服的判决与以前的确定判决相抵触的，即使判决确定后超过5年，当事人在知道或者应当知道该再审理由后30日内仍然可以提起再审之诉。

胜诉的实体要件。如果法院认为具备再审要件（包括再审理由）的，应当对本案进行实体审理，直至作出本案判决等。在本案审判阶段，对案件实体事实的证明必须采用"严格证明"和"完全证明"。

应当注意，再审是原诉或者原案的继续，再审的实体辩论是此前原诉的辩论的延续，所以，当事人可以提出新的事实和证据，特别是原案言词辩论终结后产生的事实和证据；不仅如此，原案合法的诉讼程序和诉讼行为（比如当事人诉讼上自认等）的效力延续到再审程序。

再审的案件若是初审审结的，再审则适用初审普通程序（不得适用简易程序）并作出裁判，对此裁判当事人不服的可以上诉；再审的案件若是第二审审结的，或者最高人民法院或者上级法院提审的，再审则按第二审程序审理并作出裁判，对此裁判当事人不得上诉。

（三）再审程序的终结

1. 非判决终结。其主要情形如下：

（1）若法院认为不具备再审之诉的提起要件（实为起诉要件），则裁定驳回再审之诉。

（2）若法院认为不具备再审要件（包括再审理由）的，则裁定驳回再审之诉。

（3）当事人合法申请撤诉或者按撤诉处理的、检察院合法撤回抗诉的，法院裁定同意撤诉，终结再审程序，恢复原判决的执行。

（4）诉讼中，当事人自愿达成和解协议，当事人申请法院出具调解书且能够确定申请再审事由成立的，法院应当裁定再审并制作调解书。

（5）诉讼中，由于某种法定事由的出现，使诉讼继续进行已无必要或者不可能时，法院裁定结束再审程序。

2. 判决终结。其主要情形如下：

（1）即使存在再审理由，如果审理结果表明：确定判决所依据的实体事实真实、法律适用正确的，则应驳回当事人再审诉讼请求。

（2）经过法庭审理，法院认为，确定判决的实体事实是虚假的或者法律适用是错误的，应当作出新判决，撤销确定判决。

再审应当遵行当事人处分原则，即法院应在当事人声明不服的范围内作出判决。但是，对于民事公益案件则排除当事人处分原则的适用，而采用职权干预主义。

至于判决既判力标准时或者基准时问题，通常为本案最后辩论终结之时[①]，但是，再审判决维持原审判决的，则本案既判力的基准时应当推延到再审判决的基准时。[②]

再审法院废弃原审判决所作出的变更判决，其法律效力溯及既往。如果第三人因信赖原审判决而善意取得权利的，再审判决的溯及力可能对该第三人不利。对此，我国台湾地区"民事诉讼法"第506条规定，再审之诉之判决，于第三人以善意取得之权利无影响。[③]

至于再审判决的既判力问题，经过实体审理，维持原审判决的再审判决或者变更原审判决的再审判决确定后，当事人及检察院不可以对原审判决以另外再审理由再行提起再审。

第二节　异议之诉

民事诉讼中，异议之诉包括当事人异议之诉和第三人异议之诉，请求变更或者撤销的法律文书包括具有既判力的法院判决、仲裁裁决、调解书和其他文书或者事项，其中有些属于确定判决既判力的法定例外。

当事人提起再审之诉也可被纳入当事人异议之诉的范畴，我国现行法也将某些第三人异议之诉按照再审程序处理（参见下文），但是为满足异议之诉和再审概念及制度的明确化要求，不宜将再审之诉包含于异议之诉之中。

当事人和第三人提起异议之诉的直接目的是撤销或者变更具有既判力的法院确定判决和其他法律文书，因此当事人和第三人有权提起哪些异

---

①　这是因为判决所判定的是本案最后辩论终结时的实体法律问题，在本案最后辩论终结之后发生的实体争议，由于没有经过当事人的起诉和正当程序的审判，所以不应受既判力的拘束。通过既判力标准时，明确何时所审判的实体权利义务对后诉有既判力。

②　参见［日］新堂幸司：《新民事诉讼法》，林剑锋译，673页，北京，法律出版社，2008。

③　对此，有学者认为，善意取得的权利受民事实体法上的即时取得制度的保护，在民事诉讼法中没有再规定的必要。参见陈计男：《程序法之研究（二）》，127～128页，台北，三民书局，1995。

议之诉须遵行法律明定原则，并且有关异议之诉的理由应当是严格、确实和充分的。

当事人和第三人提起异议之诉的最终目的是维护实体权益，是通过撤销或者变更具有既判力的法院确定判决和其他法律文书来维护实体权益，异议之诉的实体理由应当是导致原确定判决或者原其他法律文书对当事人或者第三人在实体权益方面显著不公，并且不属于上诉理由和再审理由，当事人和第三人无法适用上诉程序和再审程序获得救济，所以另设异议之诉给予当事人和第三人获得诉讼救济的途径。

一、当事人异议之诉

当事人异议之诉包括：原告后发性请求之诉、撤销除权判决之诉、撤销仲裁裁决书之诉、撤销仲裁调解书之诉、撤销法院调解书之诉、当事人执行异议之诉等。

（一）原告后发性请求之诉

从比较法上看，当事人对法院确定判决提起异议之诉的理由只是在本案最后言词辩论终结后（即既判力基准时后）或者本案判决确定后，因客观原因或者其他正当理由的发生，致使原确定判决在实体上对当事人显著不公时，原案当事人无法通过上诉程序和再审程序获得救济，所以诸多国家和地区民事诉讼法中规定了原案当事人可以对原确定判决提起异议之诉，就后发性实体请求再行起诉。

根据《德国民事诉讼法》第 323 条的规定，在判令履行将来到期的定期给付时，如果作为判令履行的标准的法律关系、作为决定给付最高限额的标准的法律关系，以及作为支付期限的标准的法律关系发生变化，当事人各方都有权以诉请求对原判决为适当的变更；只有在言词辩论终结后，才发生了要请求变更判决的诉所根据的原因，在言词辩论中不能主张异议时，才能提起请求变更判决之诉。

日本于 1996 年修正《民事诉讼法》时，其第 117 条规定了如下内容：对在口头辩论终结之前发生的损害，已作出了定期赔偿金额的确定判决，如在口头辩论终结之后，作为确定损害金额之基础的后遗症状程度、工资水平及其他情况产生显著变化时（由原告承担证明责任），可以提起请求变更该判决之诉（由初审法院专属管辖），但是请求变更该判决之诉仅限于提起该诉之日以后的定期支付金额的部分。此条适用于定期赔偿金额的情形，而在一次性赔偿的情形中对受害人可能产生不公平。①

我国台湾地区 2003 年在"民事诉讼法"中新增了第 397 条，该条规定："确定判决之内容如尚未实现，而因言词辩论终结后之情事变更，依其情形显失公平者，当事人得更行起诉，请求变更原判决之给付或者其他原有效果。但以不得依其他法定程序请求救济者为限。前项规定，于和解、调解或者其他与确定判决有同一效力者准用之。"其中"情事变更"按照民事实体法来确定，例如天灾、战争、经济不景气等原因发生物价高涨或者货币大贬值，此类情事变更均不可归责于当事人。按照此条规定，"情事变更"须在事实审言词辩论终结后发生，并且造成当事人间显失公平，致使原确定判决的内容无法实现，才能提起请求变更判决之诉。

我国台湾地区学者普遍认为，2003 年在"民事诉讼法"中新增第 397 条的规定，赋予当事人"事后程序权利保障"的范围，更全面地给予当事人以程序保障。笔者认为，上述规定值得我们借鉴。笔者还认为，"情事变更"构成了新的案件事实，若发生在事实审言词辩论终结前，则可以通过"诉的变更"处理；若在事实审言词辩论终结后发生的，则可通过"异议之诉"来撤销或者变更确定判决。

对于本案最后言词辩论终结后（既判力基准时后）或者本案判决确定后，因客观原因或者其他正当理由的发生，致使原确定判决在实体上对当事人显著不公时，虽然最高人民法院的司法解释允许原当事人可以对后发性实体请求另行起诉，但是在立法上并没有如上述国家和地区那样作出相应规定。我国现行司法解释将当事人就后发性请求提起的诉讼，作为"新案"对待。对此，笔者认为，我国应当采用法律明定原则，可以参考其他国家和地区的做法，由民事诉讼法典或者其他适宜的法律作出明文规定。

《解释》第 248 条规定："裁判发生法律效力后，发生新的事实，当事人再次提起诉讼的，人民法院应当依法受理。"第 218 条规定："赡养费、

① 参见［日］新堂幸司：《新民事诉讼法》，林剑锋译，482 页，北京，法律出版社，2008。

扶养费、抚育费案件，裁判发生法律效力后，因新情况、新理由，一方当事人再行起诉要求增加或者减少费用的，人民法院应作为新案受理。"

《最高人民法院关于审理人身损害赔偿案件适用法律若干问题的解释》（法释〔2003〕20号）第17条规定，继续治疗实际发生的必要的后续治疗费，赔偿义务人也应当予以赔偿。其第19条第2款规定："医疗费的赔偿数额，按照第一审法庭辩论终结前实际发生的数额确定。器官功能恢复训练所必要的康复费、适当的整容费以及其他后续治疗费，赔偿权利人可以待实际发生后另行起诉。但根据医疗证明或者鉴定结论确定必然发生的费用，可以与已经发生的医疗费一并予以赔偿。"

在发生后发性请求的情形下，其问题的状况与部分请求是不同的，因为在最初提起的诉讼中，受害人（原告）并没有"还存在着剩余部分请求"这样的意识，而且就后发性后遗症的概念而言，正是因为受害人当初不知道后发性损害存在才被称为后发性后遗症。两者在起诉时的主观状态是不同的，因此，在处理方法上也应该不同。①

在后发性请求或者后发性损害后果的情形中，引发后发性请求的事实理由或者后发性损害后果是在本案最后言词辩论终结后或者本案判决确定后发生的，很多情况中原告或者受害人不能或者难以预料到后发性请求或者后发性损害后果是否发生，所以对于后发性请求，无须如部分请求那样考虑原告或者受害人是否有处分实体权益的意思，而允许原告再行起诉。申言之，应当根据民事诉讼目的，而不能教条地采用识别诉的一般方法来适用既判力或者一事不再理，允许原告或者受害人对后发性请求再行起诉，以获得充分救济。

上述规定的事由（"新情况、新理由"；"器官功能恢复训练所必要的康复费、适当的整容费以及其他后续治疗费"；"情事变更"；"作为判令履行的标准的法律关系、作为决定给付最高限额的标准的法律关系，以及作为支付期限的标准的法律关系发生变化"；"作为确定损害金额之基础的后遗症状程度、工资水平及其他情况产生显著变化时"等），不属于原确定

---

① 参见［日］高桥宏志：《民事诉讼法》，林剑锋译，97~98页，北京，法律出版社，2003。

判决存在重大程序违法或者实体错误（再审理由）的范畴，所以当事人以上述规定事由提起的异议之诉不属于再审的范畴。

（二）撤销除权判决之诉

通常情况下，非讼裁判没有既判力，不过法律也赋予某些非讼裁判以既判力，比如除权判决、支付令等。除了除权判决之外，对于其他非讼裁判，《民事诉讼法》（第186、190、193条）和《解释》（第374条第1款）① 等规定了相应的救济程序或者纠正途径。

除权判决是指无人申报权利或者申报被驳回的，根据公示催告申请人的申请，法院作出该票据或者其他事项不再具有法律效力的判决。除权判决属于非讼裁判，法院作出除权判决未经法庭辩论并采自由证明。公示催告申请人申请法院作出除权判决的要件之一是申报票据权利期间或者除权判决作出前无人申报权利或者申报被法院确认无效的。据此，推定公示催告申请人为该票据等的合法持有人，法院以除权判决宣告该票据无效，于是不明利害关系人失去该票据权利，而公示催告申请人拥有该票据权利。

除权判决自公告之日起还能产生如下确定力：（1）形式确定力，即对除权判决不得提起上诉（一审终审）；（2）实质确定力（既判力），即对除权判决所确定的票据权利不得再行起诉，并且对除权判决也不得提起再审。

在我国，对于除权判决不得提起上诉和申请再审，利害关系人若因除权判决而受有不利益的，只能通过提起撤销除权判决之诉来保护自己的合法权益。因此，撤销除权判决之诉，是指丧失票据的利害关系人根据正当理由请求法院撤销除权判决的诉讼，属于当事人异议之诉的范畴。

提起撤销除权判决之诉启动的是公示催告程序以外的程序，即普通程序（属争讼程序）。除权判决属于非讼判决，其撤销理由与再审理由不同，所以不能通过再审程序来撤销。立法上对撤销除权判决之诉规定了专门

---

① 此款规定："适用特别程序作出的判决、裁定，当事人、利害关系人认为有错误的，可以向作出该判决、裁定的人民法院提出异议。人民法院经审查，异议成立或者部分成立的，作出新的判决、裁定撤销或者改变原判决、裁定；异议不成立的，裁定驳回。"

程序。

《民事诉讼法》第 223 条规定:"利害关系人因正当理由不能在判决前向人民法院申报的,自知道或者应当知道判决公告之日起一年内,可以向作出判决的人民法院起诉。"

利害关系人(实际持票人)撤销除权判决之诉既要具备一般起诉要件和通常诉讼要件,又要具备下列特殊要件:

(1)当事人须适格。撤销除权判决之诉中,原告是利害关系人(实际持票人),被告是除权判决的申请人(即票据等的最后持有人或者公示催告申请人)。

(2)须在知道或者应当知道除权判决公告之日起 1 年内,提起撤销之诉。

(3)须向作出除权判决的法院提起。

(4)利害关系人须因正当理由不能在除权判决作出前向法院申报权利。撤销除权判决之诉的理由与再审的理由不同,即因正当理由不能在除权判决作出前向法院申报票据权利的,比如因发生意外事件或者不可抗力致使利害关系人无法知道公告事实;利害关系人因被限制人身自由而无法知道公告事实,或者虽然知道公告事实,但无法自己或者委托他人代为申报权利;不属于法定申请公示催告的情形;未予公告或者未按法定方式公告;其他导致利害关系人在判决作出前未能向法院申报权利的客观事由。

法院受理利害关系人的起诉后,应另行组成合议庭,适用普通程序(即争讼程序)处理。经过法庭辩论后,法院认为有理由的,应当作出撤销除权判决的判决。此判决的内容应当公告,公告的方式同于对除权判决的公告。自撤销除权判决的判决公告之日起,宣告无效的票据回复原效力,利害关系人恢复对该票据的权利,支付人有权请求除权判决的申请人返还已向其支付的款项。

(三)撤销仲裁裁决书或者仲裁调解书之诉与撤销法院调解书之诉

1. 撤销通常仲裁裁决书和仲裁调解书之诉

在我国,对于违背仲裁程序或者实体规范所作出的仲裁裁决,当事人现有的救济途径有:向法院申请撤销仲裁裁决或者裁定不予执行。事实上,申请撤销仲裁裁决和申请裁定不予执行的法定理由基本一致。

当事人应当自收到裁决书之日起 6 个月内，依据《仲裁法》第 58 条的规定，可以向仲裁委员会所在地的中级法院申请撤销仲裁裁决。法院受理撤销裁决的申请后，认为可以由仲裁庭重新仲裁的，通知仲裁庭在一定期限内重新仲裁，并裁定中止撤销程序。仲裁庭拒绝重新仲裁的，法院应当裁定恢复撤销程序。

执行中，当事人可以根据《仲裁法》第 63 条和第 71 条、《民事诉讼法》第 237 条和第 274 条、《最高人民法院关于适用〈中华人民共和国仲裁法〉若干问题的解释》（法释〔2006〕7 号）第 29 条的规定，向被执行人住所地或者被执行的财产所在地的中级法院申请裁定不予执行。

一方当事人申请执行裁决，另一方当事人申请撤销裁决的，法院应当裁定中止执行。法院裁定撤销裁决的，应当裁定终结执行。撤销裁决的申请被裁定驳回的，法院应当裁定恢复执行。

仲裁裁决被法院撤销的或者裁定不予执行的，则当事人之间的原纠纷仍未得到解决，所以我国法律规定，当事人可以根据双方达成的书面仲裁协议重新申请仲裁，也可以向人民法院起诉。此外，笔者认为，当事人也可通过和解、调解来解决原纠纷。

《民事诉讼法》第 237 条和《仲裁法》第 9 条规定，法院对仲裁裁决裁定不予执行后，当事人可就原纠纷申请仲裁或者提起诉讼。法院以裁定不予执行的方式处理仲裁裁决的效力，是不合理的。不予执行裁定的法律效力仅是终结执行程序，并未直接撤销仲裁裁决，不具有撤销仲裁裁决的资格和效力。

笔者认为，当事人对于仲裁裁决的救济途径应当是提起撤销仲裁裁决之诉。基于对仲裁性质和功能的尊重，法院应当通过比较慎重的法定程序来处理仲裁裁决的效力问题；同时，基于当事人程序保障原理，法律应依争讼程序解决双方当事人对仲裁裁决效力的争议。

至于通常仲裁调解书，我国现行《仲裁法》没有规定纠正的程序。对此，笔者认为，既然《仲裁法》赋予仲裁调解书与仲裁裁决书同等的法律效力，就可以比照仲裁裁决书的相关规定和法理来处理。

对于仲裁调解书违反调解基本原则的，我国现行法律并未规定纠正的程序。笔者认为，既然《仲裁法》赋予调解书与裁决书同等法律效力，就可比照仲裁裁决的有关规定处理。

2. 撤销劳动仲裁裁决书和调解书之诉

我国《劳动争议调解仲裁法》第 47 条规定的劳动争议①采取一裁终局制，即此类劳动仲裁裁决为终局裁决。对此类劳动仲裁裁决，劳动者不服的，可以自收到仲裁裁决书之日起 15 日内向法院提起诉讼（第 48 条）。此条规定旨在赋予劳动者以诉权，更周全地维护其合法权益。法院可以撤销或者变更劳动仲裁裁决，对原劳动争议事项作出判决。

用人单位有证据证明《劳动争议调解仲裁法》第 47 条规定的仲裁裁决有下列情形之一的②，可以自收到仲裁裁决书之日起 30 日内向劳动争议仲裁委员会所在地的中级法院申请撤销裁决。对此类劳动仲裁裁决，法院只能撤销而不能变更，旨在维护第 47 条规定的一裁终局制。因此，该法第 49 条规定，仲裁裁决被法院裁定撤销的，当事人可以自收到裁定书之日起 15 日内就该劳动争议事项提起诉讼。③

《劳动争议调解仲裁法》第 50 条规定的是"一裁两审"④，即当事人对本法第 47 条规定以外的其他劳动争议案件的仲裁裁决不服的，可以自收到仲裁裁决书之日起 15 日内向法院提起诉讼；期满不起诉的，裁决书发生法律效力。

根据我国《劳动争议调解仲裁法》第 42 条和第 51 条的规定，仲裁庭

---

① 下列劳动争议，除本法另有规定的外，仲裁裁决为终局裁决，裁决书自作出之日起发生法律效力：追索劳动报酬、工伤医疗费、经济补偿或者赔偿金，不超过当地月最低工资标准 12 个月金额的争议；因执行国家的劳动标准在工作时间、休息休假、社会保险等方面发生的争议。《最高人民法院关于审理劳动争议案件适用法律若干问题的解释（三）》（法释〔2010〕12 号）第 14 条规定：劳动人事争议仲裁委员会作出的同一仲裁裁决同时包含终局裁决事项和非终局裁决事项，当事人不服该仲裁裁决向人民法院提起诉讼的，应当按照非终局裁决处理。

② 适用法律、法规确有错误的；劳动争议仲裁委员会无管辖权的；违反法定程序的；裁决所根据的证据是伪造的；对方当事人隐瞒了足以影响公正裁决的证据的；仲裁员在仲裁该案时有索贿受贿、徇私舞弊、枉法裁决行为的。

③ 《最高人民法院关于审理劳动争议案件适用法律若干问题的解释（三）》（法释〔2010〕12 号）第 16 条规定，中级法院作出的驳回申请或者撤销仲裁裁决的裁定为终审裁定。

④ "强制仲裁"由于缺少当事人仲裁协议，即不是双方当事人自愿选择适用而是法律规定必须适用的，所以其裁决往往缺少终局性，即当事人不服裁决的可以提起诉讼。强制仲裁仅限于适用的强制，并非指当事人必须接受处理的结果，也不意味着剥夺当事人的诉权。

制作的调解书经双方当事人签收后，发生法律效力（包括既判力、执行力等）。但是，对生效的劳动仲裁调解书，法律没有规定纠正的程序。笔者建议，当事人有权提起"撤销劳动仲裁调解书之诉"。

3. 撤销农村土地承包经营纠纷仲裁裁决书和调解书之诉

农村土地承包经营纠纷仲裁与前述的劳动争议仲裁均属特殊仲裁，立法规定无须以当事人仲裁协议为仲裁的基础①，不过这类仲裁裁决通常不具有终局性，即当事人对仲裁裁决不服的，可以提起诉讼。因此，我国《农村土地承包经营纠纷调解仲裁法》第48条规定，当事人不服仲裁裁决的，可以自收到裁决书之日起30日内向法院起诉；逾期不起诉的，裁决书即发生法律效力。

仲裁庭制作的调解书经双方当事人签收后，即发生法律效力（包括既判力、执行力等）。但是，对生效的农村土地承包经营纠纷仲裁调解书，法律没有规定纠正的程序。笔者建议，当事人有权提起"撤销农村土地承包经营纠纷仲裁调解书之诉"。

4. 撤销法院调解书之诉

对法院确定调解书，《民事诉讼法》（第198、201、208条）规定通过再审程序予以纠正，实际上是按照争讼程序来处理。

法院调解书与仲裁调解书、仲裁裁决书的纠正或者救济原理是相通的；并且，民事诉讼再审的诉讼逻辑前提是民事争讼案件经过初审或者上诉审，其判决已经确定，但是，民事诉讼中的"法院调解"，实质上还是"调解"并非"诉讼"，两者是不同的纠纷解决机制、遵循各自法理，法院调解书是按照调解程序而非审级程序作出的，不具备"再审"的诉讼逻辑前提。因此，笔者认为，应当是按照"诉"和"争讼程序"来予以纠正或者获得救济。

（四）当事人执行异议之诉

执行异议之诉是以"诉"和"争讼程序"审判执行中产生的实体争

---

① 我国《农村土地承包经营纠纷调解仲裁法》（2009年）第4条规定："当事人和解、调解不成或者不愿和解、调解的，可以向农村土地承包仲裁委员会申请仲裁，也可以直接向人民法院起诉。"

议，属于实体救济的范畴。《民事诉讼法》和《解释》（第 304～316 条）
等所规定的执行异议之诉，主要包括：案外人（第三人）执行异议之诉、
债权人（申请执行人）执行异议之诉（许可执行之诉）、对参与分配方案
的异议之诉等。《最高人民法院关于民事执行中变更、追加当事人若干问
题的规定》（法释〔2016〕21 号）还规定有执行当事人的变更和追加中的
执行异议之诉等。国外还包括债务人执行异议之诉（我国现在是参照"执
行异议"来处理）等。

1. 债权人执行异议之诉（许可执行之诉）

债权人执行异议之诉，除符合《民事诉讼法》第 119 条外，还应当具备
下列特殊条件：(1) 法院同意案外人执行异议并裁定中止执行①；(2) 有明
确的对执行标的继续执行的诉讼请求，且诉讼请求与原判决、裁定无关；
(3) 自执行异议裁定送达之日起 15 日内提起；(4) 由执行法院管辖。

债权人对中止执行裁定未提起执行异议之诉，债务人提起执行异议之
诉的，法院告知其另行起诉。法院对执行标的裁定中止执行后，债权人在
法律规定的期间内未提起执行异议之诉的，法院应当自起诉期限届满之日
起 7 日内解除对该执行标的采取的执行措施。

债权人提起执行异议之诉的，以案外人为被告。债务人反对债权人主
张的，以案外人和债务人为共同被告；不反对债权人主张的，可以列债务
人为第三人。

法院应当在收到起诉状之日起 15 日内决定是否立案。法院审理执行
异议之诉案件，适用普通程序。经审理，法院认定案外人对执行标的不享
有足以排除执行的民事权益的，判决准许执行该执行标的，执行异议裁定

---

① 根据《民事诉讼法》第 227 条，"案外人异议"（案外人排除执行的异议）是指执行
中，当事人以外的案外人（第三人）认为对执行标的之全部或者一部享有民事权益，向执行
法院提出不应执行的异议（即排除执行）。异议理由是案外人对执行标的之全部或者一部拥有
民事权益而足以排除对执行标的之执行，大体有两类：(1) 原判决、裁定违法地将案外人财
产作为债务人财产；(2) 执行法院采取执行措施，则案外人不得实现对执行标的之所有权、
承包经营权、建设用地使用权、宅基地使用权、地上权、质权、抵押权或者留置权等权利。
执行法院审查认为，案外人对执行标的不享有足以排除执行的权益的，裁定驳回其异议；案
外人对执行标的享有足以排除执行的权益的，裁定中止执行。案外人对驳回异议的裁定不服，
若认为原判决、裁定错误的则适用再审程序，若与原判决、裁定无关的则可以提起执行异议
之诉。

失效，执行法院可以根据债权人的申请或者依职权恢复执行；案外人对执行标的享有足以排除执行的民事权益的，判决驳回诉讼请求。

2. 债务人执行异议之诉

在执行程序中，债务人对法院判决所确定的债权债务存有争议，请求执行法院解决该争议。债务人执行异议之诉是以排除执行依据执行力的方式，即主张有足以排除执行的原因而请求不予执行或者撤销已执行部分，来维护自己的实体权益。债务人异议之诉是债务人对债权人提起的诉，所以其原告应是债务人，被告应是债权人。

债务人执行异议之诉不属于判决既判力法定例外的范畴。执行过程中，债务人异议之诉的实体事由并非确定判决存有违法或者错误，而是存在消灭、阻却或者妨碍"执行债权"的事由（属抗辩事实），比如债务人已清偿了执行债权、执行债权的解除条件成就、债务人有解除权或者同时履行抗辩权、执行债权的消灭时效届至、债务人对执行标的物有留置权、执行债权不合法等①；并且，这些异议事由通常发生在判决确定之后②，因为若判决确定前存在异议事由的，则债务人在诉讼中可通过抗辩、上诉等获得救济，这些异议事由又不属于再审理由而无法通过再审程序解决。

债务人或者第三人执行异议之诉旨在排除执行以维护自己的实体权

---

① 存在前述债务人异议之诉的实体事由的，我国现在是参照"执行异议"来处理。根据《民事诉讼法》第225条，"执行异议"是指当事人、利害关系人认为法院的执行行为违反法律规定的，在执行程序结束前，请求执行法院变更或者撤销该违法行为，并作出相应的合法行为。对此，最高人民法院颁行了《关于人民法院办理执行异议和复议案件若干问题的规定》（法释〔2015〕10号）。

执行异议的理由是法院的执行行为违反法律规定，比如违反有关申请执行条件、执行期间、执行管辖、公告、终结执行、不予执行、执行依据的范围、执行标的有限性、执行措施（如违法查封和违法限制出境等）、搜查、制作或者送达执行文书等程序规范。

债务人或者被执行人以债权消灭、丧失强制执行效力等执行依据生效之后的实体事由提出排除执行异议的，法院参照《民事诉讼法》第225条进行审查。债务人以执行依据生效之前的实体事由提出排除执行异议的，法院应当告知其依法申请再审或者通过其他程序解决。

若债务人按照我国《合同法》第99条或者第100条的规定对债权人享有抵销权，却未在审判程序中主张的，在执行程序中可否主张或者提出异议之诉？对此，有肯定说和否定说〔参见刘学在：《诉讼中的抵销（下）》，载《法学评论》，2003（4）〕。事实上，债务人享有对债权人的债权，即使符合我国《合同法》第99条或者第100条的规定而没有在审判程序中主张抵销的，也有权单独提起诉讼，若作为债务人执行异议之诉对待也未尝不可。

② 但是，第三人异议之诉的实体事由，在时间上无此限制。

益，所以异议之诉应当向作出确定判决的法院或者执行法院提出，并且应当在执行程序全部结束前提起，方可达到目的。债务人或者第三人是否应在执行开始后，才可提起异议之诉呢？笔者赞同如下看法：在执行名义确定后，就可提起，无须待到执行开始之后①，即债务人在判决确定后就可提起异议之诉而无须待到执行开始之后，执行程序开始之后自然转化为执行异议之诉。

为维护债权人的合法权益，债务人和第三人提起异议之诉之后，原则上不停止执行。然而，法院认为必要的，或者债务人和第三人提供相当担保的，可裁定中止执行。异议之诉因不合法或者无理由而被驳回的，执行程序应继续进行。

当事人对异议之诉的判决，可以提起上诉。异议之诉有理由的判决确定后，应停止执行并撤销或者变更已为的执行。若已为的执行程序已经终结，债务人和第三人则需提起返还不当得利之诉或者损害赔偿之诉以获得另外执行名义，然后请求法院恢复到执行前原状。

就法定事由来看，债务人提起异议之诉的执行名义并无违法或者错误之处，所以无须撤销原执行名义；第三人提起异议之诉的执行名义确有违法或者错误之处的，则应当撤销或者变更原执行名义。

3. 当事人参与分配异议之诉和参与分配方案异议之诉

（1）当事人参与分配异议之诉

对于参与分配异议之诉，我国法律没作规定。若法院准许无执行名义和未起诉的债权人参与分配的申请，对此申请，债务人或者已参加执行的债权人有权提出异议；对此异议，参与分配的申请人应当提出异议之诉，否则不得参与分配。

对参与分配的申请，债务人或者已参加执行的债权人提出异议，事实上是对参与分配申请人的债权有异议，对此异议，若参与分配申请人认为无理由，由于没有执行名义或者没有起诉，参与分配申请人债权尚未得到有效确定，所以参与分配申请人负有以诉讼方式确定其债权合法有效的责任。

---

① 参见陈荣宗：《强制执行法》，5版，163～164页，台北，三民书局，1995。

对于参与分配异议之诉，除了必须具备通常的起诉要件和诉讼要件之外，还得具备一些特殊要件，主要有：

1）作为原告的申请人须是没有执行名义或者没有起诉的债权人。

2）申请人须以异议人为被告。若债务人和已参加执行的债权人均提出了异议，则为共同被告。

3）申请人须在规定期间内提起异议之诉。

4）应向执行法院提起。

申请人提起异议之诉，并向执行机构证明已合法起诉的，执行机构应当准许其参与分配。不过，对其分配数额应予提存。

申请人胜诉判决确定的，将该提存的分配数额交付申请人；申请人败诉判决确定的，应视情况将提存的分配数额交还债务人或者再次分配。

（2）参与分配方案异议之诉

法院认为参与分配方案异议符合条件的，应当通知未提出异议的债权人、债务人。未提出异议的债权人、债务人收到通知之日起 15 日内提出反对意见的，应当通知异议人可以向执行法院提起分配方案异议之诉。

分配方案异议之诉处理的是实体争议，主要是对分配方案中债权的分配数额或者次序等，参与分配方案异议人与未提出异议的债权人或者债务人存在争议，应当通过诉的程序（争讼审判程序）解决。因执行法院是根据执行依据制作财产分配方案的，所以对分配方案所载债权是否合法的争议，应当通过纠正执行依据的法定方式解决（比如适用再审程序纠正法院判决等），而不得提起分配方案异议之诉。至于分配方案所载债权是否消灭等，债务人参照《民事诉讼法》第 225 条提出排除执行异议。

分配方案异议之诉的原告是分配方案异议人（债权人或者债务人），被告是未提出异议却反对异议的债权人或者债务人。债权人和债务人都反对异议的，不论反对的事由是否同一，因对分配数额或者分配次序应当作出一致判决，所以均应列为共同被告。没有提出异议又没有反对异议的债权人或者债务人，可以自己申请参加诉讼或者法院通知参加诉讼，宜列为从诉讼参加第三人。

为促进执行程序，分配方案异议之诉应于合适期间内提起，我国实务要求异议人自收到通知之日起 15 日内可以提起分配方案异议之诉。逾期未提起诉讼的，法院按照原分配方案进行分配。诉讼期间进行分配的，执行法院应当提存与争议债权数额相应的款项。

法院经过审理，原告之诉没有真实的事实根据和实体法律根据的，判决驳回诉讼请求，并按照原分配方案进行分配。原告之诉具备真实的事实根据和实体法律根据的，判决更正原分配方案中债权的分配数额或者分配次序，据此进行分配。

4. 执行当事人的变更和追加中的执行异议之诉

依据《最高人民法院关于民事执行中变更、追加当事人若干问题的规定》（法释〔2016〕21号），有限合伙企业的财产不足以清偿执行依据确定的债务，变更、追加未按期足额缴纳出资的有限合伙人为被执行人，在未足额缴纳出资的范围内承担责任（第14条第2款）；

企业法人的财产不足以清偿执行依据确定的债务，变更、追加未缴纳或者未足额缴纳出资的股东、出资人或者依公司法规定对该出资承担连带责任的发起人为被执行人，在尚未缴纳出资的范围内依法承担责任（第17条）；

企业法人的财产不足以清偿执行依据确定的债务，变更、追加抽逃出资的股东、出资人为被执行人，在抽逃出资的范围内承担责任（第18条）；

公司的财产不足以清偿执行依据确定的债务，其股东未依法履行出资义务即转让股权，变更、追加该原股东或者依公司法规定对该出资承担连带责任的发起人为被执行人，在未依法出资的范围内承担责任（第19条）；

一人有限责任公司的财产不足以清偿执行依据确定的债务，股东不能证明公司财产独立于自己的财产，变更、追加该股东为被执行人，对公司债务承担连带责任（第20条）；

公司未经清算即办理注销登记，导致公司无法进行清算，变更、追加有限责任公司的股东、股份有限公司的董事和控股股东为被执行人，对公司债务承担连带清偿责任（第21条）；

被申请人或者申请人对执行法院依据本规定第14条第2款、第17～21条规定作出的变更、追加裁定或者驳回申请裁定不服的，可以自裁定书送达之日起15日内，向执行法院提起执行异议之诉；被申请人提起执行异议之诉的，以申请人为被告；申请人提起执行异议之诉的，以被申请人为被告（第32条）。

被申请人提起的执行异议之诉，法院经审理，按照下列情形分别处理：（1）理由成立的，判决不得变更、追加被申请人为被执行人或者判决变更责任范围；（2）理由不成立的，判决驳回诉讼请求。

诉讼期间，法院不得对被申请人争议范围内的财产进行处分。申请人请求法院继续执行并提供相应担保的，法院可以准许。

申请人提起的执行异议之诉，法院经审理，按照下列情形分别处理：（1）理由成立的，判决变更、追加被申请人为被执行人并承担相应责任或者判决变更责任范围；（2）理由不成立的，判决驳回诉讼请求。

二、第三人权益保护与第三人异议之诉

笔者认为，在民事法领域，对第三人合法权益的保护应当建构起体系化的法律制度，即他人提起本诉（或者申请仲裁）之前、本诉程序进行中、本诉判决确定后或者执行过程中、本诉判决执行完后，第三人均有权通过诉讼获得救济。下文对此作出阐释。

当然，本诉程序进行中、本诉判决确定后或者执行过程中，第三人所提之诉才属于第三人异议之诉（包括撤销之诉和变更之诉）的范畴。第三人非本诉当事人，无资格对本诉判决提起上诉或者申请再审，若第三人没有在本诉程序中提起参加之诉，则在本诉判决确定后可以提起异议之诉（狭义第三人异议之诉）、在强制执行中提起执行异议之诉（第三人执行异议之诉）。[1]

（一）在他人提起本诉之前提起诉讼

在他人提起本诉（或者申请仲裁）之前，"第三人"（实为原告）由于拥有独立的请求权、支配权或者形成权，所以可以单独提起诉讼（或者申请仲裁），包括给付之诉、确认之诉和形成之诉。对此，无须赘述。

若债务人或者其他人以违法手段或者不当方式害及债权人债权实现

---

[1]　依据《解释》第297条，适用特别程序处理的案件，提起"第三人撤销之诉"的，法院不予受理。

的，该债权人可以行使民事实体撤销权，以债务人或者其他人为被告，提起撤销权诉讼（即撤销权之诉）。对此，具体阐释如下：

民事实体撤销权系指当债权成立后债务人实施减少其财产而害及债权人债权的积极行为时，对此行为债权人可申请法院予以撤销的权利。撤销权的行使方式是债权人以自己的名义向法院提起撤销权之诉。这是因为撤销权行使的法律后果直接涉及债务人或者其他人的利益，为慎重起见，法律规定以诉讼为行使撤销权的方式。

撤销权之诉的适格原告是债权人，它是受债务人全部财产共同担保的所有债权人，进而言之，是因债务人积极处分其财产的行为而客观上将受其害的债权人。这一行使撤销权的主体可能是多数，但并不妨碍撤销权可以单独行使也可以共同行使。当撤销权单独行使时，其他债权人无须共同行使，但是为了保证撤销权合法行使，其他债权人虽不参加诉讼却可以对其实施监督。

撤销权之诉的适格被告限于债务人或者相关其他人。相关其他人包括受益人和转得人。狭义的受益人是指基于债务人的财产处分行为直接取得利益的人（第一受益人）。广义的受益人还包括转得人，系指基于债务人的行为间接取得利益的人，是从第一受益人处承受债务人的财产处分行为的标的物或者权利的受益人。请求撤销有害行为的，若是债务人单方行为则以债务人为被告，若是债务人和其他人双方行为则以两者为共同被告。请求撤销有害行为和返还财产的，若是债务人单方行为则以债务人和获取债务人财产的受益人为共同被告，若是双方行为则以债务人及债务人的相对人与受益人或者转得人为共同被告。

关于撤销权之诉的原因事实即撤销权成立要件事实，包括客观要件和主观要件。客观要件即债务人实施了处分其财产的行为致其财产不当减少，从而危害债权，亦即债务人实际实施了有害于债权的处分财产行为。① 债务人积极处分其财产的行为包括直接处分（如以赠与、买卖等方

---

① 根据史尚宽先生的解释，客观要件必须是有债务人行为、其行为于债权发生后有效成立而且继续存在、其行为有害于债权。参见史尚宽：《债法总论》，481～491 页，北京，中国政法大学出版社，2000。

式减少其财产）和间接处分（如承担新的债务或者增加债务而减少其现有财产）、单方行为（如赠与等）和双方行为（如买卖等）、有偿行为和无偿行为或者两者的混合（如半赠与半买卖等）。债务人在保证其具有清偿债务能力的前提下，处分其财产的行为，不能被作为撤销权的对象。债务人的行为须以财产为标的，否则因与债务人的财产无关联，不得撤销。撤销权行使的目的在于恢复债务人的财产，而不在于使债务人增加财产，所以债务人不实施使其增益的行为，也不得撤销。①

　　主观要件即债务人为有害债权行为时和第三人在受益时为恶意。立法中判断或者识别恶意有两种做法：（1）观念主义（又称认识主义），认为恶意是指明知处分财产将有害于债权，主张主观要件的成立仅要求有诈害的认识而不要求有诈害的意思表示。②（2）意思主义，主张主观要件的成立必须有诈害的意思表示。③ 笔者主张，恶意应以观念主义为妥。因为撤销权的设立是许可债权人于债务人实施有害债权的处分财产行为时，请求法院予以撤销，以保护自己的债权。若以意思表示为行使撤销权的要件，则债务人认识到其行为有害于债权与将这种认识表示出来，在客观上会有

---

① 对于事实行为（如物的毁弃等）、无效行为、债务人的不作为、以禁止扣押之物或者权利为标的之行为等，不得撤销。

　　在特定债权中，债务人将特定物让与第三人，纵使其行为害及债权，但若债务人还有充足的资力保证债权实现，并且能够赔偿由于特定物让与给债权人造成的损失，一般债权人不得行使撤销权，只能请求损害赔偿。如果债务人因让与特定物而致自己无资力或者资力不足，其让与行为构成了有害债权的行为，对此可行使撤销权。

　　设有担保的债权，若其担保足以保证债权实现，债权人对债务人减少其财产的行为不得行使撤销权；若担保不足以保障债权的，该债权人在其不足的差额的限度内有撤销权。债务人因以其财产另设担保而致使其不能履行债务的，债权人对债务人的担保行为可行使撤销权。

　　不动产的双重买卖中，后买方已得不动产归为己有并登记完毕的，由于登记行为有物权的效力，根据物权效力优于债权效力的原则，即使上述移转财产行为侵害了前买方利益，也不得请求撤销，只能请求损害赔偿。但如果移转财产行为造成债务人无力赔偿前买方的损失或者登记行为纯属诈欺，前买方仍有权请求撤销移转财产行为或者登记行为。

② 债务人或者相关其他人的恶意是难以认定的。但是，可以根据客观情况进行推定，比如债务人超过清偿期或者超过其资力而为处分其财产的行为，则可推定其有诈害债权的恶意。债务人或者相关其他人的恶意虽由债权人举证，但债权人只要能举出债务有害于债权人的事实，依当时具体情形应为债务人或者相关其他人所能知或者应知的，就可推定其恶意。

③ 有些国家和地区还以债务人或者相关其他人实施的是有偿行为还是无偿行为来确定撤销权的主观构成要件。若是无偿行为，则不要求有主观恶意，仅有客观有害行为即可；若是有偿行为，则要求有主观恶意。这种规定，表现了一定的合理性，有可取之处，值得借鉴。

时间上的间隔；在主观上，债务人可以故意推迟表示或者根本不作意思表示。如果是这样的话，纵然有害及债权的行为，因不符合主观要件而不得撤销之，这显然有碍于债权的保护。①

对债权人来说，若胜诉的话，在判决确定后，其有义务将已处分的债务人财产加入债务人的一般财产之中。实际行使撤销权的债权人不能独占该财产，也无从中优先受偿的权利。债务人拒收的，债权人有权代位受领该财产，并将所得归属于债务人的财产之中。对未行使撤销权的债权人，仅在胜诉时受既判决的拘束；在败诉时，不受判决拘束，并可就同一有害行为再行起诉。对债务人来说，被撤销的债务人的财产处分行为，自始无效；已让与的财产复归于己，债务人还应承受其处分财产行为给债权人造成损害的赔偿之责。对相关其他人来说，债务人因处分其财产与相关其他人成立的法律关系也自始无效，债务人与相关其他人的法律关系恢复至原初状态，所以若是无偿行为则相关其他人必须以不当得利的形式返还从债务人处取得的财产，若是有偿行为则相关其他人在返还债务人财产后可向债务人主张返还支付给债务人的对价。原物不能返还者，应折价赔偿。恶意相关其他人的行为给债权人造成损失的，应负损害赔偿的法律责任。

（二）在他人本诉程序中提起参加之诉

在大陆法系，"主诉讼参加人"（"独立诉讼参加人"）认为对他人之诉的诉讼标的有独立实体权利（请求权、支配权或者形成权），可对他人之诉的双方或者一方当事人提出实体请求，要求与他人之诉一并审理并作出没有矛盾的判决。主诉讼参加（独立诉讼参加或者独立当事人参加）中，正在审理中的他人之诉，可称为"本诉"；主诉讼参加人对本诉当事人所提之诉，可称为"参加之诉"。

《民事诉讼法》第56条第1款规定的是"有独立请求权第三人"，即"对当事人双方的诉讼标的，第三人认为有独立请求权的，有权提起诉讼"。据此，第三人仅能提起以"请求权"为标的之给付之诉，故称"有

---

① 参见邵明：《析撤销权的建立及其诉讼中的若干适用问题》，载《安徽大学学报（哲学社会科学版）》，1996（3）。

独立请求权的第三人"。事实上，第三人对本诉或者他人之间的诉讼标的还可能拥有独立的支配权或者形成权，而提起确认之诉或者形成之诉。因此，许多国家和地区长期使用的"主诉讼参加人"（"独立诉讼参加人"）的称谓，是合理的，我国应当直接采用。

在我国，主诉讼参加人参加诉讼的实体根据是对本诉或者他人之间的诉讼标的拥有独立的全部或者部分的请求权。笔者认为，主诉讼参加人参加诉讼的实体根据主要有：（1）对本诉或者他人之间的诉讼标的拥有独立的全部或者部分的请求权、支配权或者形成权。（2）本诉的诉讼结果将侵害其合法权益。此处的"侵害"，是指本诉判决将会对主诉讼参加人的合法权益产生威胁，并非一定是受到实际侵害。例如，B 欠 C 500 万元货款，B 为逃避此债务，与 A 串通，由 A 对 B 提起确认 B 的财产系 A 所有的诉讼，若 A 胜诉则将害及 C 的债权的实现，对此 C 可以提起确认 A 与 B 间"争议"的财产为 B 所有。

有关参加诉讼的要件，除应具备通常起诉要件外，还应具备如下特殊的程序要件：（1）通常以本诉的双方当事人为被告（因为本诉不管原告胜诉还是被告胜诉均将害及主诉讼参加人的实体权益）。（2）在本诉的诉讼程序中参加诉讼（即在本诉的第一审、第二审正式启动后，言词辩论终结前参加诉讼）。（3）参加之诉与本诉应当适用相同的诉讼程序。（4）应当向审理本诉的法院提起参加之诉。

主诉讼参加人在本诉的诉讼程序中提起参加之诉后，法院在一个诉讼程序中同时审理两个诉，从而构成诉的合并。① 本诉因撤回、和解或者判决等终结的，法院对未终结的参加之诉应当继续审理（《解释》第 237 条），因为参加之诉本来就是相对独立的诉。

（三）在本诉判决确定后提起异议之诉

第三人在本诉判决确定后提起的异议之诉，为狭义第三人异议之诉（我国称为第三人撤销之诉）。

1. 我国第三人撤销之诉

根据《民事诉讼法》第 56 条第 3 款和《解释》第 292～303 条，发生

---

① 因此，主诉讼参加人提起参加之诉所须具备的特殊要件与诉的客观合并要件是相同的。

法律效力的判决、裁定、调解书的部分或者全部内容错误，损害其民事权益的，有独立请求权第三人和无独立请求权第三人（以下简称第三人）可以提起诉讼，诉讼请求成立的，法院应当改变或者撤销原判决、裁定①、调解书。据此，此款规定的是第三人异议之诉（时人称之为第三人撤销之诉是不全面的）。

（1）关于第三人撤销之诉的当事人。该第三人是原告，生效判决、裁定、调解书的当事人为被告。但是，生效判决、裁定、调解书中没有承担责任的无独立请求权第三人为第三人。

（2）关于起诉条件。第三人对已经发生法律效力的判决、裁定、调解书提起撤销之诉的，应当自知道或者应当知道其民事权益受到损害之日起6个月内，向作出生效判决、裁定、调解书的法院提出，并应当提供存在下列情形的证据材料：因不能归责于本人的事由未参加诉讼②；发生法律效力的判决、裁定、调解书的全部或者部分内容错误③；发生法律效力的判决、裁定、调解书内容错误而致当事人民事权益受损。

（3）关于送达、答辩和受理。法院应当在收到起诉状和证据材料之日起5日内送交对方当事人，对方当事人可以自收到起诉状之日起10日内提出书面意见。法院应当对第三人提交的起诉状、证据材料以及对方当事人的书面意见进行审查；必要时，可以询问双方当事人。经审查，符合起诉条件的，法院应当在收到起诉状之日起30日内立案；不符合起诉条件的，应当在收到起诉状之日起30日内裁定不予受理。

对下列情形提起第三人撤销之诉的，法院不予受理：适用特别程序、督促程序、公示催告程序、破产程序等非讼程序处理的案件；婚姻无效、撤销或者解除婚姻关系等判决、裁定、调解书中涉及身份关系的内容；《民事诉讼法》第54条规定的未参加登记的权利人对代表人诉讼案件的生

---

① 从法理上说，裁定是用来处理程序事项和临时救济事项的，并非终局处理当事人实体权利、义务，故不应作为异议之诉的适用对象。

② 是指没有被列为生效判决、裁定、调解书的当事人，且无过错或者无明显过错的情形，包括：（1）不知道诉讼而未参加的；（2）申请参加未获准许的；（3）知道诉讼，但因客观原因无法参加的；（4）因其他不能归责于本人的事由未参加诉讼的。

③ 是指判决、裁定的主文，调解书中处理当事人民事权利、义务的结果。

效裁判；《民事诉讼法》第55条规定的损害社会公共利益行为的受害人对公益诉讼案件的生效裁判。

受理后，原告提供相应担保，请求中止执行的，法院可以准许。

（4）关于审理和裁判。对第三人撤销之诉，法院应当组成合议庭开庭审理，并按照争讼程序进行审判。对第三人撤销或者部分撤销发生法律效力的判决、裁定、调解书内容的请求，法院经审理，按下列情形分别处理：

1）请求成立且确认其民事权利的主张全部或者部分成立的，改变原判决、裁定、调解书内容的错误部分；

2）请求成立，但确认其全部或者部分民事权利的主张不成立，或者未提出确认其民事权利请求的，撤销原判决、裁定、调解书内容的错误部分；

3）请求不成立的，驳回诉讼请求。

对上述裁判不服的，当事人可以上诉。原判决、裁定、调解书的内容未改变或者未撤销的部分继续有效。

（5）关于第三人撤销之诉与再审。第三人撤销之诉案件审理期间，法院对生效判决、裁定、调解书裁定再审的，受理第三人撤销之诉的法院应当裁定将第三人的诉讼请求并入再审程序。但有证据证明原审当事人之间恶意串通损害第三人合法权益的，法院应当先行审理第三人撤销之诉案件，裁定中止再审诉讼。

第三人诉讼请求并入再审程序审理的，按照下列情形分别处理：按照第一审程序审理的，法院应当对第三人的诉讼请求一并审理，所作的判决可以上诉；按照第二审程序审理的，法院可以调解，调解达不成协议的，应当裁定撤销原判决、裁定、调解书，发回第一审法院重审，重审时应当列明第三人。

（6）关于执行异议。第三人提起撤销之诉后，对生效判决、裁定、调解书未中止执行，第三人提出执行异议的，法院应予审查。第三人不服驳回执行异议裁定，申请对原判决、裁定、调解书再审的，法院不予受理。

对法院驳回执行异议裁定不服的，案外人认为原判决、裁定、调解书内容错误损害其合法权益的，应当根据《民事诉讼法》第227条申请再审，若提起第三人撤销之诉则不予受理。

2. 我国台湾地区第三人撤销诉讼程序和法国第三人异议之诉

我国台湾地区"民事诉讼法"规定了"第三人撤销诉讼程序"（第507条之一~五）、《法国民事诉讼法》规定了"第三人异议之诉"（第582~592条）。

我国台湾地区"民事诉讼法"第507条之一规定："有法律上利害关系之第三人，非因可归责于己之事由而未参加诉讼，致不能提出足以影响判决结果之攻击或者防御方法者，得以两造为共同被告对于确定终局判决提起撤销之诉，请求撤销对其不利部分之判决。但应循其他法定程序请求救济者，不在此限。"第507条之四规定："法院认第三人撤销之诉为有理由者，应撤销原确定终局判决对该第三人不利之部分，并依第三人之声明，于必要时，在撤销之范围内为变更原判决之判决。前项情形，原判决于原当事人间仍不失其效力。但诉讼标的对于原判决当事人及提起撤销之诉之第三人必须合一确定者，不在此限。"

在法国，对任何判决，均允许提出第三人异议（法律另有规定者除外），旨在"为攻击判决的第三人本人的利益撤销或者变更该判决"。任何与判决或者诉讼有利益的第三人，均可提出异议，但是以该人在其所异议判决的程序中既不是当事人又没有委托代理人进行诉讼为条件。一方当事人的债权人与其他权利继受人，对妨害其权益的判决，或者如其提出自己的理由，亦可提出第三人异议。第三人异议之诉自判决之日起30年内均可提出（法律另有规定的除外），应当向作出受到攻击的判决的法院提出。法院受理第三人异议之诉的，得中止执行受到攻击的判决。对于第三人异议之诉所作的判决，同样可以提起上诉。

（四）在强制执行中提起执行异议之诉

本诉判决执行过程中，第三人（案外人）可以执行债权人为被告或者以执行债权人和债务人为共同被告，提起异议之诉，即第三人执行异议之诉。第三人在判决确定后提起异议之诉的，在执行开始之后，可自然转化为执行异议之诉。

第三人提起执行异议之诉旨在以排除执行的方式来维护自己的实体权益，专门解决第三人对确定判决所确定的执行标的物存在的争议。第三人执行异议之诉的合法要件除了应具备通常的起诉要件和诉讼要件之外，还应具备以下特殊要件：

1. 具备前置程序。按照《解释》第 305 条，案外人执行异议之诉和债权人执行异议之诉均以案外人异议为前提条件，即案外人的执行异议申请已经被法院裁定驳回。

2. 符合执行异议之诉的适用范围。对有执行标的之确定判决，第三人才能提起异议之诉。

3. 当事人适格。案外人提起执行异议之诉的，以债权人为被告。债务人反对案外人异议或者否认案外人债权的，则与债权人为共同被告；债务人不反对案外人异议或者不否认案外人债权的，可以列债务人为第三人。仅以债务人为被告的，则非第三人异议之诉。

4. 具备法定事由，有明确的排除对执行标的的执行的诉讼请求且诉讼请求与原判决无关。第三人提起执行异议之诉，系以排除执行标的的执行的方式，即主张对执行标的物有排除执行的实体权，请求不执行该标的物或者回复该标的物之原状。因此，第三人执行异议之诉的实体事由是第三人对执行标的物之全部或者一部拥有实体权利而足以排除对该执行标的物之执行，简言之，即对执行标的物享有足以排除执行的实体权利，亦即第三人对执行标的物拥有所有权（包括共有权）或者其他足以阻止执行的权利（如在执行标的物上，第三人拥有典权、质权、抵押权、留置权、地上权等）。若法院对执行标的物采取执行措施，则使第三人无法实现其对该执行标的物的实体权利。

与债务人执行异议之诉不同，第三人执行异议之诉的实体事由没有"必须发生在判决确定之后"的时间限制。债务人异议之诉的实体事由必须发生在终局判决确定之后，因为终局判决确定前，异议事由存在的，债务人作为当事人可通过抗辩、上诉等获得救济。但是，终局判决确定前，异议事由纵然存在，第三人不是该终局判决的当事人，也无权通过抗辩、上诉等获得救济。

5. 在法定期间内向执行法院提起。按照《解释》第 305 条，自执行异议裁定送达之日起 15 日内提起；并且，应在执行程序结束前提起。此处执行程序结束，是指针对确定判决的执行程序全部结束。第三人提起执行异议之诉，旨在排除执行以维护自己的实体权益，所以在执行程序结束前提起，方可达到执行异议之诉的目的。事实上，在确定判决确定后，第三人就可提起异议之诉，执行开始之后则转化为执行异议之诉。

法院应当在收到起诉状之日起 15 日内决定是否立案。案外人执行异议之诉审理期间，法院不得对执行标的进行处分。申请执行人请求法院继续执行并提供相应担保的，法院可以准许。

对案外人执行异议之诉，（1）案外人就执行标的享有足以排除强制执行的民事权益的，判决不得执行该执行标的，执行异议裁定失效，即异议之诉有理由的判决确定后，应停止执行并撤销或者变更已为的执行；（2）案外人就执行标的不享有足以排除强制执行的民事权益的，判决驳回诉讼请求。案外人同时提出确认其权利的诉讼请求的，法院可以一并判决。法院对异议之诉所作的判决，当事人可以提起上诉。

由于债务人执行异议之诉的实体事由并不属于确定判决本身存在程序违法或者实体错误的范畴，所以无须撤销或者变更原确定判决，不属于判决既判力的法定例外。但是，第三人执行异议之诉的实体事由中有些是源自原确定判决错误或者违法地将第三人的财产作为债务人的财产；换言之，第三人对确定判决提起执行异议之诉，是因为该确定判决存在违法或者错误之处，所以第三人执行异议之诉的胜诉判决应当撤销或者变更原确定判决。此为确定判决既判力的法定例外。

（五）在判决执行完后提起返还不当得利之诉和损害赔偿之诉

在判决执行完后，第三人才发现该判决或者其执行直接影响或者侵害了自己的合法权益的，可以"执行债权人"为被告提起返还不当得利之诉。若"执行债权人"故意利用诉讼来加害第三人，则第三人还可提起损害赔偿之诉（属于滥用诉讼的范畴）。

三、异议之诉的标的

再审之诉、异议之诉的目的都是除去原确定判决的效力，其法律性质均属形成诉讼，变更民事程序法律关系的请求是法院裁判的对象。那么，能否认为"异议之诉"属于"程序法上的形成之诉"呢？笔者认为，从根本目的或者主要方面来说，异议之诉仍然属于实体之诉，有关异议之诉的诉权是对实体权益或者实体争议的救济权。

　　从除去原确定判决效力的形成效果上说，"异议之诉"是形成之诉，但是，"异议之诉"的原因（事实）是原告的实体权益受到侵害或者发生争议，比如原告提起撤销除权判决之诉的原因是因除权判决受到实体上的不利益；债务人执行异议之诉的原因是债务人有着消灭或者妨碍债权人请求权的事由发生（如债务人对债权人请求权的全部或者一部已清偿、抵销、和解，诉讼时效届满等）；第三人执行异议之诉的原因是第三人对执行标的物有足以排除执行的权利（如第三人对执行标的物有所有权、典权、担保物权等）。

　　由此，异议之诉的标的是异议之诉原告对确定判决所判定的实体法律关系（确定判决所判定诉的标的）享有独立的请求权、支配权或者形成权。所谓"除去原确定判决效力"，只是维护原告实体权益的必要前提或者必经步骤而已。正因为如此，强制执行法及其理论将执行异议之诉列入"执行实体救济"的范畴。

　　我国台湾学者杨与龄先生早就认为，执行异议之诉原告主张的原因事实为实体法上的事由；将异议权作为诉讼标的并且判决效力不及于原告所主张的实体法律关系的看法，实是本末倒置而不能彻底解决问题；这种看法与下述主张一样令人难以接受，即主张上诉或者再审之诉以上诉权或者再审权为诉讼标的并且上诉或者再审的判决效力不及于上诉人或者再审原告所主张的实体法律关系；为消除形成之诉说的缺陷，宜认为异议之诉为特殊的救济诉讼，以债务人和第三人主张的实体法律关系为诉讼标的。[①]

　　上诉案件与再审案件和原审案件是同一案件（诉）。通常认为，上诉案件的诉讼标的是原审案件的诉讼标的，并未将上诉人要求法院废弃原判决的诉讼法上的形成权视为诉讼标的。再审程序和上诉程序虽有差异但相通之处是请求变更或者撤销原审判决的一种诉讼救济方法，那么在诉讼标的方面对再审程序与上诉程序的认识应当一致。即使存在上诉理由或者再审理由，经过审理，上诉法院或者再审法院若认为原判决合法和正确，则

---

　　① 参见杨与龄：《强制执行法论》，240～243、257页，台北，三民书局，1999。

驳回上诉请求或者再审请求而维持原判。

　　异议之诉、上诉和再审之诉中，所谓诉讼上的形成权，只能附随于法院确定判决而不能单独存在。这种形成权的行使实际上是为作出本案实体判决服务的或者说是其前提，不具有独立性。从诉和诉权理论上说，诉权仅能就一个独立的诉行使，一项法律关系必须是构成纠纷或者诉讼核心的法律关系，而不能是其他纠纷或者诉讼的前提问题，才具有诉的利益，才可提起一个诉。比如，给付财产之诉中，就财产所有权不能单独提起一个确认之诉。同理，诉讼法上的形成权也不能构成一个独立的诉讼标的。

参考文献

1. 邵明. 现代民事诉讼基础理论. 北京：法律出版社，2011

2. 邵明. 正当程序中的实现真实. 北京：法律出版社，2009

3. 邵明. 民事诉讼法学. 2 版. 北京：中国人民大学出版社，2016

4. 邵明. 民事诉讼法理研究. 北京：中国人民大学出版社，2004

5. 邵明. 民事诉权研究. 北京：法律出版社，2002

6. 陈荣宗，林庆苗. 民事诉讼法. 修订 8 版. 台北：三民书局，2014

7. 姜世明. 民事程序法之发展与宪法原则. 2 版. 台北：元照出版有限公司，2009

8. 王亚新. 社会变革中的民事诉讼. 北京：中国法制出版社，2001

9. 姜世明. 民事诉讼法基础论. 台北：元照出版有限公司，2006

10. 吕太郎. 民事诉讼之基本理论. 北京：中国政法大学出版社，2003

11. 黄国昌. 民事诉讼理论之新开展. 台北：元照出版有限公司，2005

12. 张卫平. 诉讼构架与程式. 北京：清华大学出版社，2000

13. 范愉. 纠纷解决的理论与实践. 北京：清华大学出版社，2007

14. 许士宦. 新民事诉讼法. 北京：北京大学出版社，2013

15. 沈冠伶. 诉讼权保障与裁判外纷争处理. 2 版. 台北：元照出版有限公司，2012

16. 王亚新. 对抗与判定. 2 版. 北京：清华大学出版社，2010

17. 邱联恭. 程序制度机能论. 台北：三民书局，1996

18. 周永胜. 法官思维方式研究. 中国人民大学博士学位论文，2000

19. 章武生. 民事简易程序研究. 北京：中国人民大学出版社，2002

20. 齐树洁. 民事上诉制度研究. 北京：法律出版社，2006

21. 孙祥壮. 民事再审程序原理精要与适用. 北京：中国法制出版社，2010

22. 陈荣宗. 强制执行法. 5 版. 台北：三民书局，1995

23. 杨与龄. 强制执行法论. 北京：中国政法大学出版社，2002

24. 赖来焜. 强制执行法总论. 台北：元照出版有限公司，2007

25. 夏勇主编. 走向权利的时代. 修订版. 北京：中国政法大学出版社，1999

26. 梁慧星. 民法总论. 5 版. 北京：法律出版社，2017

27. 王利明. 债法总则研究. 北京：中国人民大学出版社，2015

28. 韩世远. 合同法总论. 3 版. 北京：法律出版社，2011

29. 杨立新. 侵权责任论. 5 版. 北京：人民法院出版社，2013

30. ［日］新堂幸司著. 林剑锋译. 新民事诉讼法. 北京：法律出版社，2008

31. ［日］三月章著. 汪一凡译. 日本民事诉讼法. 台北：五南图书出版公司，1997

32. ［日］中村宗雄，中村英朗著. 陈刚，段文波译. 诉讼法学方法论. 北京：中国法制出版社，2009

33. ［日］高桥宏志著. 林剑锋译. 民事诉讼法. 北京：法律出版社，2003

34. ［日］谷口安平著. 王亚新，刘荣军译. 程序的正义与诉讼. 增补本. 北京：中国政法大学出版社，2002

35. ［日］松元博之著. 郭美松译. 日本人事诉讼法. 厦门：厦门大学出版社，2012

36. ［德］罗森贝克等著. 李大雪译. 德国民事诉讼法. 北京：中国法制出版社，2007

37. ［德］汉斯·约阿希姆·穆泽拉克著. 赵秀举译. 德国民事诉讼法基础教程. 北京：中国政法大学出版社，2005

38. ［法］让·文森，塞尔日·金沙尔著. 罗结珍译. 法国民事诉讼法要义. 北京：中国法制出版社，2001

39. 法国新民事诉讼法典（附判例解释）. 罗结珍译. 北京：法律出版社，2008

40. ［美］克杰·H. 弗兰德泰尔等著. 夏登峻等译. 民事诉讼法. 3 版. 北京：中国政法大学出版社，2005

41. ［美］斯蒂文·N. 苏本等著. 傅郁林等译. 民事诉讼法. 北京：中国政法大学出版社，2002

42. *Black' s Law Dictionary*，tenth edition. Thomson Reuters，2014

43. H. Woolf，*Access to Justice*，*Interim Report to the Lord Chancellor on the Civil Justice System in England and Wales*，1995

44. Robert Wyness Millar，*Civil Procedure of the Trial Court in Historical Perspective*，Clark，New Jersey：the Lawbook Exchange，Ltd.，Publishers，2005

45.〔日〕花村治郎. 民事上诉制度の研究. 东京：成文堂，1997

46.〔日〕中田淳一. 诉と判决の法理. 东京：有斐阁，1973

47.〔日〕中村英郎. 民事诉讼理论的法系考察. 东京：成文堂，1986

48.〔日〕中野贞一郎. 要件事实的主张责任与证明责任. 法学教室，2004（3）

图书在版编目（CIP）数据

现代民事之诉与争讼程序法理："诉·审·判"关系原理/邵明著. —北京：中国人民大学出版社，2018.1
ISBN 978-7-300-25130-1

Ⅰ.①现… Ⅱ.①邵… Ⅲ.①民事诉讼-诉讼程序-研究-中国 Ⅳ.①D925.118

中国版本图书馆 CIP 数据核字（2017）第 272431 号

百家廊文丛
现代民事之诉与争讼程序法理
——"诉·审·判"关系原理
邵 明 著
Xiandai Minshizhisu yu Zhengsong Chengxu Fali

出版发行	中国人民大学出版社				
社　址	北京中关村大街 31 号		**邮政编码**	100080	
电　话	010 - 62511242（总编室）		010 - 62511770（质管部）		
	010 - 82501766（邮购部）		010 - 62514148（门市部）		
	010 - 62515195（发行公司）		010 - 62515275（盗版举报）		
网　址	http://www.crup.com.cn				
	http://www.ttrnet.com（人大教研网）				
经　销	新华书店				
印　刷	北京玺诚印务有限公司				
规　格	160 mm×230 mm　16 开本		**版　次**	2018 年 1 月第 1 版	
印　张	27 插页 1		**印　次**	2018 年 1 月第 1 次印刷	
字　数	400 000		**定　价**	88.00 元	